[제 3 판]

사회복지실천기술론

도 광 조

양서원

2020년 전체가 그리고 지금까지도 코로나-19로 인해 사회복지실천현장은 대상자들에게 꼭 필요한 서비스만 제공하고 있는 수준이고, 생활시설에서는 거의 폐쇄수준에 가까울 정도로 갑갑한 현실이 계속되고 있다. 사회적 약자들은 이런 코로나-19와 같은 어려운 위기에 더욱 어려운 상황으로 내몰릴 수 있는 여지가 크기 때문에 정부를 비롯한 우리 사회의 돌봄이 더욱 간절히 필요하다. 충분한 방역지침에 맞게 사회복지사들과 자원봉사자들의 사회적 약자들에 대한 직접적인 돌봄이 이루어져야 할 것이다. 문재인 정부의 100대 과제에 속하는 커뮤니티케어의 정착이 시범적으로 이루어지고 있지만, 그 과제가 코로나-19로 인해 미루어지는 것은 아닌지 걱정이다. 커뮤니티케어는 우리 사회복지계의 사례관리와 네트워크의 기초 위에서 이루어져야 하는데, 그러한 분위기들이 무르익는 데 다소 무리한 문제들이 생긴 것이므로 모쪼록 사례관리와 네트워크를 강조하던 분위기를 계속 살려갔으면 한다. 사회복지사들이 발로 뛰는 노력이 절실하고, 실천적 요소를 더욱 강조해야 한다고 본다.

차제에 사회복지실천기술론 교재를 보완 수정하여 개정하게 되었다. 실천적 요소가 더욱 중요한 시점에서 교재를 개정하면서 이전 판보다 현장에 충실한 사회복지실천기술론을 생각했고, 현장의 사회복지실천을 뒷받침할 수 있는 이론적인 부분보완 등을 포함시키려 했다. 역시나 이 또한 쉽고, 재미있는 교재를 생각했다. 그렇지만, 전혀 이런 부분을 실천하지 못하고 약간의 수정, 보완을 거쳐 개정하게 되었다. 다음 개정판에서는 분명 이 부분을 약속하고자 한다. 이후의 사회복지실천기술론에서는 4차 산업혁명에 따른 사회적 변화에 대응하는 실천기술들을 또한 포함시켜야 할 것이다.

이 책의 구성은 이전 교재 그대로 유지했고, 전체 구성을 부분으로 나누지는 않았지만 4부 정도로 구성하였다. 첫 번째는 1장에서 4장까지로 사회복지실천기술이 무엇인지, 전문적인 기법이 아닌 역량으로서의 사회복지실천기술의 개념을 명확히 하려 노력했다. 그리고 사회복지실천론의 관계론, 면접론에 기반하여 구체적인 관계기술과 면접기술을 체득할 수 있도록 했고, 개인대상 실천에서의 직접서비스 제공기능에 충실할 수 있는 일반적인 개입기술들을 포함했다. 문장이 어렵거나 이해하기 힘든 부분은 일부 수정한 부분이 있다.

두 번째는 5장 전체로, 다양한 사회복지실천현장에서 적용할 수 있는 사회복지실천이론모델과 각 모델에서 적용할 수 있는 개입기술들에 대해 서술했다. 심리사회모델, 인지행동모델, 해결중심모델, 위기개입모델을 소개하였다. 이들은 다양한 개인, 가족, 집단 클라이언트 체계들에 적용할 수 있는 대표적인 이론모델들이다. 각 이론모델들의 주요 특성과 기본가정 및 개입원칙, 모델의 주요 실천과정 및 주요 실천기법, 이론모델들에 대한 평가를 중심으로 살펴보았고, 다양한 예를 포함시켜 실제 현장에서의 적용여지를 높이고자 했다.

세 번째는 6장에서 9장까지로 집단과 가족대상 사회복지실천을 이해할 수 있도록 했다. 집단과 가족대상 사회복지실천에 대해서는 전반적인 이해에 초점을 맞추었고, 집단 및 가족대상 사회복지실천의 과정과 기술을 구체적으로 이해할 수 있고, 체득할 수 있도록 했다.

네 번째는 10장 전체로, 사회복지실천의 책임성과 효율성, 클라이언트의 사적 권리 등의 목표들을 사회복지실천과정을 통해 담보해 낼 수 있는 사회복지실천 기록에 대해 서술했다. 최근 사회복지실천현장에서 전산망이 중요해지고 있고, 현장에서 사례관리가 중요해지고 있는 상황에서 사회복지실천 기록을 어떻게 해야 하는가가 더욱 중요해지고 있는 상황이다.

모쪼록 충분한 의도를 실현시키지는 못했지만, 이 책을 통해 독자들의 사회복지실천에 대한 전문적 역량이 강화될 수 있었으면 하는 바람이다.

마지막으로 이 책은 늘 함께하기를 그렇게 학수고대하시면서 걱정만 하시다가 2020년 2월에 하나님 곁으로 가신 어머니께 올곧이 바치고 싶다. 어머니에 대해서 내가 하지 못했던 일, 좀 더 다정다감하게 대하지 못했던 나 자신이 후회막급이다. ‘어머니는 내가 어릴 때 아주 여러 번 동일한 질문을 해도 웃으면서 답해주었는데, 난 같은 말을 두세 번도 들어주지 못했던 일’이 너무 가슴 아프다. 그러기에 툭하면

눈물이 난다. 1년이 다 되어 가는데도 가슴이 먹먹해지는 때가 많다. 어머니 죄송하고, 감사합니다. 이 책을 읽는 독자들은 이런 후회스러움이 없도록 현재를 잘 가꾸어갔으면 하는 바람이다. 그리고 졸고이지만 용기를 주면서 꼭 필요한 교재라는 점을 강조하면서 개정할 수 있도록 격려해 주시고, 출판을 허락하신 양서원 박철용 회장님과 직원들께도 심심한 감사를 표한다.

떠나간 후에 애달파 하면서 후회를 거듭하는 사람이 되지 맙시다.

도 광 조

차 례

• 머리말 / 3

CHAPTER 01 사회복지실천기술이란 무엇인가 / 9

1. 사회복지실천기술의 개념규정 9
2. 사회복지실천기술과 지식·가치의 관계 11
3. 사회복지실천기술의 유형 14

CHAPTER 02 사회복지실천의 관계기술 / 21

1. 사회복지실천 대상과의 관계 이해 21
2. 관계형성기술 25

CHAPTER 03 사회복지실천의 면접기술 / 61

1. 의사소통기술 62
2. 면접기술 80

CHAPTER 04 개인대상 사회복지실천: 일반적 개입기술 / 119

1. 지지기술 120
2. 정보제공기술 122
3. 조언기술 124
4. 설명과 해석기술 125
5. 재구조화기술 127
6. 도전과 직면기술 128
7. 구체적·물질적 원조 제공하기 130
8. 자기주장기술 132

9. 사회적 관계망 개입기술 ······ 134
10. 임파워먼트 기술 ······ 139
11. 중재 및 협상기술 ······ 143
12. 옹호기술 ······ 145

CHAPTER 05 사회복지실천모델에 따른 개입기술 / 149

1. 심리사회모델 ······ 152
2. 인지행동모델 ······ 167
3. 해결중심모델 ······ 191
4. 위기개입모델 ······ 212

CHAPTER 06 집단대상 사회복지실천의 이해 / 235

1. 집단사회복지실천의 의미와 현장실천 예시 ······ 237
2. 집단사회복지실천의 이점과 목적 ······ 239
3. 집단사회복지실천에서 활용하는 집단의 유형 ······ 243
4. 집단사회복지실천의 접근모델 ······ 248
5. 집단사회복지실천의 원칙 ······ 251
6. 집단역동 ······ 253

CHAPTER 07 집단대상 사회복지실천의 과정과 기술 / 261

1. 집단발달단계 ······ 261
2. 집단발달단계별 특성과 사회복지사의 역할 ······ 266

CHAPTER 08 가족대상 사회복지실천의 이해 / 307

1. 가족대상 사회복지실천의 개요 ······ 308
2. 현대사회 가족의 변화 ······ 310
3. 가족을 바라보는 관점의 변화 ······ 314
4. 가족의 기본속성 ······ 316
5. 가족체계에 대한 주요 가설 ······ 319
6. 가족생활주기에 대한 이해 ······ 326

CHAPTER 09 가족대상 사회복지실천기술 / 335

1. 가족대상 실천의 초기단계 실천기술 ······ 335
2. 가족대상 실천의 중기・개입단계 실천기술 ······ 348
3. 가족대상 실천의 종결단계 실천기술 ······ 362

CHAPTER 10 사회복지실천 기록 / 365

1. 사회복지실천에서 기록의 목적 및 활용 ······ 365
2. 사회복지실천 기록에 포함되어야 할 내용 ······ 367
3. 사회복지실천 기록의 형태 ······ 371
4. 사회복지실천 기록의 최근 흐름과 쟁점 ······ 377

참고문헌 / 378
찾아보기 / 387

CHAPTER 01 사회복지실천기술이란 무엇인가

1. 사회복지실천기술의 개념규정

사회복지실천기술은 사회복지실천(social work practice)+기술(skill and techniques)이다. **사회복지실천은 개인, 가족, 집단, 지역사회의 사회적 기능을 회복, 향상시키는 원조활동**으로 일반적으로 정의되고 있다. 개인, 가족, 집단, 지역사회의 사회적 기능을 회복, 향상시키기 위해서는 미시적으로 사회복지사의 전문적 원조관계에 기반한 전문적 개입의 필요도 있고, 거시적으로 사회공동체의 사회정의가 실현될 수 있도록 법적·제도적·정책적인 접근도 필요하다. 사회복지실천은 의미상으로 볼 때 이같이 미시, 거시적인 접근을 모두 포함하지만, 사회복지실천은 사회복지를 보다 기술적이고 미시적인 측면에서 규정하거나 전문적인 실천기술을 강조하고자 할 때 주로 사용되어 왔다. 따라서 **사회복지실천은 미시적인 접근을 주로 포함**한다고 볼 수 있다. 전문사회복지사가 클라이언트(개인, 가족, 집단, 지역사회)를 직접, 일대일로 만나서, 친밀한 상호작용을 기반으로, **사회복지의 가치와 전문적인 지식을 최대한 활용하여, 적절하게 개입**함으로써 클라이언트의 욕구와 문제를 해결하고, 적절하게 사회적 기능을 수행할 수 있도록 원조하는 것을 말한다.

그렇다면, **사회복지의 가치와 전문적인 지식을 최대한 활용하여 적절하게 개입하는 능력이 바로 기술(skill and techniques)일 것이다.** 따라서 **사회복지실천기술은 사회복지실천의 목적을 달성하기 위해서 전문사회복지사가 클라이언트의 현재 환경과 상황, 개인적인 욕구와 능력에 걸맞는 개입방법을 선택하여 그 방법을 효과적으로 활용·실천하는 행위와 관련된 복합적인 행위체계**(일련의 행동 혹은 과업)**이고 능력·역량**이라고 볼 수 있는 것이다. 이러한 입장에서 스몰리(Smalley, 1967)는 실천기술을

"사회복지사가 특정 프로그램이나 서비스의 목적을 달성하기 위한 과정을 진행하기 위해서 필요한 방법을 활용할 수 있는 능력"으로, 모랄레스와 쉐퍼(Morales & Sheafor, 1988)는 "지식과 개입기법을 효과적으로 사용할 수 있는 능력"(Cournoyer, 김인숙 · 김용석 역, 2006 재인용)으로 정의한 바 있다.

그런데, 사회복지실천에 있어 클라이언트들은 움직이지 않는 사물이 아니라 다양하게 움직일 수 있고, 다양한 특성을 가지고 있고, 다양한 상황에 직면해 있으므로 그 기술들은 사회복지사의 능력에 따라 그 효과가 달라질 수 있는 점을 가지고, **클라이언트의 구체적 상황에 따라 적용기술이 다양하게 변화**할 수 있고, 그 효과도 달라질 수 있다는 점을 가진다. 그리고 클라이언트와의 구체적인 상황에서 어느 하나의 기법이나 기술만을 활용할 것이 아니라 **여러 가지 기술을 활용해야 한다는 점**도 포함하고 있다. 개인적으로, 문화적으로 적합하도록 원조를 제공할 것인가를 결정하는 데는 여러 기술들이 관련될 수 있는 것이다. 어떤 현물을 제공하는 데 있어서도 클라이언트에 따라 언제, 어떻게 제공할 것인가를 결정해야 하며, 정서적 지지도 함께 요구된다. 클라이언트의 욕구나 능력, 처한 상황 등이 다양하기 때문에 이에 대응하는 사회복지실천기술은 다양하게 변화할 수밖에 없고, 사회복지사는 많은 상이한 상황에 활용할 수 있는 폭넓은 다양한 기술들을 갖출 필요가 있는 것이다. 이런 점에서 사회복지실천의 예술성[1)]을 논의한다.

아울러 사회복지실천기술은 고도의 숙련기술이다. 특별한 훈련과 다양한 현장경험을 필요로 하는 기술이고, 현장에서 오랫동안에 체득된 기술인 것이다. 사회복지실천기술은 단계나 과정에 따라 다르게 사용되기는 하나 로봇처럼 모든 클라이언트, 모든 문제, 모든 상황에 똑같은 방식으로 이루어지는 단순한 기법적(technical, 기법은 주어진 업무에 이용되는 도구나 특별한 절차로 볼 수 있음) 활동으로 보아서는 안 된다. 사회복지사는 **사람-문제-상황의 특성과 욕구에 적합한 기술들을 선택하고 조합하고 적용할 수 있어야 한다**(Cournoyer, 김인숙 · 김용석 역, 2006). 바커(Barker, 1991)

---

1) 스키드모어(Skidmore, 2000: 6)는 "사회복지실천은 개인, 집단(특히 가족) 및 지역사회의 문제를 해결하도록 하고, 개인, 집단 및 지역사회와의 관계에서 만족을 얻을 수 있도록 사람들을 돕는 하나의 예술이자 과학이며 전문직이다"라고 보았다(김기태 외, 2002 재인용).

는 사회복지사의 실천기술을 "대화나 클라이언트의 문제, 욕구, 능력에 대한 사정, 자원개발과 사회구조를 변화시키는 데 있어서의 숙련성"이라고 정의하고 있다(김혜란 외, 2006 재인용).

〈사전적 정의〉

skill은 숙련기술 · 능력 · 솜씨 · 기량 등을 의미하며, 특별한 훈련과 지식을 필요로 하는 활동 유형이고, 어떤 것을 잘 수행할 수 있도록 하는 지식과 능력을 의미한다. *학습된 숙련성을 효율적으로 활용할 수 있는 정신능력과 결합된 것.*

1. A **skill** is a type of work or activity which requires special training and knowledge.
2. **Skill** is the knowledge and ability that enables you to do something well.

technique은 특정 활동을 수행하는 방법이고, 대개는 실천적인 숙련을 포함하는 방법이다. *지식으로 전달 가능한 객관적인 것을 포함.*

A **technique** is a particular method of doing an activity, usually a method that involves practical skills.

출처 : Collin Cobuild 영영사전

2. 사회복지실천기술과 지식 · 가치의 관계

클라이언트의 사회적 기능을 회복 · 향상시키기 위해 원조하는 데 있어서는 여러 가지 요소들이 작용하지만, 클라이언트와 어떻게 관계를 여하히 잘 가질 것이고, 어떻게 참여를 유도할 것인지, 클라이언트의 상황과 환경에 대해 어떻게 이해하고, 강점과 능력을 어떻게 찾아서 활용할 것인지, 어떠한 개입이론이나 모델을 활용할 것인지, 평가는 어떻게 할 것인지 등 다양한 사회복지실천기술들에 대한 고려가 있어야 할 것이다. 이러한 사회복지실천기술들이 적절하게 활용되기 위해서는 클라이언트에게 영향을 미치는 사회적 · 환경적 요인에 관한 지식, 클라이언트 집단의 일반적 · 예외적인 경향에 관한 지식, 인간행동과 발달에 대한 지식, 실천이론이나 모델에 관한 지식 등 사회복지실천지식들에 기초해야 할 것이고, 인간존엄, 생명존중, 자기결정권 등의 사회복지실천 가치와 윤리에 토대를 두어야 한다.

사회복지실천은 사회복지에 대한 전문지식, 가치, 기술의 통합체다. 사회복지실천기술은 사회복지실천지식, 가치를 토대로 통합적으로 수행되는 행위이다. 이론과 가치에 근거하여 이루어질 수 있는 구체적인 실천활동이다. 특히 사회복지실천의 가치에 근거하지 않는다면 사회복지실천의 전문성이 확보되기 어려울 것이다. 지식과 기술, 가치와의 관계에 대해 김융일 외(1995)는 "인간에 대한 서비스를 제공하는 사회복지사는 다양한 종류의 지식과 기술, 기법과 전략들을 자유자재로 이용할 수 있어야 하고, 지식과 기술을 적용할 때에 가치는 실천의 어느 단계에서도 분리할 수 없다. 가치가 없다면 사회복지사는 가치 지향적인 인간 서비스 전문가(human service professional)라기보다는 기술자(technician)가 될 수도 있다."라고 설명한 바 있다. 밤에 잠을 잘 자지 못하는 아이에 대해 여러 상담 및 의료현장에서 여러 가지 전문상담기법을 적용해 보았지만 해결하지 못하고 지쳐 있는 아이에게 사회복지사가 아이 스스로의 해결책을 질문("네가 생각하기에 잠을 잘 잘 수 있으려면 어떻게 하면 좋겠니") 하고, 아이가 답하는 그대로("침대에 인형을 많이 놓고 자면 잠이 잘 올 것 같아요") 시행해 보도록 함으로써 잠을 잘 잘 수 있게 되었다는 사례에서, 전문 상담기법을 적용하는 것도 중요하지만 클라이언트 스스로 해결책을 찾도록 하는 가치(인간존엄의 가치, 자기결정의 가치)에 기반해야 한다는 점을 배울 수 있다.

사회복지실천기술은 지식과 가치를 실천하는 것과 관련된다. 사회복지실천기술은 "관심과 욕구에 맞춰 지식과 가치를 행동으로 전환하는 사회복지실천의 구성요소"이며 "특정의 목표나 활동을 향한 복잡한 행위체계"이다(Johnson, 1995; Cournoyer, 김인숙·김용석 역, 2006 재인용). 사회복지사가 실천기술을 활용한다는 것은 추상적인 의미의 사회복지가치와 지식들을 구체적 실천과정 안에서 드러내는 능력이라고 볼 수 있으며(Bartlett, 2003; 유영준, 2009 재인용), 실천가의 창의력이 충분히 발휘될 때 빛을 발하게 된다. **사회복지가치와 지식은 사회복지사의 실천기술을 통해 실제에 구현된다.** 이러한 점에서 커노이어(Cournoyer, 김인숙·김용석 역, 2006)는 "사회복지실천기술은 다음 네 가지 특성을 가진 일련의 인지적이고 행동적인 행위들을 말한다. ① 사회복지실천의 지식, 가치, 윤리, 의무로부터 나와야 하고, ② 사회복지사에게 필요한 핵심적 자질[2)]과 일치해야 하며, ③ 전문적 통합성[3)]의 특징을 반영해야 하며, ④ 실천의 단계나 과정이 맥락을 고려할 때 사회복지실천 목적과 일치하는 것이어야 한다"고 설명했고, 유능한 전문적 실천을 하기 위해서는 개인적, 전문적 통합성이 요구되고, 사회복지사는 철저한 자기이해와 훈련 및 자기 통제를 필요로 하며, 선의나 개인적 자질 및 열정 이상을 필요로 한다고 했다. 사회복지실천기술은 지식과 가치를 전문적 입장에서 통합한 것이어야 하고, 변화하는 존재로서의 인간(개인)과 환경을 다루어야 하기 때문에 사회복지실천기술을 활용하여 실천하는 사회복지사에게는 끊임없는 자기성찰이 요구된다는 것이다. 특히 현대사회의 혼돈된 가치상황에서 자신의 가치가 어떠한지, 사회적 가치와 전문적 가치에 충돌하고 있지는 않는지에 대한 자기이해 및 자기성장이 필요하다.

사회복지실천기술은 사회복지실천에 대한 지식과 가치를 통합해 행동으로 바꾸는 실천의 구성요소이고, 다양한 특성을 가진 클라이언트에 대해 적절한 개입을 시도하는 사회복지사의 노력이며 능력이기 때문에 사회복지사는 끊임없이 자기에 대해 이해할 필요가 있고, 자기성장이 요구된다. 사회복지실천기술 활용에 사회복지사의 자세를 특별히 강조하는 이유가 여기에 있다.

2) 사회복지사들이 원조관계에서 일관성 있게 반영해야 하는 핵심적 자질로 감정이입, 존중, 진실성을 들었다.

3) 전문직의 윤리와 가치, 전문가로서의 자질에서 빠뜨려서는 안 될 중요한 요소로 전문적 통합성을 들었고, 전문적 통합성은 정직성, 전문적 지식, 윤리적 의사결정, 평생학습(끊임없는 지식추구), 비판적 사고(신념과 행동에 대한 신중한 검토와 평가), 자기이해, 타인에 대한 수용 등의 특성을 지칭한다고 밝혔다(Cournoyer, 김인숙 · 김용석 역, 2006).

3. 사회복지실천기술의 유형

사회복지실천영역의 다양성과 문화적 차이로 인하여 실천현장에서 활용되고 있는 실천기술들을 통합하는 것이 쉽지 않고, 다양한 클라이언트의 특성으로 인하여 **실천현장에서 사용되는 사회복지실천기술을 명확히 구분하기는 아주 어렵다.** 또한 **사회복지사가 사용할 수 있는 실천기술의 범위도 광대하고 다양하다.** 사회복지실천기술은 일면 사회복지사가 특정한 개입목표를 달성하기 위해 클라이언트와의 관계 안에서 이루어지는 의도적인 활동이고, 이러한 활동은 클라이언트가 경험하는 심리사회적 문제를 해결하기 위해 클라이언트의 대처기술을 향상시키거나 사회환경의 장벽들을 감소시키는 실천행위들을 포괄하는 개념이다(O'Hare et al., 2002, 유영준, 2009 재인용). 헨리(Henry, 1981)는 "사회복지실천기술은 특정 시간에, 특정 목적을 위해, 특정 방식으로 사회복지사가 사용하는 일련의 행동 혹은 과업"이라고 밝히고 있다.

사회복지실천기술은 클라이언트와 사회복지사가 만나는 순간부터 사회복지사와 클라이언트가 함께 문제해결을 위한 노력을 하고 그 사례가 종결될 때까지의 모든 과정에서 사용된다. 사회복지실천의 전 과정에서 사회복지사가 사용할 수 있는 기술들에는 클라이언트와 의사소통하는 기술, 관계기술, 클라이언트와 함께 일할 수 있는 기술, 팀워크 기술, 사정기술, 욕구와 자원을 연결하는 기술, 이론과 모델을 적용하는 기술(개입기술), 자원개발기술, 평가 및 종결기술, 사회구조를 변화시키는 기술 등 다양할 것이다.

미국의 사회복지 교육정책을 수립하는 사회복지교육위원회는 사회복지 교과과정에서 크게 두 개의 영역이 포함되도록 권고한다. 우선 사회복지 교육에 있어서 인간과 사회환경에 대한 이해, 관련 이론 확인, 계획과 실행에 대한 평가 등 실천가에게 필요한 인지적 기술(Cognitive skills)과 개인, 집단, 가족, 조직, 지역사회와 의사소통하는 기술, 실행력 등 클라이언트와 상호작용하는 기술(Interactive skills) 등을 다루어야 한다고 제안하고 있다(유영준, 2009).

미국사회복지사협회(NASW, 1981)는 사회복지사가 사용할 수 있는 기술로 다음의

12가지를 제시하고 있다.

① 전문가적인 목적과 이해를 기초로 다른 사람의 말을 경청하는 기술
② 사회력 등 사정을 위한 관련 정보들을 찾아 의미 있게 조합하는 능력
③ 전문적 원조 관계를 형성하고 유지하는 기술
④ 언어적 · 비언어적 행동을 관찰, 해석하며 성격이론과 사정방법에 대한 지식을 활용하는 기술
⑤ 클라이언트와의 초기관계를 맺고 신뢰감을 획득하는 기술
⑥ 민감한 정서적 문제들을 지지적 방식으로 다루는 기술
⑦ 클라이언트 욕구에 대한 창의적인 해결책을 찾는 기술
⑧ 치료적 관계의 종결을 결정하고 실행하는 기술
⑨ 조사연구수행 또는 기존 연구결과나 전문적 문헌자료를 해석하는 기술
⑩ 갈등적 관계에 놓인 당사자들을 중재하고 협상하는 기술
⑪ 조직 간 연계 서비스를 제공하는 기술
⑫ 후원자, 대중, 입법자에게 사회적 욕구들을 전달하는 기술

커노이어(Cournoyer, 김인숙 · 김용석 역, 2006)는 NASW가 제시한 기술들과 맥을 같이하면서, [그림 1-1]에 제시된 바와 같이 실천단계별로 구분하고 있다.

로웬버그와 돌고프(Loewenberg & Dolgoff, 1971)는 사회복지사가 사회복지실천의 시작단계에서 갖추어야 할 필요한 기초기술로 기본적 원조기술(basic helping skills), 관여기술(engagement skills), 관찰기술(observation skills), 의사소통기술(communication skills)을 들었다(김융일 외, 1995).

기본적 원조기술은 클라이언트와 적절하게 관계를 형성하고, 면접을 통해 문제의 사정과 개입의 목표를 결정하고 개입을 통해 문제를 해결해 나가는 기술이다. 특히 사정과정에서 지금까지 친숙한 것들을 새로운 안목으로 볼 수 있도록 하는 통찰력을 키우는 것을 포함하고, 적절하게 그리고 의도적으로 자신을 이용하는 것을 포함한다. **관여기술**은 클라이언트의 감정과 정서, 인지, 경험, 성격과 특성, 목표와 의도, 역할과 지위 등에 대해 충분히 알고, 반영하면서, 클라이언트를 원조관계에 적극적

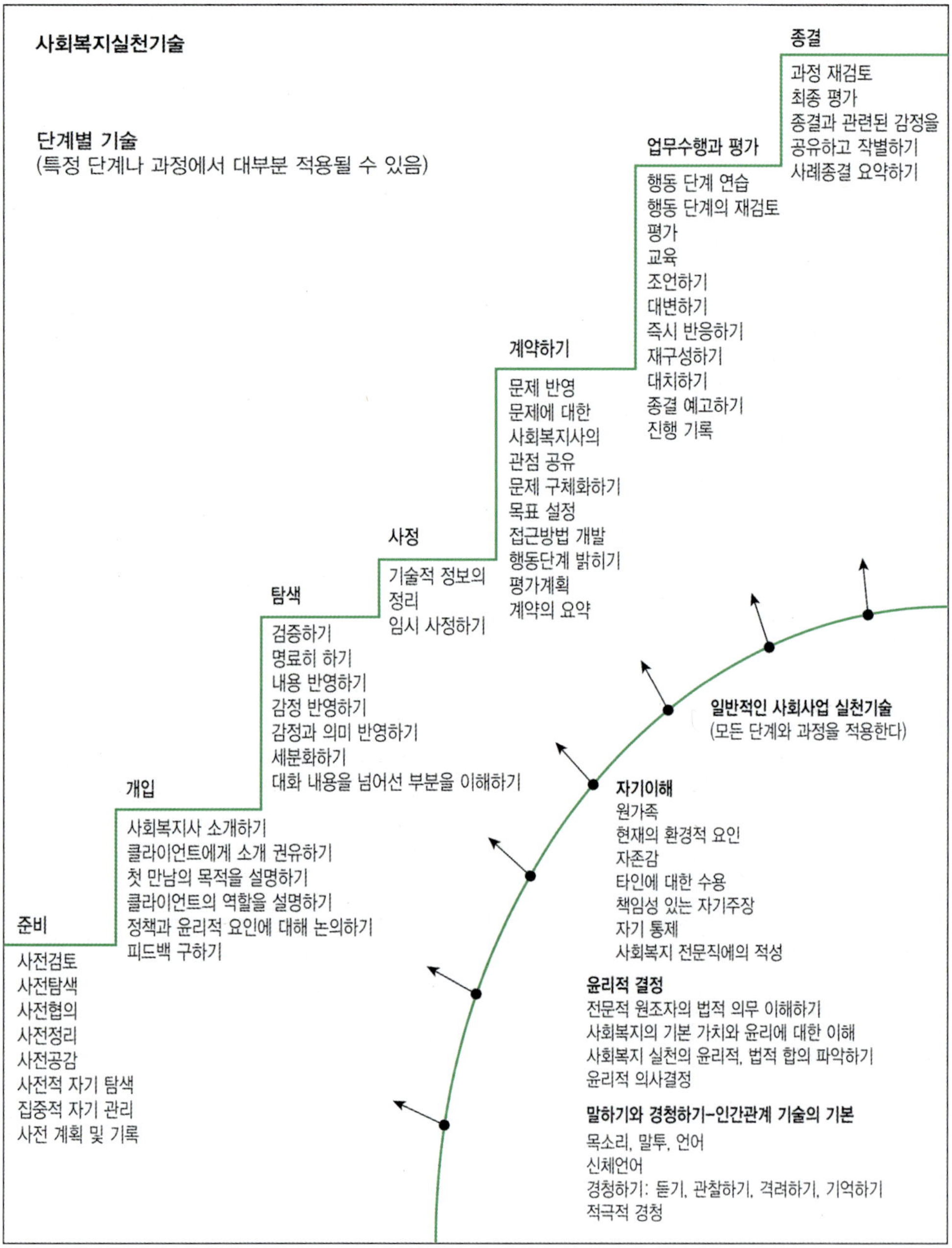

[그림 1-1] 커노이어(Cournoyer)의 사회복지실천기술

으로 참여할 수 있도록 하는 기술이다. 따라서 계층적 요인이나 하위문화에 대한 지식, 다양한 문화의 상이한 가치체계와 생활양식을 고려할 필요가 있고, 마음을 열고 정직하며 비심판적이고 현실적이려고 노력하는 과정이 관여과정을 향상시킬 수 있다. **관찰기술**은 사회복지사의 타인에 대한 편견을 인식하고, 객관성을 유지하면서 클라이언트의 정서와 인지, 행위의 특성을 볼 수 있는 능력을 포함한다. 단순히 보는 것 이상으로 말하는 것과 말하지 않는 것, 진술에서의 차이, 진술과 행동의 차이 등을 객관적으로 관찰할 수 있어야 한다. **의사소통기술**은 반영기술 등의 경청기술, 비언어적 의사소통의 의미파악, 질문기술, 해석기술 등을 포함한다.

맥마흔(McMahon, 오창순 외 역, 2001)은 **정치적 기술**(옹호하기, 합법적 행동 취하기, 타협, 조직하기, 선전하기, 시위하기), **문제해결기술**(문제확인, 자료수집, 사정/목표설정, 계획/과제규정, 개입방법 선정과 실행, 평가하기, 종결하기), **인간관계기술**(청취하기, 반응하기, 느끼기/감지하기, 부연하기, 명확화, 증거제공, 의뢰) 등을 사회복지의 기본기술로 포함했다.

최근에는 사회복지실천에 필요한 기본기술들을 현장에 바탕을 두고 경험적으로 명확히 정의하려는 노력이 이루어지고 있다. 오하레 외(O'Hare et al., 2002)는 사회복지사를 대상으로 보편적으로 사용하는 실천기술을 조사하고, 이를 바탕으로 **클라이언트에 대한 지지기술, 치료적으로 대처하는 기술, 사례관리기술** 등으로 사회복지실천기술의 영역들을 구분하였다. 사회복지사들은 세 가지 영역의 실천기술 중에서 클라이언트에 대한 지지기술을 가장 많이 활용하고 있고, 현장경력이 오래될수록 보다 복잡하고 어려운 사례를 담당할 가능성이 높기 때문에 치료적 대처기술과 사례관리기술을 많이 활용하고 있음을 밝혔다(유영민, 2009 재인용).

국내 사회복지실천현장에 대해 엄명용(2005)은 사회복지사가 대면하는 클라이언트 집단과 업무특성 등을 고려하여 개별대상개입기술(21.15%), 집단대상개입기술(19.18%), 가족대상개입기술(15.72%), 지역사회조직기술(15.55%), 자원봉사자관리기술(10.03%), 프로그램 개발 및 평가기술(9.96%), 조직관리기술(8.41%) 등으로 주요 실천기술의 영역을 구분하였다.

개별대상개입기술

1. 사정기술
   ① 클라이언트의 문제를 다양한 각도에서 바라보는 기술
   ② 클라이언트의 상황 파악을 위한 사회적 지지망 확인 기술
   ③ 클라이언트의 표현된 욕구를 정확히 파악하는 기술
2. 감정개입기술
   ① 클라이언트가 자신의 감정을 자유롭게 표현할 수 있도록 분위기를 마련해 주는 기술
   ② 클라이언트의 문제를 잘 듣는 기술(적극적 경청)
3. 의사소통기술
   ① 클라이언트의 용어로 클라이언트가 한 말을 다시 표현하는 기술
   ② 클라이언트가 한 말을 요약하는 기술
   ③ 사회복지사・클라이언트 간 의사소통이 정확한지 상호확인을 위한 질문기술
4. 개입주도기술
   ① 클라이언트의 공격적 행동에 대한 대처기술
   ② 클라이언트의 요구를 거절하는 기술
   ③ 클라이언트를 설득하는 기술

가족대상개입기술

1. 가족사정 및 자원연결기술
   ① 가족과의 초기면접에서 각각의 가족성원들이 서로 다르게 인식하고 있는 다양한 문제를 파악하기 위한 질문기술
   ② 가족관계 파악을 위해 가족들의 상호작용 패턴 확인기술
2. 도구활용기술
   ① 클라이언트 상황 파악을 위한 가계도 작성 기술

집단대상개입기술

1. 집단유대감 형성・촉진기술
   ① 집단구성원이 참여하도록 격려하는 기술
   ② 집단 내에서 신뢰적인 분위기를 조성하는 기술
   ③ 구성원들에게 현실적이고 실행 가능한 개인적 목표를 설정할 수 있도록 돕는 기술
2. 집단관리기술
   ① 구성된 집단을 종결까지 유지시키는 기술

② 세션 종결 시 그 세션의 내용들을 요약하여 정리하는 기술
3. 집단역할 설정기술
① 집단성원에게 각각의 역할에 맞는 적절한 권한부여기술

지역사회조직기술

1. 지역사회자원 섭외・파악기술
① 지역사회자원 섭외 기술
② 지역사회자원 관리 기술
2. 사례관리기술
① 개별 클라이언트의 복합적인 문제를 세분화된 서비스에 연결시켜 주는 기술
② 사례발굴 및 확보기술

자원봉사자 관리기술

1. 관계유지기술
① 자원봉사자와의 신뢰구축을 위한 공감, 수용 등 의사소통기술
2. 자원봉사자 이해기술
① 자원봉사자와 클라이언트와의 갈등 해결 기술
3. 자원봉사자 교육기술
① 자원봉사 교육 시 과업수행방법 시범 기술
4. 자원봉사자 배치기술
① 자원봉사자의 능력, 의도 등을 파악, 적절한 곳 배치기술

프로그램 개발 및 평가기술

1. 프로포잘 작성기술
① 프로포잘 작성을 위해 참신한 아이디어 발굴 기술
② 프로포잘 작성을 위한 예산편성 기술
③ 프로포잘 작성 시 글을 잘 구성하는 기술
2. 프로그램 성과평가 기술
① 수집된 자료들을 평가의 목적에 맞추어서 적절하게 분석하는 기술
② 평가를 위해 기존의 표준화된 도구 사용기술
③ 평가를 위해 필요한 자료들을 수집하는 기술
3. 프로그램 구성기술
① 프로그램 실시에 필요한 인적・물적・사회적 자원 검토기술

4. 프로그램 홍보기술
   ① 다양한 방법으로 프로그램에 관한 정보를 보급하는 기술

조직관리기술

1. 인적 자원 관리기술
   ① 직원 간의 의사소통 네트워크를 개발하는 기술
   ② 조직 내 동료와의 관계 형성 및 유지기술
   ③ 클라이언트의 문제로 소진해 있는 직원들 지지제공 기술
2. 실습생 관리기술
   ① 실습생 배치기술
3. 예산관리기술
   ① 예산 편성 기술
4. 문서관리기술
   ① 공문서 작성 기술

김용석 외(2010)도 의료사회복지사와 정신보건사회복지사를 대상으로 조사한 결과를 바탕으로 치료기술, 지지기술, 사례관리기술, 개입계획 및 평가기술로 구분하였다. **치료기술**은 대처능력을 향상시키고 심각한 장애와 증상의 감소, 문제해결능력을 향상시키는 기술이고, **지지기술**은 클라이언트에게 편안함을 제공하고 상호협동작업을 통해 치료동기를 강화하고 자신감을 증진시켜 주는 기술이다. **사례관리기술**은 환경 속의 인간이란 관점에서 클라이언트의 다양한 욕구를 충족시켜 줄 수 있고, 장기간의 케어에 효과적인 기술로서, 클라이언트가 가지고 있는 물적 자원 사정하기, 클라이언트에게 제공되는 다양한 서비스를 모니터링하기, 옹호하기, 서비스 의뢰하기, 클라이언트의 문제와 관련된 정책이나 제도 알아보기, 클라이언트가 이용할 수 있는 다른 서비스의 정보 제공하기, 서비스 조정을 위해 타 기관과 네트워크 형성하기 등을 포함한다. **개입계획 및 평가기술**은 개입초기와 치료과정 전반에 걸쳐서 개입의 양적·질적 상황을 평가하는 기술이다.

CHAPTER 02 사회복지실천의 관계기술

1. 사회복지실천 대상과의 관계 이해

1) 사회복지실천에서 관계의 의미와 특성

사회복지실천에 있어 관계는 사회복지사와 클라이언트 간의 관계이고, 집단이나 가족을 대상으로 하는 경우에는 집단성원이나 가족성원과의 관계를 포함하며, 클라이언트를 둘러싸고 있는 주변환경체계의 변화를 모색하는 경우(간접적 개입)에는 주변체계와 조직 등과의 관계도 포함한다. 하지만, **사회복지실천에 있어 관계는 기본적으로 사회복지사와 클라이언트 간의 관계**를 말한다.

일반적으로 관계(relationship)는 상호작용(주고받음)의 산물이고 결과적인 모습이다. 상호작용과정에서 결과적으로 좋은 관계, 나쁜 관계, 애증관계, 갈등관계 등의 관계의 내용과 질이 성립하게 된다. 따라서 기본적으로 관계의 의미는 상호작용의 의미를 포함한다. 비에스텍(Biestek, 1957)은 개별사회사업적 관계를 "클라이언트가 그들 환경에 보다 나은 적응을 할 수 있도록 개별사회사업가와 클라이언트 간에 이루어지는 태도와 감정의 역동적인 상호작용(dynamic interaction)이다."라고 표현한 바 있다.

사회복지사와 클라이언트 간의 관계가 아주 긍정적이고, 신뢰로운 관계라면 면접을 비롯한 전 과정에서 클라이언트는 적극적으로 참여하게 될 것이고, 성공적인 사정, 개입, 평가, 종결이 이루어질 것이다. **사회복지실천은 관계에 기반한 활동**이라고 할 만큼 사회복지실천에서 관계는 대단히 중요하다. 사회복지실천에서의 관계는 면접, 사정, 개입, 평가 등의 전 원조과정(문제해결과정)을 성공적으로 이끌어 가는 데 아주 중요하다.

사회복지사와 클라이언트 간의 관계는 일반적인 대인관계와는 구별되는 원조관계이다. 클라이언트의 어려움과 문제를 함께 해결하고자 하는 목적을 가지고 의도적으로 맺어진 관계이다. 비에스텍(Biestek, 1957)도 사회복지실천에서의 관계를 "클라이언트와 사회복지사(개별사회사업가) 간에 혹은 사회자원들과의 교류를 가능하게 하는 연결통로로서, 클라이언트와 그를 둘러싸고 있는 환경 간의 보다 나은 적응을 위해 개인의 능력과 지역사회자원을 적절히 동원하고 활용할 수 있도록 돕는 관계"라고 설명했다. 즉 원조관계인 것이다.

또한 이 둘 간의 관계는 사회복지사의 전문성에 기반한 전문적인 대인관계이다. 클라이언트의 적응과 문제해결을 도와야 한다는 **합의된 목적**이 있고, **제한된 시간** 내에 이루어지며, 목적이 달성되었거나 달성될 수 없다고 생각될 때는 종결되며, **클라이언트의 욕구나 이익이 우선**되고, 모든 감정과 반응이 허용되는 개방된 관계가 아닌 **통제된 관계**이고, 사회복지사가 **일정한 권위**를 갖게 되고, 클라이언트를 돕는 데 그러한 권위를 어떻게 사용할 것인가가 중요해지는 그런 전문적인 원조관계인 것이다(Perlman, 1979).

2) 사회복지실천에서 긍정적인 관계형성의 중요성

효과적인 원조관계의 핵심은 인간을 돌보는 것이다. 사회복지사는 진정으로 클라이언트를 돌봐야 한다. 클라이언트는 사회복지사가 지식이 많기를 원하지만, 그 사회복지사가 자신을 잘 돌봐 주려고 하는지를 일단 알고 나서야 사회복지사의 지식에 대해 주의를 기울인다(Sheafor et al., 서울대 사회복지실천연구회 역, 1999). 사회복지사와 클라이언트 간의 관계는 전문적인 원조관계이고, 전문성이 강조되는 관계로 볼 수 있지만, 기본적으로 인간과 인간이 만나는 관계인 것이다. 따라서 긍정적인 상호작용에 기반한 긍정적인 관계에 기초를 두어야 한다. 우리가 학교 다닐 때, 따뜻하고 배려 깊어 마음에 드는 선생님 때문에 그 교과목을 열심히 공부하는 것과 같이 전문성이 온전히 발휘되기 위해서는 전문가의 관심과 이해심, 따뜻함 등이 대상자에게 느껴지고, 상호신뢰가 바탕이 되어야 하는 것이다. 아무리 문제와 어려움이 있어 도움을 받아야 하는 입장이지만, 상호이해와 신뢰가 바탕이 되지 않는 관계에서는 충분한 원조가 이루어지기 어려울 것이다.

비에스텍(Biesteck, 1957)은 사회복지실천에서의 관계를 기술과 분리할 수 없는 것으로 보았다. 관계를 통해 클라이언트 개인의 능력과 사회자원이 동원된다는 것이다. 펄만(Perlman, 1978)은 관계란 문제를 해결하고 도움을 활용함에 있어 사람들의 에너지를 방출케 하고 동기를 유발시키며, 지지와 양육에 있어 활력소를 불어넣는 촉매자라고 했으며, 헵워스 외(Hepworth et al., 2006)는 원조과정을 가동시키는 견인차 역할을 한다고 했다(김기태 외, 2007). 신뢰와 상호이해를 바탕으로 형성된 전문적인 원조관계는 클라이언트의 방어를 줄여주고, 문제의 진실에 직면할 수 있도록 하며, 의구심이나 불안감을 다룰 수 있도록 하고 변화를 유도해 내게 한다. 특히 원조관계의 형성은 전체적인 실천과정의 기초를 다진다는 점에서 초기단계의 중요한 과제임을 명심할 필요가 있다(엄명용 외, 2009).

밀러(Miller, 1976)는 성공적으로 전문적인 관계가 형성되면 다음과 같은 다섯 가지 좋은 점이 발생한다고 지적하였다. ① 잘 형성된 관계는 문제해결과정에 생기와 활력을 불어넣어 주고, ② 임파워먼트된 느낌과 행동을 취할 능력이 있다는 느낌을 갖게 하며, ③ 클라이언트와 사회복지사 모두 자신 및 타인에 대한 이해의 폭이 넓어지고, ④ 자신의 가치에 대해 높이 평가하게 되어 자신감과 능력의 향상을 가져오며, ⑤ 타인을 접촉하고 관계를 형성하려는 욕구가 이전보다 강해진다고 하였다. 이러한 점에서 잘 형성된 원조관계는 문제해결과 변화의 윤활유와 촉진제 역할을 할 뿐 아니라 사회복지사와 클라이언트의 자아성장을 도모할 수 있는 계기를 제공해 준다. 또한 전문적인 원조관계가 잘 형성되면 이것이 클라이언트에게 대인관계의 폭을 확장시킬 수 있는 기회를 제공해 주는 이점이 있다(엄명용 외, 2009 재인용).

사회복지실천에 있어 클라이언트와의 관계의 중요성은 그 이론적 토대에 따라 그 정도 차이를 가질 수 있지만,[1] 어떠한 접근방법을 사용하더라도 실천의 성공적 결과를 가져오기 위해서 **클라이언트와의 긍정적 관계는 필수적**이다(이영분 외, 2001).

사회복지사와 클라이언트는 상호 긍정적인 관계형성에 노력해야 한다. 사회복지사와 클라이언트 간의 긍정적인 관계형성은 어느 한쪽의 일방적인 노력으로는 이루어지기 어렵고, 쌍방이 서로에 대한 믿음과 신뢰를 바탕으로 한 파트너십(협력적 작업관계)에 따라서 이루어질 수 있는 것이다. 또한 클라이언트와 사회복지사 간의 원조관계가 반드시 즐겁고 갈등이 없어야 하는 것은 아니다. 사실 진정으로 도움이 되고 긍정적인 원조관계는 클라이언트와 사회복지사 모두에게 정서적으로 힘든 경험일 수도 있기 때문이다.

원조관계에서 상호 간에 발전되는 결속을 **'라포(rapport, 친밀한 관계, 좋은 관계)'**라고 부른다. 그렇다면 좋은 관계란 무엇인가? 관계에는 사회복지사와 클라이언트 간의 다양한 감정과 행동이 포함되는데, 구체적으로 좋은 관계의 요소가 무엇인가에 대해서는 논란이 있지만, 관계의 질이 사회복지실천의 효과를 결정하는 데 중요하다는 것, 그리고 **좋은 관계란 따뜻함, 수용, 이해, 존경** 등으로 특징지을 수 있다는 데에는 일반적 합의가 있다(Kadushin, 문인숙 · 김만두 역, 1986 : 70 ; 이영분 외 2001 재인용). **'라포'는 클라이언트의 안녕에 대한 진실하고 확고한 관심과 도우려는 열망 등의 강력한 감정적 유대와 상호신뢰가 확립된 상태를 의미한다. 신뢰(trust), 하모니(harmony), 협력(coperation)을 구축하는 것**을 포함한다. 웹스터사전에서는 라포란 영향이나 소통을 상호 허락하는 공감(emphathy)이라 정의한다(강혜정 외, 2015).

강한 감정적 결속과 사회복지사의 능력에 대한 믿음, 클라이언트의 변화능력에 대한 믿음이 기반이 되는 신뢰로운 관계의 의미를 함축한다. 라포형성이 잘 되면 클라이언트는 자신의 문제점이나 어려움, 장 · 단점을 잘 표현할 수 있도록 해 구체적이고 실질적인 문제해결계획을 설정할 수 있게 된다(손광훈, 2009 : 311).

1) 인본주의적 접근에서는 그 중요성이 더욱 크고, 행동주의적 접근에서는 상대적으로 덜 중요할 수 있다. 행동주의적 접근에서는 대상자의 주체성보다는 반복이나 강화에 의한 학습의 가능성을 더 강조하기 때문이다.

2. 관계형성기술

1) 기술의 전제조건으로서 자기인식

(1) 자기인식이 왜 필요한가?

사회복지사는 전문인이기 이전에 한 개인으로서 자신의 삶의 여러 가지 상황들에 대해 어떤 태도나 마음가짐을 갖고 있는가를 스스로 점검해 볼 필요가 있으며, 이는 전문인으로 성장하기 위해 매우 중요한 과정이다. 사회복지사의 실천행위는 클라이언트의 삶과 관련되어 있고, 클라이언트에 대한 책무성(accountability)[2]을 가지기 때문에 사회복지사는 실천과정 전반에서 끊임없이 **자기성찰**할 수 있어야 한다. 실천과정에서 무리함은 없었는지, 편견이나 선입견이 개입되지는 않았는지, 클라이언트 입장보다 자신 입장을 먼저 생각하지는 않았는지 등 실천과정 전반에 대한 반영이 이루어져야 한다.

또한 사회복지실천은 의식적으로 사회복지사 자신을 도구로 활용하여 클라이언트의 삶에 변화를 주는 활동을 포함하기 때문에 사회복지사의 기본적인 도구는 바로 자신의 자아일 수 있다. 사회복지사들은 클라이언트와의 좋은 관계형성과 발전적 변화를 이루기 위해 '자아의 활용(Use of Self)'[3]에 의존하여 사회복지에 대한 전문지식과 태도, 기술을 사회복지사 자신을 통해 클라이언트에게 전달함으로써 클라이언트의 문제해결을 도모한다는 것이다(사회복지사 자신이 사회복지의 지식과 태도, 기술을 전달하는 매개체가 된다). 전문사회복지사로서 일하는 과정에서 자신을 의식적이

2) 사회복지사의 책무성은 책임성을 의미하며, 클라이언트에 대한 책임, 기관에 대한 책임, 지역사회에 대한 책임 모두를 포함한다. 사회복지사는 지역사회로부터 클라이언트를 전문적으로 돌보라는 책임을 위탁받은 입장에 있기 때문에 사회복지전문직의 가치와 윤리를 서비스 전달과정에서 잘 지켜낼 책임이 있고, 기관의 정책이나 지침에 맞는 서비스를 제공할 책임이 있는 것이다.

3) 자아의 활용(Use of self)은 사회복지사가 클라이언트와의 관계 내에서 자신의 의사소통능력을 활용하고, 자신의 개인적 · 전문적 경험과 지식 그리고 학술적 및 실천 경험에서 얻은 지혜를 사용(자기노출)한다는 것을 일컫는다(Poindexter et al., 이윤로 외 역, 2003). 사회복지사는 원조과정에서 바람직한 변화를 가능케 하는 가장 중요한 변화매개체(change agent)이다.

고 신중하게, 효과적이고 윤리적으로 활용해야 하기 때문에 사회복지사는 **자신을 잘 이해하고, 자기에 대한 인식**이 충분히 전제되어야 한다. 이러한 자기인식이 없다면 사회복지사의 미해결된 문제를 클라이언트에게 드러내게 될 것이기 때문이다. 자신이 누구이며, 자신을 어떻게 표현하는지, 타인에게 자신을 어떻게 드러내고, 자신이 보이는 매너리즘은 무엇이며, 자신에게 불안과 불편함을 일으키는 문제는 무엇인지, 어떤 종류의 사람 혹은 사건이 두려움과 분노를 유발하며 그리고 자신이 선호하는 상호작용의 패턴이 무엇인지 등에 대하여 정교하게 이해할 필요가 있다(Cournoyer, 김인숙 · 김용석 역, 2006).

더 나아가 사회복지사는 끊임없는 자기인식(self awareness)이 필요하고, 자신을 깊이 관찰하는 능력이 요구된다. **자기를 관찰하는 능력**[4]이란 자신과 자신의 목표에 관하여 깊이 숙고하고, 자기 자신을 믿고 존중하며, 그러면서도 한발 물러서서 자신을 복잡한 원조활동의 중요한 한 부분으로 관찰할 수 있는 능력을 말한다. 사회복지사가 끊임없이 자기를 관찰한다면 원조하는 사람(the helping person)의 중요한 자질들인 융통성, 유머감각, 지속적인 학습, 자신의 한계수용, 개방성 등을 갖게 될 것이다(Compton & Galaway, 1989).

(2) 특히 자기인식이 요구되는 부분

사회복지사는 자기 자신의 인간됨이 자기가 하는 일에 영향을 미친다는 사실을 인지하고 자신의 태도와 감정을 이해하고 변화시킬 수 있도록 자기인식을 개발하려고 노력해야 한다(장인협 · 문인숙, 1983). 특히 클라이언트와 초기접촉과정에서 **자신의 가치나 태도에 대한 인식**은 매우 중요한데, 왜 우리가 클라이언트에게 특별한 반응을 보이고 또는 특별한 감정을 갖고 생각하며 왜 어떤 특별한 방법으로 클라이언트를 다루게 되는지를 알 수 있기 위해서다. 나의 과거 경험에서 또는 내가 가지고 있는 선입견으로 클라이언트를 다루고 있지는 않는가 생각해보아야 할 것이다. 우

4) 콤프톤과 갤러웨이(Compton & Galaway, 1989)는 자기를 관찰하는 능력이 자기이해의 의미를 담고 있는 자기인식(self awareness)보다 더 많은 의미를 담고 있다는 점에서 사회복지사들의 자기를 깊이 관찰하는 능력을 강조했다.

리가 가지고 있는 가치와 편견은 사람들에 대한 가정을 만들게 하고, 이러한 인간·행동에 대한 가정은 사람들에 대해 생각하는 방식, 태도 그리고 그들을 다루는 방식에 직접적으로 영향을 준다(이윤로, 2009).

사회복지사가 다른 사람을 도와주면서 그에게 자신의 종교적·정치적 관점을 강요하는 것은 적절치 못하다. 비록 사회복지사 자신이 이러한 가치를 확실히 소유하고 있더라도 원조과정에서 이를 클라이언트에게 주입시키려고 해서는 안 된다. 개인, 부부 또는 가족이 종교적·영적 지지를 원한다면 이들을 종교기관에 의뢰해야지 사회복지사 스스로가 자신의 종교적 관점에서 영적 서비스를 제공하는 것은 비윤리적일 수 있다(Poindexter, 이윤로 외 역, 2003).

자칫 클라이언트에게 오히려 해를 끼칠 수 있는 정서적·행동적 패턴을 무의식중에 노출시켜, 자신의 문제를 투사할 가능성도 있다. 예를 들어 아동기에 의존적이며 우울증에 시달리던 어머니에 의해 상처를 받은 여성은 성장하여 불평하는 사람들에 대하여 전혀 참지 못하고, 신체적인 증상에 대해 불만스러워하는 사람들에게 이상하리만큼 적대감을 가질 수 있다(Dorfman, 김혜련 외 역, 2004).

또한 사회복지사가 특정 사람들 및 특정 장소, 특정 행위 등에 대한 정형화된 생각을 가질 경우, 클라이언트들은 그 과정에서 더욱 열등감을 경험할 수 있을 것이다. 사회복지사들이 성역할에 대한 고정관념을 가지고 있는 경우가 그 대표적인 경우로 볼 수 있을 것이다. 예를 들어 여성에게 자녀양육의 일차적인 책임이 있다고 생각하는 사회복지사는 가족원 중 누군가가 아플 때 간호의 책임이 아내에게 있다는 등 개인과 가정의 조건을 제한할 수 있다. 그리고 젊은 사회복지사와 나이가 든 클라이언트, 미혼의 사회복지사와 기혼의 클라이언트, 교육수준이 상대적으로 높은 중류층 출신의 사회복지사와 문맹수준의 빈곤한 클라이언트, 행실이 바른 사회복지사와 규범일탈의 클라이언트 등의 관계에서도 마찬가지일 것이다. 사회복지사는 이러한 상황에서도 상호 간의 다양한 상이함이 존재한다는 인식하에서 클라이언트의 관점에서 클라이언트의 기대들을 검토해야 할 것이다(김기대 외, 2007).

사회복지사는 자신의 강점과 한계를 인식하고, 자신의 태도와 신념을 깨달아야 하며, 자신의 감정을 인식하고 자신의 욕구충족을 위해 노력하며 자신을 돌보는 것도 중요하다. 때로 사회복지사들은 도움을 필요로 하는 사람들과 이야기를 나눌 때 심판적이 되거나 분노, 지루함, 무관심과 무기력, 두려움 같은 것을 느낀다. 왜 이러한 것이 발생하는 것일까? 다음이 그 이유가 될 수 있을 것이다. 사회복지사들은 자신이 이러한 상황에 있지는 않는지 되돌아봐야 할 것이다(Poindexter, 이윤로 외 역, 2003).

① 때때로 클라이언트의 상황이 사회복지사에게 너무 많은 혼란이나 과도한 참여를 요구하게 될 것이라고 미리 상상한다.

② 때때로 사회복지사들은 클라이언트의 문제나 상황이 본인에게 흥미롭지 않거나 그 예후나 결과가 별로 좋지 않아, 결과적으로 그 문제의 중요성을 반감시킨다.

③ 때때로 사회복지사들은 너무 자신의 개인적 문제에 몰두함으로써 다른 데 신경쓸 여력이 없다.

④ 때때로 사회복지사들은 다른 사람을 돕거나 구해야 한다는 신념에 너무 사로잡혀 클라이언트의 욕구보다 사회복지사 자신의 개인적인 욕구(다른 사람을 돕고자 하는 개인적 욕구)에 따라 행동하는 경우가 있다. 때때로 다른 사람을 돕기 위한 욕구를 찾다보니 다른 사람이 진정으로 원하는 것이 무엇인가에 대해 진심으로 듣지 못하는 경우가 있다.

⑤ 때때로 사회복지사들은 자신이 가지고 있는 사회복지 가치와 역행하여 움직이는 클라이언트를 만나게 되어 그를 좋아할 수 없는 경우가 있다. 또한 단순히 존중하기 싫은 사람을 만나기도 한다.

사회복지사가 아래와 같은 방식으로 클라이언트를 다루고 있다는 생각이 든다면 이는 원조관계에 방해가 되는 것이다.

① 설교하기(preaching) : 우리가 지나치게 도덕적인 나머지 클라이언트에게 심판적인가? 클라이언트가 자신 스스로 부끄러운 줄 알기를 원하고 있는가? 클라이언트에게 "~해야만 한다" 또는 "~해서는 안 된다"라고 말하고 있는가?

② 가르치기(teaching) : 우리는 단지 기계적으로 정보를 주거나, 사실만을 밝혀 주

려 하지 않는가? 감정적 교류를 회피하고 있지는 않는가?

③ 처방하기(prescribing) : 우리는 특정한 문제에 대해 단지 한 가지의 해결책만이 있다고 생각하는 자신을 발견할 때가 있는가? 우리는 클라이언트를 설득하는 데 너무 열을 올리고 있지는 않은가? 예를 들어 "세 가지 대안이 있습니다. 첫 번째 선택이 최고입니다. 왜냐하면…"이라고 말하고 있지는 않는가?

④ 구해주기(saving) : 우리는 다른 사람의 문제를 즉각 해결해 줄 수 있다고 생각하는가? 클라이언트가 저지른 실수로부터 그들을 구제할 수 있다고 느끼는가? 우리는 너무 자주 "제가 여러분을 위해 해 드리겠습니다."라고 말하고 있지 않는가?

⑤ 충고하기(advising) : 우리는 잘 알지 못하는 상황에 대해서도 모든 해결책을 알고 있어야 한다고 느끼는가? 우리 자신이 "나는 여러분이 무엇을 해야 하는지를 분명히 알고 있습니다."라고 말할 때가 있는가?

(3) 자기인식활동-가계도, 생태도 활용

사회복지사는 적어도 자신의 가족과 생태학적 환경들이 어떻게 자신의 발달과 심리사회적 기능에 영향을 미쳤는지를 이해해야 한다. 사회복지사 자신은 사회적 지지를 어떻게 찾아 나서고 받아들이며 또 다른 사람에게 주는지에 대해 이해해야 한다. 또한 다른 사람을 차별하는 데 적용되는 편견과 경향이 무엇이며, 다른 사람을 수용하는 방식이 무엇인지에 대해서도 알아야 한다. 아울러, 질 높은 사회복지서비스를 제공하는 데 방해가 될 수 있는 부정적인 사고 패턴, 감정, 행동방식을 인식하고 이들을 관리할 수 있어야 한다. 물론 이러한 자기이해는 한 번의 훈련이나 강좌 혹은 대학과정을 마쳤다고 하여 생기는 것은 아니다. **자기이해(self-knowledge)는 일생을 통해 지속되는 과정이다.**

흔히 있는 일이지만 자기인식을 위한 작업에는 일정한 위험이 수반되기도 한다. 자기인식활동을 통해 사회복지사는 스스로 오랫동안 부정하거나 경시해 왔던 자신의 어떤 측면들을 발견하게 될 수 있다. 예를 들어 자신이 대인관계에서 권력, 통제, 단정에 대한 강력한 욕구를 가지고 있음을 알게 된다든지, 남성보다 여성에게 관심과 에너지를 덜 가지고 있거나, 클라이언트에 대한 객관적 사정을 방해하는 어떤 편견을 가지고 있음을 발견할 수도 있다. 수용과 인정에 대한 어린 시절의 욕구가 충족되지 않아 갈등 시 위축되거나 회피하는 자기 자신을 인식할 수도 있다. 또한 권위적 인물이 나타나면 불안이 높아지는 자신의 모습을 발견할 수도 있다. 이따금씩 찾아오는 우울 때문에 힘들어하고, 해결되지 않은 분노를 가지고 있거나 심지어 사회복지 전문직에 적절하지 못하다는 점을 발견할 수도 있다. 이처럼 자기탐구와 자기발견의 과정은 사고와 감정에 많은 혼란을 일으킬 수 있다. **자기점검의 과정에는 수많은 위험이 존재하기 마련**이지만 자기이해와 자기인식을 추구하는 것은 그만한 가치가 있다(Cournoyer, 김인숙 · 김용석 역, 2006). 자기를 관찰하는 능력(일)은 용기를 요한다(Compton & Galaway, 1989).

자기인식을 훈련하는 과정에서는 많은 도구들을 활용할 수 있다. 가계도나 생태도, 타임라인, 생애곡선그리기, 자기분석척도 등을 활용해 사회복지사 자신의 상황을 알고, 분석해보는 노력을 통해 자기를 깊이 인식하는 훈련을 할 필요가 있다. 다음에서는 커노이어(Cournoyer, 김인숙 · 김용석 역, 2006)가 제안한 가계도와 생태도를 활용한 자기인식 및 관찰활동을 소개하고자 한다.

① 가계도를 활용한 가족의 영향 이해

가족과 어린 시절의 경험은 그 사람의 태도, 신념, 가치, 성격 특성 및 행동패턴에 중대한 영향을 미친다. 따라서 사회복지사 자신의 가족이 자신에게 어떻게 영향을 미쳤는지에 대해 철저히 알지 못하면 클라이언트 혹은 동료와 일하는 데 있어 자신의 가족에게 했던 역할이나 패턴을 부지불식간에 재연할 수 있다. 사회복지사로서의 경험 중에 흔히 일어나는 가족역할은 구원자, 중재자, 영웅, 부모역할을 하는 아동 등인데, **사회복지사들은 자신의 가계도를 활용해 가족이 어떠한 영향을 미쳤는지, 자기발전의 배경을 알아보아야 한다**. 가계도를 완성한 후 다음과 같은 질문을 던지면서 어린 시절과 가족경험을 생각해 볼 필요가 있다(Cournoyer, 김인숙 · 김용석 역, 2006).

1. 가족성원들 각자의 가족 내에서의 역할은 무엇이었습니까?(예 : 영웅, 희생양, 구원자, 중재자, 부모역할을 하는 아이 등), 가족관계에서 자신은 현재 어떤 역할을 하고 있습니까?(가족 내 역할 규명)
2. 가족 내에서 분노나 두려움 기쁨, 애정과 같은 감정을 어떻게 표현했습니까? 현재 자신은 이러한 감정들을 어떻게 표현합니까?[5](가족관계 양상 규명)
3. 자신의 가족은 어떻게 자녀를 교육하고 지도・훈육하였습니까? 누가 이런 사회화 기능을 수행했습니까? 현재 자신은 다른 가족성원들에게 어떻게 영향력을 발휘하고 있습니까?(가정 내 자녀 훈육방식-가정이 중시하는 가치나 철학, 가족전통을 나타냄)[6]

② 생태도를 활용한 주변환경 및 지지체계 인식

또한 주변 사회적 환경이 사람들의 신념, 감정, 행동에 영향을 미친다는 점에서 **사회복지사도 생태도를 활용**해 사회적 강점과 약점을 볼 수 있어야 하고, 갈등과 친화의 영역, 변화가 필요한 영역이 어디인지를 살펴볼 필요가 있다. 또한 자신이 접촉하는 일차적, 이차적인 사회체계를 보다 잘 보여줄 수 있도록 가계도와 생태도를 그려 자신에게 가장 중요한 관계와 사회체계(가장 만족을 느끼는 사회적 지지체계)를 확인할 수 있어야 한다. 그럼으로써 사회적 관계망을 재구조화하는 노력을 할 필요가 있다(사회적 지지에 대한 인식). 서로가 믿어주며 자연스럽게 도움을 주고받는 주변환경에서 자란 사람은 타인을 돕는 생활을 자연스럽게 생각하여 쉽게 도움을 제공할 수 있으며, 도움을 받는 것도 자연스럽게 생각하여 도움을 쉽게 청할 수 있을 것이다. 생태도를 완성한 후 다음과 같은 질문을 던지면서 주변 사회적 환경을 평가해 볼 필요가 있다.

5) 자유롭게, 조용하고 안전한 분위기에서, 불안정한 상태에서, 격한 상태로, 폭발적으로 표현했는가? 감정을 표출했을 때 가족구성원들은 진지하게 받아 주는 편이었는가 아니면 무시하고 비난하는 편이었는가? 등.

6) 어떤 가정에서는 가족 이외의 사람들을 대할 때 일단 의심하고(경계하면서) 인간관계를 시작할 것을 가르치는 반면, 다른 가정에서는 신뢰하면서 시작할 것을 가르친다(엄명용 외, 2009).

1. 자신의 현재 상황에서 어떤 관계가 자신의 에너지 수준을 향상시키는가, 또 에너지를 고갈시키는가?
2. 현재 자신의 생각, 가치관, 행동 등에 영향을 준 주변환경체계는 무엇이었고, 그들 체계가 어떤 방식으로 자신의 현재 모습에 영향을 주었으며, 그 계기는 어떤 것들이었는가?
3. 주변환경체계 중 자신의 도움, 지지, 에너지를 필요로 했던 체계는 무엇이었는가? 그러한 주변체계에 어떻게 도움을 제공했는가?[7)]

③ 타임라인을 활용한 생애사건들 이해

인간은 과거와 현재는 물론 미래에 대한 기대에 영향을 받는 존재이다. **사회복지사 자신의 중요한 생애사건들을 중심으로 '중요 사건 타임라인', '문제 타임라인', '성공 타임라인'**[8)]을 작성해 봄으로써 자기이해에 적극적일 필요가 있고, 타임라인을 그리고 난 후 다음과 같은 질문을 던지면서 생애사건들이 자신의 현재 삶에 어떻게 영향을 미쳤는지, 미래의 삶에 어떤 영향을 미칠 것인지를 평가해 보아야 할 것이다.

1. 자신의 삶의 과정에 변화를 가져다 준 '전환적 시기'에 자신이 경험한 사건과 경험들은 무엇인가?
2. 자신이 현재 삶의 경로를 그대로 따라간다고 가정해서, 10년이나 15년 후를 생각해 보시오. 어떤 중요한 사건과 경험을 하게 될 것이고, 그것들은 자신에게 어떻게 영향을 미칠 것인가?

이와 비슷한 맥락에서 상담분야에서는 '생애곡선그리기' 도표를 활용한다(강혜영 · 이제경, 2009). [그림 2-1]을 활용하여 생애사건이나 관련 인물, 현재에 주는 영향이나 의미를 생각해 볼 수 있다.

7) 1번은 커노이어(Cournoyer, 2006)가 제안한 문제이고, 2번, 3번은 엄명용(2009)이 제안한 문제이다.
8) 타임라인(timeline)은 특정 기간 동안 일어난 사건이나 경험을 연대기적 순서에 따라 간단히 표기하는 표이다. 중요 사건 타임라인은 그 사람의 삶에서 중요하거나 의미 있는 경험들을 제시하고, 문제 타임라인은 특정 문제의 기원과 전개과정의 궤적을 제시해 준다. 성공 타임라인은 무엇인가 성취하거나 승리하거나 상을 받은 사건들의 날짜를 기록함으로써 강점을 찾는 과정에서 도움이 된다(Cournoyer, 김인숙 · 김용석 역, 2006).

[그림 2-1] 생애곡선그리기

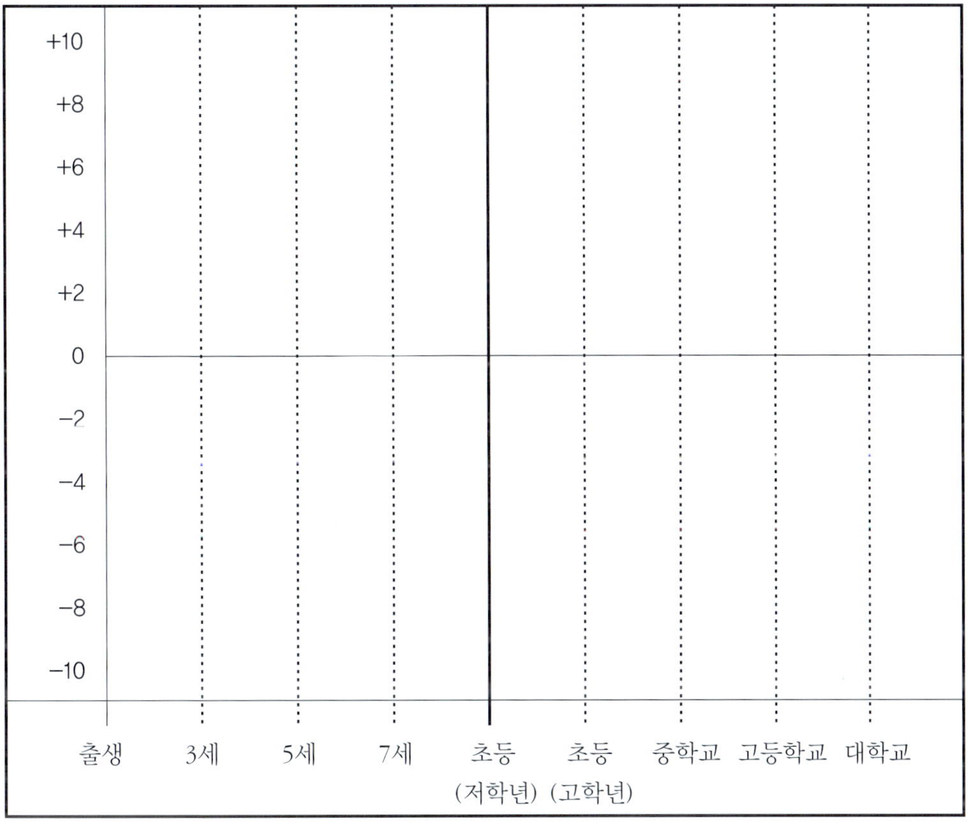

1. 각자 자신이 태어났을 때부터 지금까지의 성장과정을 돌아봅니다.
2. 각 연령(출생, 3세, 5세 등)대마다 0점을 기준으로 힘들었거나 행복했던 정도에 따라 −10점에서 10점까지 평가해 봅니다(예 : 가장 힘들었을 때 → −10, 많이 힘들었음 → −6, 약간 행복했음 → 2, 가장 행복했음 → 10).
3. 2에서 평가한 점수를 연령에 맞춰 표시하고 선으로 연결하여 나타내 봅니다.
4. 완성된 그래프를 보면서 그 당시의 사건이나 관련된 인물, 현재에 주는 영향이나 의미 등에 대해 이야기를 나눠 봅니다.

출처 : 강혜영 · 이재경(2009).

④ 타인에 대한 수용−편견과 차별적 태도 분석

사회복지실천에 있어서 인간존중, 다양성의 인정, 수용의 가치는 절대적으로 중요하다. 타인의 가치나 태도, 외모, 생각, 행동, 능력 등의 다양한 부분들을 있는 그대로 받아들이고 존중하는 능력은 그 사람이 갖고 있는 편견이 어떠한가에 달려 있다. 타인을 쉽게 수용할 수 없을 때 이는 타인에 대한 편견이나 차별행동으로 이어질 수 있다. 사회복지실천은 관계에 기반하고, 특히 초기단계의 원조관계형성이 대단히 중요한 바, 타인에 대한 편견이나 차별적 행동은 관계형성에 절대적으로 악영향을 미칠 가능성이 크다. 타인을 수용하는 정도는 동료나 그 외 다양한 자원들과 관계하는 데 있어서도 마찬가지로 중요하게 작용한다.

편견은 명확하고 객관적인 근거 없이 어떤 사람이나 현상에 대해 어느 한쪽으로 치우치게 생각하는 것을 말한다. 편견은 그 뒷받침이 되는 근거 등에 관심을 갖지 않고 새로운 정보 등의 영향도 부정하며 고집적이다. 또한 실제보다 긍정적으로 높게 평가하거나 부정적으로 낮게 평가하는 태도가 나타나고, 비논리적이고 감정적인 태도이다. 이런 편견은 선입견[9)]과 고정관념[10)] 등과도 밀접히 관련되어 있다. '가난한 사람은 게으르고 의지가 약한 사람이다', '사람은 생긴대로 논다(행동한다)', '대학을 나와야 좋은 직장에 취업할 수 있다' 등의 생각은 정확한 근거나 검증되지 않은, 한쪽으로 치우친 생각이라고 볼 수 있다. 차별은 개인이나 집단에 대해 그들의 고유한 특징을 고려하지 않고 그들을 부당하게 취급하는 것을 의미한다.

사회복지사는 가계도와 생태도를 통해 알게 된 것을 활용하여 자신은 어느 정도의 편견을 가지고 있는지, 어떤 편견, 어떤 대상에 대한 편견을 가지고 있는지, 이러한 편견은 어디에 연유하는지, 편견과 차별적 행동과 관련된 심리적・사회적 요인 등에 대한 깊은 성찰이 있어야 한다.

1. 개인적으로 편견적 태도를 경험했거나 차별적 행동에 관여했던 경우를 한 가지 이상 적으시오.
2. 편견적 태도와 차별적 행동이 어떻게 자신의 개인적 삶에 영향을 미치는지에 대해 생각・표현해 보시오.

9) 선입견(관)은 사물・사항・인물 등에 대해 미리 접한 정보나 자신이 처음 접했을 때 가진 지식이 강력하게 작용하여, 그들 대상에 대해 형성되는 고정적이며 변화하기 어려운 평가나 견해이다. 그 근거가 명확하지 않고 일단 가지게 되면 그것이 고정되기 쉽고, 선입견과 관련되는 일이 일어나면 무비판적이고 감정적이 된다는 특징이 있다. 선입견이 합리화되고 고정되면 편견이 되고, 객관적 사실이 왜곡 인지되어 그 모순을 깨닫지 못한다(두산백과).

10) 어떤 집단이나 사회적 범주 구성원들, 또는 현상들의 전형적 특징에 관한 신념이다.

2) 전문적 원조관계형성을 위한 본질적 요소

지금까지 많은 문헌에서 제시된 원조관계형성의 본질적 요소는 감정이입적 의사소통, 무조건적 긍정적 존중, 온화함(따뜻함), 진솔성, 수용, 이해 등이다.[11] 중요한 것은 이러한 요소들을 현실 속에서 어떻게 적절하게 표현할 수 있느냐 하는 문제일 것이다.

〈표 2-1〉 전문적 관계의 본질적 요소에 대한 각 학자들의 견해

엄명룡(2009)/ 손광훈(2009)	Cournoyer (2000)	Poindexter et al.(2003)	Sheafor, Horejsi & Horejsi(1997)	Compton & Galaway(1989)
전문적인 원조관계 형성의 요소/원조관계형성의 필수요소	**전문사회복지사에 필요한 핵심적 자질**	**효과적인 원조의 원칙**	**원조관계의 핵심적인 조건과 특성들**	**전문적 관계의 본질적 요소**
공감에 바탕을 둔 의사소통/감정이입적 의사소통	감정이입	감정의 파악, 감정적 표현어구 개발하기, 감정이입	감정이입	감정이입
긍정적 존중/무조건적 긍정적 존중	존중	존중하기와 비심판적 태도	긍정적 고려	
온화함			개인적 온화함	
진솔성	진실성	진실성	진실성	진실성과 일치성
강점 및 좋은(긍정적) 면 발견				
	전문적 통합성(정직성, 전문적 지식, 윤리적 의사결정, 평생학습, 비판적 사고, 자기이해, 자기통제)		전문성(유능성) 구체성 객관성	

11) 칼 로저스(Carl R. Rogers, 1957)는 상담의 치료적 힘에 매료되어 치료적 변인연구에 집중하여 감정이입(이해), 무조건적인 긍정적 존중, 일치성이 상담자속성이 충분조건이라고 최초로 개념화하였다. 키스트-에쉬맨과 헐(Kirst-Ashman & Hull, 1999)은 원조관계를 촉진시키는 특성을 온화함, 공감, 진실성이라 주장했고(조휘일 외, 2006 재인용), 브라운(Brown, 1992)은 온정, 수용, 감정이입, 돌보는 것, 진실성, 정직, 신뢰, 일치 등을, 펄만(Perlman, 1978)은 온정, 수용, 감정이입, 돌보는 관심, 진실성 등을 주장하였다(김기태 외, 2007 재인용).

엄명룡(2009)/손광훈(2009)	Cournoyer (2000)	Poindexter et al.(2003)	Sheafor, Horejsi & Horejsi(1997)	Compton & Galaway(1989)
		관심표명		타인에 대한 관심
				권위와 권한
				헌신과 책무
				수용과 기대
		클라이언트의 입장에서 시작하라[12]		
		적극적 경청		
		인정하기, 정당화하기		
		행위와 사람, 행위와 감정 구분하기		
		비언어적 · 비음성적 의사소통 이해하기		
		집중하기		
		정보제공		
		옹호		
			구조화[13] (유사성/차이성)	

12) 이는 클라이언트의 관심사를 최우선시해야 한다는 의미이고, 클라이언트가 변화할 준비가 되었는지를 고려해 서비스를 제공해야 한다는 의미이다. 인간은 자신이 변화하려는 준비가 되어 있지 않을 때는 절대 변화하지 않듯이 클라이언트도 그렇게 빨리 동기화되지 않는다는 것이다.

13) 구조화(structuring)는 다양한 인간 상호 간의 관계형성을 증진시키는 상징을 사용하는 것이다. 예를 들어 복장이나 사무실 환경, 유사한 면(비슷한 연령의 자녀, 성, 연령, 부모관계 등), 차이성 등을 활용하는 것을 말한다(Sheafor et al., 서울대 사회복지실천연구회 역, 1999).

〈표 2-1〉에서 볼 수 있듯이 본질적 요소에 대해 학자들 간에도 다소 차이를 보이는 부분이 있다. 그렇지만 학자들 간에도 **감정파악 및 감정이입**(**공감, 공감적 이해, 감정이입적 의사소통**), **긍정적 존중**(**존경심, 긍정적 고려**), **진솔성**(**진실성, 일치성**) 등에 대해서는 공통적이다. 이러한 공통적인 요소에 덧붙여 콤프톤과 갤러웨이(Compton & Gallaway, 1989)의 "전문적 관계의 본질적 요소"[14]에 포함된 **헌신과 책무**를, 그리고 **강점·좋은 점 발견 및 역량강화**를 함께 살펴본다.

(1) 공감(감정이입적 의사소통)

클라이언트의 문제가 어떤 종류의 것이든 모든 문제에는 감정적 요인이 내포되어 있고, 때로 감정문제가 클라이언트 문제의 근원일 수 있을 것이다. 또한 클라이언트는 다양한 부적인 감정(예 : 부정적 자아상, 세상에 대한 불신감, 분노의 감정, 본능적 욕구, 좌절감, 소외감, 사랑과 인정을 받지 못하는 데서 오는 침체감, 거절감 등)을 가지고 있으며, 사회복지사에게 오기까지 다양한 양가감정을 가지기 때문에 클라이언트의 감정을 적절하게 표현하게 하고 감정을 함께한다면 심리적 안정감을 가지도록 할 수 있을 것이고, 나아가 자신의 문제를 객관적으로 인식하도록 해 문제해결의 충분한 능력을 가질 수 있을 것이다.

특히 우리는 예전부터 감정을 허용해서는 안 된다고 교육받았고(예 : 다 큰 남자가 울면 쓰나!), 감정을 억누르면서 살아왔다. 우리는 종종 감정을 억누르며 애써 무시하려 하고 때로는 아예 그 감정 자체를 부정하거나 왜곡하기도 한다. 그래서 우리는 내적 경험과는 분리된 삶을 살며 우리를 있는 그대로 받아들이지 못하게 된다. 클라이언트에게 공감해야 할 이유이고, 감정탐색·공유의 논리적 근거인 것이다.

공감(감정이입, empathy)은 사회복지사가 클라이언트의 입장이 되어 클라이언트의 주관적인 경험과 감정을 공유해, 그 경험과 감정의 의미를 정확하게 포착하는 것(능력)이다. 칼 로저스(Rogers, 1957 ; Hill, 주은선 역, 2012 재인용)는 "다른 사람의 경험과

14) **타인에 대한 관심**(Concern of Other), **헌신**(**소명의식**)**과 책무**(Commitment and Obligation), **수용과 기대**(Acceptance and Expectation), **공감**(감정이입, empathy), **권위와 권한**(Authority and Power), **진실성과 일치성**(Genuineness and Congruence) 등이다.

조화하려는 태도나 방식"이라 정의한 바 있다. 사회복지사가 클라이언트의 이야기를 들으면서 말 속에 담겨 있는 기분이나 감정을 그의 입장에서 이해하고, 받아들이는 것은 관계형성 및 치료나 문제해결을 위한 개입과정에서 아주 중요하다. 소위 감정이입적인 이해(공감적 이해)를 말하는 것이고, 감정을 이해하고 있다는 것을 표현·전달하는 것이 또한 감정반영이고, 감정이입적 의사소통이다. 공감적 이해는 라포의 기반을 제공하기 때문에 면접 초기에 특히 중요하다.

감정이입적 의사소통은 클라이언트의 내적 감정을 정확하고 민감하게 인지하고 클라이언트의 경험에 맞는 언어로 이러한 느낌을 잘 전달할 수 있는 사회복지사의 능력을 말한다. 따라서 공감 내지 감정이입은 감정이입적 인식차원과 사회복지사가 클라이언트의 내적 경험을 이해했다는 느낌을 잘 전달하는 것을 포함한다. 감정이입은 주로 클라이언트에게 주의를 집중하는 것(적극적 경청), 비언어적 단서에 민감하게 반응하는 것 등을 통해서 전달된다.

공감은 사회복지사가 과정 내에서 자신의 관점을 유지하면서 클라이언트의 느낌과 경험에 몰입하는 능력이다. 클라이언트 인식의 틀 내에 적극적으로 들어가려 노력해야 하지만, 사회복지사는 자신의 관점과 지식을 사용하기 위해 충분히 거리를 유지할 수 있어야 한다는 점도 포함한다(분리와 객관성의 유지). 칼 로저스(Carl R. Rogers, 1966 : 409)는 공감을 "정확하게, 이에 포함된 감정적 구성을 충분히 파악하면서, 마치 그 사람인 양, 다른 사람의 내적인 준거틀을 인식하는 것이지만 마치 …인 것처럼(as if)이라는 조건을 잊지 않아야 한다."고 설명했다(Compton & Gallaway, 1989 재인용).

공감의 기본형식은 "당신은 …라고(하게) 느끼는군요", "당신은 슬프겠군요", "내일 시험을 치는데 별로 공부해놓은 것은 없고, 오늘밤에는 밤샘을 해야겠어요"라고 말할 때 "걱정이 많겠구나"라고 공감할 수 있을 것이다.

공감적 반응 또는 감정반영에서 다음의 문장을 활용할 수 있다(Poindexter et al., 이윤로 외 역, 2003 : 87).[15)]

---

15) 이 외에도 "제가 보기에는 …하게 생각하시는 것 같군요", "…한 생각이신 것 같은데, 맞나요?", "…라는 의미로 들립니다. 그런가요?", "당신의 말을 들어보니 당신이 그때 …하게 느끼신 것 같은데요", "저에게는 …하시다는 것으로 들리는데 그에 대해 좀 더 이야기해 주시겠어요?" 등으로 표현할 수 있다(양정남·최선령, 2002 : 69).

- 선생님은 마치 …처럼 보인다
- 마치 …인 것 같다
- …라고 말하는 것 같다
- …하는 것은 꽤 어렵죠
- 제가 느끼기에는…
- 제가 듣기에는…
- 저는 선생님이 …느끼고 계신다고 생각합니다
- 그래서, 선생님 입장에서는…
- 확실히 잘은 모르겠지만…

또한 공감을 하는 데 있어 상대방이 특정한 감정과 기분을 갖게 되는 이유와 배경을 함께 알아주면 훨씬 도움이 된다. "…하다니", "…하기 때문에"와 같은 형식으로 표현할 수 있다.

공감은 일반적으로 지금까지 설명한 표면공감과 심층공감으로 나뉘어진다. **표면공감**은 클라이언트가 자기 자신을 나타내 보이는 수준만큼 사회복지사가 그를 이해할 수 있음을 보여주는 반응을 말하고, **심층공감**은 클라이언트가 현재 알고 있는 이상의 것까지 이해하고 있으며 클라이언트의 심층 감정을 전달하는 반응을 일컫는다. 클라이언트가 말하지는 않지만 속으로 생각하고 느끼고 있는 내면 기분을 이해하는 것이다.

사례

클라이언트 : "저는 벌써 대학생활 1년이 지났는데도 학교에 정을 못 붙이겠습니다. 과 친구들과 잘 지내보려 애쓰지만 그 애들은 야속하게 자기 할 일만 하고 가버립니다. 그럴 때마다 그 애들이 너무 이기적이 아닌가 생각될 때가 많습니다."

표면공감수준 : "친구들과 잘 지내보려고 했는데도 그 친구들이 야속하게 행동해서 실망을 느끼고 있군요."

심층공감수준 : "과 친구들과 마음을 터놓고 사귀지 못해 몹시 힘들어하는군요. 비록 지금은 과 친구들과의 문제에 대해서만 이야기하고 있지만, 학생은 일반적으로 다른 사람과의 사교능력이나 졸업 후의 사회적응에 대해서도 다소 의구심을 갖고 있는 것 같군요".

감정이입적인 의사소통의 수준

수준 1. 낮은 수준의 감정이입 반응 : 클라이언트에게서 가장 잘 드러나는 감정에 대해서도 거의 알아차리지 못함. 부적절하고 거친 반응을 보임. 주제를 바꾸거나 논쟁을 벌이거나 조급한 충고나 해결책 제시. 눈빛, 자세, 몸짓 등의 비언어적 반응이 클라이언트의 기분이나 내용에 부적절.

수준 2. 비교적 낮은 감정이입 반응 : 클라이언트가 표면적으로 드러낸 메시지에 대해서는 이해하지만 거기에 담긴 실질적인 감정이나 의미는 놓치는 수준(메시지 인식 수준), 사회복지사 자신의 개념틀에 따라 반응.

수준 3. 상호교환적인 감정이입 반응 : 클라이언트의 언어표현 속에 담긴 사실과 표면적 감정상태를 비교적 정확히 파악하고 그에 대해 언어적・비언어적으로 적절히 반응하지만 언어표현 속에 숨겨진 감정은 잘 파악하지 못함. 클라이언트를 이해하려는 노력을 전달하면서 클라이언트의 분명한 표현과 상호교환이 가능한 수준. 클라이언트가 표현한 감정을 반영하는 수준(클라이언트의 표현수준의 감정에만 반응).

수준 4. 비교적 높은 수준의 감정이입 반응 : 클라이언트의 말에 숨겨진 내면의 감정, 숨겨진 문제양상을 집어냄. 클라이언트가 정확히 표현하지 못한 미묘한 기분, 미묘하게 포장되거나 가려진 감정, 몸짓이나 표정의 의미, 행동의 목적 등을 찾아냄.

수준 5. 높은 수준의 감정이입 반응 : 감정적 뉘앙스들을 반영하고, 클라이언트 감정의 순간순간의 흐름을 미묘한 수준까지 파악함. 표면적인 감정과 의미뿐 아니라 숨겨진 감정과 의미에 대해서도 그 강도와 폭에 맞게 정확히 반응하는 수준. 클라이언트의 현재 감정과 이전에 표현한 감정을 연결시키며, 명백한 경향, 주제, 목적을 정확하게 확인.

출처 : Hepworth et al.(1993) ; 엄명용 외(2009) 재인용.

헵워스 외(Hepworth et al., 허남순 외 역, 2004)는 감정이입적 의사소통과정에서 드러난 클라이언트의 감정을 순간적으로 잡아내는 것뿐 아니라, 상호 공유하는 탐색적인 과정에서 숨겨진 감정을 밝혀내고 감정과 행동의 의미와 개인적 중요성을 발견하는 것, 즉 ① **숨겨진 감정**[16]**에 대응할 필요가 있음**을 강조했고, "다른 사람의 신발을 신고 걷기"가 중요하다면서, 깊은 공감의 중요성을 일깨웠다. 그렇지만 역시

16) "아, 그건 중요한 게 아닙니다", "그가 무엇을 하든지 상관없어요!"라는 메시지 안에 고통스러운 외로움 "아무도 필요없어요"의 감정을 감춘다는 것이다.

동정과 감정이입의 차이를 설명하면서 ② **분리와 객관성을 유지하는 것**이 원조과정에서 필수적이라는 점을 강조했다. 한 사람이 다른 사람의 감정을 경험하고 그 사람의 경험에 감명을 받을 때, 감정이입적이기보다는 동정적으로 반응하기 쉽다. **동정적 반응**은 다른 사람의 감정을 지지하고 함몰되어 자신의 입장을 잃어버리는 것인 반면("내가 당신 입장이라면 나도 당신처럼 느꼈을 것 같아요", "당신이 옳다고 생각해요"), **감정이입적 반응**은 자신의 입장을 잃지 않고 다른 사람의 감정이나 상황을 이해하는 것("제 생각에 당신은 …게 느끼는 것 같군요")이라는 것이다. 또한 ③ 감정이입은 클라이언트의 감정을 인식하는 것 이상으로, 클라이언트의 내적 경험을 이해하였음을 **언어적, 비언어적으로 적절하게 보여주는 것을 포함한다**는 것이다. 그리고 ④ 감정에 대한 통찰을 발전시키고 클라이언트가 표현하는 다양한 감정에 대한 표현들에 대응하기 위해서 사회복지사는 다양한 인간의 감정에 대해서 충분히 알고 있어야 하고, **클라이언트의 감정을 정확히 반영하면서 이 감정을 압축적으로 표현하는 용어가 필요**하다는 것이다. ⑤ 클라이언트가 관계에서 어려움을 겪는 이유는 종종 그들의 의사소통방식이 다른 사람들의 메시지를 정확히 들으면서도 그 이해된 것을 제대로 전달하지 못하도록 하는 장벽을 많이 가지고 있기 때문이므로, **클라이언트에게 감정이입적으로 반응하는 방식을 가르치는 과제**를 제시했다.

감정이입을 수행하기 위해서는 먼저, **클라이언트와 유사한 상황에 있다면 나는 어떤 감정을 느낄 것인가에 대해 상상하는 것이 좋다**. 자신에게 한 번 질문해 보라. "내가 이와 같은 상황에 처해 본 적이 있는가?", "그때 어떤 느낌이었는가?" 혹은 "만약 이런 상황이 온다면 나는 어떻게 느낄 것인가?" 이러한 상상방법은 감정이입적 능력을 고양시키는 데 유용하다. 그러나 상상만으로 클라이언트의 입장을 완벽히 이해할 수는 없다. 적극적 경청을 통해 클라이언트의 감정을 체크해야 한다(Poindexter et al., 이윤로 외 역, 2003).

〈표 2-2〉 **감정적 표현어구 개발을 위한 감정의 실례1**(Poindexter et al., 이윤로 외 공역, 2003)

감정	실례
즐거운 (joyful)	흥미진진한, 대담한, 자극적인, 쾌활한, 명랑한, 밝은, 아주 기뻐하는, 정력적인, 창조적인, 엉뚱한
강인한 (powerful)	당당한, 기운찬, 존경받는, 만족해하는, 인정받는, 귀중한, 희망있는, 가치있는, 중요한, 지적인, 충실한, 확신 있는
평온한 (peaceful)	흡족한, 사색에 잠긴, 심사숙고하는, 편안한, 친밀한, 반응적인, 사랑하는, 신뢰하는, 감사하는, 평화스런, 우수에 젖은, 양육하는
슬픈 (sad)	죄책감의, 수줍어하는, 부끄러워하는, 어리석은, 우울한, 애처로운, 외로운, 열등한, 지루한, 부적절한, 졸린, 불쌍한
격한/맹렬한 (mad)	비관적인, 의심 많은, 미운, 짜증스런, 격분된, 화가 치미는, 성난, 좌절된, 적의에 찬, 이기적인, 상처를 주는, 질투심이 많은
두려운 (scared)	거절당하는, 당황해하는, 혼란한, 의기소침한, 무력한, 무의미한, 순종적인, 나약한, 불안전한, 바보스러운, 불안한, 당혹스러운

〈표 2-3〉 **감정적 표현어구 개발을 위한 감정의 실례2**(강혜정 외, 2015)

구분	감정	실례
욕구가 충족되지 못한 감각어	슬프다	비참하다, 서럽다, 울적하다, 처참하다, 안타깝다, 구슬프다, 울적하다, 참담하다, 서글프다, 한스럽다, 그립다, 목이 메다, 애끓는다, 처연하다, 쓰라리다
	외롭다	허전하다, 공허하다, 쓸쓸하다, 고독하다, 허하다, 허탈하다, 막막하다, 심심하다, 무료하다
	피곤하다	기운 없다, 맥 빠지다, 지겹다, 고단하다, 귀찮다, 노곤하다, 고단하다, 힘들다, 지치다
	서운하다	섭섭하다, 애석하다, 김빠지다, 야속하다, 냉담하다, 실망하다, 절망하다, 상심하다
	우울하다	침울하다, 시무룩하다, 무기력하다, 풀이 죽다, 꿀꿀하다
	불안하다	안절부절못하다, 초조하다, 조바심 나다, 떨리다, 긴장되다, 조마조마하다, 민감하다
	걱정되다	골치 아프다, 뒤숭숭하다, 근심하다, 암담하다, 염려되다, 신경 쓰이다, 전전긍긍하다, 까마득하다, 답답하다
	화나다	억울하다, 열 받는다, 속상하다, 울화가 치밀다, 분개하다, 끓어오르다, 분하다, 억울하다, 언짢다, 짜증나다, 성가시다, 격앙되다

욕구가 충족되지 못한 감각어	불편하다	난처하다, 겸연쩍다, 답답하다, 곤혹스럽다, 갑갑하다, 멋쩍다, 거북스럽다, 찜찜하다, 쑥스럽다, 서먹하다, 어색하다, 신경 쓰이다
	당황스럽다	혼란스럽다, 곤란하다, 멍하다, 창피하다, 부끄럽다, 민망하다, 놀라다, 어쩔 줄 모르다
	무섭다	겁나다, 두렵다, 오싹하다, 섬뜩하다, 간담이 서늘해지다, 주눅 들다, 진땀나다
	혐오스럽다	정 떨어지다, 질리다, 밥맛 없다, 못마땅하다
욕구가 충족된 감각어	편안하다	친밀하다, 마음이 놓이다, 마음이 가볍다, 긴장이 풀리다, 느긋하다, 차분하다, 담담하다
	따뜻하다	훈훈하다, 정겹다, 친근하다, 푸근하다, 감미롭다, 포근하다, 사랑하다, 정을 느끼다
	뿌듯하다	흡족하다, 만족스럽다, 는는하다, 흐뭇하다
	즐겁다	기쁘다, 반갑다, 유쾌하다, 통쾌하다, 명랑하다
	감동하다	감격스럽다, 환희에 차다, 황홀하다, 충만하다, 뭉클하다, 벅차다, 들뜨다, 고무되다
	개운하다	후련하다, 산뜻하다, 홀가분하다, 상쾌하다
	흥미롭다	재미있다, 끌리다, 열중하다, 매혹되다, 기대하다
	평화롭다	고요하다, 잠잠하다, 평온하다, 누그러지다, 여유롭다, 진정되다
	활기차다	신나다, 기운 나다, 힘이 솟다, 용기가 나다, 자신만만하다, 의기양양하다, 당당하다, 살아있다, 짜릿하다, 생기가 돌다
	고맙다	감사하다
	흥분되다	가슴 벅차다, 기대에 부풀다, 들뜨다, 두근거리다, 희망에 차다, 희열이 넘치다

(2) 긍정적 고려 및 관심의 표명

긍정적 고려(positive regard)를 칼 로저스(Karl Rogers)는 무조건적 긍정적 관심으로 표현했고, 수용과 존중 또는 배려로 묘사했다. 본질적으로 모든 클라이언트가 가치 있는 존재이며 외모나 행동, 환경에 관계없이 존엄하게 대우받아야 한다는 믿음을 포함하고, 조건 없이 그 사람의 사고, 감정, 행동을 긍정적으로 받아들이는 것을 말한다. 콤프톤과 갤러웨이(Compton & Gallaway, 1989)가 말하는 타인에 대한 관심

(Concern for the Other)[17]도 이에 해당한다고 볼 수 있다. 커미어와 커미어(Cormier & Cormier, 1991 : 29)가 "클라이언트의 행동, 동기를 판단하는 것을 중지하고 클라이언트의 사고, 감정, 행동을 비난하거나 용서하는 것을 피하는 능력"이라고 설명한 것처럼 비심판적인 태도를 유지해야 의사소통 및 관계형성이 증진될 수 있다(Sheafor et al., 서울대 사회복지실천연구회 역, 1999).

긍정적 고려는 클라이언트의 감정이 어떤 것이든 느끼는 그대로 표현하도록 허용하는 것도 포함하는데, 예컨대 혼란, 분노, 두려움, 노여움, 용기, 사랑, 자존심 같은 감정을 들 수 있다. 긍정적 관심은 치료만큼 중요하다. 항상 입장을 바꾸어, 자신이 도움이 필요할 경우 어떻게 대접받기를 원하는지, 자신이 사랑하는 사람이 어떻게 대접받기를 원할 것인지를 늘 기억하라. 그리고 도움을 받는다는 것이 어떻게 느껴질 것인지를 기억하라(Poindexter et al., 이윤로 외 역, 2003).

또한 칼 로저스(1957)는 사회복지사가 **"무조건적인 긍정적 관심"을 전달해야 한다**고 언급했다. 좋은 관계형성을 위해서는 클라이언트의 인격을 존중하고, 가치를 부여해야 하며 이러한 점을 클라이언트에게도 전달해야 한다. 클라이언트가 어떤 문제를 제시하든지, 어떤 실수를 했든지 간에 그가 고귀한 가치를 지닌 인간임을 잊지 말아야 하고, 수용하고 있다는 것과 관심이 있음을 전달하여 클라이언트의 신뢰를 얻어야 할 것이다. 열심히 듣고, 클라이언트의 견해를 이해하려고 노력하며 클라이언트가 하고 있는 생각을 명확히 하기 위한 질문을 하는 것 등은 모두 긍정적인 관심과 존중을 전달하는 방법이다.

특히 원조관계의 과정에서 존중과 관심의 표현을 구체적으로 실행하기 위해서는 **클라이언트의 걱정거리(본질적인 문제 이외의)에 관심 갖기, 개인적 반응 보류하기(판단 · 비판 보류, 부정적으로 판단하지 않는 것), 클라이언트의 선택 지지하기** 등이 중요하게 작용할 수 있을 것이다.

17) 콤프톤과 갤러웨이(Compton & Gallaway)는 타인에 대한 관심을 클라이언트에게 일어난 일에 대해 진심 어린 관심을 가지며, 이들의 감정에 대해 교류할 수 있어야 함을 의미한다. 원조관계에서 타인에 대한 관심은 책임감, 배려, 존중, 타인에 대한 이해 및 클라이언트의 더 나은 삶에 대한 바람을 포함한다. 클라이언트의 삶과 욕구에 대한 조건 없는 긍정적 인정을 의미한다고 밝히고 있다.

(3) 진실성과 일치성

관계형성에서 진실하다(genuine, genuineness)는 의미는 서로에게 정직(솔직)하고, 개방적이고, 위선되지 않는 것을 의미한다. 진실성은 신실하게 말하고 행동하는 것을 뜻한다. 또한 일관되고, 예측 가능하며, 신뢰할 수 있어야 함을 뜻한다. 세퍼 외(Sheafor et al., 서울대 사회복지실천연구회 역, 1999 재인용)는 '가슴으로부터 말을 하는 것'이라 표현했고, 피셔(Fisher, 1978)의 '진실성은 정직함과 완전한 동의어는 아니다'라는 표현을 인용한 바 있다. 진정성으로도 표현할 수 있을 것이다. 진정성은 신뢰성(trustiness), 일치성, 투명성(transparency), 진실성, 성실성(sincerity)의 의미로도 사용된다(정원철, 2005).

이 진실성은 흔히 '일치성(congruence)'이라고도 불린다(Poindexter et al., 이윤로 외 역, 2003). 이는 내적 감정과 외적 표현의 일치를 일컫는 것이다. 일치성[18]은 사회복지사가 클라이언트와 관계를 맺을 때 일관성 있고 정직한 개방성을 유지하고, 대화의 내용(어조와 신체언어, 말한 내용)과 행동이 항상 일치하면서도 전문가로서의 자아와 가치체계에 부합해야 함을 의미한다(엄명용 외, 2005). 일치성이 있을 때 진솔하게 생각하고 느낀 그대로를 표현하게 되는 것이다.

커노이어(Cournoyer, 김인숙·김용석 역, 2006)는 진실성을 "어떤 사람이 관계를 맺을 때 보이는 성실성"으로도 설명했다. 진실한 사회복지사는 기본적으로 정직하며, 인위적이지 않고 자연스러우며, 믿을 수 있고, 거짓이 없다. 진실한 사회복지사는 방어적이지 않고, 다른 사람의 생각에 열려 있으며, 생각과 느낌을 나누는 데 있어서도 솔직하다는 것이다. 그렇다고 클라이언트와의 관계에서 진솔(신실하고 솔직)하게 생각하고 느낀 그대로를 표현한다고 매 순간마다 생각하고 느낀 것을 무엇이든 말하고 행해야 한다는 의미는 아니다. 클라이언트와 상호 합의된 목표를 달성하기 위해 클라이언트를 돕고 클라이언트와 함께 일하는 조건하에서만 진실하게 관계해야 한다.

헵워스 외(Hepworth et al., 허남순 외 역, 2004)는 진실성과 관련하여 다음의 두 가지

18) 칼 로저스는 일치성을 "상담자가 어느 순간 툭 터놓고 자신의 내부에서 일어나는 감정이나 태도와 일치할 때 생기는 것이며, '투명하다'는 말이야말로 이러한 상황에 딱 들어맞는 표현"이라고 하였다(Carl R. Rogers, 1980).

를 조심해야 한다고 했다. 첫째, 비록 진정한 느낌을 표현하는 경우라 할지라도 마찰을 일으키지 않도록 주의한다. 즉 사회복지사가 하고 싶은 대로 무엇이든 다 표현할 수 있는 것이 아니라는 것이다. 특히 클라이언트에 대해 순간적으로 미운 감정이 솟는다고 해서 그것을 마구 표현할 수 없는 것이다. 둘째, 자신의 경험이나 느낌을 표현하는 것에 도취되어 클라이언트의 욕구보다는 자신의 욕구를 충족시키는 일에 열중하지 않도록 주의한다. 자신의 경험이나 느낌을 이야기할 필요가 있는 경우라 할지라도 가급적 클라이언트 욕구 쪽으로 주의를 돌리도록 노력해야 한다는 것이다.

또한 진실하게 반응하기 위한 형식과 지침을 소개하면 다음과 같다(Hepworth et al., 허남순 외 역, 2004 : 80).

첫째, **'나'**라는 단어를 사용해서 메시지를 개별화한다.

둘째, 다양한 수준에 놓여 있는 **감정들을 공유**한다.

셋째, 어떤 상황이나 주요한 행동에 대해서 **중립적이고 기술적인 단어로 설명**한다.

넷째, 클라이언트가 처해 있는 문제 상황이나 **행동의 특별한 영향을 명확하게 한다**.

(1) 나는…		…에 대해 …한다		왜냐하면…	
(2) 특별한 감정·욕구		(3) 사건의 가치중립적 묘사		(4) 다른 사람에게 미칠 영향	
나는	당신과 이야기할 때	당신이 신문을 보고 있으면	화가 나요	왜냐하면	당신이 나를 무시하는 것 같으니까요
(1)		(3)	(2)		(4)

자기 자신에게 진실되기 위해서는 반드시 자기성찰적이며, 자기인식적이고, 갈등과 불확실성, 그리고 다양성을 기꺼이 감내할 수 있어야 한다(Perlman, 1979 ; Poindexter et al., 이윤로 외 역, 2003 재인용). 깁(Gibb, 1978 ; 신성자 외, 2012 재인용)은 진실함을 위해 원조자가 학습해야 할 주요 내용을 다음과 같이 소개하였다.

① 현재 무엇을 경험하고 있든지 다른 사람들에게 직접적으로 표현하라.

② 자신의 메시지를 왜곡하지 말고 의사소통하라.

③ 다른 사람이 말한 메시지를 왜곡하지 말고 경청하라.

④ 의사소통 과정에서 메시지에 실제 동기를 드러내라.

⑤ 다른 사람들과 의사소통을 할 때, 습관적이거나 계획된 전략을 사용하지 말고 자발적이고 자유롭게 하라.

⑥ 다른 사람의 욕구나 상태에 적합한 시간을 기다리거나 적절한 반응을 나타낼 시간을 충분히 가지려고 주저하지 말고 즉각적으로 반응하라.

⑦ 취약한 것, 일반적으로 내면의 삶의 '본질'인 것을 감추지 말고 나타내어라.

⑧ '지금-여기' 안에서 살고, '지금-여기'에 관해서 의사소통하라.

⑨ 클라이언트와의 관계에서 의존심 또는 역의존심이 아닌, 상호의존을 추구하라.

⑩ 의사소통은 막연하게 하지 말고 분명하고 구체적으로 하라.

(4) 강점 및 좋은 점 발견, 역량강화

장기간 어떤 문제로 인해 고통을 당하고 있는 클라이언트는 누군가가 자신의 가능성, 좋은 점 등에 대해 얘기하는 것을 들어본 적이 없는 경우가 많다. 적어도 사회복지사 앞에 오기까지 최근 얼마 동안은 더욱 그런 일이 없었을 것이다. 문제나 위기에 처한 사람들은 자신들의 장애나 실패를 깨닫는 데만 익숙해져 있다. 이러한 상황에 놓여 있는 클라이언트의 긍정적인 속성, 강점, 가능성 등의 일부분이라도 사회복지사가 발견해 내어 확인시켜 줄 경우, 이는 문제해결의 촉진제로 작용할 수 있다. 클라이언트가 자신을 새롭게 발견하게 되면서 종전에는 없던 동기가 유발되고 이것이 클라이언트의 사회·경제적 성장의 원동력이 될 수 있는 것이다. 장점이나 좋은 면의 발견은 사실에 근거한 구체적인 것이어야 한다. 꾸며낸 아부성 언급은 사회복지사에 대한 클라이언트의 신뢰를 무너뜨릴 수 있다(엄명용 외, 2009).

사회복지사는 사람들이 자신의 강점, 장점, 좋은 점, 긍정적인 면, 가능성을 깨닫도록 도와주어야 하며, 내적·외적 자원을 규명할 수 있도록 노력해야 한다. 효과적인 사회복지사는 클라이언트가 자신들이 가지고 있으면서도 활용하지 못한 힘과 역량 또는 권한 등을 클라이언트가 발견하고, 개발하여 사용할 수 있도록 도와야 한다. 강점관점 또는 역량강화적 관점에 의거한 사회복지실천은 타인의 삶을 잘못된 것, 부족한 것, 비정상적인 것으로 보는 시도, 즉 부정적 측면에 초점을 두는 것을 수정하려는 시도라고 할 수 있다.

사회복지사가 클라이언트의 강점, 장점, 좋은 점, 긍정적인 면, 가능성 등을 발견하고, 깨닫도록 하기 위해서는 클라이언트의 이야기에 집중하고, 경청할 수 있어야 하고, 긍정적일 필요가 있으며, 원조자로서의 위치를 크게 의식하지 않고 동등한 입장으로 생각해야 할 것이다. 또한 클라이언트의 이야기를 아주 세밀한 부분으로 쪼개보는 노력이 필요하다. 소위 전체적인 경향을 파악하고 들으려 하는 태도는 역량강화적 관점과는 다소 어울리지 않는다. 역량강화를 위해 적용해 볼 수 있는 실천적 규범(Eagan, 2002 ; 신성자 외, 2012 재인용)은 다음과 같다.

첫째, 클라이언트는 종종 사회복지사가 생각하는 것보다도 자신의 삶에서 파생된 문제들을 관리하는 데 활용할 수 있는 자원을 더 많이 가지고 있다. 따라서 시작할 때, 클라이언트가 선택하면, 클라이언트가 변화할 수 있다고 전제하라.

둘째, 클라이언트를 희생자로 보지 말라. 클라이언트를 희생자로 낙인을 찍으면, 클라이언트가 선택할 수 있는 자유는 그만큼 감소한다.

셋째, 클라이언트와 함께 원조 과정을 공유하라. 클라이언트도 그들이 무엇을 시도하고 있는지 원조 과정이 어떻게 전개되는지에 관해서 알아야 할 권리가 있다. 클라이언트가 이해할 수 있는 범위 내에서 원조 과정에서의 사회복지사의 개입과 관련하여 충분히 설명해 주고, 클라이언트의 피드백을 교환하는 것이 바람직하다.

넷째, 클라이언트를 너무 취약하게 보지 말라. 사회복지사가 클라이언트의 응석을 지나치게 받아 주거나 가혹하리 만큼 엄격한 것은 모두 클라이언트에게 좋은 도움을 줄 수 없다. 사회복지사가 생각하는 것만큼 그렇게 취약하지 않는 클라이언트도 많다. 원조자가 클라이언트를 아주 취약한 존재로 볼 때, 보호적 방법으로 행동하기 쉽다. 원조과정에서 클라이언트는 특히 초기에 지나치게 조심스러워하며, 고분고분하는 경향이 있다. 클라이언트는 사회복지사에게 자신이 신세를 지는 것으로 생각하기 쉽다. 많은 클라이언트들이 사회복지사에게 질문을 하는 것도 힘들어한다. 그러한 클라이언트는 사회복지사의 원조 과정에서 마음에 들지 않는 것이 있어도 표현하지 못하는 경우도 많다. 그렇다고 해서, 이러한 클라이언트가 연약하다고 생각하는 것은 옳지 않다. 사회복지사가 클라이언트를 합리적 수준에서 염려하는 것은 적절하지만, 지나치게 클라이언트를 염려하는 경우는 문제가 된다.

(5) 헌신과 책무

헌신과 책무(commitment and obligation)는 원조관계에서 책임감에 해당하는 것이다. 원조관계에서 관계의 목적을 이루기 위해서는 사회복지사뿐 아니라 클라이언트 역시 헌신과 책무로 묶여야 한다. 사회복지사와 클라이언트가 함께 관계의 목적과 조건을 위해 그리고 상호의존적인 관계교류를 위해 헌신을 다할 때 클라이언트는 안전하다는 느낌을 갖게 된다. **클라이언트에게 기대되는 일반적인 책무**는 그들이 지닌 문제와 상황, 문제에 대처하는 방식에 대해 정직하고도 개방적으로 제시할 것과 원조관계에서 최소한의 절차상의 조건에 따르는 것 예를 들어 면접을 위해 정해진 시간에 정해진 장소에 정확히 오는 것 등을 포함한다.

사회복지사의 책무는 관계과정에서 필수적인 절차상의 조건들—미리 예약된 시간과 장소뿐 아니라 위기 상황에서도 나타나는 것, 클라이언트의 문제에 대해 함께 움직이는 데 초점을 두는 것, 공유와 성장 · 변화를 가져오는 관계를 제공할 것 등—을 최대한으로 충족시킬 책임을 포함한다. 만약 이러한 의무가 정당한 이유나 설명 없이 지켜지지 않는다면 클라이언트는 사회복지사에 대한 신뢰를 잃게 될 것이며 자신을 중요하게 생각하지 않는다는 의미로 받아들여 관계를 형성하기 어렵게 된다(Compton & Gallaway, 1989).

또한 헌신은 클라이언트와 클라이언트 체계에의 몰입으로 요약될 수 있고, 절대적인 지속성, 클라이언트에 대한 일관성(항구성), 책임 있는 수행, 타인의 지위나 개인성 유지 등으로도 의미화할 수 있다. 사회복지사의 헌신적 자세는 도우려는 열망과도 연결된다. 클라이언트로 하여금 자신의 삶을 스스로 선택하고 통제할 수 있는 능력을 향상시키도록 도우려는 깊은 열망은 원조관계 전문가에게 필수적인 자질이라 할 수 있다(Compton & Gallaway, 1989). 클라이언트의 삶과 삶의 문제에 대한 집중과 클라이언트를 위한 서비스에 기꺼이 자신을 내주는 사회복지사의 마음은 클라이언트의 신뢰를 얻는 데 중요한 요소가 될 수 있을 것이다. 이 열망이 깊을수록 사회복지사는 도움을 제공하기 위해 지속적으로 지식과 기술을 개발하는 모습을 보일 것이고, 클라이언트의 욕구와 안녕이 우선적인 관심사가 될 것이다. 또한 제공된 서비스의 질을 검토하고, 클라이언트에 대한 서비스를 향상시키기 위해 기관, 프로그램 혹은 정책의 변화를 위해 노력하게 될 것이다. 클라이언트는 눈으로, 마음으로 사회복지사의 도우려는 열망을 확인하게 될 것이고, 충분한 원조관계 및 라포형성이 될 수 있을 것이다.

3) 전문적 원조관계형성을 위한 기술과 기법들

전문적인 원조관계를 형성하고, 사회복지사와 클라이언트 간에 라포(rapport)를 형성해 가는 데 있어서 작용할 수 있는 효과적인 기술과 기법들 또한 다양할 것이다. **누구든지 인간적으로 존중해주고, 그 사람에게 집중하고, 인정해주며, 그 사람의 말과 행동에 가치를 부여해주고, 나아가 자기 편을 들어주고, 유용한 정보까지 제공해준다면 친밀한 관계에 들어가는 것은 자명한 일**일 것이다. 클라이언트의 입장에서 시작하라, 인정하기와 정당화하기, 행위와 사람 구분하기, 적극적 경청, 비언어적 의사소통 이해하기, 구체성 추구하기(구체적으로 반응하기), 옹호하기, 정보제공하기, 자기노출 등의 요소들을 살펴보고자 한다.[19)]

(1) 클라이언트 입장에서 시작하라

"클라이언트 입장에서 시작하라"는 도움을 요청하는 클라이언트의 관심사를 최우선시 해야 한다는 것이다. 따라서 사회복지사는 클라이언트에게 가장 최우선시 되

19) 제시하는 요소 중 적극적 경청, 인정・정당화하기, 행위와 사람 구분하기, 행위와 감정 구분하기, 비언어적 또는 비음성적 의사소통 이해하기, 정보제공, 옹호 등은 포인덱스터 외(Poindexter et al., 이윤로 외 공역, 2003; 이윤로, 2009)가 제안하는 내용을 소개하였다.

는 것이 무엇인지를 파악·결정해야 하고, 이를 위해서 클라이언트가 말하는 것을 주의 깊게 경청하고, 질문해 보아야 한다. 클라이언트가 문제를 어떻게 규명하는지, 그리고 그 해결책이 무엇이라 생각하는지에 근거하여 클라이언트와 함께 계획을 수립하고 추진해 나가야 한다.

"클라이언트 입장에서 시작하라"는 또 다른 의미도 있다. 인간은 자신이 변화하려는 준비가 되어 있지 않을 때는 절대 변화하지 않는다는 것이다. 모든 클라이언트들이 그렇게 빨리 동기화되지는 않는다는 것을 이해하는 것이 중요하다. 클라이언트는 사회복지사가 시간을 갖고 천천히 깊이 자신을 이해해 주길 바란다. 사회복지사가 원한다고 해서 클라이언트가 그대로 따라 주지는 않는다. 사회복지사는 클라이언트가 변화할 준비가 되었는지를 고려하여 서비스를 제공하여야 한다.

(2) 인정하기, 정당화하기

클라이언트의 말을 경청하는 데 중요한 구성요소는 바로 클라이언트의 느낌을 비롯한 여러 생각들을 정당화(validate)시켜주는 것이다. 클라이언트의 느낌과 생각들이 고통스럽거나 황당하거나 슬프거나 비논리적일지라도 그렇게 하는 것이 필요하다. 정당화란 그 사람의 실제 상황과 감정들을 인정한다는 것이다. 언어와 비언어적 반응들(예 : 얼굴 표정들)을 적절하게 구사하여 클라이언트로 하여금 사회복지사가 정말 자신의 이야기를 적극적으로 듣고 있음을 알게 해야 한다.

사례

다음은 언어적·비언어적 표현을 통해 클라이언트의 느낌을 정당화시켜주는 예이다.

클라이언트 : 내가 방금 들었는데…나의 어머니가 어젯밤 돌아가셨어요.

사회복지사 : (숨을 크게 들이쉬며) 오, 이런…얼마나 놀라셨어요(그의 팔을 잡으며). 어쩌면 좋아요.

클라이언트 : (침묵과 눈물)

사회복지사 : (잠시 멈추었다가) 참 슬픈 일이에요. 제가 같이 옆에 있어 드릴까요. 아니면 혼자 있고 싶으세요.

클라이언트의 감정이 비록 지켜보기 어려운 것일지라도 클라이언트의 감정을 부정하는 것은 도움이 되지 않는다. 클라이언트의 감정이 잘못된 것이라거나 적절치 못하다거나 바보 같다거나 하면서 클라이언트를 설득하려는 것은 도움이 되지 않는다. 또한 상황이 나쁘지 않다고 거짓 확신을 주는 것도 바람직하지 않다. 자신의 감정이 존중되고 인정될 때 클라이언트는 자신의 감정을 더 쉽게 극복하고 새로운 현실감을 갖게 되는 것이다. 사람들은 종종 다른 사람의 감정을 무시하거나 부정하거나 중요시하지 않는데, 종종 무의식적으로나 도와주려는 뜻으로 이러한 행동을 한다. 그러나 다른 사람의 감정이나 경험을 부정하기보다는 인정해 주는 것이 더욱 효과적임을 기억해야 한다.

다음의 사례를 보자. 사회복지사는 클라이언트의 감정을 정당화하기보다는 논쟁적이고 무시하고 있다.

사례

클라이언트: 나는 내 전 남편으로 인해 때때로 너무 화가 나요.
사회복지사: 오! 어떻게 그렇게 이야기할 수 있어요. 그렇게 오랫동안 사랑한 사람에게 그렇게 화를 낼 수는 없어요.

클라이언트: 나는 요즘 맥이 빠져요. 우울해요. 허무하다는 생각마저 들어요.
사회복지사: 너무 좋은 조건에 있는 사람이 왜 그래요? 뭐가 그렇게 우울해요? 받은 복을 한번 세어 보세요.

클라이언트: 나는 요즘 내가 바보 같게만 느껴져요. 나이도 들고 뚱뚱하고 못생기고…
사회복지사: 나는 네가 그런 식으로 말할 때가 제일 싫다. 넌 똑똑하고 훌륭해. 너도 알고 있잖아! 나는 네가 빨리 우울한 기분에서 벗어나길 바라.

위에서 언급한 사례를 다시 사회복지실천기술을 바탕으로 바꾸어 보겠다.

클라이언트: 나는 내 전 남편으로 인해 때때로 너무 화가 나요.
사회복지사: 기분이 정말 안 좋은신 것 같아요. 무슨 일이 있었나요?

클라이언트: 나는 요즘 맥이 빠져요. 우울해요. 허무하다는 생각마저 들어요.

사회복지사 : 요즘 몹시 피곤하고 우울하군요. 이렇게 낙담하게 된 원인에 대하여 조금 이야기해 볼래요?

클라이언트 : 나는 요즘 내가 바보 같게만 느껴져요. 나이도 들고 뚱뚱하고 못생기고…

사회복지사 : 음. 저는 당신이 당신 자신에 대해 그렇게 나쁜 감정이 있는 줄 몰랐어요. 무슨 일이 있었어요? 어떤 계기가 있었나요?

(3) 행위와 사람 그리고 행위와 감정을 구분하기

개인의 행위만을 보지 말고 행위와 인간으로서의 가치를 구분한다면, 개인의 강점과 관심사를 파악하는 것이 용이하며 상호존중감을 개발할 수 있다. 인간은 후회스럽거나 잘못된 또는 불법적인 행동을 할 수도 있다. 유능한 사회복지사는 개인으로 하여금 그런 행동이나 결정에 대한 책임을 받아들이고 헤쳐 나갈 수 있도록 돕는 데 전력을 기울인다. 이는 개인을 인간으로서 존중하는 관계 속에서 가장 잘 성취될 수 있다. 행위와 인간을 구분 짓는 한 표현의 예를 들어보자. 어린아이에게 다음처럼 말한 경우다. "넌 멋진 아이야. 하지만 네가 한 일은 옳지 못한 것이야."

사례

클라이언트 : 나는 쓰레기예요.

사회복지사 : 어째서 자신을 그렇게 낮고 가치 없이 생각하게 되었나요?

클라이언트 : 난 술만 먹으면 나의 가족을 무시해요. 내 아이들의 어린 시절을 망쳐 버렸어요. 나는 형편없는 사람이에요. 나는 그들이 내게 돌아오길 기대할 수도 없어요.

사회복지사 : 당신은 아내와 아이들에게 한 행동들을 후회하고 있군요. 술 취했을 때 한 행동들에 대해 미안해하고 있는 것이 분명해요. 내 생각에는 당신은 아주 좋은 사람 같아요. 나쁜 사람이라면 후회도 하지 않고, 걱정도 하지 않을 겁니다. 당신은 옳지 못한 일들을 했지만 나쁜 사람이 아니에요. 그런 차이점이 있다는 것을 아셔야 해요.

클라이언트 : 네. 그렇게 말씀해 주시니 감사합니다. 그러나 내 자신에게 "그래 난 괜찮아."라고 말하는 것이 힘들어요.

사회복지사 : 그렇군요. 그 문제를 해결하기 위해서는 자신이 가치 있는 사람임을 깨달아야 하고 자신이 후회하고 있는 행동에 대해 책임을 받아들이며 또한 자신이 선한 사람임을 믿을 수 있어야 합니다.
클라이언트 : 맞는 말씀입니다. 노력해보지요.

한편, 우리가 하는 말들은 우리의 생각과 감정을 표현하지만 굳이 행동으로 옮겨지지 않는 경우가 많다. 또한 느끼고 생각하는 것이 반드시 현실을 정확하게 반영하지 않을 수도 있다. 그러므로 중요한 것은 사회복지사들이 감정이나 생각이 항상 행위와 일치하는 것은 아니라는 사실을 인식하고, 또한 클라이언트로 하여금 감정이나 신념과 행위를 구분하도록 도와주어야 한다.

사례

A여사는 중년의 여성이다. 그녀의 어머니는 얼마 전에 암으로 사망했다. 사회복지사로서 A여사가 어떻게 지내는지 추후방문을 하고 있다. 그녀는 사회복지사에게 눈물을 흘리며 그녀가 지난 몇 주 동안 그녀의 어머니가 죽기를 바란 것에 대한 죄책감이 든다고 말했다. 그녀의 어머니는 굉장히 고통스러워했으며 A여사는 어머니를 간호하는 데 너무 지쳐 있었기 때문이다. 사회복지사는 A여사의 슬픔과 죄책감을 들은 다음, 그녀의 어머니를 향한 그녀의 행동이 전혀 소홀한 행위가 아니었음을 지적해주었다. 아무리 피곤하고 지쳐 있어도 어머니를 계속 극진히 간호했을 거라고 말했다. 사회복지사는 A여사에게 어머니가 돌아가신 후 좀 편안함을 갖는다고 해도 죄책감을 가질 필요는 없으며, 어머니가 살아계셨을 동안 좋은 딸이었다는 사실은 변하지 않는다는 것을 말해주었다.

(4) 적극적 경청과 집중하기(being present)

경청은 잘 듣는 것이고, 듣기(listening)는 클라이언트와의 관계형성에서 가장 기본이 되는 것이다. 단순히 듣는 것은 너무 단순하기에 기술이 아니라고 생각할 수도 있다. 그러나 **잘 듣는다는 것은 매우 적극적인 과정**이며, 정복해야 할 중요한 능력이기도 하다. 누군가를 돕는다는 것은 적극적 경청(active listening)을 요구하며 이는 매우 힘든 일이다. 철저한 훈련이 필요하다. 적극적 경청은 우리가 주위에서 들려오는 소리에 아무런 관심 없이 수동적인 자세로 듣는 것과는 근본적으로 다른 것이다. 적극적 경청을 위해서 실천가는 다른 것은 전혀 신경 쓰지 말고 클라이언트에게 집중해야 한다(관심기울이기).

효과적으로 경청하기 위해서는 반드시 초점을 맞추고 마음속에서 그 외의 다른 문제는 지워버리고 **클라이언트가 말하고 행동하는 것에만 주의를 기울여야 한다.** 비록 다양한 기술이나 가치, 지식이 중요하지만, 클라이언트에게 집중해서 들어주지 못한다면 그게 다 무슨 소용인가? 때때로 사회복지사가 아무 말을 하지 않더라도 집중하여 들어주는 것이 가장 커다란 선물일 수 있다.

연습: 두 사람이 짝을 지어 5분간 한 사람이 말을 하고, 다른 한 사람은 경청, 다음은 처음에 말을 한 사람은 이제 듣는 입장이 되고, 들은 사람은 말하는 입장이 된다.
주제: 최근 화가 난 경험/ 최근의 고민/ 요즈음의 즐거운 일/ 상대에 대한 느낌 등

(5) 비언어적 또는 비음성적 의사소통 이해하기

의사소통기술은 사회복지실천의 모든 단계에서 필요하고, 클라이언트와의 전문적인 원조관계를 형성하는 데 아주 중요하다. 인간의 사회적 관계의 모든 측면은 의사소통에 의해서 이루어지고, 의사소통에 의해 사회적 상호작용이 촉진될 수도, 아닐 수도 있다. 나아가 다른 사람과 정확하게 의사소통한다는 것은 대단히 어려운 일이다.

자신의 생각을 글로 쓰거나, 말로 표현하는 것만이 인간의 의사소통의 전부는 아니다. 이는 단지 일부분에 지나지 않는다. 사실 비언어적 행위가 말로 표현하는 것보다 우리의 생각과 느낌을 더 잘 표현해 주는지도 모른다(Kadushin, 1983; Nunnally & Moy, 1989). 한 연구조사에 의하면 우리의 메시지의 약 65%는 말 이외의 수단으로 전달된다고 한다(Birdwhistell, 1970). 비언어적 메시지는 개인의 용모(외모: 몸가꿈, 옷차림, 수염상태, 화장 유무 등), 자세와 거리, 얼굴표정, 행동, 손짓 및 손동작, 몸짓,

말투, 목소리와 목소리 톤, 눈의 마주침, 심지어 침묵도 포함한다. 비언어적 메시지는 의도적인 경우도 있지만, 비의도적 내지는 본능적으로 이루어지는 경우가 많기 때문에 내면의 의미를 잘 드러내 준다고 볼 수 있다. 사회복지사는 이러한 클라이언트의 비언어적 행동에 주의 깊게 관심을 기울여야 한다. 클라이언트의 비언어적 행동에 대해 반영해 줄 필요가 있고, 그 의미를 파악할 필요가 있다.

(6) 구체성 추구하기(구체적으로 반응하기)

클라이언트로 하여금 그의 행동, 사고 그리고 감정을 그 자신의 독자적인 방법으로 정확하게 묘사 내지 표현할 수 있게 도와줄 수 있는 능력이다. 흔히 클라이언트들은 정확성이 결여된 단어를 사용하며, 그것을 일반화시켜서 이야기하고, 자신이 문제를 가지고 있다는 것을 인지하면서도 이를 모호하고 추상적으로 표현하는 경향이 있다. 이는 자신의 문제를 정확하게 개념화하지 못하는 데 기인할 수도 있고, 사회복지사와의 관계가 제대로 형성되지 못함에 따라 문제를 가능하면 축소 은폐하려는 데 원인이 있을 수 있다. 또한 클라이언트들은 자신들의 문제를 자발적으로 진술하려고 하기보다는 사회복지사의 리드에 의해 문제가 탐색되기를 기대하는 경향도 있다(정원철, 2005). 어떤 경우는 자신의 문제를 하나의 문제로만 집중시키는 경향을 보이기도 한다.

사회복지사는 클라이언트가 명백한 용어로 자신의 특정 경험과 감정을 아주 구체적이고 독특하게 표현할 수 있도록 함으로써 자신만의 독자성을 나타낼 수 있도록 도와주어야 한다. 그럼으로써 초기에는 공감을 불러일으킬 수 있고, 클라이언트에 대한 관심을 나타내는 근거가 될 수 있으며 이후 문제해결의 구체적 계획을 세우는 데 연결될 수 있는 근거가 될 수 있다(엄명용 외, 2005 ; 이윤로, 2009).

구체성이란 사회복지사가 클라이언트의 표현에 보다 구체적이고 선별적으로 반응하며 특정한 문제에 주의를 기울이는 것을 말한다. 클라이언트의 구체적인 표현을 장려하기 위해서는 ① 인식의 확인("당신이 의미하는 것은…", "당신이 말한 것은…"), ② 모호하거나 익숙하지 않은 용어의 의미 명료화하기("그가 잔인하다는 것은 어떤 것을 의미하나요"), ③ 클라이언트에게서 도출된 결론의 근거 탐색하기("아내가 더 이상 당신을 사랑하지 않는다는 결론은 어떻게 해서 내린 것인가요?"), ④ 구체적인 감정 도출하기("기분이 상한다는 것은 어떤 의미인가요?"), ⑤ 클라이언트의 경험과 관련된 세부사항 도출하기("구체적으로 어떤 일로 인해 당신이 이런 결론을 내리게 되었나요?"), ⑥ 상호작용행동에 관한 세부사항 도출하기("그때 무슨 일이 일어났나요?", "그 다음에 당신은 어떻게 했나요?") 등의 훈련이 필요하다(Hepworth et al., 2006).

또한 사회복지사 스스로도 클라이언트에 대해 표현을 구체적으로 할 필요가 있다. 사회복지사가 구체적으로 이야기하고, 의미를 명료화하고, 진술을 개별화하고, 결론의 근거를 증명할 때, 클라이언트는 오해를 적게 하게 되고 그들 자신의 감정이나 생각을 덜 거부하게 된다. 그리고 클라이언트가 알아들을 수 없는 전문용어를 사용하는 것도 피해야 한다.

사례

"나는 두렵다."－무엇이 두려운가?
"내 형은 나보다 낫다."－어떻게, 언제?
"나는 그가 나를 사랑하지 않는다는 것을 안다."－어떻게 구체적으로 아는가?
"나는 늘 논쟁에서 진다."－항상 지고 있는가? 지지 않을 때는 없는가?
"나는 안 돼요."－무엇이 안 된다는 것인가?
"요사이 잠을 못 잔다."－잠을 못 자는 이유가 무엇인가, 잠을 몇 시에 자서, 몇 시에 일어나는가? 잠자기 전에 뭘 하는가?

다음은 구체성의 수준이다.

클라이언트: 선생님 저도 공부를 좀 했으면 좋겠어요.
사회복지사: 공부는 누구나 해야 되지요.
사회복지사: 학생이라면 공부를 해야 하지요.
사회복지사: 그래요, 무슨 공부를 해야 한다고 느끼는 건지 이야기 좀 해주시겠습니까?
사회복지사: 무슨 공부가 어떤 점에서 필요하다고 생각되는지 이야기를 좀 듣고 싶습니다.

클라이언트: 우리 집은 다들 무관심하고 자기중심적인 것 같아요.
사회복지사: 가족이란 본래 그런 법이지요.

사회복지사 : 가족에게 불만이 많이 있군요.
사회복지사 : 가족들이 당신에게 어떻게 하였기에 그런 생각이 들었지요.
사회복지사 : 가족들이 무관심하고 자기중심적이라고 느낄 만한 일들을 자세히 듣고 싶습니다.

(7) 옹호하기

사회복지사들은 자주 힘 없는 클라이언트를 위해 협상을 해야만 하는 경우가 있다. 복잡한 관료주의체제와 사회복지서비스 현장, 그리고 의료체계 내에서 약자인 개인이나 집단 또는 가족들의 편에서 협상을 벌일 경우가 많은데, 이를 "옹호(Advocacy)"라고 말한다. 클라이언트 입장에서 클라이언트의 권리를 대신 주장함으로써 클라이언트와의 관계는 원활해질 수 있게 된다. 누군가가 나의 입장에서 나를 대변하고, 나의 입장에 서게 된다면, 그 사람에 대한 신뢰감은 한층 고양될 수 있을 것이다.

(8) 정보제공하기

클라이언트들은 특정한 교육용 자료나 지역사회 자원에 관한 자료 또는 특정한 질병이나 문제에 대한 정보를 요구하는 경우가 흔하다. 사회복지사들은 이러한 요구를 자주 접하게 되므로 공식적·비공식적인 지원체계와 가용한 서비스들을 잘 파악해 두어야 한다. 이러한 정보를 찾는 데 많은 시간을 보내는 가족들에게 이러한 도움은 매우 유용한 일이다. 예를 들어 한 병원을 통해 892명의 부모들을 대상으로 한 설문조사에 의하면 가장 큰 어려움은 아이들에 대한 지원서비스를 받는 데 있어서 서비스에 대한 정보가 부족하다는 것이었다(Friesan, 1989).

한편, 정보제공은 클라이언트와의 관계형성 및 유지에 중요하게 작용할 수 있지만, 정보제공에만 중점을 두는 관계는 깨질 수 있는 가능성도 있을 것이다. "이 사람은 나를 도와주는 것보다는 나에게 정보만 제공하려고 하는구나."라는 생각을 하도록 할 수 있다는 것이다. 또한 정보제공은 구체적으로 수행할 필요가 있다. 확실한 정보를 구체적으로 제공해야 한다는 것이다.

(9) 자기노출[20)]

자기노출(self disclosure)이란 사회복지사가 클라이언트에게 자신의 인간적, 개인적, 사적인 생각·경험·느낌·감정·기분·정보 등을 말해주는 것을 의미한다. 사회복지현장에서 사회복지사의 자기노출은 클라이언트와의 관계에서 효과적으로 작용할 수도, 그렇지 않을 수도 있기 때문에 주의를 요하는 것으로 알려져 있다. 자기노출이 잘못 이루어지게 되면 사회복지사가 오히려 도움이 필요한 사람으로 인식될 수 있기도 하다. 그렇지만 적절한 자기노출은 클라이언트와의 관계형성에 있어 주효하게 작용할 수 있을 것이다. 클라이언트로 하여금 혼자가 아니라는 느낌을 가질 수 있도록 할 것이고, 누구나 가질 수 있는 문제로 인식하도록 할 수 있을 것이다. 보편성은 치료 요소 중 하나이다. 사회복지사의 자기노출은 클라이언트의 신뢰감과 안정감을 촉진시킬 수 있다. 서로 공통점을 가지고 있으면 낯선 사람들도 빨리 친구가 된다. 또한 사회복지사의 적절한 자기노출은 클라이언트로 하여금 문제해결방법이나 해결의 실마리를 제공받을 수 있도록 할 수도 있다.

자기노출은 '클라이언트와의 느낌·경험과 유사성이 있는 경험을 구체적인 용어로, 가급적 짧게, 거짓 없이' 이루어져야 할 것이다. 면접에서 중심은 클라이언트이기 때문에 초점(클라이언트의 문제)을 흐릴 정도로 길게 자기노출이 이루어져서는 안 될 것이다. 자기노출은 "나도…"와 같은 형태로 행하게 된다.

1. "나도 알고 보면 성격이 내성적이고, 그러면서도 급한 편이지요. 그래서 지난번에도 아내에게 앞, 뒤 정황을 들어보지도 않고 화를 내고 짜증을 부렸습니다. 그리고 곧바로 후회하고, 그 일 때문에 내내 나 자신에 대해 못마땅하게 생각하고 있어요."
2. "내가 중학교 2학년 때 이무도 나를 야구시합에 끼워주지 않았단다. 그 문제를 극복하는 데 시간이 참 많이 걸렸어. 네 이야기를 들어보니 내가 네 나이 때 겪었던 실망감과 똑같은 감정을 지금 너도 느끼고 있는 것 같구나. 그러니 우리가 함께 생각해 본다면, 이 문제를 해결할 수 있을 거야."

20) 도광조(2012)의 내용이다.

CHAPTER 03 사회복지실천의 면접기술

사회복지실천에 있어 면접(interview)은 기본적으로 사회복지사와 클라이언트 간에 원조를 촉진하기 위해서 이루어지는 행위이다. 나아가 클라이언트 개인뿐 아니라 가족, 집단과도 이루어지고, 기관 내, 기관 간, 전문분야 간의 정보교환 또는 서비스 연계 등을 촉진하기 위해서도 이루어지는 과정이다.

사회복지사에게 있어서 면접(interview)은 사회복지실천의 기본적인 수단이다. 사회복지사와 클라이언트 간에 처음으로 이루어지는 초기면접에서부터 사정을 위해서든, 구체적인 서비스를 제공하기 위해서든 사회복지사와 클라이언트 간 면접은 이루어져야 한다.

한편, 사회복지실천면접은 의사소통의 한 형태다. 효과적인 의사소통은 효과적인 면접을 가능하게 해 준다. 면접은 사회적 상호작용과 의사소통의 과정이며 인지, 정서, 행동의 변화와 상황과 환경의 변화를 목적으로 하는 언어적·비언어적 행동을 모두 포함한다(도광조, 2012). 따라서 기술이라는 측면에서 이야기한다면, 의사소통기술과 사회복지실천면접기술은 동일하게 볼 수 있다. 그렇지만, 의사소통을 더 일반적·보편적인 개념으로 볼 수 있다. 의사소통은 정보나 메시지(의미)를 주고, 받고, 점검하는 과정을 포함하는 상호작용과정으로 다양한 수준에서 이루어지고, 항상 저절하게 일어나는 것은 아니다. 면접은 맥락적·의도적·제한적인 의사소통의 특별한 형태이고, 전문화된 역할관계를 포함한다(Compton & Galaway, 1989). 사회복지사는 의사소통기술을 바탕으로 면접을 통하여 의사소통을 촉진하고, 신뢰관계를 수립하고 문제를 사정하고 계획을 세우며 효율적인 개입을 하는 역할을 수행하게 된다(이영호, 2011).

1. 의사소통기술

1) 의사소통의 의미와 과정

의사소통은 두 사람 이상이 의미를 주고받으며 상호작용하는 과정이다. 두 사람 각자가 생각하는 것을 언어적·비언어적으로 표현하고, 이 표현을 듣는 상대방이 이해하고, 다시 그에 대한 반응을 언어적·비언어적으로 표현하는 과정이다. 의사소통은 '나누다', '전달하다', '참여하게 하다', '관여·공유하다'라는 뜻의 라틴어 communicare에서 유래했고, 사람의 의사나 감정의 소통 등을 말하는 것으로 흔히 커뮤니케이션(human communication)이라고도 한다. 즉 의사소통은 두 사람 이상의 사이에서 언어적, 비언어적인 수단을 통해 감정, 태도, 사실이나 정보, 생각 그리고 행위 등을 전달하는 과정을 말한다(서혜석 외, 2012).

의사소통은 언어적·비언어적으로 이루어진다. 인간 간의 의사소통에 있어 70%는 비언어적으로 이루어지고, 언어적 의사소통보다도 비언어적 의사소통이 의미를 더 강하게 전달한다. 메러비언(Mehrabian, 1972)은 인간의 감정과 태도는 말의 내용보다 억양과 몸짓 같은 비언어적인 면에서 더 많이 드러난다고 보았다. 즉 인간의 면대면 의사소통의 세 가지 기본 요소는 말(Verbal : Words), 억양(Vocal : Ton of voice), 몸짓(Visual : Body language) 등(3V)인데, 감정과 태도가 들어 있는 대화에서 말과 억양이나 몸짓이 일치하지 않을 때에는 말의 내용보다 말하는 사람의 억양이나 신체언어와 같은 비언어적 메시지가 중요하게 작용한다는 것이다. 대화를 나눌 때 듣는 사람은 말하는 사람의 몸짓에서 55%, 음성에서 38%, 그리고 대화의 내용에서 7% 정도를 참고로 한다는 것이다(메러비언 법칙, 서혜석 외, 2012 재인용). 말하는 사람의 얼굴표정이나 몸짓, 목소리 등이 말의 내용보다 전달력이 더 크다는 것이다. 비언어적 메시지는 의도적인 경우도 있지만 비의도적 내지는 본능적으로 이루어지는 경우가 많기 때문에 내면의 의미를 가장 잘 드러내 준다고도 할 수 있다. 사회복지사가 비의도적으로 전달하는 비언어적 메시지와 클라이언트가 비의도적으로 전달하는 비언어적 메시지는 두 사람 간의 의사소통 및 관계형성에 중대한 영향을 미친다는 점을 인식해야 한다.

2) 의사소통의 유형과 단계

의사소통을 두 사람 이상이 의미를 주고받으며 상호작용하는 과정으로 본다면, 사람들은 대상과 상황, 목적에 따라 다양한 종류의 "의미"들을 주고받게 된다. 예를 들어 잘 모르는 이웃과는 아주 피상적이고 형식적인 의미를 주고받을 것이고, 친구 관계에서는 충분히 자신의 느낌과 생각을 교환할 것이다. 의사소통의 유형을 여러 가지 기준을 두고 살펴볼 수 있을 것이다. 의사소통의 내용(의미, 정보의 종류 등)에 따라 구분해 보면, 형식적 의사소통, 사실과 정보 교환의 의사소통, 생각 및 의견표현의 의사소통, 느낌표출의 의사소통, 감정이입의 의사소통 등이다(서혜석 외, 2012).[1)]

(1) 형식적 의사소통

의미 없는 대화랄까. 대화 후에도 기억에 별로 남지 않는 내용의 대화를 일컫는다. 공식모임에서 우연히 옆 자리에 앉게 된 사람이나 식당 종업원이 손님에게 인사하는 것 등 상투적인 대화이다. 이런 의사소통이 이루어지는 경우 사람들은 별로 주의를 집중하지 않는다. 대체로 비슷한 수준으로 응답하게 된다. 그렇지만, 일상적으로 건넨 말이나 인사하는 것에 상대가 비일상적으로 답한다면 오히려 난처하거나 무안해질 수도 있다. 예컨대, 같은 부서 직원들이 인사말로 "좋은 아침입니다. 주말 잘 보내셨나요?"라고 물었을 때 "잘 못 보냈는데요" 또는 "안녕 안 합니다"라고 퉁명스럽게 응답하게 되면 상황은 나빠질 것이다. 이후 점차 인사에 대한 응답도 해 주지 않거나 부정적으로 응답할 것을 예상하여 인사조차 나누지 않게 될 수도 있을 것이다.

그렇지만, 형식적인 대화는 앞으로 서로 친해질 수 있다는 시발점을 만들어주면서

1) 표현의 유형(의사소통의 범주)으로도 볼 수 있다. 관찰, 생각, 감정, 요구 등이다. 관찰은 보고 듣고 관찰한(감각기관) 단순한 사실을 표현하는 경우, 생각은 관찰한 것으로부터 나온 결론이나 추론을 표현하는 경우, 느낌이나 감정표현은 의사소통의 가장 어려운 부분이고, "당신을 실망시켜 드린 것 같아 괴롭습니다."와 같이 무엇 때문에 화가 나고, 슬거운지를 알릴 필요. 요구는 자신이 원하는 것을 표현하는 것이다. 흔히 자신의 요구를 표현하지도 않고서 다른 사람들이 내가 무엇을 원하는지 알기를 원한다. 우리들은 요구의 표현을 매우 억제하고 있을지 모른다. 완전한 메시지는 네 가지 표현을 모두 포함한다. 어떤 것도 남겨두지 않고, 분노를 숨기지 않으며, 당신의 요구를 억압하지 않는 것을 의미한다(McKay et al., 임철일 · 최정임 역, 1999).

그동안의 부재에서 왕래로의 전환을 의미하고, 서로의 변화에 대한 노출과 안부를 교환하고자 하는 것을 의미하여 앞으로 교류가 있다는 것을 암시하게 되는 것이다.

(2) 사실과 정보 교환의 의사소통

일상적으로 지나가는 인사나 형식적 관계보다는 한 단계 진전된 수준의 대화가 있는, 사실과 정보를 얘기하는 의사소통이다. 조금은 지속적인 만남이 있는 경우에 이루어지고, 있는 그대로의 사실과 정보만을 나열할 뿐이지 개인적인 의견이나 판단은 들어가 있지 않다. 가십의 내용들이나 수다떨기의 내용들은 모두 자기 자신과는 무관한 남에 관한 사실과 정보일 뿐이기 때문에 아무리 말해도 가슴이 아프거나 입이 아프지 않을 것이다.

(3) 생각 및 의견표현의 의사소통

생각과 의견을 표현하는 의사소통에서부터 점차 '자기 자신'의 일부가 노출되기 시작한다. 말하는 사람의 생각이나 의견, 판단, 결정 등에 대해 얘기한다. 그렇기 때문에 전 단계보다 위험부담이 커지게 된다. 말하는 사람의 내면이 드러나기도 하고, 상대방의 태도에 따라 자기존중감에 손상을 받을 수도 있으며, 말하고 나서도 상대의 태도나 행동을 살피게 되기 때문이다. 진지하게 이야기를 하고 있는데 상대방이 하품을 하거나 시계를 들여다본다면, 전혀 엉뚱한 방향에서 대응을 한다거나, 반대의 의견이나 생각을 표출한다면 자기존중감에 상당한 손상을 입게 될 것이다. 특히 클라이언트가 생각이나 의견을 표현할 경우, 사회복지사가 그에 적절한 반응을 하지 않는다면, 관계형성 및 유지에 상당히 부정적일 수 있을 것이다. 대부분 일시적 관계나 업무상의 관계에서 하는 대화는 1단계부터 3단계까지의 수준에 머물게 된다.

(4) 느낌표출의 의사소통

느낌이나 정서, 기분을 표출하는 것은 친밀한 관계에 있는 중요한 타인들과의 관계에서 이루어지는 경우가 대부분이다. 자신의 느낌을 표출하면서 서로의 느낌을 공유하며 의사소통을 하게 되는 것이다. 자신의 내면세계를 많이 노출하게 되므로 생각이나 의견을 표현하는 의사소통보다 위험부담이 더 증폭된다. 생각이나 의견은 정답이 있을 수 있지만, 느낌은 유일한 나만의 것이기 때문에 의사소통에서 드러내 놓으려면 조심스럽고, 노출하면 할수록 자신의 입장이 취약하게 될 것이라는 불안한 마음이 들 수 있다. 그렇지만 주변의 누군가와 진정한 관계를 형성해야 하며 그들과 하는 대화에서는 느낌이라는 감정을 빼 놓을 수 없다.

(5) 감정이입적 의사소통

사회복지사의 클라이언트와의 관계형성 및 유지의 본질적 요소로 감정이입을 설명한 바 있다. 상대방의 입장에서 상대방의 생각과 감정을 그대로 느끼고 이해하면서 의사소통하는 경우를 말한다. 아주 중요한 타인들과 주로 이루어지며, 상대를 판단하거나 비난하지 않으며, 방어하지 않고, 충분히 수용·존중하면서, 상대방과 하나 됨을 느낄 수 있는 의사소통이다. 클라이언트의 내적 감정을 정확하고 민감하게 인지하고 클라이언트의 경험에 맞는 언어로 이러한 느낌을 전달하는 사회복지사의 감정이입적 의사소통능력은 아무리 강조해도 지나침이 없을 것이다.

우리는 자신의 감정뿐 아니라 타인의 감정을 정확히 인식하지 못할 때가 많고 또 타인에게 표현하는 것을 어려워한다. 감정이란 완전히 통제해야 되는 것이기 때문에 남과 나누기를 꺼려한다. 하지만 우리가 진정한 인간관계를 형성하고 그 속에서 의사소통을 잘 하려면 형식적, 사실과 정보, 생각과 의견 등의 내용을 나누기보다는 느낌을 표현하거나 감정을 공감할 줄 알아야 한다.

3) 의사소통의 내재적인 한계와 방해요인

의사소통은 대인관계를 원활하게 유지할 수 있도록 촉진하는 역할을 수행하는 매우 중요한 수단이고, 기본적으로는 한 개인이 다른 사람에게 의도적이건 아니건 정보를 전달하는 과정이다. 따라서 정보를 제공하는 송신자와 정보를 받는 수신자가 기본적으로 존재한다(의사소통의 기본요소는 발신자, 수신자, 메시지–정보–). 효과적인 의사소통이 되기 위해서는 송신자의 의도를 수신자가 정확히 이해해서 피드백해야 한다.

인간의 의사소통은 여러 가지 내재적인 한계를 가지고, 복잡하게 이루어진다는 점을 인식해야 한다. 각 개인은 독특한 인성과 삶의 경험을 가지고 있으므로(경험의 장이 다름) 메시지가 전달되고 수신되는 방법에 영향을 미치는 다양한 사고구조와 인지적인 여과장치를 발달시켜 왔다. 그러므로 인간은 다른 사람이 간과한 메시지를 인식할 수도 있고 누군가에게는 매우 중요한 메시지가 다른 사람에게는 중요하지 않은 것으로 보일 수도 있다.

인간의 의사소통에 영향을 미치는 요소는 다양하다. 개인의 감각적 기능(시각, 청각, 촉각 등)이나 인지적 능력(주의집중, 지각, 기억, 추론, 개념화 등), 감정상태나 기대, 특정한 성격장애 등에 따라 의사소통은 제한될 수 있을 것이다. 일반적으로 우리는 듣고 싶은 것, 듣기를 예상하고 있던 것, 그 순간에 관심을 가지고 있는 것을 듣는 경향이 있다. 우리는 정서적 욕구를 충족하고 불편함을 피하기 위해서 메시지를 종종 왜곡한다.[2] 예를 들어 우리는 실제로 나쁜 소식은 잘 듣지 못한다(Sheafor et al., 서울대 사회복지실천연구회 역, 1999).

인간의 의사소통과정—부호화(encoding), 전달(transmitting), 수신(receiving), 이해(decoding, 해독), 확인(checkout)—에는 여러 가지 장애요소(barriers, 장벽, 장애물)들이 작용할 수 있다. 개념화나 상징을 잘못 사용하는 경우(inability to conceptualize and use symbols), 언어사용상의 장애(speech impediments), 잘못 들음(hearing or receptor impediments), 수신한 개념을 잘못 이해하는 경우(failure to understand the concept received), 환경적 영향(예 : 외부의 소음, 전화벨소리, 부적절한 면접공간, 사적 독립성의

2) 인지적 왜곡(인지적 오류)은 현실을 항상 비현실적인 방법으로 해석하는 그릇된 사고습관으로 대개 본능적인 반응으로 보이지만, 아주 짧은 순간 동안에 우리의 지각이 사고 판단을 하며 즉각적인 감정으로 나타나는 과정이다. 인지적 왜곡은 ① 과잉일반화, ② 임의적 추론, ③ 선택적 요약, ④ 확대와 축소, ⑤ 개인화, ⑥ 이분법적 사고 등 다양하다.

결여) 등이 의사소통과정에 크게 명백하게 영향을 미칠 것이다. 또한 다소 사소한 부분이지만 정보수집을 위한 의사소통과정에 영향을 주는 요소는 미리 예측하는 것(anticipating the other, 고정관념), 의미추정(assumption of meaning), 목적의 혼란(confusion of purpose, failure to make purpose explicit), 조기변화요구(변화강요, the urge to change), 사회복지사의 부주의(의사소통과정에 집중하지 않음, worker inattentiveness), 클라이언트의 저항(resistance) 등이 있을 수 있다(Compton & Galaway, 1989).

의사소통이 명확하게 이루어지지 않는 것은 가족, 조직, 기타 사회적 체계들에서 발생하는 여러 문제들이 공통적 원인이다. **일반적으로 의사소통의 문제**는 다음과 같은 때에 발생한다(Sheafor et al., 서울대 사회복지실천연구회 역, 1999).

① 다른 사람이 스스로 말하게 두지 않고, 우리가 대신 말해 줄 때
② 듣고 말하는 것에 편견이나 선입견이 영향을 미치도록 방치할 때
③ 다른 사람이 말하려는 것을 듣고 이해할 시간을 가지지 않을 때
④ 믿고 느끼는 것을 남들이 거부할 것 같아 말하지 않고 혼자 담아둘 때
⑤ 느끼고 생각하는 것을 남들이 이미 알고 있는 것 같아서 이야기하려 하지 않을 때
⑥ 남들과 솔직하고 개방적으로 이야기하는 데 필요한 용기가 없고 두려워할 때
⑦ 지시나 위협, 설교, 판단, 비난, 비웃음 등으로 의사소통을 억누를 때
⑧ 스스로에 대한 부정적인 느낌(낮은 자존감) 때문에 내가 남들에게 할 말도 없고 남들도 내 이야기를 들으려 하지 않을 것이라고 생각할 때

4) 효과적인 의사소동을 위한 비언어적 · 언어적 장벽 제거하기[3)]

(1) 역생산적인 비언어적 의사소통 유형 제거하기

비언어적 의사소통 유형이 언어적 의사소통보다 더 강력하게 영향을 준다. 얼굴을 붉히는 것, 비웃음, 충격이나 낙심한 표정 등과 같은 얼굴표성, 상대방에 대한

3) 헵워스(Hepworth) 외, 허남순 외 역(2004 : 119)의 내용이다.

〈표 3-1〉 사회복지사의 비언어적 의사소통목록

구분	바람직함	바람직하지 못함
얼굴 표정	• 직접적인 시선접촉(문화적으로 금지될 때를 제외) • 얼굴표정에 온화함과 관심 반영하기 • 클라이언트와 같은 높이의 시선 • 적당하게 다양하고 생기 있는 얼굴표정 • 편안한 입모양: 때로 미소짓기	• 시선접촉 피하기 • 사람이나 물건 응시하기 • 눈썹 치켜올리기 • 클라이언트보다 높거나 낮은 시선 • 과도하게 고개 끄덕이기 • 하품하기 • 경직되었거나 엄한 얼굴표정 • 부적절한 가벼운 웃음 • 입술을 씰룩거리거나 꽉 다물기
자세	• 팔과 손을 겸손하게 표현: 적절한 움직임 • 몸을 앞으로 가볍게 기대기: 주의 깊게, 그러나 편안하게	• 딱딱한 신체자세: 팔짱끼기 • (클라이언트에 대해)비스듬한 자세 • 손 만지작거리기 • 의자 흔들기 • 앞으로 숙이거나 책상에 발 올리기 • 입에 손이나 손가락 대기 • (강조하기 위해)손가락으로 가리키기
목소리	• 분명히 들을 수 있지만 크지 않게 • 따뜻한 어조의 목소리 • 클라이언트의 메시지 뉘앙스와 감정적 어조를 반영하는 목소리	• 중얼거리거나 들을 수 없게 말하기 • 단조로운 목소리 • 더듬거리는 말 • 잦은 문법적인 실수 • 긴 침묵 • 과도하게 생기발랄한 말투 • 느리거나 빠르거나 끊는 말투 • 신경질적인 웃음 • 계속해서 목을 가다듬기 • 크게 말하기
신체적 근접성	• 의자 사이의 거리는 1~1.5m	• 너무 가깝거나 먼 거리 • 책상이나 다른 방해물 너머로 이야기하기

관심부족을 나타내는 많은 부적절한 행동과 자세와 몸짓 예를 들어 공허하게 쳐다보는 것, 창 밖을 내다보는 것, 자주 시계를 보는 것, 하품을 하는 것, 부주의함을 전달하는 초조함, 즉 손을 떠는 행동이나 엄격한 자세 등은 분노나 불안을 전달한다. 이는 관계형성 및 유지, 의사소통에 전혀 생산적일 수 없다. 관심부족, 비난, 불인정 혹은 비난과 같은 메시지를 전달하는 이러한 많은 행동은 대부분의 클라이언트가 쉽게 인식하고, 상당히 민감하다.

〈표 3-1〉의 바람직한 · 바람직하지 못한 사회복지사의 비언어적 의사소통목록을 참조하여 바람직하지 못한 비언어적 의사소통 유형은 제거할 필요가 있고, 바람직한 비언어적 의사소통을 위해 끊임없는 학습이 있어야 할 것이다.

■ 사회복지사의 비언어적 행동(의사소통)의 영향

사회복지사 자신의 비언어적 행동이 클라이언트와의 관계에 크게 영향을 미칠 수 있다는 점을 알아야 한다. 특히 클라이언트가 초기에 사회복지사를 경험하는 데 직접적 영향을 미칠 수 있다. 이는 클라이언트의 첫인상 형성과도 연관된다. 사회복지사의 비언어적 행동과 관련하여 기억해야 할 것은 **첫째, 사회복지사의 비언어적 행동은 언어적인 내용과 일치해야 한다는 것이다.** 사회복지실천과정에서 클라이언트들은 언어로 말하는 것과 비언어적으로 표현하는 것 사이의 불일치를 즉시 알아챈다. 일치하지 않는 방식으로 사회복지사 자신을 표현할 때 클라이언트는 그 메시지에 대해 혼동을 느낄 것(Cournoyer, 김인숙 · 김용석 역, 2006)이고, 신뢰성을 잃게 될 것이다. **둘째, 사회복지사의 비언어적인 행동(신체언어)은 클라이언트에 대한 배려, 관심, 존중, 진실성을 전달해야 한다는 것이다.** 아래의 내용들은 클라이언트에 대한 관심을 전달할 수 있는 매개체로 작용하는 사회복지사의 비언어적 행동들이다.

가. **옷차림** : 사회복지사의 옷 입는 방법은 사회복지사에 대한 클라이언트의 초기 인식에 있어 중요하고, 클라이언트의 마음을 끌게 하거나 외면하게 할 수도 있다. 일을 할 때 청바지를 입는가? 노출이 심한 옷을 입는가? 장식류나 머리 모양이 어떤가? 구두를 신는가 또는 운동화를 신는가? 옷을 단정하게 입었는가 아니면 단정하지 못한가? 등. 사회복지사는 클라이언트의 사회복지사에 대

한 지각이 자신이 만들려고 하는 원조적 환경의 일부분이라는 것을 기억하여 자신의 외모에 대한 클라이언트의 반응을 의식적으로 고려해야만 한다. 또한 기관에서 정해진 의복규정을 갖고 있다면 사회복지사는 확실히 규정된 의복을 입어야만 한다. 때로 규칙은 아니지만 기관의 직원들이 같은 모양의 옷차림을 해야 하는 사실상의 규정이 있는데도, 벗어난 옷차림을 하는 경우 이런 차이를 클라이언트는 알아차리게 될 것이고, 클라이언트의 첫인상에 영향을 미친다는 점을 기억해야 할 것이다(Neukrug, 손광훈 역, 2009).

나. **눈맞춤(eye-contact, 시선접촉)** : 사회복지사가 클라이언트를 어떻게 바라보는가는 클라이언트 개인과 일하기 위한 열망과 사회복지사의 자발성을 나타낸다. 그렇지만, 그 시선이 따가울 정도로 뚫어지게, 노려보는 것과 같은 강렬한 눈맞춤은 신뢰감 형성에 도움이 되지 않을 수 있다. 클라이언트와의 협조관계를 형성하기 위해서는 클라이언트와 적절하게 시선을 맞추는 것이 좋다. 한편, 클라이언트는 사회복지사에 대해 눈맞춤을 할 필요나 책임이 있는 것이 아니다. 클라이언트의 사회복지사에 대한 눈맞춤은 그 의미를 잘 파악할 필요가 있을 것이다. 때로 클라이언트의 강렬한 눈맞춤은 현재의 이야기나 상태에 대한 잠재적 공포일 수도 있고, 부정적인 의미전달일 수 있다는 점을 알아야 할 것이다.

다. **자세와 얼굴표정** : 클라이언트가 처음에 관찰하는 비언어적 행동 가운데 중요한 하나는 사회복지사가 원조관계 동안에 몸자세를 어떻게 하느냐 하는 것이다. 사회복지사가 다리를 꼬고 앉는가? 앞으로 몸을 기울이고 있는가? 팔짱을 끼고 있는가? 상대를 받아들이겠다는 열린 자세(개방적인 자세)가 좋다. 다리를 꼬거나 팔짱을 끼는 자세 또는 웅크리고 있는 자세는 좋지 않다. 그렇다고 아주 경직된 자세를 유지하는 것은 경계하고 있다는 표현일 수 있기 때문에 자연스럽게, 편안한 자세를 가져가는 것이 좋고, 다리를 땅에 닿도록 하고, 차분하게 앞을 향해서 몸을 약간 기울여 '당신에 대해 알고 싶다'는 자세를 취하는 것이 좋다. 사회복지사의 얼굴표정은 주의와 관심을 보여주기도 하지만, 비웃는다는 모습 또는 무관심을 보여줄 수도 있다. 사회복지사는 전혀 뜻하지 않게 비웃는 모습으로 비춰질 수 있기도 하다. 클라이언트와 이야기할 때 중요한 얼굴표정은 웃는 것이다. 그렇지만, 부적절하게 너무 많이 웃지 않도록 주의해야 한다. 많이 웃으면 오히려 진실되지 못하거나 클라이언트를 조롱하는 것처럼 보일 수 있다. 적극적인 관심과 걱정의 표현과 클라이언트가 말하는 것에 적합한 표정을 짓는 것이 중요하다.

라. **개인 간 거리** : 사회복지사와 클라이언트 간의 거리는 원조관계에 대한 클라이언트의 즉각적인 메시지다. 개인 간 거리는 일반적으로 편안한 수준에서 문화, 나이, 성, 개별적 정도에 따라 조정된다. 따라서 사회복지사는 클라이언트가 편안하게 느낄 수 있는 충분한 거리를 가져야 한다(Neukrug, 손광훈 역, 2009). 너무 가까우면 부담감을 느낄 수 있고, 너무 멀면 거리감을 느낄 수 있을 것이다. 또한 책상과 같은 인위적인 장애물 없이 적당한 거리를 유지하는 것이 좋다.

마. **목소리의 고저와 어조** : 우리는 너무 빠르고 크고 귀에 거슬리는 나쁜 목소리보다는 아주 천천히, 부드럽게, 상냥하고 좋은 목소리를 가진 사람에게 말하고 싶을 것이다. 목소리의 크기와 말의 속도는 클라이언트를 방어적으로 만들 수도 있고, 친근감을 느끼게 할 수도 있다. 너무 크거나 너무 속삭이듯이 하지 않아야 한다. 말의 속도는 클라이언트에게 맞추는 것이 필요하다. 그렇지만, 클라이언트가 흥분하여 빠르게 말한다면 클라이언트를 진정시키기 위해 느린 속도로 격려할 필요가 있다. 또한 사회복지사는 비언어적 소리 즉 '음', '예', '와우' 등과 같은 간단한 단어반응을 통해 클라이언트가 주목받고 있다고 느낄 수 있도록 하는 데 익숙해야 한다.

(2) 역생산적인 언어적 의사소통 유형 제거하기

많은 유형의 비효과적이고 역생산적인 언어적 의사소통 반응은 클라이언트로 하여금 즉각적으로 부정적 효과를 가져오게 한다. 문제를 표출할 수 없게끔 하고, 문제나 상황에 대한 정보를 자유롭게 드러내지 못하게 한다. 따라서 역생산적인 언어적 의사소통 패턴에 대해 스스로 체크해보아야 하고, 끊임없는 훈련과 연습이 요구된다. 다음은 역생산적인 언어적 의사소통 유형들이다.

① "이래야 한다", "저래야 한다"로 설교하고 가르치기
② 성급하게 충고, 제안하거나 해결방법을 제시하기
③ 훈계, 지시, 논쟁 등을 통해 옳은 관점에 대해 클라이언트를 확신시키고자 하기
④ 판단, 비판 혹은 비난하기
⑤ 분석, 진단, 탁상공론, 혹은 독단적인 해석, 클라이언트의 행동 명명하기 : "당신은 남편에 대해서 화가 났기 때문에 그런 식으로 행동하고 있군요."
⑥ 안심시키기, 동정, 격려, 위로, 사과하기 : "걱정마세요. 모든 것이 잘 해결될 거예요", "정말 유감이군요"
⑦ 클라이언트의 문제를 분산시키거나 경감시키는 유머나 풍자 사용하기
⑧ 위협, 경고 혹은 역공격하기 : "당신은 그렇게 하지 않으면 곤란해질 거예요."
⑨ 질문을 과도하게 많이 하기
⑩ 유도질문하기 : "당신이 말하는 것은 결코 그런 의미가 아니죠?"
⑪ 부적절하게 또는 과도하게 끼어들기
⑫ 지배적인 상호작용 : 대화주도
⑬ 안전한 사회적 관계 만들어 내기 : 감정을 무시하고 자기노출을 최소화하여 안전한 화제(날씨, 뉴스, 취미나 상호관심사 등)에 초점을 맞춰 논의하기[4)]
⑭ 특정한 문구나 상투적인 표현을 반복하거나 과용하기
⑮ 염탐하기 : 클라이언트의 문제나 관심사 등과 동떨어진 질문

클라이언트와의 의사소통과정에서 사회복지사는 가급적 대부분의 사람들이 쉽게 이해할 수 있는 말과 언어를 사용해야 한다. 간단명료한 말들을 사용하는 것이 좋다. 사회복지사가 전문가임을 보여주는 비밀스럽고 내밀한 언어는 가능한 한 사용하지 않는 것이 좋다. 또 지지와 격려를 주려고 사용한 좋은 말이나 옳은 말도 클라이언트에게는 자신을 평가하고 판단하는 듯한 말로 들릴 수 있다는 점을 유의해야 할 것

4) 그렇지만 안전한 사회적 상호작용은 초기 면접과정에서 친숙함과 준비의 일환으로 이루어진다거나, 아동과 청소년들을 대상으로 방어심을 낮추고 개방성을 높이기 위해 이루어지는 경우는 적절하고 도움이 된다.

이다. 그리고 클라이언트의 준거틀을 수용하는 입장에서 클라이언트가 사용하는 언어 방식과 어울릴 수 있도록 할 필요가 있다(Cournoyer, 김인숙 · 김용석 역, 2006).

5) 효과적인 의사소통의 기초가 되는 태도와 메시지 송 · 수신 규칙

효과적인 의사소통은 송신자의 의도한 바가 수신자에게 정확히 전달되어 원활한 상호작용이 일어나는 것이라 볼 수 있는데, 의사소통과정에 작용하는 여러 가지 장애요소들 때문에 쉽게 그 과정이 의도한 바대로 달성될 수 있는 것이 아니다. 효과적으로 의사소통하기 위해서, 특히 **언어적 의사소통에 있어서 기본이 되는 태도**는 다음과 같다(Sheafor et al., 서울대 사회복지실천연구회 역, 1999).

① 모든 인간은 독특하고, 그 결과 누구나 독특한 방법으로 사건을 인식하고, 경험하고, 상호교환한다는 것을 이해한다. 그러므로 어느 정도의 오해는 예상해야 하고 이 문제를 줄여 나가려는 자세가 필요하다.

② 다른 사람들이 이해하기 쉬운 방법으로 사고를 조직하고 메시지를 전달하려는 의지

③ 다른 사람들이 하고자 하는 말을 있는 그대로 들을 수 있도록 자신의 방어를 줄이고자 하는 의지

④ 말하고 있는 사람에게 주의를 기울여 듣고자 하는 의지

⑤ 자기 자신의 사고와 감정, 행동에 책임을 지려는 의지

⑥ 잘 이해하고 이해시키기 위해서 의사소통에 필요한 시간을 가지려는 의지

무엇보다도 효과적인 의사소통을 하기 위해서는 '의사소통은 대상에 따라, 상황에 따라, 목적에 따라 독특하게 이루어져야 한다'는 사실과 '사람들의 의사소통방식은 모두 다를 수 있다'는 점을 인식할 필요가 있다.

또한 의사소통은 메시지 전달자와 수신자를 모두 포함한다. 메시지 전달자는 자신의 메시지가 쉽게 수신되고 오해받지 않는 방법으로 전달되도록 할 책임이 있다. 수신자는 전달자가 의도한 대로 정확하게 메시지를 왜곡하지 않을 책임이 있다. 듣는 입장에서 **메시지를 수신할 때 다음의 규칙**을 기억할 필요가 있다(Sheafor et al.,

서울대 사회복지실천연구회 역, 1999).

① 말하는 것을 멈추고 듣는다. 말하는 동안에는 들을 수가 없다.
② 메시지 전달자를 편안하게 해주고 전달자의 불안을 줄이기 위해 할 수 있는 노력을 기울인다. 예를 들어 전화를 받거나, 문을 닫는 등 산만하게 만드는 요인을 없앤다.
③ 말이나 행동으로 당신이 듣고 싶어 한다는 것을 보여야 한다. 주의를 집중한다.
④ 말하는 사람을 참을성 있게 대하고 말을 끊지 않는다.
⑤ 수신자가 더 잘 이해하기 위해서 혹은 전달자가 자신의 메시지를 명확히 하도록 돕기 위해서라면 질문을 한다.
⑥ 감정을 통제한다. 더 이상의 의사소통에 장애를 일으킬 수 있으므로 비판하거나 논쟁하지 않는다.

말하는 입장에서 **메시지를 전달할 때는 다음의 규칙**을 따라야 한다.
① 명확하고 단순한 말을 사용한다. 분명하고 너무 빠르지 않게 말한다.
② 전달자 자신의 몸짓에 주의한다. 몸짓은 메시지 내용과 일치해야 한다. 적절한 시선 접촉과 몸짓을 사용한다.
③ 너무 많은 정보로 수신자를 압도하지 않는다. 길고 복잡한 메시지는 몇 개의 부분으로 나누어 보다 쉽게 이해될 수 있게 한다.
④ 수신자가 잘 이해했는가를 확인하기 위해 질문이나 코멘트 등 피드백을 요구한다.

6) 효과적인 의사소통기술

사회복지사가 클라이언트에 대해 더 효과적으로 도움을 주는 의사소통의 여러 가지 기술이 있을 수 있다(Sheafor et al., 서울대 사회복지실천연구회 역, 1999).

(1) 메시지를 계획하는 기술

사회복지사가 개인 또는 집단 등을 대상으로 의사소통할 이야기(예 : 정보제공, 교육, 안내 등)에 대해서 다음과 같은 몇 가지 질문을 통해 메시지에 대한 계획(planning a message)을 세우는 것이다. 메시지 전달에 사용할 수 있는 시간, 전달할 핵심내용, 오해의 소지가 있는 부분, 메시지 구성, 메시지를 받는 사람이 관심 있어 할 부분, 메시지 전달의 신뢰성 등에 대해 사전에 충분히 생각할 필요가 있다.

① 어느 정도의 시간을 메시지 전달에 사용할 수 있는가?
② 내가 전달하고자 하는 메시지의 핵심적인 내용은 무엇인가?
③ 내 메시지의 어느 부분에 오해의 소지가 있고 혼란스러운가?
④ 나의 메시지를 상대방이 잘 이해하고 받아들일 수 있도록 어떻게 구성할 것인가?
⑤ 나의 메시지를 받는 사람이 언제 어디에서 관심과 주의를 가장 잘 기울일 것인가?
⑥ 나는 이 메시지를 전달할 신뢰성과 지위를 가지고 있는가? 혹은 다른 사람이 이것을 전달하는 것이 더 효과적일 것인가?

통상 메시지의 가운데 부분이 수신자에 의해 왜곡될 가능성이 높다. 그러므로 메시지의 가장 중요한 부분은 전체의 앞이나 끝 부분에 두어야 한다.

(2) 자신을 소개하는 기술

의미 있는 의사소통의 중요한 첫 단계는 사회복지사가 자신을 소개(identifying self)하는 것이다. 자신이 누구이고, 원하는 메시지나 정보의 교환에서 자신의 역할이나 책임이 무엇인지 간단하게 묘사할 필요가 있다.

예 지난번에 만났지만, 내 소개부터 다시 할게요. 저는 ○○○입니다. 저는 ○○ 종합사회복지관의 사회복지사입니다. 제 클라이언트가 당신에게 이런 것을 알아봐 달라고 부탁했어요.

(3) 의사소통의 목적을 설명하는 기술

이 기술은 전달자가 메시지를 전달하는 이유를 설명, 언급(explaining the purpose of the communication)하는 것이다. 이를 통해 수신자가 메시지를 적절한 맥락 안에서 파악할 수 있다.

예 아시다시피, 우리 기관에서는 ○○를 위탁가정에 보냈습니다. 저는 당신이 언제 ○○를 법원에서 증언하게 하려는지 알고 싶습니다. 학교에 사전 결석 통보를 해야 하고 ○○를 법원까지 데리고 올 교통편을 계획하기 위해서 제가 미리 알아두는 것이 필요합니다.

효과적으로 의사소통하기 위해서는 목적, 역할 및 기대의 명료화가 요구된다. 의사소통의 목적이 무엇인지, 서로의 역할은 무엇인지, 이 의사소통을 통해 무엇을 얻기를 기대하는지를 먼저 밝히는 것이 중요하다. 개별만남이든 집단만남이든 초기 의사소통과정에서 상당한 양가감정, 불안, 걱정, 염려를 경험한다.

(4) 비언어적 의사소통을 따라가는 기술

때로 수신자가 메시지에 대해서 동의하지 않거나 혼란스러워하면서 이를 나타내는 비언어적 의사소통을 보이기도 하는데 이에 반응하는 것(following up on nonverbal communication)이 중요하다.

예 ○○씨, 제가 복지관에서 ○○씨가 도움을 받을 수 있는 절차에 대해 설명할 때 조금 혼란스러워 보였어요. 궁금한 점이 있으면 지금 편안하게 물어보세요.

(5) 메시지 수신을 확인하는 기술

이 기술은 수신자가 발신자의 메시지를 완전히 그리고 정확하게 받아들였는지 확인(checking for message reception)하기 위해서 활용하는 기술로 여러 가지 질문과 탐색을 사용하는 것이다.

예 이번 회의안건 해결에 필요한 조정사항을 설명하면서 내 말이 다소 혼란스러웠던 것 같네요. 나는 당신이 내 말을 이해했는지 알고 싶어요. 당신이 들은 것을 내게 다시 말해주시겠어요?

또한 발신자 입장에서 수신자가 발신자의 메시지를 정확하게 받아들였는지를 확인하는 것도 필요하지만, 수신자 측에서 발신자의 메시지를 정확히 받아들였음을 스스로 확인하는 기술(checking one's receipt of a message)도 필요하다.

예 이야기를 끝내기 전에 나는 당신이 말한 것을 완전히 이해했는지 확인하고 싶어요. 잠깐 시간을 주시면 내가 당신에게서 들은 것을 반복해 볼게요. 내가 오해하고 있는 것 같으면 교정해 주세요.

(6) 초점화된 질문하기기술

명확하고 간결한 방식으로 답변이 나올 수 있도록 초점화된 질문을 한다는 것(asking a focused question)은 매우 어렵다. 우리는 자주 질문의 초점을 흐릴 수 있는 불필요한 말이나 관계없는 주제들을 첨가하곤 한다. 명확한 답변을 얻기 위해서는 질문이 매우 정확하고 초점이 잡혀 있어야 한다.

예 기관지침서 99페이지의 정책번호 8.6에 의문이 있습니다. 위탁아동에 대한 심리적 평가를 확실히 하기 위해서는 내가 슈퍼바이저의 서면승인을 얻어야 합니까?

이와 관련해 질문하기에만 초점화가 필요한 것이 아니라 의사소통과정 전반에서 어떤 부분을 강조하거나 집중적으로 다룰 부분에 대화의 초점을 맞추어야 한다(초점맞추기). 또한 초점을 맞춘 영역이 복잡하고 클 경우 범위를 좁혀 좀 더 집중적으로 다룰 필요가 있다(세분화).

(7) 질문에 응답하는 기술

이 기술은 질문에 대해 직접 부합하는 답을 분명하게 하는 것(answering a question)이다. 이것은 단순해 보이지만 사람들은 종종 질문을 제대로 듣지 못하는 경우가 있다. 다음의 사례에서 슈퍼바이저는 이러한 실수를 했지만 곧 적절한 응답을 하고 있다.

예 **사회복지사**: 저는 이 보고서를 어디에 보낼지 지시를 받고 싶어요. 이걸 변호사에게 보낼까요. 아니면 담당판사에게 곧장 보낼까요?

슈퍼바이저: 담당판사가 세부적인 것까지 매우 꼼꼼하게 살피는 사람이란 걸 기억하세요. 또 그는 보고서가 가능한 한 간결하길 원할 겁니다.

사회복지사: 예. 압니다. 하지만 제가 알고 싶은 것은 보고서를 어디로 보내느냐 하는 것입니다.

슈퍼바이저: 아! 미안합니다. 당신의 질문에 제대로 답을 하지 못했군요. 담당판사에게 곧장 보내세요.

질문에 대답할 때, 대답하는 사람은 질문자가 물어보는 것의 의미를 예측하거나 혹은 질문자가 어떤 것을 물어보려는 것이 틀림없다고 추측해서는 안 된다. 질문을 주의 깊게 듣고 필요 없는 부가사항을 첨가함 없이 질문에 대답해야 한다.

(8) 단어의 의미를 확인하는 기술

사람들이 단어나 말을 서로 다른 방법으로 사용하기 때문에 의사소통의 문제가 많이 일어난다. 이 기술은 의사소통하는 사람들이 주요 단어들을 같은 의미로 생각하고 있는지 확인(checking for word meaning)하기 위한 질문을 말한다.

예 **기획단장**: 우리 예산의 20%를 아동학대 예방 프로그램에 투입할 필요가 있다고 생각해요.

위원: (단어의 의미 확인) 글쎄요. 당신이 말한 예방의 의미에 따라 동의할 수도 그렇지 않을 수도 있습니다. 어떤 수준의 예방을 의미하는 겁니까? 일차적 예방[5)]입니까 아니면 이차적 예방입니까?

---

5) **일차예방**(primary prevention)은 질병이나 사회문제를 야기시키는 조건이나 상황이 발생하지 않도록 취하는 조치. 문제가 발생하기 전 문제 발생에 대비하여 조치.
이차예방(secondary prevention)은 어떤 문제를 해결하는 데 문제의 초기진단, 사례발견, 격리 등의 방법을 동원하여 그 문제가 다른 사람들 또는 환경에 미치는 영향을 최소화하는 노력. 문제의 진행을 막는 것.
삼차예방(tertiary prevention)은 문제를 이미 경험한 클라이언트가 문제를 해결하거나, 문제의 재발을 막기 위한 클라이언트의 충분한 능력을 개발하기 위한 재활노력. 새로운 문제 발생이나 재발에 대비하여 능력개발.

7) 나-전달법

나－전달법(I-Message)은 의사소통의 효과성을 증진시키는 메시지 구조의 한 유형이다. 분명하고 직접적인 메시지 특히 실망이나 분노, 좌절 등의 감정적인 메시지를 직접 전달함으로써 상대방의 자존심을 상하지 않게 하고, 방어적[6](뭔가 변명이나 행위의 이유를 설명해야 한다고 느끼는)이 되지 않도록 하는 방법이다.

(1) 너-메시지

우리는 일상생활 내에서 의사소통하면서 너－메시지(You-Message)를 많이 사용한다. '너는 왜 그러니', '너는 형편없구나', '답답하다', '조용히 하세요' 등. 상대방에게 직접 지시나 명령("그것 하지마!"), 판단(평가), 충고, 무시, 비난이나 낙인식의 이름을 붙이는 것("너는 마치 아이처럼 구는구나") 등[7]의 뜻을 내포한 메시지를 많이 주고받는다. 이러한 메시지는 상대방의 자존심을 상하게 하고 불쾌하게 한다. 문제가 상대방 때문에 일어난 것처럼 말함으로써 상대방을 방어적으로 만들기 쉽다.

너－메시지는 다른 사람에게 필요한 행동변화를 요구하는 것을 목적으로 하지만 대개는 변화에 대한 부가적인 저항으로 끝나곤 한다(Sheafor et al., 서울대 사회복지실천연구회 역, 1999). 너－메시지는 상대방에게 문제의 책임을 지우면서 부정적인 감정을 느끼게 하는 메시지를 전하는 것이기 때문에 생산적이고 효과적인 의사소통과 인간관계에 있어서 방해가 된다.

(2) 나-메시지

나－메시지(I-Message)는 상대방의 자존심을 상하게 하지 않으면서, 비난적이지 않

6) 방어심리는 위험스런 생각, 욕구나 고통스런 감정들에 대처하고자 하는 심리이다.
7) 지시나 명령은 '당신은 자신의 문제를 다루거나 해결할 수 있는 권리나 능력이 없다'는 뜻으로 들릴 수 있다. 충고는 '당신은 스스로 해결책을 생각할 만큼 판단력이나 지혜를 가지고 있지 않다'고 들릴 수 있다. 판단은 '당신은 도덕적 수준이 낮아서 문제예요. 도덕적으로 올바른 행동을 해야 해요'라고 들릴 수 있다. 빈정대기(잘났군요, 장하시네요)는 '그것을 말이라고 해요', '그런 행동밖에 못해요'라고 들릴 수 있다(설기문, 2002).

은 방법으로, 나의 감정(그 행동의 영향)을 전달하는 효과적인 방법이다. 그래서 인간관계 장면에서 잘 활용할 가치가 있는 의사소통기술이다. 나-메시지는 상대방의 행동 자체만을 문제 삼고 그에 따른 책임은 당사자에게 남겨 둔 채로 그의 행동에 대한 나의 반응을 판단이나 평가 없이 알려줌으로써 반응에 대한 책임을 내가 지는 것이다.

나-메시지는 다음과 같은 세 가지 요소를 포함한다. ① 타인의 행동 또는 상황(특정 행동에 대한 간결한 묘사), ② 그에 따른 결과(그 행동으로 인한 영향에 대한 묘사), ③ 나의 감정 또는 반응(그 행동으로 인해 경험한 감정)이다.

너-메시지를 나-메시지로 바꾸어보자(설기문, 2002 ; 최선화, 2012 ; Sheafor et al., 서울대 사회복지실천연구회 역, 1999).

> "너는 형편없구나."를 "네가 그런 식으로 행동을 하니(행동/상황) 여러 사람들에게 욕을 먹게 될 것 같아(결과) 내가 속이 상하는구나(감정/반응)."
>
> "당신 일이나 신경 쓰세요."를 "당신이 나의 일에 일일이 참견을 하니(행동/상황) 내가 일을 하는 데 방해가 되고, 또 나를 무시하는 것 같아(결과) 기분 나쁘고 화가 납니다(감정/반응)."
>
> "네가 부주의해서 커피를 내 옷에 쏟았을 때(행동에 대한 묘사), 나는 놀라고 당황했다(그로 인해 경험한 감정). 왜냐하면 이건 새 옷이고 또 바로 면접을 보러 가야 하는데 면접을 포기해야 할 것 같아 난감했기 때문이다(그로 인한 영향에 대한 묘사)."
>
> "당신이 우리의 예정된 약속에 나타나지 않았을 때(구체적 행동), 나는 놀라고 당황했습니다(감정). 왜냐하면 난 기다려야만 하는 것을 좋아하지도 않고 내 작업 스케줄을 어렵게 만들어 버렸거든요(명백한 영향)."

2. 면접기술

사회복지실천면접은 인간의 행동과 반응에 대한 전문적 지식과 정교한 인간관계 기술을 갖춘 사회복지사가 클라이언트와 그의 문제를 이해하고 원조한다는 목적을 가지고 이끌어 나가는 전문적 대화이다. 면접은 클라이언트와의 대화 그 이상의 것이다. 면접은 문제가 있는 클라이언트를 돕기 위해 사용되는 목표지향적 · 의도적 · 계획적인 활동이다.

면접의 유형(three type of social work interviews)

자스트로(Zastrow, 2010)는 면접의 유형을 다음의 세 가지로 분류하고 있다.

1. **정보수집 또는 사회력 조사면접(Informational or Social History Interviews)**
   정보수집면접은 클라이언트의 개인적 혹은 사회적 문제에 대한 배경이나 생활력에 대한 자료를 얻기 위한 것이다. 클라이언트의 모든 것을 알고자 하는 목적보다는 제공할 서비스와 관련해 클라이언트를 더 잘 이해하기 위한 목적으로 객관적 사실과 주관적 감정이나 태도에 대한 정보를 얻는다. 클라이언트뿐 아니라 관계된 사람들이나 기관들도 면접대상이 된다.
2. **사정면접(Assessment Interviews)**
   사정면접 또는 의사결정(decision-making)면접은 정보수집면접보다 좀 더 초점을 갖고 시행되는 면접이다. 주로 서비스에 대한 구체적인 결정을 내리기 위한 질문을 하게 된다. 예를 들어 아동학대가 실제로 발생했는지를 판단하기 위해 조사하거나 보조금이나 서비스에 대한 수혜자격을 결정하기 위한 질문을 하게 된다. 또는 어떤 서비스가 더 적절할 것인지를 결정하기 위한 면접을 한다.
3. **개입면접(Intervention Interviews, 치료적 면접)**
   개입면접은 클라이언트가 변화할 수 있도록 돕는, 클라이언트가 더 잘 기능하도록 주변환경을 변화시키기 위한 면접이다. 예를 들어 우울증 또는 자살충동을 느끼는 클라이언트가 자신의 문제를 더 잘 관리할 수 있도록 상담하게 되는 경우다.

면접은 클라이언트의 문제와 상황, 개인력 등에 대한 자료를 수집(정보수집면접)하고, 사정이나 계획수립의 기반을 만들기 위해 이루어지는 면접(사정면접)이 있고, 개입과정에서 클라이언트의 인지와 정서, 행동 등의 변화를 위해 개입전략으로 이루어지는 면접(치료적 면접[8])이 있을 수 있다. 물론 이러한 분류는 편의상의 구분이

8) 치료적 면접을 상담(counseling)으로 볼 수도 있다. 사회복지실천에서 면접은 상담보다 넓은 의미의 개입방법이고, 상담을 포괄한다. 상담은 문제를 개인적인 측면에서 이해하고 이에 따라 문제를 해결하려는 경향이 강한 데 비해, 사회복지실천은 환경 속의 인간이라는 관점에서 문제

며, 실제로는 하나의 면접과정에서 여러 가지의 목적과 기능이 동시에 일어나는 경우가 많다.

사회복지실천면접기술은 면접의 목적에 따라, 변화과정의 어느 국면이냐(접수면접, 계획과 계약과정, 개입, 종료국면 등)에 따라, 나아가서는 클라이언트에 대해 사회복지사가 얼마나 알고 있느냐에 따라 그 유용성이 달리 구분될 수 있을 것이다. 예를 들어 초기국면에서는 경청을 비롯하여 질문기술 등이 유용하겠지만, 개입국면에서는 정보제공기술, 재보증기술, 재구조화기술, 중재 및 협상기술, 옹호기술 등이 더욱 유용하다. 대체로 사회복지실천에 있어서 면접은 초기면접을 비롯해 클라이언트에 대한 정보를 수집하기 위해서나 사정을 위해서 이루어지는 경우가 많다. 여기에서는 정보수집목적의 면접에 한정해 기술들을 소개하고자 한다. 클라이언트 본인과 문제와 상황(사람-문제-환경)을 정확히 파악해 구체적인 서비스를 제공하기에 충분한 상황을 만들어가기 위한 면접에 한정하는 기술들이라는 것이다.

1) 면접의 계획과 준비-면접준비기술

초기면접이든 이후 면접이든 클라이언트와의 면접을 위해서는 사전에 준비하는 것이 필요하다. 사회복지사와 클라이언트가 만나기 전에 사회복지사 입장에서 클라이언트가 사회복지사를 만나러 오면서 갖게 되는 생각, 감정을 미리 헤아리고 읽어내서 가급적이면 클라이언트의 상황에 사회복지사 자신을 맞추려는 준비활동이 중요하다. 현장에서는 그 필요성과 중요성에 대한 인식 부족으로 충분한 준비가 미흡한 현실이다.

면접에 대한 사전 계획과 준비를 통해 사회복지사는 면접을 구조적[9]으로 진행할

를 이해하고 개인의 변화뿐 아니라 환경의 중재와 조정에도 관심을 기울인다. 상담은 클라이언트의 감정을 수용하고 명료화하는 등의 노력을 통해 클라이언트 스스로가 자신을 이해(발달과업이해, 왜 그렇게 행동하는지에 대한 심리적 내면 이해, 개인이 가진 내적인 갈등 이해)하고 발전적인 수준으로 나아가도록 도와주는 것이다(정원철, 2005 : 17-60).

9) 면접을 구조화하는 것은 구조화된 질문지를 가지고, 정해진 절차대로 수행하는 것을 지칭한다. 예를 들어 이름, 생년월일, 주소, 클라이언트를 기관에 의뢰한 사람은 누구인가?, 클라이언트의 부모나 형제와의 관계 등으로 구조화된 질문지를 활용할 수 있다.

수 있으며, 시간활용의 구체적인 계획을 수립할 수 있게 된다. 만약 초기면접이라면 클라이언트의 사회복지사와의 첫 만남에 대한 두려움·양가감정을 다루는데, 그럼으로써 좋은 인상을 갖도록 해 관계형성에 충분한 도움이 될 수 있을 것이고, 이후 면접이라 하더라도 클라이언트가 존중받고 있다는 느낌을 충분히 가질 수 있을 것이다.

사회복지사는 면접을 성공적으로 이끌기 위해서 클라이언트에 대해 최근에 진행되었던 사례일지나 최근 사건, 사건과 관여된 사람들 등에 대해 숙지하고 면접에 임해야 할 것이고, 초기면접이라면 접수양식의 내용과 전화로 도움을 요청받은 경우의 요청내용 등에 대한 충분한 점검이 이루어져야 할 것이다. 사회복지사에게 도움을 요청하는 사람들은 전문가에 대한 막연한 두려움이나 불안감을 가질 수 있으므로 클라이언트가 요청하는 도움과 문제의 근본이 무엇인지를 정확하게 이해하는 것은 매우 중요한 실천기술이다(Trevithick, 우국희 외 역, 2002).

커노이어(Cournoyer, 김인숙·김용석 역, 2006)는 사회복지사가 면접준비를 위해 활용할 수 있는 기술 8가지를 제시하였다. 이를 구체적으로 살펴보면 다음과 같다.

(1) 사전검토

사전검토(preparatory reviewing)는 클라이언트와 접촉하기 전에 클라이언트가 이전에 기관에서 서비스를 받은 적이 있다면 그에 관한 파일기록들을 살펴보아야 하고, 전화로 첫 접촉을 하게 되는 경우는 주고받은 내용과 요점에 관한 기록들을 검토하는 것이다. 클라이언트의 요구와 기대를 간접적으로나마 살펴볼 수 있을 것이다. 만약 이전에 자살시도경력이 있다는 기록을 접한다면, 본인이 원하는 시점 혹은 가장 빠른 시점에 약속을 잡아야 할 것이다.

(2) 사전탐색

사전탐색(preparatory exploring)기술은 접수나 인테이크를 담당하는 사회복지사 혹은 클라이언트를 의뢰한 사람에게 클라이언트와 그가 처한 상황에 대해 질문하는 것을 말한다. 만약 이전에 기관 내의 동료 사회복지사로부터 서비스를 받은 적이 있는 클라이언트라면 동료 사회복지사로부터 정보를 수집하는 것도 이에 해당한다. 그렇지만, 여기서 분명하게 인식해야 할 점은 클라이언트가 아닌 다른 사람들로부터 듣는 얘기들은 그들이 가진 관점에서 나온 것이라는 것이다.

(3) 사전협의

사전협의(preparatory consulting)기술은 클라이언트를 비롯한 여타의 사람들을 처음 접촉하는 것과 관련하여 슈퍼바이저나 동료들에게 조언을 구하는 것을 말한다. 사전협의를 함으로써 첫 만남의 질을 향상시킬 수 있다.

(4) 사전정리

사전정리(preparatory arranging)기술은 첫 만남을 위한 논리 정연한 준비, 특히 물리적 준비를 말한다. 약속스케줄을 잡고, 적절한 시간과 사생활을 보장하고, 물리적 환경을 구조화하는 것이 포함된다. 인터뷰할 방을 확보하고, 다문화대상자인 경우 통역자를 배치하고, 가구를 재배치하는 것은 물론이고 사회복지사의 의복이나 외모, 위생에 대한 고려까지도 포함한다. 클라이언트에게 필요한 교통편을 배치하는 것 혹은 부모와 단독으로 만날 수 있도록 자녀를 일시적으로 돌봐줄 수 있는 조치를 취하는 것 등을 포함한다. 사전정리기술은 클라이언트와 사회복지사 간의 의사소통을 촉진하고 가능한 한 방해물과 산만함을 줄일 수 있도록 해야 한다.

(5) 사전공감

클라이언트가 초기면접에 오기 전이지만 클라이언트가 겪을 수 있는 느낌이나 생각, 현재의 문제 및 상황에 민감하게 반응할 수 있도록 사전공감을 준비, 연습할 필요가 있다. 사전공감(preparatory empathy)은 어떤 제한된 정보라도 사회복지사에게 유용할 수 있다는 근거하에 첫 인터뷰 시 클라이언트가 생각하거나 느낄 수 있을 법한 것들을 경험하도록 노력하는 것이다.

(6) 사전 자기 탐색

사전 자기 탐색(preparatory self-exploration)기술은 사회복지사로서 특정한 사람, 특정한 문제나 상황에서 특별하게 행동하는 것은 없는지에 대한 자기인식 노력이다. 사회복지사 자신의 개인력, 특징, 욕구, 편견, 정서적 약점, 행동패턴 등이 클라이언트에게 일정한 영향을 미칠 수 있기 때문에 중요하다. 예를 들어 사회복지사가 가난한 사람들은 게으르다는 편견을 가지고 있다면, 저소득층 클라이언트를 만나고, 이해하는 데 상당한 어려움이 있을 것이다. 또한 사전 자기 탐색기술은 사회복지사의 개인사정이 전문가로서의 의무와 서비스 전달에 방해가 되지 않는지를 확인하는 것도 포함한다. 예를 들어 사회복지사가 승진기회를 놓쳐 최근 스트레스를 받고 있는 상황이라면, 사회복지사가 제공하는 서비스의 질에 크게 영향을 미칠 것이다. 클라이언트와의 만남에 영향을 미칠 수 있는 이러한 개인적 사정이나 개인적 특성 등을 철저히 탐색해 볼 필요가 있다는 것이다.

(7) 집중적 자기관리

사전적 자기 탐색을 통해 클라이언트에 대한 서비스 제공에 영향을 미치는 요인을 확인하면 사회복지사는 이들 요인을 관리하고 억제해야 한다. 집중적 자기관리(intensive self-management)란 사회복지사의 개인적 사정이 전문가로서의 의무와 서비스 전달에 방해가 되지 않도록 개인의 사고, 느낌, 신체적 감각 등을 조직화하는 것이다. 간단한 스트레스 관리훈련(명상, 긴장이완훈련 등) 등을 통해 자신의 신체, 인지, 정서 등을 클라이언트의 이야기를 왜곡 없이 온전하게 담을 수 있도록 만들어야 한다는 것이다. 예를 들어 사회복지사가 약 10분 안에 어떤 클라이언트와 만나기로 되어 있는데, 방금 기관의 승진발표가 나고, 승진에서 제외되었다는 소식을 접했을 때, 사회복지사는 충분히 심호흡이나 긴장이완훈련을 통해 그 일을 잠시 접어둘 수 있도록 자신을 집중적으로 관리해야 할 것이다.

(8) 사전계획과 기록

사전계획(preparatory planning)과 기록기술은 이전의 7가지 과정을 통해 인식한 주관적인 사실들에 기초하여 면접의 목적과 목표를 확인하고, 그 만남을 위한 개략적인 예비 계획을 세우고 기록으로 남기는 것을 말한다. 이 과정에서 이 만남은 왜 갖는가? 그 목적은 무엇인가? 이 만남을 통해 달성하고자 하는 것은 무엇인가? 이 모임에서 나의 기능과 역할은 무엇인가? 나는 어떻게 이 모임을 시작하고 싶은가? 등의 질문을 던지고 그에 답함으로써 사전계획과 기록기술을 시작할 수 있다.

사전계획과 기록 예시

1. 나와 내 직업, 기관과의 관계를 소개한다. 이때 "C부인"이라고 부르되 그녀에게 어떻게 부르는 것이 좋은지 물어본다.
2. C부인의 딸, 사이가 멀어진 남편, 문제영역, 문제 상황에 관련된 정보를 수집한다.
3. C부인의 현재 가구 상황을 명확히 한다. C부인의 상황에 대해 질문하고 식구들과 관련된 중요한 사람이 누구인지 확인한다.
4. 다음 면접을 어떻게 할지 결론을 내린다. C부인만 면접할지, 가족과 함께 면접할지에 대해 고려한다.

2) 면접의 시작-시작기술

면접을 어떻게 시작하는가에 따라 면접의 성공여부가 결정된다고 해도 과언이 아니다. 처음 면접에 임하는 것이라면 더욱 그럴 것이다. 성공적인 첫 면접은 조기종결이나 중도탈락을 예방할 수 있는 기회를 제공할 뿐 아니라 비자발적이거나 참여의지가 미약한 클라이언트의 참여동기를 강화할 수 있기 때문에 매우 중요하다(이영호, 2011).

처음 면접에 임하게 되면 첫 면접에 대한 두려움이나 양가감정 등으로 혼란스럽기도 하고, 불안한 감정이 증폭되기 때문에 사회복지사 입장에서 면접을 시작하는 기술이 절대적으로 요구된다. 따라서 사회복지사는 면접을 시작하는 순간 클라이언트를 인간적으로 존중하는 자세와 태도를 가지고 클라이언트의 감정상태를 충분히 이해할 필요가 있고, 이를 충분히 다룰 수 있어야 할 것이다. 면접의 시작과정에서 고려해야 할 사항과 면접의 시작단계의 과업에 대해 알아보고자 한다.

(1) 첫 면접에 대한 불안(부정적 감정) 다루기

사회복지실천과정에서 첫 면접은 사회복지사와 클라이언트 모두에게 다양한 감정과 반응을 불러일으킨다. 더욱이 누군가에게 도움을 요청한다는 측면에서 클라이언트는 도움 요청에 대한 양가감정을 갖게 되며, 어디서부터 문제 상황을 설명해야 할지 당황해하고 혼돈을 경험하게 된다. 즉 문제해결에 대한 희망을 가지면서도 한편으로 사회복지기관으로부터 문제해결에 실질적인 도움을 받을 수 있을지 그리고 자신의 문제 상황을 이해하고 수용할 수 있을지 등 갖가지 의문을 갖게 된다(이영호, 2011).[10] 따라서 사회복지사는 본격적인 면접에 들어가기 전에 이러한 두려움과 의문, 양가감정 등을 다룰 수 있어야 한다. 이러한 두려움과 의문 등이 존재할 수 있다는 점을 함께 얘기할 수 있는 기회를 가지고, 그럴 수 있다는 점을 인식시킬 필요가 있고, 의문사항에 대해 충분히 의사소통할 필요가 있다.

이러한 첫 면접에서의 두려움과 양가감정은 사회복지사가 어떤 사람이냐에 따라 더욱 증폭될 수도 있고, 안심할 수 있는 분위기가 될 수도 있다. 사회복지현장에는 젊은 여성 사회복지사가 많다. 대개 의지하고 싶고 조언을 얻고 싶은 클라이언트는 연륜이 있어 보이는 사회복지사 상을 기대하기 마련인데, 사회복지사가 자신의 예상보다 어리다거나, 여성 사회복지사인 경우 클라이언트는 다소 놀라거나 실망할 수 있고, 양가감정은 더욱 증폭될 수 있다. 물론 한국적인 상황일 수도 있지만, 젊은 여성 사회복지사인 경우이고, 클라이언트가 이러한 점에 의아해하는 모습을 보인다

10) 아울러 클라이언트는 다양한 부정적 감정들을 가지고 관계 속에 들어오기도 한다. 도움을 받는 그 자체에 대해 부정적이고 불편한 감정을 느끼고, 자신이 무력하고 쑥스러우며, 무시하거나 부족하다고 느낀다. 무력감, 죄의식, 분노, 불안, 우울 등. 또한 클라이언트들은 이전의 서비스제공자들에 대한 부정적 경험으로부터 생긴 분노를 표출할 수도 있을 것이다(Ballew & Mink, 권진숙 · 전석균 역, 2001).

면(예: 자격증을 찾고자 두리번거리는 모습 등), 이 또한 다룰 수 있어야 할 것이다. “젊은 여자여서 당황하셨는가 보네요. 충분히 그럴 수 있어요.”라고 인정하면서, 자신의 능력과 경험에 대해 간략하게 이야기해주는 것이 좋다.

또한 사회복지사는 첫 면접을 구조화시키는 방법으로 클라이언트의 첫 면접에 대한 불안감, 불확실성을 감소시킬 수 있다(Hersen & Van Hasselt, 1998). 즉 첫 면접이 어떻게 진행될 것이고, 몇 분간 진행될 것이며, 첫 면접에서 행할 과업들은 무엇인지 설명해 준 후 본격적인 면접을 시작하는 것이다. 또한 사회복지사가 클라이언트의 역할과 클라이언트에 대한 기대(예: 클라이언트가 감정을 공유하고, 문제를 함께 토의하며, 의사결정에 참여하고, 면접을 위한 시간 약속을 지킬 것, 시간 약속 취소의 경우 사전통보할 것, 과제를 성실히 수행할 것 등)를 설명하면 이러한 불안이나 불확실한 느낌을 감소시킬 수 있다(엄명용 외, 2009 재인용).

(2) 비공식적인 대화로 시작

클라이언트를 따뜻하게 맞이하는 방법 가운데 하나는 날씨 혹은 기관에 찾아오는 과정에서의 어려움(예: 주차문제, 교통편의 등)과 같은 주제를 택하여 비공식적인 대화로써 시작하는 것이다. 이러한 비공식적인 대화를 얼마나 오랜 시간 동안 할 것인가는 사회복지사의 직관력에 달려 있지만, 지나치게 짧게 하는 것은 서두르고 있다는 느낌을 주고, 지나치게 길게 하는 것은 불필요한 대화에 시간 낭비하는 것과 같은 느낌을 갖게 한다. 인사말이나 비공식적 얘기들은 항상 클라이언트의 맥락에서 고려되어야 한다. 어떤 클라이언트들은 비공식적인 인사치레나 과장 섞인 말을 너무 많이 하는 것을 겉과 속이 다른 부자연스런 것으로 생각할 수도 있다.

소위 ‘사교적 잡담(social chat)’이라고 불리는 이런 종류의 대화는 면접이 시작되기 전에 클라이언트가 사회복지사에 대해 좋은 인상을 가지는 기회가 되므로 소홀히 다뤄져서는 안 된다. 사회복지사 입장에서도 이런 대화는 사람들이 도움을 청하거나 말하기 어려운 주제들을 이야기할 수 있는 분위기를 조성해 주므로 긍정적으로 이용해야 한다. 비공식적인 대화를 어떤 방식으로 하느냐에 따라 사회복지사들에 대한 첫인상이 달라질 수도 있을 것이다(Trevithick, 우국희 외 역, 2002).

(3) 시작기술

면접의 시작기술(beginning skill)은 클라이언트와의 첫 만남 동안 아주 광범위하게 사용되는 것이 일반적이지만, 사회복지현장에서는 특별히 의식하지 않고 지나가는 경향이 있다. 사회복지사 또는 사회복지기관에 대한 첫인상이 중요한 만큼 시작기술을 적절하게 활용할 필요가 있다. 면접의 시작단계에서 사회복지사는 ① 자기소개, ② 클라이언트에게 클라이언트 자신 및 동행인에 대한 소개를 요청하기, ③ 첫 면접의 목적 설명하기, ④ 클라이언트의 역할 설명하기, ⑤ 기관의 정책 및 윤리적 요건에 대해 설명하기, ⑥ 피드백 요청하기 등과 같은 과업을 수행하게 된다(Cournoyer, 김인숙 · 김용석 역, 2006).

① 자기소개

첫 면접을 시작할 때 사회복지사는 이름과 직업, 소속기관과 부서에 대해 말해주어야 한다. "안녕하세요. 김○○ 씨죠(손을 내밀어 악수를 청한다). 저는 이○○ 사회복지사입니다. 이곳 복지관에서 가족복지팀에 소속되어 있습니다. 가족문제를 가진 사람들을 돕는 일을 합니다." 이때 친절한 얼굴표정과 따뜻하면서도 확고한 의미가 담긴 악수는 서로 통하는 접촉이 일어나는 데 도움이 된다. 날씨나 교통 및 차량 등에 대한 몇 마디의 코멘트 또한 클라이언트가 편안함을 느끼게 하는 데 도움이 될 수 있다.

흔하지는 않지만 클라이언트 가운데는 사회복지사의 학력과 출신학교, 자격증 소지 여부에 대해 문의하는 경우도 있을 수 있다(엄명용 외, 2009). 사회복지사는 이러한 사항에 대해 솔직하게 답하는 것이 일반적이다.[11] 이와 관련해서 사회복지사가 염두에 두어야 할 것은 클라이언트의 이 같은 질문이 갖는 상징적 의미를 파악하는 것이다. 사회복지사에 대한 기대 또는 신뢰감, 능력에 대한 의구심으로 볼 수 있다.

11) 현재시점의 사회복지현장에서는 이런 경우가 거의 드물다고 할 수 있다. 그렇지만, 학력수준이 비교적 높은 베이비부머들이 사회복지서비스에 대한 욕구가 있어 사회복지기관을 방문한다거나, 현장의 종류에 따라서는 충분히 가능한 일일 수 있다.

이전에 성공적으로 도움을 주었던 클라이언트에 대해 보다 구체적으로 얘기함으로써 낙관적인 생각을 전달할 수 있을 것이다. 또한 사회복지 실습생일 경우에는 학생 신분인 점과 실습기간을 명료하게 설명하여 후에 오해의 소지가 없도록 한다.

또한 사회복지사 자신을 소개하는 과정에서 클라이언트와 공통되는 바탕을 찾는 것도 포함한다. 만약 사회복지사의 삶에 있어서 클라이언트가 경험한 것과 흡사한 경험들을 확인할 수 있다면, 클라이언트에게 그것에 대해 말할 경우 인간적인 관계를 맺을 수 있는 계기가 될 수 있을 것이다. 낯선 사람들이 서로를 알려고 할 때, 먼저 유사점을 찾는 경향이 있다. 공유하는 관심사, 누구를 알고 있는지, 장소나 사건 등에서 비슷한 점을 발견하려고 노력할 필요가 있다(Ballew & Mink, 권진숙 · 전석균 역, 2001).

② 클라이언트에게 소개 요청하기

사회복지사의 소개가 끝나면 클라이언트에게 자신을 소개하도록 권유할 필요가 있고, 동행이 있다면 동행에 대해서도 소개해 줄 것을 요청한다. 사전에 클라이언트에 대해 알고 있다면 기관을 방문한 사람의 이름을 확인해보고 인사를 나눈다. 경우에 따라서는 클라이언트와 동행인을 어떻게 부를 것인지(어떻게 불리는 것을 좋아하는지) 확인하는 것도 필요하다.

③ 면접의 목적 설명하기

자연스럽게 인사를 마치면 사회복지사는 면접의 목적을 설명할 필요가 있다. 면접 목적을 설명함으로써 클라이언트로 하여금 적절한 기대를 갖게 하고 불필요한 혼동과 막연한 불안을 해소할 수 있다. 첫 면접이라면,

> "오늘 처음 저희 기관을 방문했습니다. 무슨 문제 때문에 오셨는지, 제가 어떤 도움을 드려야 되는 것인지, 혹 이 같은 문제로 다른 기관에는 도움을 요청하지 않았는지 등에 대해 저와 함께 이야기할 것입니다."

만약 집단 상황(음주운전으로 체포된 사람들을 교육하는 교육집단의 첫 모임. 집단은

매주 2시간씩 12주 동안 모임을 갖는다. 이 집단의 성원들은 실형선고의 가능성을 줄이기 위해 이 모임에 참가한다)이라면,

"저는 검사로부터 앞으로 8주 동안 이 교육집단을 리드해 달라는 요청을 받았습니다. 제가 아는 바로는 여러분은 음주운전으로 체포되었기 때문에 수감 가능성을 줄이기 위해 이 모임에 참여한 것으로 알고 있습니다. 여러분 모두는 지금 다른 곳에 있었으면 하고 바랄 것입니다. 또 여러분 중에는 여기에 있게 된 것에 대해 화가 나 있는 분들도 계실 것입니다. 만일 제가 여러분의 입장이라면 분노와 당황함을 느꼈을 것입니다. 그러나 이러한 감정에도 불구하고 제가 바라는 것은 앞으로 있을 집단 모임을 통해 음주와 운전에 대한 지식을 습득하여 이를 활용하셨으면 하는 것입니다."

④ 클라이언트의 역할 설명하기

전문적 원조과정의 시작 단계 동안 클라이언트는 자신들에게 기대되는 것과 관련하여 상당한 불확실감과 불안을 경험한다. 자신이 도움을 받기 위해서는 어떻게 해야 하는지, 어떻게 행동해야 하는지 등에 대해 자신들이 행할 수 있을까 하는 의구심을 가진다. 자신들에게 기대되는 것이 무엇인지 잘 모르는 것은 서비스의 높은 단절률이나 탈락률과 관계가 있다. 이러한 상황을 분명히 하기 위해 사회복지사는 클라이언트가 원조과정에서 어떻게 협조할 수 있는지에 대해 설명해 주어야 한다. 예를 들어 학교 문제를 가진 청소년 집단과의 첫 모임에서 다음과 같이 집단성원으로서의 역할을 설명해 줄 수 있을 것이다.

"우리 모두는 삶의 어느 지점에서 문제에 직면하기 마련입니다. 그것은 인간 삶의 한 부분이라고 봅니다. 이러한 문제들에 대해 비슷한 처지의 다른 사람들과 함께 얘기를 나누는 것은 문제해결에 도움이 됩니다. 오늘의 집단은 여러분에게 여러분의 문제와 관심사는 물론 여러분의 꿈과 희망을 다른 사람들과 나눌 수 있는 기회를 제공하려는 것입니다. 물론 여러분이 깊이 간직하고 싶은 것

들을 얘기하라는 것은 아니고, 집단성원들이 서로에 대해 자신들을 표현하고 다른 사람이 얘기하는 것을 주의 깊게 경청하고 어떻게 하는 것이 더 나은지에 대해 제안을 제시해 주길 바라는 것입니다. 모든 집단성원들은 비밀보장의 원칙을 따라야 합니다. 이는 집단 안에서 얘기된 모든 것에 해당합니다. 집단에서 논의한 것을 밖에서 얘기해서는 안 됩니다."

또한 첫 면접에 임한 클라이언트에게도 자신의 역할과 사회복지사로서의 클라이언트에 대한 기대를 설명해 줄 수 있을 것이다.

"방금 오늘 ○○씨와 함께 이야기해야 할 내용에 대해 말씀드렸는데, 현재 처한 문제와 상황에 대해 천천히, 솔직하게 말씀해 주시면 될 것이고, ○○씨께서 말씀하신 내용에 대해서는 비밀이 충분히 보장될 것입니다. 이후 ○○씨께서 동의한다면, 일주일에 한 번 정도 저를 만날 수 있어야 하고, 약속은 꼭 지켜야 합니다. 만약 약속이행이 어려운 경우는 사전에 통보해 주시길 바랍니다. 또한 과제가 있을 수도 있는데, 과제를 충실히 할 수 있어야 할 것입니다."

⑤ 기관의 정책과 윤리적 요소 설명하기

법적 · 정책적 · 윤리적 차원의 요인들에 대해 논의하는 것은 시작단계에 적용할 수 있는 매우 중요한 기술이다. 행동의 원칙을 이해하는 것이야말로 진실하고 정직하며 신뢰성 있는 관계를 발전시키는 데 매우 중요하다. 이는 클라이언트가 알아야 할 동의과정의 일부다. 예를 들어 자기가 말하는 모든 것에 대해 절대 비밀을 지켜달라는 성인 남성 클라이언트가 있다고 하자. 클라이언트는 2살 된 아들을 훈육하기 위해 철사로 된 옷걸이로 아이를 때린다고 말한다. 절대 비밀을 보장한다는 것을 전제로 말했는데, 사회복지사가 이 사실을 경찰서에 신고하는 경우, 그는 심한 배신감을 느낄 수 있다. 따라서 사회복지사는 비밀보장에 대한 기관의 정책과 윤리적 요소들에 대해 시작단계에서 설명해야 할 것이다. 사회복지사는 기관에 대해 간략하게 설명하고, 기관의 서비스와 서비스 수혜자격과 요건, 수혜기간, 전달방법, 절차, 후속조치 등에 대해 클라이언트가 이해할 수 있는 수준으로 충분히 설명하고, 기관이 서비스를 제공하는 데 있어서 취하고 있는 정책적 지향과 윤리적인 요소들에 대해 설명해야 한다.

> "특정 서비스에 대해서 저희 기관은 유료로 하고 있습니다. 이유는 …이러합니다. 또한 예정된 만남을 취소해야 할 경우에는 적어도 약속한 날 하루 선에 이를 기관에 알려야 합니다. 클라이언트가 면접 중에 어떤 얘기를 하든 기관의 직원은 비밀을 보장해 주는 것이 원칙입니다. 그러나 예외도 있습니다. 만약 ○○씨가 그 내용을 다른 기관에 제공하기를 원하는 정보공개서에 싸인한다면 제공할 수 있을 것입니다. 또한 법이 요구하는 바, 아동학대나 방임의 가능성을 아동보호 전문기관에 보고할 수도 있습니다. 어떤 사람이 자해하거나 타인을 해할 것이라는 증거가 있는 경우도 비밀보장을 유지할 수 없습니다. 이 경우 관여된 사람의 생명을 보호하기 위한 조치를 취해야 합니다. 생명을 위협하는 상황에서 인간생명의 가치는 비밀보장의 가치보다 우선합니다."

⑥ 피드백 요청하기

피드백을 구하는(seeking feedback) 기술을 사용할 때 사회복지사는 클라이언트로 하여금 초기목적, 사회복지사의 역할, 클라이언트의 역할, 기관의 정책과 윤리적 요인을 비롯한 여러 측면에 대한 언급을 스스로 할 수 있도록 장려해야 한다. 지금까지 전달된 내용에 대해 정확히 듣고 이해했는가를 살피기 위함이다. 목적, 역할, 정책 등에 대한 피드백을 구하는 보다 일반적 방법은 "어떻게 생각하십니까? 지금까지 우리가 얘기한 것에 대해 어떻게 생각하십니까? 질문이나 의문점은 없습니까?", "우리가 행동원칙에 대해 얘기했는데, 어떤 생각이 드십니까?" 등이다. 이 과정에서 상호 보다 명료화할 수 있을 것이고, 클라이언트와의 동의 과정을 시작하게 되는 것이다.

3) 면접과정기술

시작단계 다음으로 사회복지사는 본격적으로 문제해결 및 원조의 기초자료를 확보하기 위해 클라이언트의 구두보고를 중심으로 잘 듣고—잘 말하고—촉진하고—명료화하는 등의 행위를 통해 면접을 진행해 간다. 면접을 진행하면서 사람—문제—

상황에 대한 정보수집 및 탐색을 시도하게 된다.

이 과정에서 사회복지사와 클라이언트는 정보를 수집하며 사람－문제－상황에 대한 좀 더 정확하고 현실적인 지식을 얻게 된다. 또한 클라이언트는 이 과정을 통해 그들 자신에 대한 이해를 높이기도 한다. 타인과의 솔직한 대화는 대개 자기 자신에 대한 경청을 수반하기 때문에 클라이언트는 면접과정에서 자신을 공개적으로 솔직하게 표현함으로써 자신에 대한 더 깊은 이해에 도달할 수 있는 것이다. 그리고 이 과정에서 사회복지사와 클라이언트는 사람－문제－상황에 대한 정보를 함께 고려하게 되고, 문제의 근원, 문제의 전개, 문제를 유지시키는 요인들뿐 아니라 문제해결을 위해 유용하게 사용될 수 있는 장점, 속성, 자원들을 이해하도록 돕는다(Cournoyer, 김인숙 · 김용석 역, 2006).

(1) 면접과정에서 탐색 · 수집되어야 하는 주요 내용들

초기[12]과정의 면접에서는 문제－사람－상황과 관련된 내용들이 주로 다루어져야 한다. **문제**와 관련해서는 문제의 현재 상태－문제가 반복되는 정도, 문제의 지속기간, 문제의 심각성(다른 부분에 대한 영향, 문제에 대한 개인적인 생각, 감정, 문제와 관련한 행동 등)과 문제가 발생한 맥락에 대해 먼저 살펴야 할 것이다. 문제 발생 초기부터 현재 상태까지의 발달과정, 문제 발생 전과 발생 도중, 문제 발생 이후에 일어나는 일, 문제 발생의 상황 등을 추적 조사해야 할 것이고, 문제를 해결하기 위한 지금까지의 시도들에 대한 정보, 문제해결을 위해 사용해 왔던 강점과 자원들에 대해 그 정보들을 수집해야 할 것이다.

사람에 대해서는 클라이언트가 인격체로서 자신에 대해 이야기하도록 도와주어야 할 것이다. 클라이언트가 현재 자신에 대해 어떠한 관점을 가지고 있는지, 특히 이 차원에서 사회복지사는 클라이언트의 생활 속 경험에 따른 클라이언트 자신의 사고, 감정, 행동에 관심을 기울인다. 평소 사고적 · 감정적 · 행동적 패턴을 고려하고, 과거 경험들(패턴들)을 돌아보게 할 필요가 있고, 문제와 관련한 경험들에 대해서도 조

12) 초기 면접을 포함한 사정을 위한 사전면접을 의미한다.

사되어야 할 것이다. 또한 클라이언트가 가진 개인적인 강점과 능력뿐 아니라 약점이나 결점에 대한 정보도 파악해야 한다.

상황에 대해서는 물리적 환경을 포함한 현재의 사회적(환경적) 상황과 과거의 상황, 주요 가족체계, 주요한 타인, 지역사회, 상황에 대한 사회적·경제적·문화적 요소들에 대한 정보를 수집하고, 종교, 교육, 고용과 재정 등에 관한 정보도 수집한다.

또한 **문제－사람－상황이 미래에 어떠할지에 대한 클라이언트의 인식**을 살필 필요가 있다. "만약 현재 문제가 지속된다면 문제, 사람, 상황이 어떻게 될 것인지", "만약 문제와 그 문제가 사람이나 상황에 미치는 부정적인 영향이 완전히 해결되면 나타날 수 있는 가능한 최고의 상황"에 대해서 생각해 보게 한다면, 클라이언트에 대한 개입 방향을 세우는 데 중요하게 작용할 수 있을 것이다.

우리는 사회복지사로서 클라이언트의 문제와 어려움, 고통, 욕구에 더욱 집중하는 경향이 있는데, **강점과 자원에 주목**할 필요가 있다. 질문하기, '미완성' 문장 혹은 '빈칸 채우기' 또는 적극적 경청을 통해서 강점을 찾을 수 있다.

커노이어(Cournoyer, 김인숙·김용석 역, 2006)는 〈표 3－2〉로 강점을 찾는 과정을 조직화했다. 클라이언트의 특별한 능력과 재능을 인식하도록 도와야 하고, 그러한 능력과 재능이 그가 처한 사회적 상황에서 더욱 명료해질 수 있도록 해야 하며, 현재 문제와 관련지을 수 있도록 할 필요가 있다. 또한 클라이언트가 사회적 지지를 찾을 수 있도록 도와야 한다. 이를 통해 클라이언트가 자신에게 자원이 되어왔고 앞으로 자원이 될 수 있는 환경 내의 여러 요소들을 파악할 수 있도록 도와야 한다.

어떤 것을 완성하거나 성취한 경험은 그 사람에게 유능감을 갖게 하고 낙관적으로 사물을 보게 하는 경향이 있다. 클라이언트로 하여금 성공의 경험을 인식하도록 함으로써, 당시 성공을 가능케 했던 인지, 감정, 행동적인 면을 인식하도록 하는 것이 중요할 것이다. 또한 인간은 시간이 흐르면서 자신의 중요한 삶의 경험에 의미를 부여하는 경향이 있다. 사건 혹은 삶의 경험을 통해 상당한 교훈을 얻게 된다. 클라이언트가 그의 삶에서 교훈을 찾을 수 있도록 클라이언트를 격려할 수 있는데, 이는 클라이언트로 하여금 스스로를 현명하다고 인정하도록 도와주는 것을 의미한다. 어떤 경우에는 클라이언트가 과거에 다른 상황에서 터득한 교훈을 클라이언트의 현재 관심사와 문제에 적용할 수도 있을 것이다.

〈표 3-2〉 강점찾기

강점찾기			
구분	사람(스스로)	상황 (가족, 직장 등–주위에서)	문제
능력	당신은 스스로 생각하기에 어떤 특별한 재능이나 능력, 성격을 가지고 있나요? "나는 …에 소질이 있다."	당신의 상사가 알아주길 원하는 당신의 재능과 능력은 무엇인가요? 주변에서 당신 가족에 대해 칭찬한다면 어떻겠습니까?	당신이 이러한 문제를 다루어 오면서 당신의 어떤 재능과 능력이 당신에게 가장 많은 도움이 되었습니까?
사회적 지지	지금까지 살아오는 동안 누가 당신에게 가장 많은 지지를 해 주었습니까?	직장에서 당신에게 가장 위로가 되는 사람은 누구입니까?	이 문제와 관련해서 누구의 지지가 가장 큰 도움이 되겠습니까?
성공	당신의 인생을 돌이켜볼 때 무엇을 당신의 최대 성공 혹은 성취로 생각합니까?	가족과 어떤 상황에 있을 때 성공했다고 느끼십니까?	이 문제가 어떻게 해결되면 성공했다고 느끼실까요?
인생 교훈 (교훈을 얻게 된 삶의 경험)	당신은 많은 것을 겪어왔고, 어쨌든 살아남았습니다. 이러한 경험을 통해 인생에 관해 배운 점은 무엇입니까? 당신 자신에 관해서는 무엇을 배웠습니까?	다른 사람들에 관해서는 무엇을 배웠습니까?	이 문제가 당신에게 어떠한 교훈을 준다고 생각합니까?

(커노이어(Cournoyer)의 내용을 조정)

물론 초기면접에서는 보다 객관적인 사실들이 다루어질 것이다(초기면접기록지). 현재의 문제와 요구 혹은 욕구, 일반적인 사항(나이, 성별, 학력, 주소 등), 제반 사회경제적인 사항(결혼관계, 서비스 수급내용, 가족관계, 주거 상황 등), 현재의 사회적·직업적·신체적 기능 정도 등이 포함될 것이고, 이후 면접에서는 발달력, 가족력, 사회력, 병력, 자해 및 타해의 위험성이나 약물남용의 위험성을 가늠할 수 있는 제반 사실들이 다루어지게 된다. 면접과정에서 알게 되고 수집된 사실들은 사정과정에서 판단의 근거로 작용하게 된다.

(2) 듣는 기술(적극적 경청)

면접 상황에서 클라이언트가 말하는 것과 질문에 대한 응답을 듣는 기술은 매우 중요하다. 종종 사회복지사들은 질문 이후 그 응답내용을 적극적으로 들으려고 해야 하지만, 다음 질문을 생각하는 경향이 있어 질문에 대한 응답을 귀담아 듣지 못하는 오류를 범한다. 클라이언트가 무엇을 전달하려고 하는지, 어떠한 감정상태인지, 클라이언트의 감정이 어떻게 표현되는지에 집중해야 하고 열린 마음과 수용적 태도로 임해야 한다.

클라이언트가 말하는 중간에 끼어든다든지, 성급히 조언을 한다든지 하게 되면 클라이언트의 이야기는 끊기게 되고, 클라이언트가 전달하고자 하는 내용을 듣지 못하게 되고, 이야기의 방향이 다른 데로 흐를 수 있을 것이다. 클라이언트의 이야기를 잘 듣기 위해서는 클라이언트가 말하는 것도 들어야 하지만, 말하지 않는 것, 차마 하지 못하는 이야기도 들을 수 있어야 한다.

사회복지사는 클라이언트의 진술과 감정에 대해 민감히 반응해야 한다. 문제에 대한 정보나 감정상태를 더 잘 확보하려면 사회복지사는 감정이입(empathy)을 전달해야 한다. 감정이입은 상대의 감정을 이해하는 능력이고, 클라이언트의 감정에 민감하고 그러한 감정을 이해한다는 것을 전달할 때 관계형성의 질도 높아질 것이고, 클라이언트는 자신의 감정상태를 충분히 표출할 것이며, 진술의 정확성도 충분히 확보될 수 있다. 감정이입된 상태에서 클라이언트가 말하는 내용에 대해 정확히 반영하고, 감정반영을 해줌으로써 클라이언트에게 집중하고 있고, 그 이야기를 경청하고 있다는 것을 전달할 수 있고, 클라이언트도 자신의 이야기를 재음미할 수 있게 되고, 그 이야기를 더욱 진전시킬 수 있게 될 것이다. 이런 점에서 커누이어(Cournoyer, 김인숙·김용석 역, 2006)는 특별히 경청(listening)과 적극적 경청(active listening)을 구분한다. **경청**은 다른 사람의 말을 주의 깊게 듣고(hearing), 그들의 비언어적 제스처와 포지션을 관찰하고(observing), 그들 자신을 충분히 표현하게 격려하고(encouraging, 짧은 촉진 반응 등 포함), 그들이 전달하려는 것을 기억하는(remembering) 과정으로 설명하고, **적극적 경청**을 클라이언트가 자기 표현을 더 할 수 있도록 자신이 이해와 격려를 받는다는 느낌을 갖게끔 말하고 경청하는 기술로 설명한다. 피드백 형태로 공감과 이해를 전달하는 것을 포함하여 주의를 끄는 단계(inviting), 경청의 단계(listening), 반영하는 단계(reflecting)로 구분하여 적극적 경청의 단계를 설명하고 있다.

클라이언트의 진술내용을 잘 듣기 위해서는 여러 가지 방해요소들을 제거할 필요가 있다(경청의 방해물). ① 클라이언트에 대해 미리 선입견을 가지지 말아야 한다. 누군가를 바보라든가 자질이 없다는 식으로 미리 생각한다면 그 사람이 이야기할 때 충분한 주의를 기울이지 않게 된다. ② 미리 앞서가는 반응을 하지 말아야 한다. 클라이언트의 이야기를 실제로 듣지 않고, 클라이언트가 말하는 것을 미리 예상하는 것을 말한다. '저 사람은 아마도 이렇게 말할 것이다'라는 생각을 한다면, 클라이언트 진술의 중심을 알아차리기 힘들 것이다. 사람들은 일반적으로 듣고 싶은 내용만을 듣는 경향이 있기 때문에 더욱 그러할 것이다. ③ 인지적으로 잘못된 행동(예행연습)을 하지 말아야 한다. 즉 클라이언트가 말하는 동안 다음에 무슨 말을 할 것인지에 대해 생각하느라 클라이언트의 이야기를 듣지 못하는 것을 말한다. ④ 개인적 이슈를 갖지 말아야 한다. 즉 개인적으로 다른 것(예 : 시장 볼 물건들)에 관심을 가진다거나, 개인적으로 관심 있는 부분(예 : 다른 사람이 화가 났는지 기분이 나쁜지에만 관심, 아들이 학교에서 싸웠는지에만 관심, 상대방의 마음을 읽는 데만 관심)을 가정한다면, 현재의 대화가 이런 것들과 전혀 관련이 없다는 확신이 들면 딴 생각을 하기 시작한다. ⑤ 과도한 정서적 반응은 하지 말아야 한다. 즉 클라이언트의 이야기에 과도하게 정서적으로 반응하게 되면 자신의 정서에 영향을 미칠 수 있어 클라이언트의 진술과 감정에 집중하기 어렵게 된다. ⑥ 사무실의 온도, 소음 등과 같은 주의 산만할 수 있는 요소들을 가급적 피한다(Neukrug, 손광훈 역, 2009). 이 외에도 듣고 싶은 부분만 듣는 걸러듣기, 비교하기, 충고하기, 언쟁하기, 상대방의 이야기를 자신의 경험과 관련시키기, 공상에 빠지는 경우, 주제 이탈하기, 자기주장이 너무 강해 자기주장에 위배되는 사실들을 듣지 않고 다르게 들으려는 경향 등 다양할 수 있을 것이다(McKay et al., 임철일 · 최정임 역, 1999).

쉐퍼 외(Scheafor et al., 엄명용 외, 2009 재인용)는 적극적 경청의 요령 다섯 가지를 다음과 같이 제시하였다.

- 클라이언트가 표면적으로 나타내는 말뿐만 아니라 그 이면에 숨겨져 있는 감정까지도 세심하게 살핀다.
- 분명하고 침착하며 흥미를 나타내는 어조를 구사한다.
- 관심과 열린 마음을 갖고 클라이언트의 말을 잘 듣고 있다는 것을 나타내는 몸짓(눈빛, 표정, 고개를 끄덕이는 일)을 적절히 사용한다.
- 클라이언트가 한 말 중에서 불분명하거나 추가적인 정보가 필요하면 적절한 질문을 한다.
- 무엇을 주장하거나 의견제시를 위한 말보다는 클라이언트를 보다 더 잘 이해하기 위한 말을 한다.

한편, 트레비시(Trevithick, 2000 ; 엄명용 외, 2009 재인용)은 보다 자세하게 경청기술과 관련된 기본기술을 다음과 같이 제시하고 있다.

- 가급적이면 최대한 개방적이고 직관적이며 공감하고 자기인식을 하고 있도록 한다.
- 눈맞춤을 유지한다.
- 개방적이고 주의를 기울이는 몸자세를 취한다.
- 비언어적 형태의 의사소통방법에 주의를 기울이고 이러한 형태의 의사소통이 주는 의미를 파악한다.
- 의사소통의 한 방법으로 침묵을 허용하고 활용할 수 있도록 한다.
- 적절한 신체적 거리를 유지한다(너무 멀지 않게, 너무 가깝지 않게).
- 주요한 단서를 파악하고 이를 확인한다.
- 사회복지사 자신이 보일 수 있는 산만한 행동과 매너리즘에 빠져 있는 행동을 인식한다.
- 모호하고 혼돈스러운 언급을 회피한다.
- 상대방이 충분히 시간을 갖고 원하는 때에 자신의 언어로 말하게 배려한다.
- 면접장소와 일반적인 물리적 환경의 중요성을 인식한다.
- 끼어들거나 주제에서 벗어나지 않도록 노력한다.

- 면접의 전반적인 분위기, 특히 의사소통이 되고 있지 않은 분위기에 민감해진다.
- 면접에서 정서적인 내용을 경청하면서 이에 적절한 질문을 한다.
- 가능할 때마다 그리고 적절할 때 피드백을 제공한다.
- 적시성(timing)의 중요성을 인식하는데, 특히 강렬한 감정이 표현될 때 더욱 그렇다.
- 민감한 문제나 고통스러운 주제와 관련하여 목소리 톤에 주의를 기울인다.
- 예상하거나 편견 혹은 낙인을 찍는 일을 피하며, 섣부른 판단이나 평가를 내리는 것을 피하도록 한다.
- 이론에 대해 언급하는 것이 상대방의 이해증진에 도움이 될 때는 상대방이 이해 가능한 용어로 설명토록 한다.
- 가급적 최대한 자연스럽고 자발적이며 편안한 자세를 취한다.

클라이언트의 진술을 들으면서 특별히 관찰할 내용

1. 처음 꺼내는 말과 종결하는 말의 내용 : 이 내용은 중요한 경우가 많은데, 클라이언트가 자신의 자아나 환경에 대해 어떤 태도를 가지고 있는지 암시를 준다.
2. 화제의 이동 : 대화 도중 어떤 주제가 나올 때 화제를 바꾸는 경우는 특별한 주제가 고통스럽거나 토론하기 싫다는 것을 의미하는데, 그 이유를 나중에라도 알아낼 필요가 있다.
3. 반복적인 주제의 제시 : 클라이언트가 계속해서 한 주제를 제시하는 경우, 이는 클라이언트에게 매우 중요한 문제이거나 클라이언트가 도움을 받기 원하는 문제다.
4. 불일치 : 클라이언트의 진술 간에 차이가 나는 것은 면접내용이 클라이언트 자신에게 매우 위협적인 것이거나 공개하고 싶지 않다는 것을 시사한다.

출처 : 이윤로(2009).

① 짧은 촉진적 반응(minimal prompts, 격려 : encouraging)–촉진기술

클라이언트가 하던 이야기를 계속 할 수 있도록 짧게 촉구하는(용기를 북돋워주는) 반응을 말한다. “그리고?”, “그래서요?”, “아”, “알겠다”, “음”, “와” 등을 표현함으로써 사회복지사가 클라이언트의 이야기를 주의 깊게 듣고 있다는 것을 전달할 수 있고, 클라이언트는 추가적으로 더 많은 내용을 이야기할 수 있을 것이다. 비언어적 표현

으로도 촉진 · 격려할 수 있다. 머리를 끄덕이든지, 눈을 맞추는 주의를 기울이든지, 특정의 손동작을 하든지, 클라이언트 쪽으로 약간 비스듬히 기울이든지 하는 것이 그것이다. 또한 클라이언트가 사용하는 문구나 핵심적 단어를 반복하는 것 또한 격려가 될 수 있다(Cournoyer, 김인숙 · 김용석 역, 2006).

촉진(prompting)기술은 클라이언트가 말하는 내용에서 추가설명이 요구되거나 문장이나 이야기를 끝내지 않았을 때 계속해서 진술할 수 있도록 돕는 기술을 말한다. "그래서요"와 같은 촉진언어를 사용하거나 이야기 도중 사용된 주된 단어를 사용해 클라이언트가 이야기를 이어나가도록 격려해 준다. 또한 직접적인 제안으로 좀 더 이야기하도록 요청할 수도 있을 것이다. "저번에 당신은 집이 감옥이라 했는데, 좀 더 구체적으로 말씀해줄 수 있나요?" 이러한 직접적인 제안형태의 촉진은 목적 및 초점유지기술로도 볼 수 있을 것이다.

② 침묵 활용하기(침묵 다루기)

사회복지사는 클라이언트와의 면접과정에서 클라이언트가 침묵할 경우 침묵의 의미를 잘 전달받을 수 있어야 할 것이다. 침묵도 중요한 의사소통의 일부이고, 의도적인 의사소통이며 경청의 중요한 부분일 것이다. 침묵은 클라이언트가 생각 중에 있을 때와 사고나 감정과 접촉하는 시간이 필요할 때 유용하다. 일반적으로 의사소통과정에서의 침묵은 이전 내용이나 질문한 내용에 대해 어떻게 이야기할 것인가를 생각하고 있다는 의미일 수도 있고, 이전 사회복지사의 이야기 내용이 본인의 마음에 들지 않는다거나, 이해하지 못했다는 것, 타당성을 생각하는 의미일 수도 있다. 물론 더 이상 이야기하고 싶지 않다는 저항의 의미도 내포하고 있는 것 또한 사실이다(도광조, 2012).[13)]

또 다른 측면에서 기꺼이 자신의 생각이나 감정에 몰두한다는 의미일 수도 있고

13) 면접내용에 대해서 생각하고 느끼는 중, 주의 깊게 질문에 대한 반응을 생각하는 중, 결정을 내리는 중, 어떤 것을 표현할 방식을 찾는 중, 생각을 정리하는 중, 민감한 것 · 고통스러운 것 · 사적인 것을 사회복지사와 공유하는 것이 안전한가를 결정하는 중, 방금 들은 것의 타당성을 생각하는 중, 시간이 필요함, 울지 않으려고 노력하는 중, 방금 들은 내용 때문에 혼란스러움 등의 의미가 있다(이윤로, 2009).

(창조적 침묵, creative silence), 클라이언트의 걱정이나 당황, 혼란에 의한 혹은 체벌적인 성격의 침묵(불편한 침묵, troubled silence)일 수도 있을 것이다. 이러한 침묵은 그 사람이 너무 압도당하거나 자기 자신이나 타인을 보호해야 한다고 느껴서 당황하거나 두려워하고 있다는 걸 보여주는 것이다(Trevithick, 우국희 외 역, 2002).

어떤 경우이든 성급하게 침묵을 깨려는 노력은 불필요하다. 사회복지사는 클라이언트에게 생각하고 느낄 수 있는 충분한 시간과 공간을 주는 것이 중요하다. 클라이언트가 침묵을 필요로 할 때는 존중해 줄 필요가 있다. 클라이언트가 할 말을 찾지 못할 때가 아니라면 침묵을 깨뜨릴 필요가 없다. 잠시 앉아 기다리며 클라이언트에게 생각할 시간을 주는 것이 좋다. 사회복지사는 침묵의 순간을 참아 내는 것을 배울 필요가 있고, 그 침묵의 의미를 찾으려고 노력해야 할 것이다. 사회복지사는 깊은 심호흡을 하고, 클라이언트 내면의 이야기를 들을 수 있도록 공감적 결합을 시도해 볼 수 있을 것이다.

침묵이 너무 길어지게 되면 한번쯤 감정 내지는 지각을 반영해 주는 방법도 있을 수 있다. "울고 싶으면 울어도 좋습니다", "아주 슬퍼 보이십니다", "제가 이야기한 것이 너무 민감한 문제였나요", "천천히 생각해 보세요"처럼 감정을 반영해 줄 수 있을 것이다. 또한 "지금 어떻게 느끼십니까?" 또는 "지금 무슨 생각을 하셨습니까?"와 같이 질문해 볼 수도 있을 것이다. 이후 클라이언트 당사자에게 침묵의 의미를 직접 물어봄으로써 면접의 초점을 유지해 갈 수도 있을 것이다. 사회복지사는 이러한 과정을 통해 클라이언트에 대한 공감적 이해를 할 수 있어야 하고, 침묵의 순간이 어느 시점이었는지, 침묵의 의미는 무엇이었는지, 내면의 이야기는 무엇이었는지 등을 이후 사정과정에서 활용할 수 있어야 할 것이다.

(3) 말하는 기술(확인하기 및 초점유지기술)

면접과정에서 사회복지사가 직접 말로써 표현하는 경우는 질문하는 경우가 대부분이지만, 질문 이외에도 면접을 효율적으로 이끌어나가고 초점을 유지하기 위해서 지지나 확인, 반영, 명확화, 정보제공, 설명하기 등의 여러 형태들을 사용한다. 물론 면접과정에서 사회복지사가 너무 말을 많이 하기보다는 클라이언트가 더 많이 이야기할 수 있도록 함으로써 자신과 자신의 상황, 문제에 대해 스스로 인식할 수 있는 기회를 가지도록 도와야 할 것이다.

여기에서는 사회복지사의 표현기술 중 말하고 들은 것을 확인하는 기술들, 즉 바꾸어 말하기, 요약하기, 명료화, 피드백 주고받기, 내용반영 등과 목적과 초점을 유지하는 기술들, 즉 초점유지기술, 탐색기술, 세분화, 자기노출 활용하기 등을 포함한다.

① 바꾸어 말하기(paraphrasing, 환언, 부연기술)

바꾸어 말하기는 클라이언트의 말을 옳게 듣고 이해했는가를 알아보기 위한 확인하기의 일종인데, 클라이언트가 말한 내용의 핵심을 클라이언트가 사용한 용어와 같은 뜻을 가진 다른 말을 사용해서 그 내용과 의미를 확인하는 기술을 말한다. 바꾸어 말하기를 통해 클라이언트의 이야기를 잘 듣고 있고, 잘 듣고 이해하려고 노력하고 있다는 사실을 전달할 수 있으며, 클라이언트가 말하는 내용을 사회복지사 자신의 말과 생각으로 정리하는 기회가 될 수도 있다. 또한 클라이언트는 똑같은 내용을 사회복지사의 말과 생각을 통해 다시 듣게 됨으로써 자신의 말과 문제를 새로운 관점에서 생각해 볼 수 있는 기회를 갖게 된다.

바꾸어 말하기는 약간의 위험을 내포하고 있다. 불분명하거나 혹은 부적절하게 표현될 때, 특히 말하는 방법이나 단어선택이 잘못되는 경우 클라이언트는 자신이 혹시 잘못 말하여 사회복지사가 잘못 이해하고 있는 것은 아닌지 의심하게 될 수도 있고, 잘못 진행되어 클라이언트가 말한 내용과 다르게 변질될 수 있는 가능성도 있게 된다.

② 요약하기(summarizing)

면접과정에서 사회복지사는 계속 듣고만 있을 것이 아니라 중간 중간에 지금까지 한 이야기들의 내용을 정리하고 확인함으로써 보다 정확하게 들을 수 있게 된다. 요약하기는 이같이 일정 시간 동안 클라이언트가 이야기한 내용과 감정을 간략하게 핵심적으로 정리해서 확인하는 기술을 말한다. 요약은 대개 면접을 시작할 때 이전 면접에서 다루어진 내용을 언급하거나, 면접을 끝낼 때, 또는 새로운 주제로 전환하려 할 때 사용하는 편이다. 하지만, 이와 상관없이 적절한 시점에 클라이언트의 이야기를 요약함으로써 클라이언트로 하여금 면접 내에서 다루어진 내용의 정확성을 확인하게 할 수 있고, 중요 이슈나 요점을 다시 한 번 생각하도록 할 수도 있을 것이다. 또한 클라이언트의 이야기가 두서없고 장황해서 혼란스러울 때나 여러 가지 생각이나 정보를 한꺼번에 전달할 때 면접의 방향을 바로 잡고, 초점을 유지해가기 위해서도 요구된다.

③ 명료화(clarifying)

면접과정에서 클라이언트는 애매하고 모호하게 말하거나 아니면 자신도 명확하지 않은 표현(명확하지 않은 메시지)을 자주 사용한다. 말의 앞뒤가 맞지 않는 경우도 있고, 논리정연하지 못한 경우도 있다. 또한 관계되는 일에 대해 대충 이야기할 수도 있고, 일정 부분의 아주 중요한 측면을 완전히 무시할 수도 있으며, 생소한 단어나 문구를 구사하는 경우도 있을 것이다. 때로 클라이언트의 문제가 난처한 것이거나 감정적인 것일 때 직접적으로 이야기하기를 어려워하고, 비언어적 행동이나 불완전하거나 혼합된 메시지 형태로 간접적으로 표현하기도 한다.

이럴 경우 사회복지사는 피드백을 통해서 전달받은 느낌을 말하고 질문을 통해 내용을 명확히 정리할 필요가 있다. 이 기술은 클라이언트가 보다 더 명시적으로 말하도록 격려하고, 모호하거나 혼돈스러운 내용을 정리하면서 사회복지사가 들은 바를 정확하게 이해했는지 확인하기 위해 질문하는 것이다. 언급된 단어나 행동의 의미에 대해 더욱 정확한 표현을 이끌어 내기 위한 시도이다.

"지금 말씀하신 내용이 저에게는 명확하지 않습니다. 다시 한 번 말씀해 주시겠습니까?" 또는 "지금 말씀은 저에게는 혼란스럽습니다. 정신과 병원에 입원을 시키겠다는 말씀이신지 아니면 후환이 두렵다는 말씀이신지 분명하지가 않습니다", "나는 알아듣기가 힘드네요. 당신은 기대했던 것보다 사정이 너무 느리게 변하고 있다는 겁니까? 아니면 당신의 상황이 과거보다 더 나빠졌다고 말하는 겁니까?" 등으로 분명하게 하고자 하는 질문이다.

명료화를 위한 형식

______라고 말할 때 구체적으로 무엇을 뜻합니까?
______에 대해 더욱 자세하게 이야기할 수 있습니까?
______에 부연 설명을 할 수 있습니까?

출처 : Cournoyer, 김인숙·김용석 역(2006).

명료화 사례

〈사건의 규명과 확인〉

사회복지사 : 내가 제대로 이해했는가 좀 봅시다. 조금이라도 틀린 점이 있으면 말씀해 주십시오. 당신은 2009년 5월에 아이들과 함께 여성 피난처로 들어와서 2개월간 머물렀습니다. 그곳으로 당신의 남편이 찾아오자 경기도 광주에 있는 언니 집으로 가서 다시 남편이 쫓아올 때까지 3개월을 지냈습니다. 그 후 다시 피난처로 돌아왔고, 그곳의 사회복지사들이 지금까지 쭉 돌봐 주었습니다. 맞습니까?

〈문제/위기에 순위 매기기〉

사회복지사 : 지금까지 많은 문제들을 살펴보았습니다.—남편에 대한 걱정, 학교문제, 빚 문제 등—그런데 당신의 얘기를 들어 보건데, 만일 내가 틀렸으면 이야기해 주세요. 그중에서도 제일 걱정스러운 문제는 지금 돈이 한푼도 없고 갚을 수 없는 빚이 많다는 사실 같습니다. 맞습니까?

출처 : Trevithick, 우국희 외 역(2002).

일반적으로 이 기술은 클라이언트가 겪고 있는 문제들을 규명하고 확인하며 순위를 정할 때 사용되고, 특히 클라이언트가 여러 문제를 복합적으로 가지고 있어서 그 중 가장 심각한 영향을 미치는 문제에 초점을 맞추어야 할 때 유용한 방법이다. 또한 이 기술은 사회복지사나 클라이언트 각자가 가지고 있는 상대에 대한 기대와 가정을 검토하기 위해서 활용되기도 한다. 면접 시 목적, 역할, 기대의 명료화 기술을 말한다(Trevithick, 2000 ; 엄명용 외, 2009 재인용).

명료화 기술을 사용함으로써 사회복지사가 주의 깊게 듣고 있으며 말하는 내용을 중요하게 여기고 있음을 보여줄 수 있다. 특히 자신의 이야기를 누가 들어주고 확인해 주는 것을 경험하지 못한 클라이언트에게는 특별히 중요한 경험이 될 수 있다.

④ 내용 반영(reflecting contents)

내용 반영기술은 클라이언트의 이야기나 정보에 대한 이해를 전달하기 위한 감정이입기술로서 보다 정교한 적극적 경청의 한 형태이다. 클라이언트가 말한 내용을 부연・요약해서 다시 클라이언트에게 표현하는 것을 의미한다. 내용을 정확하게 반영함으로써 클라이언트가 전하고자 하는 내용을 경청하였으며 이해했다는 것을 표현할 수 있게 된다. "당신은 …을 말하고 있는 것 같군요", "내가 정확하게 이해를 하고 있다면, 당신은 …을 의미하는 것인가요?", "당신이 …라고 말하는 것을 들었습니다" 등의 도입문구를 사용할 수 있다(Cournoyer, 김인숙・김용석 역, 2006).

내용 반영은 부연(바꾸어 말하기)과 요약을 포함하기 때문에 다소의 혼돈이 있을 수 있다. 바꾸어 말하기는 클라이언트가 말한 내용의 어의적 뜻을 다시 말하는 것이고, 요약은 몇 가지 중요한 메시지의 내용과 감정적 요소를 체계적으로 한데 모으는 것이다. 그에 비해 내용 반영은 감정이입기술로서 감정이나 메시지의 정서적 요소의 표현이라 볼 수 있다(Scheafor et al., 서울대 사회복지실천연구회 역, 1999).

내용 반영은 클라이언트가 한 말의 내용이나 인지적 측면을 되풀이하거나 따라하는 것이 아니라 클라이언트 이야기의 본질(말 속에 담긴 주된 의미)에 세심한 주의를 기울여야 하고, 클라이언트 이야기의 핵심을 반영해야 한다. 내용 반영을 할 경우 부연설명기술을 사용하려면 클라이언트의 말 속에 담긴 주된 생각을 재진술해야 하며, 클라이언트의 말의 의미에 덧붙이거나 의미를 바꾸지 않아야 한다. 역시 요약기술을 사용하는 데 있어서도 클라이언트의 말 속에 담긴 중요한 생각들을 체계적으로 통합하여 재진술해야 한다.

내용 반영의 예

복지관에서 행해진 상담. 복지관 사회복지사로서 결혼했고 딸이 하나 있음. 복지관에서 10년 이상 일해 온 사람. 최근 들어 업무능력이 떨어지기 전까지는 신뢰할 수 있는 유능한 사회복지사로 평가받음. 지각과 결근 문제를 상의하려고 부장이 이 사회복지사를 부름.

사회복지사 : 글쎄요, 그건 제가 걱정하는 문제 중 하나인데 복지관에서 직원들 출근 상황과 시간엄수 문제를 걱정하는 것을 알고 있어요

부　　장 : 현재 걱정하고 계신 몇 가지 문제가 있군요.(○)
그렇다면 회사가 본인의 출근과 시간엄수에 신경쓰는 것을 알고 계시겠네요.(X)

* 말의 핵심이 늘 마지막 말에 담겨 있는 것도 아니고, 마지막 부분을 앵무새처럼 되뇌면서 말 속에 담긴 내용을 간과한 답변이다.

사회복지사 : 띨아이 때문이에요. 15실인데 우리 부부가 딸 때문에 골치를 앓고 있어요. 밤에 집에 들어오질 않아요.

부　　장 : 딸과 문제가 많았던 모양이네요.(X)
밤에 집에 안 들어온다는 게 주된 문제군요.(○)

* 위의 틀린 반영은 너무 추측을 많이 했고 딸과의 현재 문제에서 딸과의 과거 경험으로 논의 초점을 바꾸었다.

출처 : Cournoyer, 김인숙 · 김용석 역(2006).

⑤ 피드백

피드백(feedback)은 상대방에게 그가 다른 사람에게 어떻게 비쳐지는지에 대해 솔직하게 알려주고 지적해주는 것을 말한다. 또한 피드백은 그의 언행이 다른 사람에게 어떤 영향을 미치는지에 대해서 알려주는 것도 포함한다. 이러한 피드백을 통해서 궁극적으로 그에게 자신이 잘 모를 수 있는 객관적인 모습을 알려주게 된다. 피드백은 긍정적인 것일 수도 있고, 부정적인 것일 수도 있다. 긍정적인 피드백은 상대에게 긍정적인 면모를 알려주고 지적해 주는 것이며 부정적인 피드백은 부정적인 측면에서 알려주고 지적해 주는 것이다. 피드백을 주는 경우 가급적 평가적인 용어는 피하는 것이 좋고, 개인의 말보다는 행동에 초점을 맞추는 것이 좋다. 또한 객관적인 증거를 근거로 하여 이루어져야 한다. 따라서 주관적인 심증만으로 피드백을

주는 것은 가능한 한 피하는 것이 좋다(설기문, 2002).

실제에 있어 피드백을 주고받는 일은 감정을 유발할 수 있기 때문에 실천하기 쉬운 기술이 아니다. 어떤 사람들은 모든 형태의 피드백을 어렵게 느끼고 당황해한다. 특히 과거에 부정적인 피드백에 상처를 입은 경험이 있는 사람은 더욱 당황해할 것이고, 또다시 그런 일을 당할까봐 쉽게 걱정을 한다. 피드백이 부정적일 경우는 특히 신중을 기해야 한다.

피드백의 예

"최근 며칠 동안 ○○씨 얼굴에 활기가 없는 것 같아요. 무슨 걱정거리가 있는 모양이지요?"
"정 선생님께서는 오늘 따라 기분이 안 좋으신 것 같습니다. 사소한 일에 자꾸 큰 소리로 야단을 치시는군요."

긍정적인 피드백을 주는 경우도 주의할 필요가 있다. 어떤 클라이언트는 타인들이 제공하는 피드백으로 인해 단순한 입발림에 싫증 나 있을 수 있으며, 자신의 고통이나 어려움에 대해 진심 어린 말이라기보다는 겉치레로 말한다고 생각할 수도 있다. 또한 친절과 칭찬(긍정적 피드백)으로 유혹당해서 고통스럽고 모욕적인 경험을 한 사람인 경우는 그 친절과 칭찬의 피드백을 부정적인 경험의 전 단계로 생각하는 경향도 가진다. 따라서 피드백을 제공할 때 클라이언트의 반응이 어떨지 먼저 고려해 보고 거기에 맞추어 말을 조정하는 것이 무척 중요하다. 정직함과 일(면접 등)의 원활한 진행 사이에서 균형을 유지하는 것도 어렵지만 중요한 일이다(Trevithick, 우국희 외 역, 2002; 엄명용 외, 2009 재인용).

또한 클라이언트가 사회복지사에게 피드백을 주는 경우에도, 사회복지사들은 부정적이거나 비판적인 피드백을 받으면 걱정하고, 방어적으로 행동하기 쉽다. 서비스의 질과 관련해 클라이언트의 피드백(클라이언트의 서비스에 대한 불만이나 불평 등)은 중요하기 때문에 슈퍼비전 과정을 통해서 해결하려고 노력해야 한다.

⑥ 초점유지 및 면접의 목적에 집중하기

종종 클라이언트들은 했던 이야기를 반복하고, 핵심을 이야기하지 않고 주변적인 이야기만 늘어놓는 경우도 있고, 혼돈되거나 불안하고 생각을 적절히 표현하지 못하는 경우가 있다. 횡설수설하고 장황하게 늘어놓거나 감정이 격해 있는 경우가 많다. 이러한 클라이언트에 대해 사회복지사는 초점을 유지하고, 면접의 목적에 집중할 수 있어야 하고, 보다 깊이 있는 면접을 가져갈 필요가 있다. 라포가 제대로 형성되지 못한 경우 더욱 그렇겠지만, 사람들은 모르는 사람에게 쉽게 자신을 드러내지 않는 경향이 있다. "자, 좀 전에 말씀하신 내용으로 돌아가는 게 좋을 것 같습니다. 좀 전에 당신은 돈이 전혀 없다고 했는데, 그럼 생계는 어떻게 꾸려가십니까?"와 같이 중심주제에 대한 탐색과 논의를 이어가고 심화시키는 기술이다.

주제에 초점을 맞추고 일관된 면접을 이어간다면 제한된 시간에 면접의 효과를 극대화하고 시간낭비를 줄일 수 있고, 중심문제를 더 깊이 탐색해 갈 수 있을 것이며, 클라이언트 스스로도 자신을 들여다볼 수 있는 충분한 가능성을 가질 것이다. 이 기술은 특히 말을 잘 하지 않고 걱정이 많거나 자신이 원하는 것을 잘 표현하지 못하는 클라이언트에게 더 효과적이다(Trevithick, 우국희 외 역, 2002). 또한 클라이언트와 면접과정에서 한 가지 문제에 지나치게 집중해서 더 이상 그 문제에 집중해서는 안 된다고 판단될 때(주제를 옮겨가야 할 경우)도 유용하게 활용될 수 있을 것이다.

⑦ 탐색기술

클라이언트와의 면접과정이 모두 클라이언트 자신－문제－상황에 대한 탐색과정이라 볼 수 있다.[14] 탐색기술(probing)은 보다 자세하고 구체적인 정보 혹은 특정 정보에 대해 자세하게 알고자 할 때, 오해하기 쉬운 의사소통양식(혼란형)을 갖고 있는 사람으로부터 정보를 얻어내고자 할 때 사용되는 기술이다. 탐색은 질문(보다 깊이

14) 커노이어(Cournoyer, 김인숙 · 김용석 역, 2006)는 사정을 위한 정보수집의 전 과정을 탐색과정으로 보고, 클라이언트의 사람－문제－상황을 살피는 탐색과정에 적절한 기술로 질문하기, 명확히 하기, 내용반영하기, 감정반영하기, 감정과 의미반영하기, 세분화하기, 대화 내용을 넘어선 부분을 이해하기 등을 들고 있다. 별도의 탐색기술이라는 기술을 포함시키지 않고 있다.

있는 질문)이나 진술(반응을 격려하는 말로 해주기) 등의 형태를 취한다.

카두신(Kadushin & Kadushin, 1997)은 탐색기술을 ⓐ 보다 자세한 설명을 위해 탐색을 요하는 '명료화 탐색(clarity probe, 그래서요!)', ⓑ 빠뜨리거나 다루지 못한 혹은 지나쳐 버린 내용을 탐색하기 위한 '완결을 위한 탐색(completion probe, 다음은 어떻게 하셨나요?)', ⓒ 클라이언트의 생각과 감정에 초점을 두면서 클라이언트의 정서적 깊이를 향상시키기 위한 '반응적 탐색(reaction probe, 마음의 상처가 크셨겠네요. 아버지의 섭섭함이 크셨겠네요. 아버지의 반응은 어땠나요?)'으로 구분하였다(엄명용 외, 2009).

⑧ 세분화하기

세분화하기는 클라이언트가 어떠한 문제나 주제 혹은 근심 등의 복잡한 현상을 쉽게 다루기 위해 처리가 용이한 단위로 나누는 기술이다. 이 기술은 자료수집을 위한 탐색과정에서 많이 적용된다. 사회복지사와 클라이언트가 많은 문제를 한꺼번에 다루려고 한다면 클라이언트나 사회복지사나 상당히 혼란스러울 수 있다. 어떤 때는 한 번에 다루어야 할 사항이 너무나 많을 때가 있다. 세분화하기 기술은 전체적인 것을 한 번에 하나씩 탐색하면서 전체를 부분적으로 나누고 정리하는 데 도움을 준다(Cournoyer, 김인숙 · 김용석 역, 2006).

세분화하기 예

한꺼번에 많은 일들이 일어나는 것 같군요. 모든 식구들이 문제를 가지고 있고, 당신은 그 모든 것들에 영향을 받고 있습니다. 살펴보아야 할 문제들이 너무나 많은 것 같은데 한 번에 한 가지씩 살펴보는 게 좋겠습니다. 혹 괜찮으시겠습니까? 어떠한 부분의 문제가 당신을 가장 걱정스럽게 합니까? 그것으로부터 시작합시다.

⑨ 자기노출 활용하기

클라이언트가 면접과정에 초점을 맞추고, 면접의 목적에 집중하도록 하기 위해 때로 자기노출(self-disclosure)을 활용할 필요가 있다. 자기노출은 사회복지사가 클라이언트에게 특정 상황에 대한 자신의 인간적・개인적인 생각, 경험, 느낌, 감정, 기분, 정보 등을 말해 주는 것을 의미한다. 사회복지사의 적절한 자기노출은 클라이언트의 신뢰감과 안정감을 촉진시켜 초점화(면접 방향의 유지) 또는 면접의 목적을 달성할 수 있도록 하는 데 긍정적으로 작용할 것이다. 나아가 클라이언트는 사회복지사의 적절한 자기노출을 통해 문제해결방법이나 해결의 실마리를 제공받을 수도 있을 것이다.

사회복지사의 적절한 자기노출은 고통 속에서 고립되고 혼자라고 느끼는 클라이언트나, 자기 자신을 드러내 보이기를 두려워하는 클라이언트에게 자신을 드러내더라도 괜찮다는 것을 보여주는 것이고, 수치심이나 죄의식, 자기비난 등의 느낌을 진정시켜 주고, 자신만이 그런 것이 아니라 대다수 사람들이 그렇다는 보편성을 인식하도록 할 수 있다. 따라서 사회복지사가 적절한 시점에 적절한 정도의 자기노출을 하는 것은 관계형성뿐 아니라 면접을 더욱 원활히 할 수 있도록 할 것이고, 면접의 방향설정에도 긍정적으로 작용할 것이다.

그렇지만, 사회복지사의 자기노출은 단순한 자기인식이나 '자신의 전문적 활용(professional use of self)'에서 더 나아가 사회복지사 자신에 대한 현재나 과거의 개인적 정보를 드러내 보이는 것(Trevithick, 우국희 외 역, 2002)이고, 자칫 사회복지사가 오히려 도움이 필요한 사람으로 인식될 수 있기 때문에 신중을 기해야 한다. 따라서 자기노출은 클라이언트의 이익을 위한 것이 아니라면 해서는 안 될 것이다. 그리고 자기노출은 '클라이언트와의 느낌, 경험과 유사성이 있는 경험을 구체적인 용어로, 가급적 짧게, 거짓 없이' 이루어져야 한다. 면접에서 중심은 클라이언트이기 때문에 초점을 흐릴 정도로 자기노출이 이루어져서는 안 될 것이다.

자기노출과 관련해 한 가지 중요한 점은 '난 그것이 어떤 것인지 안다'라든지 '당신이 겪은 일을 알고 있다'와 같은 표현은 삼가야 한다(Trevithick, 우국희 외 역, 2002). 막연하고 추상적인 자기노출은 클라이언트와의 관계형성 및 유지에 별로 도움이 되지 않기 때문이다.

(4) 질문기술

면접과정에서 질문은 사람이나 문제, 상황, 문제해결을 위한 수단과 관련된 사실, 의견, 느낌 등을 이끌어 내거나 또는 강점과 능력, 자산, 자원을 파악하는 데 사용되며, 면접의 출발점이라 해도 과언이 아니다. 질문은 초기면접뿐 아니라 상호이해나 사정, 계약, 개입, 평가, 종결을 위해 필요한 정보를 끌어내 준다. 질문을 하는 것은 이에 대한 대답(정보나 감정 등)을 얻기 위한 것이지만, 사회복지사가 클라이언트의 이야기에 집중하고 있고, 클라이언트의 생각과 느낌이 중요하다는 것을 전달하는 것이다. 또한 질문하기를 통해 클라이언트 스스로 자기를 탐색하고 생각을 정리할 수 있도록 하고, 자기성찰(self-reflection) 하도록 자극할 수도 있을 것이다(예 : 인생의 전반부는 대체로 어떠했나요). 그리고 면접을 일관성 있게 연결하는 데 아주 유용하다.

클라이언트로부터 문제 등과 관련해 보다 정확하고, 적절한 정보를 얻어내기 위해서는 질문을 어떻게 하는가가 매우 중요하다. 질문의 유형은 개방형(open-ended)과 폐쇄형(closed-ended)이 있다. **개방형 질문**은 클라이언트가 말하고 싶은 내용과 방식대로 자유롭게, 더욱 많은 것을 표현할 수 있도록 질문하는 것을 말한다. "지금 어떻게 느끼십니까?", "그 일은 어떻게 일어났습니까?" 등과 같이 개방적인 반응을 이끌어내는 질문을 말한다.

개방형 질문은 보통 '무엇' 질문(what question)으로 표현된다(Cournoyer, 김인숙 · 김용석 역, 2006). "무엇이 당신을 그렇게 힘들게 하나요?", "그 다음에는 무슨 일이 일어났습니까?" '무엇' 질문은 대체로 사실적인 대답(정보든, 감정이든)을 이끌어낸다. 또한 **'어떻게' 질문**(how question)은 거의 항상 개방적인 반응을 얻어낸다. 그렇지만 **'왜' 질문**(why question)은 방어를 이끌어낸다. '왜'라고 질문하면 클라이언트는 자신이 추궁당한다는, 다그친다는 느낌이 들어 방어적이 되기 쉽다. 사회복지사가 클라이언트를 비판적으로 평가하고 있다고 생각할 수도 있고, 그들의 행동이나 배경에 대해 무언가 정당화해야 한다고 느낄 수 있다. 정작 클라이언트들은 많은 경우 어떤 행동을 한 이유를 스스로도 잘 모르는 경우가 많고, 조리 있게 설명할 수 있는 경우도 아니다. '왜'라는 질문 대신에 '어떻게' 또는 '무엇'이라는 질문으로 바꾸는 것이 필요하다. '왜 늦었어'보다는 '무슨 일 있니?, 어떻게 해서 늦었니'라고 바꾸면 자연스럽게 그 이유를 들을 수 있을 것이다.[15)]

개방형 질문은 다양한 측면으로 탐색을 하도록 돕기 위해서 또는 명료화하고 초점을 맞추기 위해서, 감정을 탐색하기 위해서 주로 활용된다. 따라서 초기면접이나 첫 만남에서 이용하는 것이 유용하다. 개방형 질문은 클라이언트로 하여금 생각하게 하고, 집중하고 몰입하게 함으로써 자신의 감정과 생각을 명확히 하도록 하며, 구체적인 예를 이끌어 낼 수 있다. 따라서 다양한 측면에서 탐색을 가능하게 하며, 한 부분에 초점을 맞추도록 돕는다. 클라이언트로 하여금 많은 정보를 얻어내야 하는 사회복지사 입장에서는 개방형 질문을 하는 것이 바람직하고, 개방형 질문을 함으로써 클라이언트는 반응을 하면서 자신의 생각을 정리하고 객관화할 수 있으며 다시 한 번 더 생각해 볼 수 있는 기회를 가지게 된다. 어쨌든 개방적 질문은 주관적인 견해를 도출하는 것이기 때문에 상대적으로 사람 지향적이다. 그리고 "…하시겠습니까?" 또는 "할 수 있어요?"라는 질문은 상대방에게 선택권과 융통성 또는 여유를 주는 질문으로 강요당하거나 지시당하는 느낌을 주지 않게 된다(최선화, 2012).

그렇지만, 자신의 느낌이나 생각을 말로 표현하는 데 익숙하지 않은 클라이언트는 개방형의 질문이 위협적이고 자신을 압도하는 것으로 느낄 수 있다. 그리고 자신에게 일어난 일을 어떻게 말로 표현할지 잘 몰라서 개방형 질문에 답하는 데 어려움을 느끼는 클라이언트도 있다. 이럴 경우 이 질문이 왜 중요한지, 무엇을 알고자 하는 것인지를 설명해 줄 필요가 있다. 개방형 질문은 가급적 짧고 간단해야 하며, 한 가지씩 함으로써 초점을 맞출 필요가 있고, 막연한 질문에서 보다 구체적인 질문으로 범위를 좁혀 가면서 구체적인 정보를 탐색할 수 있도록 해야 할 것이다. 그리고 개방질문이 부담감이 있을 수 있기 때문에 개방질문과 폐쇄질문을 다양하게 혼합하여 사용하는 것이 도움이 될 수 있다.

폐쇄형 질문은 짧은 답이나 간단히 '예, 아니오'로 답을 할 수 있는 질문형태이고, 제한된 시간에 많은 양의 정보를 얻기 위해 사용된다. 특히 중요한 정보를 재빨리

15) 그렇지만 만약 부드러운 목소리와 함께 개방적이고 수용하는 얼굴표정을 보인다면 '왜' 질문을 굳이 피할 필요는 없다(Cournoyer, 김인숙 · 김용석 역, 2006).

얻어야 하는 상황에서 유용하다. 사실을 확인하거나 간단한 사실과 필요한 정보를 파악할 때 자주 사용된다. "생계비를 지원받고 있습니까?", "전화번호가 어떻게 됩니까?", "현재 집에서 누구와 함께 살고 있습니까?" 등이다.

폐쇄형 질문은 클라이언트가 구체적인 사항에 초점을 두도록 해서 면접의 초점을 유지하고자 할 때, 새로운 영역으로 들어갈 때, 면접의 방향을 변경할 때, 민감하거나 감정적인 주제여서 클라이언트가 이야기하는 것을 피하거나 어려워할 때, 간과한 세부사항을 보충하고자 할 때, 클라이언트가 당황하거나 정신이 다소 혼미하여 말에 초점이 없을 경우 유용하게 활용할 수 있다. 또한 자신감이 결여된 클라이언트를 대상으로 활용하기 좋고, 타인을 신뢰하지 못하거나, 말수가 적거나, 자신의 생각과 감정을 표현하기 어려워하는 클라이언트인 경우 효과적일 수 있다. 그리고 심각한 정신적 외상이나 사고를 당한 클라이언트들도 개방형 질문에는 답하기가 어려우나 폐쇄형 질문에는 비교적 잘 답할 수가 있다(Trevithick, 우국희 외 역, 2002).

그렇지만 폐쇄형 질문은 문제를 다양하게 탐색해 볼 기회가 줄어들 수 있고(자유롭고 완전하게 탐색하는 것을 지연시킬 수 있다), 클라이언트가 매우 제한된 범위 내에서 응답함으로써 정보와 사실 확보에 다소의 어려움을 가질 수 있다. 또한 특정 주제에 지나치게 집중함으로써 클라이언트로 하여금 마치 심문당한다는 느낌, 딱딱한 느낌을 갖게 할 수도 있다. 그럼으로써 클라이언트가 면접을 지루하게 느낄 수도 있을 것이다. 따라서 급박한 상황이 아니라면 폐쇄형 질문과 적극적 경청, 개방형 질문을 함께 사용하는 것이 좋을 것이다.

어떤 폐쇄형 질문은 유도적이다. 유도성 질문은 질문자가 듣고자 하는 특별한 대답을 유도하는 것이다. 예를 들어 "엉덩이 부분에 많은 고통을 느낀 적이 있습니까? 그렇습니까? 당신은 어린아이 때부터 고통을 느껴오지 않았습니까? 이러한 증상은 어린이로서 성적 학대를 받고 자란 사람들 사이에 나타나는 공통된 증상 아닙니까? 그렇습니까? 그러면, 당신이 어린이로서 성적 학대를 받았다고 생각할 수 있지 않습니까?" 이렇게 계속되는 질문은 특정한 결론이 옳고 타당하다는 것을 클라이언트에게 분명하게 시사한다. 탐색과정에서 이러한 유도성 질문은 개방적이고 포괄적이어야 하는 과정을 제한하는 경향이 있기 때문에 탐색단계 동안 유도성 질문을 사용하는 것은 바람직하지 않다(Cournoyer, 김인숙·김용석 역, 2006).

질문에 대해서는 반드시 적극적 경청이 요구된다. 어떻게 보면 질문하기 기술 내에 적극적 경청이 수반된다고 할 수 있다. 이는 어떤 형태의 질문에도 모두 해당한다. 질문을 해 놓고, 그에 대해 답하는 과정에 적극적으로 경청하지 못한다면, 면접은 쉽게 손상이 갈 것이고, 사회복지사와 클라이언트 간의 전문적인 관계는 악화될 수 있다. 또한 질문을 할 때 '혹은'이나 '또는'을 사용한 질문, 복합적인 대답을 요하는 질문, 한꺼번에 연속적으로 너무 많은 질문을 하는 것은 피해야 한다(이중 혹은 삼중 질문을 피하라). 클라이언트는 어떻게 답해야 할지, 어느 질문에 답해야 할지 모르고 당황스러워할 것이다. 한 번에 하나씩 질문을 해야 할 것이다.

종종 클라이언트들은 그들 자신과 문제, 그들이 처한 상황에 대해 이야기할 때 중요한 정보를 완전히 무시하거나 간략하게 이야기하면서 한 가지 주제에만 초점을 두는 경향이 있다. 이는 클라이언트의 심리적인 방어라고 볼 수 있고, 존중될 필요가 있다. 이럴 경우 클라이언트 스스로 초점을 두고 이야기하는 부분에 집중할 필요가 있고, 어떤 주제에 대해 많은 걱정과 근심을 보인다면 클라이언트와의 관계가 더 성립될 때까지 그 주제에 대해 질문하는 것을 미루는 것이 현명하다(Cournoyer, 김인숙·김용석 역, 2006).

질문을 잘못하면 클라이언트가 말하고자 하는 흐름을 흐려 놓거나 초점이 흐려지는 역효과가 발생하며, 추궁당한다는 느낌을 받기도 한다. 사회복지사가 질문을 하는 이유는 클라이언트를 돕기 위해서 필요한 정보를 알기 위한 것이지 사회복지사의 개인적 호기심을 만족시키기 위한 것이 아니라는 사실을 명심해야 한다. 이런 측면에서 사회복지사는 단순한 호기심에서 비롯된 질문을 피해야 한다. 사회복지사는 클라이언트가 말하는 흐름을 따라가며 사회복지사측에서 볼 때 불필요한 정보로 판단된다고 해도 갑자기 주제를 바꾸는 것은 클라이언트 입장에서 보면 자신을 이해하지 못하는 행동으로 비치기 쉽다. 또한 사회복지사가 문제해결에 초점을 맞추다 보니 클라이언트에 대한 모든 사실을 세세하게 다 알려고 하는 경향이 있는데, 사회복지사는 클라이언트가 스스로 해답을 찾아나갈 수 있도록 돕는 입장이라는 점을 명심하고, 너무 세세하게 모든 사실들을 알려고 할 필요는 없다. 질문은 항상 목적이 있어야 하고, 상대방이 이해할 수 있는 상황이어야 하고, 누구를 위한 질문인가를 충분히 고려해야 할 것이다(도광조, 2012 ; 최선화, 2012).

(5) 관찰기술

사회복지사는 면접과정에서 클라이언트가 말하는 것을 잘 듣고, 적절하게 잘 말하고, 적절하게 질문하는 등의 행위를 한다. 그렇지만, 사회복지사는 이러한 면접의 전 과정에서 클라이언트의 언어적 표현과 비언어적 행동을 유심히 관찰한다. 사회복지사는 클라이언트의 비언어적 행동에 민감해야 한다. 클라이언트의 앉아 있는 모습, 얼굴표현, 목소리 색조의 변화, 손가락으로 탁자를 치는 행동 등 비언어적 표현에 민감해야 클라이언트 진술의 타당성을 체크할 수 있고 피드백을 주기가 용이하다. 유능한 사회복지사는 클라이언트의 비언어적 몸짓으로부터 민감한 주제에 대한 신호를 알아낼 수 있다(이윤로, 2009).

클라이언트의 언어적 표현 방식 즉 말소리 크기, 억양, 속도, 유창성, 웃음, 사투리, 어휘나 어구 등에 주목하여 클라이언트의 교육이나 발달 수준 그리고 소속 문화 등에 대해 많은 이해를 할 수 있다. 또한 클라이언트의 전반적인 외양, 의복이나 차림새, 얼굴표정, 눈맞춤, 눈물, 몸짓과 동작, 목소리 색조와 변화, 공간사용(거리나 앉는 장소) 등의 비언어적 행동을 통해서도 성장배경, 자기관리상태, 소속집단 등에 대한 단서들을 포착하기도 한다. 능력 있는 사회복지사는 모든 언어적 단서와 비언어적 단서들을 관찰해서 클라이언트를 이해하고, 문제에 대한 정보는 물론이고 그 문제해결을 위한 방법에 대한 정보를 얻는다. 관찰기술은 모든 면접기술이 효과를 발휘하도록 기반을 제공하는 포괄적인 기술인 것이다.

사회복지사는 면접과정에서 클라이언트의 비언어적 단서들을 다음과 같은 방식으로 관찰한다(Poindexter et al., 이윤로 외 역, 2003).

① 냄새 : 술을 마셨는가? 담배를 피우는가? 위생상태는 적절한가?

② 보기 : 자세, 몸짓과 동작, 얼굴표정, 눈맞춤, 의복이나 차림새, 외모, 눈물 등

③ 소리 : 말의 톤과 명확성, 속도, 성량, 호흡, 울음 및 웃음소리 등

④ 거리: 클라이언트가 사회복지사와 가까이 있고 싶어하는가? 떨어져 있고 싶어하는가?

사회복지사는 클라이언트의 비언어적·언어적 단서들을 관찰하고, 그에 따라 클라이언트를 더 깊이 이해하게 된다. 그렇지만, **관찰기술은 양날의 칼과도 같다.** 그러한 단서들을 취하여 클라이언트를 이해하는 데 도움이 될 수 있으나 동시에 그러한 가정들 때문에 사회복지사의 시야가 좁아지고, 편견과 선입견으로 작용하여 결국은 사정과정의 어려움이나 오해를 불러일으킬 수 있다는 것이다. 나아가 우리는 이러한 편견으로부터 자유롭기가 매우 어렵다는 것이다.

가끔 우리는 클라이언트가 입은 옷이나 외양을 통해 직업과 수입 정도를 가늠할 수 있으며 자신의 외모를 숨기거나 과장하려는 의도 등을 알 수도 있다. 그렇지만 주의해야 할 점은 이러한 사실들이 사회복지사에게 선입견이나 편견으로 작용할 수 있다는 것이다. 그리고 아무리 사회복지사가 의복으로 인한 선입견에 좌우되지 않으려 해도 자신이 관찰한 것에 따라 클라이언트를 평가하려는 경향을 부인하기는 어렵다. 클라이언트가 나타내는 비언어적·언어적 단서들은 문화적 차이에 기인하는 것일 수도 있고, 그 사람의 행동습관에 기인하는 것일 수도 있기 때문이다. 클라이언트의 언어적·비언어적 행동을 보고 선입견을 갖지 않는 것이 중요하다. 또한 비언어적 행동을 고정된 일반적 '의미'(한 가지 의미)를 가지고 있는 것으로 해석해서는 안 될 것이다. 때로는 비언어적 행동들이 어떤 정신건강상의 증상일 수도 있다.

언어적 행동의 관찰내용

1. 처음 꺼내는 말과 종결하는 말의 내용: 클라이언트가 자신의 자아나 환경에 대해 어떤 태도를 가지고 있는지를 암시.
2. 화제의 이동: 대화 도중 어떤 주제가 나올 때 화제를 바꾸는 경우는 문제가 고통스럽거나 토론하기 싫다는 의미. 이유 이후 확인.
3. 반복적인 주제의 제시: 클라이언트가 계속해서 한 주제를 제시하는 경우, 클라이언트에게 아주 중요 문제이거나 도움받기 원하는 문제임.
4. 불일치: 클라이언트 진술 간의 불일치는 면접내용이 클라이언트 자신에게 위협적, 공개하고 싶지 않다는 것 시사.

출처: 조휘일·이윤로(1999).

만약 어떤 생각이 들면 이를 가정(가설)으로 삼고 가정의 정확성을 확보하기 위한 자료들을 더 모아볼 수 있을 것이고, 클라이언트에게 이를 확인해 볼 수도 있을 것이다. 또한 슈퍼바이저와 논의해 볼 필요가 있고, 깊이 있는 자기성찰이 요구된다. 클라이언트의 문화적·개인적 특성으로 인해 특별한 외모나 행동을 나타낼 수 있기 때문에 사회복지사 자신의 관점만으로 그런 비언어적 행동을 해석하는 것은 유용하지 않다.

비언어적 행동의 의미들

1. 시선을 맞추지 못하는 것은 수줍음, 두려움, 자신감 부족, 불편한 감정, 진실성이나 흥미 결여 등을 의미할 수 있다. 눈을 마주하지 않고, 아래로 늘어뜨리는 경우는 자신감이 없음을 표시한다. –아시아 여성들은 권위 있는 남성의 얼굴 혹은 가족이 아닌 남성의 얼굴을 자세히 쳐다보지 않는 경향이 있다.
2. 실눈을 뜬다, 대화 도중 눈에 손을 대거나 손으로 눈을 가리는 것, 눈을 오래 감고 있는 것은 부정적인 생각이나 감정의 표시이다.
3. 다리를 꼬거나 팔짱을 끼는 등 신체의 엄격한 긴장은 방어적 태도(폐쇄적)를 나타낸다. 반면 팔과 손이 몸의 가장자리에 있거나 뻗고 있으면 타인에 대한 개방성을 나타낸다. –팔짱을 낀 것은 초조함과 편안함 모두를 전달한다. 춥거나 팔과 다리를 꼬고 앉는 버릇이 있다는 의미일 수 있다.
4. 주먹을 쥐고 있거나 손발을 까딱이거나 다리를 떠는 등의 안절부절 못하는 것은 불안을 나타내는 것이다.
5. 손톱 물어뜯기, 손을 비비는 경우는 불안과 초조함을 나타낸다.
6. 손을 머리 뒤로 하고 의자에 기대어 앉는 것은 자신감과 우월함을 나타낸다.
7. 크고 힘 있는 어조는 공격성, 통제 그리고 힘을 나타낸다. 약하고 잘 들리지 않는 어조는 철회나 두려움, 약함을 나타내고, 단조로운 어조는 흥미가 없다는 것을 나타낸다. 작고 부드러운 음성은 수줍음, 당황, 자기노출에 대한 불편함, 조롱받을 것에 대한 두려움을 나타낸다. –미국인은 다른 문화권의 사람들에 비해 큰 소리로 얘기하는 것을 더 편안하게 느낀다.
8. 말하는 스타일은 정신건강상의 문제를 의미하기도 한다. 예를 들어 큰 소리로 쉬지 않고 빨리 말하려는 경우는 조증 상태의 신호가 될 수 있고, 반대로 천천히 낮은 톤으로 산만하게 말하는 경우는 우울 증상일 수 있다. 수줍어하는 사람은 말할 때 아래를 본다. 겁이 많은 사람은 조용히 이야기하고 다른 곳을 보면서 말을 하고 폐쇄적인 자세를 취한다.
9. 입술을 안으로 말아 감추거나, 혀로 핥거나, 깨물거나 하는 경우는 긴장, 초조함, 상대방 말에 동의하지 않음, 의문이 생김을 의미한다.
10. 의자 끄트머리에 앉는 행동은 불안, 두려움을 나타낸다.

출처 : Hill, 주은선 역(2012).

CHAPTER 04 개인대상 사회복지실천 : 일반적 개입기술

사회복지실천은 변화나 기능향상을 위해 도움이 필요한 개인, 가족, 집단에 대해 전문적 지식과 기술을 갖춘 사회복지사가 계획된 절차와 단계에 따라 도움을 제공하는 일련의 과정이다. 사회복지사는 이 과정에서 온화함과 긍정적 고려를 통해서 클라이언트가 직면해 있는 어려움을 해결하도록 돕고, 욕구를 충족시킬 수 있도록 도와나간다.

개인대상 사회복지실천은 개인이 갖는 어려움이나 문제에 관심을 갖고 사회복지사와 클라이언트 간에 일대일로 만나서, 긴밀한 관계 속에서 개별화된 원조가 이루어지는 사회복지실천방법이다. 개인의 문제를 사회적 환경과의 관련성 내에서의 삶의 문제로 이해하고 삶의 다양한 수준에 체계적으로 개입하여 개인과 환경 간의 상호적인 변화를 가능하게 하는 개입방법이고, 개인의 심리 내적인 변화(정서, 인지, 행동의 변화)와 관계의 변화, 문제해결 및 대처능력의 회복・향상, 환경의 조정・변화와 환경과의 상호작용능력의 향상을 추구함으로써 개인으로 하여금 정상적인 사회적 기능을 수행할 수 있도록 한다.

이러한 원조과정에는 다양한 개입이론과 모델, 개입기술을 활용하게 된다. 이 장에서 소개하는 일반적 개입기술은 물론 모두 특정 이론에 기반해 있지만, 대부분의 이론이나 모델에서 활용하는, 절충적 입장에서 활용되는 기술들이다. 어떤 이론적 입장에 있다 하더라도 함께 활용할 수 있는 기술들이라고 볼 수 있다.

1. 지지기술

사회복지실천기술에서 지지기술(support or sustainment)은 가장 부정확한 말 중 하나이다. 지지기술은 종종 도움 제공하기, 뒤에서 응원해주기, 유지토록 하기, 재보증하기, 격려하기, 관심의 제공, 확인 및 재확인하기 등으로 사용되어 왔다(Feltham & Dryden, 1993; Trevithick, 우국희 외 역, 2002; 엄명용 외, 2009 재인용). 따라서 현실에 직면하고 있는 문제로 괴로워하는 클라이언트의 긴장, 불안, 실망, 스트레스, 위기 등의 상태를 사회복지사가 수용하고, 적극적인 관심과 이해를 나타내고, 도움의 의사표현을 하고, 클라이언트의 문제해결능력에 대한 확신을 표현함으로써 클라이언트의 자신감과 자존감의 결여 및 불안감을 감소시키는 기술이다. 지지는 일반적으로 정서적 지지를 의미하는 것으로 심리적 고통이나 스트레스 혹은 위기를 경험할 때 누군가에게 의지하려는 욕구에 반응하는 것이다. 지지적 기술에 포함될 수 있는 기법들은 격려와 인정하기, 재보증, 보편화, 환기 등 다양할 수 있고, 이들은 상호 연관된 기술이다.

1) 격려와 인정하기

격려하기(encouragement)는 클라이언트의 행동이나 태도, 가능성 등에 대한 확신을 가지고, 클라이언트가 특정한 행동이나 경험 혹은 생각이나 감정을 향하도록 하거나, 그로부터 벗어나도록 도움을 주는 것을 의미한다(Trevithick, 우국희 외 역, 2002). 클라이언트의 가능성에 확신을 표현하는 진술형태를 띤다. 우리가 어떤 행사 전에 격려사를 하듯이 그러한 행동이 옳고 바람직하니 계속하라는 의미를 내포한다. 격려하기는 긍정적 격려로 볼 수 있다.

격려 시 사회복지사는 진실하여야 하며, 클라이언트에 대해 확신을 갖는 이유를 설명하는 분명한 메시지를 보내야 한다. "지난 6개월간 당신의 업무수행도를 근거로 본다면, 당신은 두려워하지만 나는 당신이 새로운 책임을 질 수 있다고 생각합니다"(Sheafor et al., 서울대 사회복지실천연구회 역, 1999). 격려하기는 자존감이 낮거나, 자신감이 결여된 혹은 제한된 경험을 가지고 있을 때, 또는 당면하게 될 것에 압도당하거나 두려워할 때 유용하고, 클라이언트는 격려를 통해 자신의 행동이나 사고, 감정에 대해 사회복지사로부터 인정을 받기 때문에 자신감을 가질 뿐만 아니라 일부 위험한 행동을 중단하거나 긍정적인 행동을 취하는 계기가 된다(엄명용 외, 2009).

한편, **격려하기는 클라이언트가 어떤 사건이나 경험 이전에** 사람들을 고무하거나 동기화시켜서 행동을 취하거나 벗어나도록 하는 데 초점이 있는 반면, **인정하기**(validation)는 **사건이나 경험 이후에** 긍정적인 평가를 제공하는 경향이 있다. 이런 의미에서 인정은 특정 상황에 쏟은 헌신과 노력을 칭찬하고 이를 통해 얻은 개인적 성취나 학습을 축하하는 기회를 제공하기 때문에, 피드백의 한 형태이다. 인정하기는 클라이언트가 자신의 결정이나 독자적인 행동을 취하는 데 자신감이 결여되어 있을 때 도움이 된다.

2) 재보증

재보증(reassurance)은 자신의 능력이나 자질에 대해 무력감을 느끼고 있는 클라이언트에게 클라이언트 본인의 능력과 자질을 재확인하고, 다시 보증하는 기술이다. "넌 할 수 있어, 지금까지 그 어려움 속에서도 이겨왔는데, 너에게는 충분한 힘이 있어"와 같이 능력을 다시 인정하는 것을 말한다.

또한 클라이언트가 자신의 삶에서 경험하는 사건이나 문제들로 인해 자신의 문제를 객관적으로 바라보지 못하거나 판단이 흐려질 때 사실상은 합리적이고 현실적인 생각과 결정을 하고 있는데도 불구하고 클라이언트는 의구심을 나타낸다. 이때 클라이언트의 판단이나 지향, 문제 상황이 잘못된 것이 아니라 제대로 진행되고 있다는 점을 확인해 줌으로써 클라이언트의 불안감을 줄이고 편안한 감정을 가질 수 있도록 돕기 위해 사용하는 기술이다. "가장 가까운 사이에는 종종 혼란과 강한 감정이 가득하죠. 현재 당신의 판단은 …점에서 충분히 옳다고 생각합니다."

3) 일반화(보편화)

일반화(universalization)는 문제나 감정, 지각 등을 보편화시키는 경우를 말한다. 클라이언트 혼자만이 겪는 것이 아니라 많은 사람들이 그러한 문제나 감정, 지각을 가지고 있다고 지적함으로써 자신을 부정, 비하, 학대하지 않도록 하는 기법을 말한다. 흔히 "왜 나만이 이런 일을 겪는지 모르겠다", "세상에 나 혼자밖에 없는 것 같다"라고 하는 경우를 볼 수 있다. 일반화는 자신이 다른 사람과 다르고 이상하다고 느끼는 클라이언트의 감정을 중단시키고자 한다.

4) 환기법

환기법(ventilation, 換氣)은 정화법(catharsis)이라고도 한다. 클라이언트로 하여금 억압되어 있는 감정 특히 분노, 증오, 슬픔, 죄의식, 불안 등의 감정을 표출하도록 격려하거나 자유로운 표출이 가능하도록 분위기를 조성함으로써 그 감정의 강도를 약하게 하는 기법을 말한다. 억눌렀던 감정을 표출하게 함으로써 카타르시스를 경험하게 되고, 보다 객관적이 될 수 있는 가능성은 충분하다. 클라이언트가 인생이야기를 하면서 극적인 순간에 울음을 터뜨린다거나 분노를 표출할 때 충분히 표출할 수 있도록 돕는 경우를 일컫는다. 가슴의 응어리를 풀어 가는 과정에서 눈물을 흘리는 경우 울지 말라고 달래는 것은 옳지 않을 것이다.

2. 정보제공기술

정보제공기술은 사회복지사가 클라이언트에게 의사결정이나 과업수행에 필요한 정보를 제공하는 것을 말한다. 클라이언트에게 필요한 정보를 적절하게 제공함으로써 클라이언트의 문제해결능력을 향상시킬 수 있다. 그러므로 사회복지사가 클라이언트에게 제공하는 정보는 구체적이고 정확해야 한다. 구체적이고 정확한 정보가 될 수 있도록 사회복지사는 클라이언트를 원조하는 데 관련되는 각종 자원에 대한 정보 등에 민감할 필요가 있고, 항상 업데이트하는 노력을 기해야 할 것이다.

정확한 정보라는 것은 정보내용의 정확성을 의미하기도 하지만, 클라이언트의 입장과 능력을 고려해서 정확하게 전달되어야 한다는 의미도 포함한다. 일반적으로 사람들은 정보를 듣고 처리하는 과정에서 듣고 싶은 부분, 개인에게 필요하다고 생각하는 정보만을 선택적으로 받아들인다. 따라서 사회복지사의 정보제공이 정확하게 전달되었는지를 확인할 필요가 있다. 클라이언트에게 들은 정보를 다시 말해 보라고 할 수 있을 것이다. 또한 사회복지사는 클라이언트의 능력에 맞는 정보를 주는 것이 중요하다. 클라이언트가 소화해 낼 수 없거나 사용할 수 없는 정보를 한꺼번에 많이 주기보다 정보를 부분들로 나누어 제공할 필요가 있다. 충분한 시간을 가지고, 클라이언트가 이해할 수 있는 수준에서, 가급적 문서로 제공하는 것이 좋다.

세퍼 외(Sheafor et al., 서울대 사회복지실천연구회 역, 1999)는 정보제공에 있어 다음과 같은 지침을 제공하고 있다.

① 클라이언트의 현재 심리상태를 주의 깊게 고려해야 한다. 또한 클라이언트의 교육배경, 지적 수준, 언어구사력, 두려움 등을 고려하여 조절한다. 클라이언트가 잘못 이해할 것 같으면, 클라이언트의 중요한 타자에게도 똑같은 정보를 제공한다.

② 정보나 지시를 논리적·체계적·단계적으로 제공한다. 혼란스럽게, 두서가 없다면 클라이언트는 혼동될 것이다.

③ 복잡하고 다단계적인 지시사항은 서면으로 한다.

④ 그것, 이것, 저것, 저들, 그들과 같은 대명사의 사용에 조심해야 한다.

⑤ 분명하고 명확하게 이해할 수 있도록 한다. 빠르게 말하거나, 클라이언트가 이해하기 어려운 단어를 사용하는 것을 피한다. 잘못된 문법과 어색하게 구성된 문장이 혼란과 오해를 가져올 수 있다.

3. 조언기술

조언(advice)은 어떤 방향으로 이끌어간다는 의미를 가지고 있고, 클라이언트가 해야 할 것을 추천하거나 제안하는 진술(Sheafor et al., 서울대 사회복지실천연구회 역, 1999)을 의미한다. 조언해주는 것은 혼란에 빠진 클라이언트에게 무엇을 어떻게 해야 할지 방향을 제시해 줌으로써 클라이언트가 문제를 찾아내거나 가능한 해결책을 마련하는 데 큰 도움이 될 수 있다.

그렇지만 사회복지사가 조언을 하는 것은 신중을 기할 필요가 있다. 클라이언트의 의존성을 조장·강화시킬 수도 있고, 책임의 문제가 따를 수 있기 때문이다. 또한 클라이언트의 자기결정권을 침해하는 결과로 비춰질 수도 있고, 클라이언트에게 사회복지사의 가치관을 심어주는 결과가 될 수도 있다. 따라서 직접적으로 즉 너무 구체적으로, 지시에 가깝게 하는 것은 가급적 피해야 할 것이다. "내가 당신이라면…", "일반적으로 사람들은 …할 것입니다"라고 표현하여 클라이언트 스스로 결정할 수 있는 여지는 남겨둘 필요가 있다는 것이다.

사회복지사가 조언을 제공할 때는 자신의 조언이 틀릴 수도 있고, 부정적 결과를 가져올 수도 있다는 것을 항상 염두에 둘 필요가 있고, 클라이언트의 요청이 있을 때라든지, 혹은 다른 개입 가능성들이 더 이상 존재하지 않고, 문제해결과정에서 여러 대안을 모색하고 활용토록 하였지만 별 효과를 거두지 못하여 더 이상 다른 선택이나 개입의 여지가 없을 때 최후의 수단으로 활용하는 것이 좋다(Trevithick, 우국희 외 역, 2002).

그렇지만, 일반적으로 사람들은 조언이나 충고가 있을 경우 신중하게 생각해서 받아들일 것은 받아들이고 부적절한 것은 무시하는 경향이 있고, 클라이언트 또한 이러한 경향과 의지가 있다는 점을 잊지 말아야 한다. 잘못된 조언을 함으로써 책임을 져야 한다는 불안이 있다면, 사회복지사 스스로 알고 있는 것과 알지 못하는 것에 대해 솔직하고 개방적인 태도를 취하는 것이 좋을 것이다.

4. 설명과 해석기술

설명기술은 클라이언트가 특정 사건이나 상황에 대해 분명하게 이해할 수 있도록 구체화하여 돕는 진술을 말한다. 사용 설명서와 같이 구체적인 지침형태를 띠는 경우가 많다. 예를 들어 설명할 수도 있을 것이고, 실제 시범이나 그림 등의 구조화된 방식으로 설명할 수도 있을 것이며, "우울증이라는 것은 병적인 상태이고, 우울감이라는 것은 우울한 감정상태입니다."와 같이 다른 말로 풀어서 이해하기 쉽도록 설명(이야기식 설명, narrative accounts)할 수도 있을 것이다.

설명하기는 생각이나 감정 혹은 사건들의 성격, 원인, 상호관계성, 잠재적 결과 등을 밝혀주려는 것이다. "아마 사회복지사가 주민등록명부를 보여주지 않는 것은 개인정보유출과 관련 있을 것입니다." 또는 클라이언트가 잦은 소화불량, 짜증스러움, 집중의 어려움 등을 호소할 때 이것이 클라이언트의 우울한 감정과 관련이 있음을 설명할 수 있을 것이다(엄명용 외, 2009).

설명하기에서 주의해야 할 점은 너무 주관적인 설명에 치우쳐서는 곤란하다는 것이다. 전문적인 지식이나 일반적 가치에 기반한 설명이어야 할 것이다. 또한 클라이언트에게 친절하고 이해할 수 있는 언어와 어조로 상황을 설명해주는 능력－과거와 현재의 사건과 미래의 가능성을 이해할 수 있도록 돕는 것－이 요구된다. 그리고 클라이언트가 이해한 바를 사회복지사에게 다시 설명할 수 있도록 함으로써 이해 여부를 확인하는 것도 좋은 방법이다(Trevithick, 우국희 외 역, 2002).

해석기술은 클라이언트의 통찰을 촉진하기 위해 정신분석이론에서 널리 활용되는 기술[1)]이다. 클라이언트가 제공한 정보(말, 행동, 태도, 감정 등)에 근거하지만, 클라이언트 말의 겉으로 드러난 내용을 뛰어넘어서 사회복지사가 관찰한 것과 경험에서 얻은 지식, 직관 또는 이론적 관점에 기초해 유추한 가설적인 내용을 전달하는 것이고, 클라이언트로 하여금 새로운 방법으로 문제를 볼 수 있도록 행동, 사고, 감정에

1) 정신분석이론에 근거한 심리치료에서는 해석을 통해 클라이언트의 무의식적 갈등 특히 무의식적 성적·공격적 충동을 의식할 수 있도록 도움으로써 클라이언트가 자신의 문제 상황에 대한 통찰력을 습득하도록 초점을 두고 있다(엄명용 외, 2009).

새로운 의미와 원인, 설명을 제공하는 것이다. 그럼으로써 다른 관점에서 상황을 고려해 보게 만드는 것이다.

외관상 분리되어 있는 진술이나 사건을 연결한다든지("지금 남편에 대한 당신의 분노는 당신 어머니의 죽음 이상으로 당신의 슬픔과 연결될 수 있겠군요"), 클라이언트의 행동패턴이나 되풀이되는 주제를 지적한다든지("당신은 사람들을 만나면 조만간 떠나갈 것이라고 늘 생각하는 것 같군요"), 방어·저항·전이를 분석하는("당신이 아버지와 같은 반응을 나에게 기대하는 것은 아닌지 의문이 생기는군요") 등의 방법으로 수행할 수 있다(Hill, 주은선 역, 2012).

교사와 갈등을 겪고 있는 학생에게 "너는 권위적인 부모와의 관계에서 가지게 된 행동을 학교에서 되풀이하는 것은 아닌거니?"라고 해석해 줌으로써 클라이언트인 학생은 그의 행동이나 태도, 생각, 감정에 대한 폭넓은 이해를 할 수 있고, 더 폭넓은 이해를 통해 클라이언트는 다른 선택을 할 수 있으며 새롭고 더 기능적인 행동도 할 수 있고 더 커진 책임감과 통제감을 갖게 될 것이다. 해석은 클라이언트의 겉으로 드러난 내용에 초점을 두는 것이 아니라 말이나 행동 속의 숨은 메시지에 초점을 두는 것이다(Evans et al., 성숙진 역, 2006).

해석과 관련해 다음과 같은 지침을 고려할 필요가 있다(Kadushin & Kadushin, 1997; 엄명용 외, 2009 재인용).

① 클라이언트와 긍정적인 관계를 형성한 후에 해석을 제공할 필요가 있다.
② 해석하려는 내용이 충분한 타당성을 갖고 있고 이를 뒷받침할 정보를 가지고 있을 때 해석을 제공한다.
③ 임시적 가설의 형태로 해석을 제공한다. 이는 클라이언트가 사회복지사의 진술을 반드시 수행해야 할 필요가 없음을 전제로 하고 있는 것이다.
④ 해석을 제공하였을 때 클라이언트의 반응을 살펴 클라이언트가 해석을 수용한 정도를 관찰한다.
⑤ 클라이언트가 해석에 대해 동의하지 않을 때 자신의 해석에 대해 방어하거나 사과할 필요가 없으며, 클라이언트의 거부감을 수용한다.

5. 재구조화기술

재구조화(reframing)는 재구성, 재명명, 재정의 등으로 개념화하고, 재부여(relabeling) 혹은 재규정(redefining)으로 불리며, 인지의 재구조화와 일맥상통하는 것이다. 어떤 상황이나 행동을 좀 더 다른, 좀 더 희망적이고 낙관적인 관점에서 바라볼 수 있도록 의미부여·의미변화시키는 것을 말한다. "저는 너무 게을러서 일어날 수가 없어요(클라이언트)." "아마도 당신이 게으르다고 하는 것은 일어나봤자 할 일이 없다는 느낌을 말씀하는 것 같은데요(사회복지사)." 일반적으로 재구조화는 클라이언트가 이전에 받아들인 관점과 다른 관점을 받아들이도록 하는 의도를 가진 진술이라고 볼 수 있다.

재구조화는 고통스럽고 부정적인 내적 대화를 좀 더 낙관적이고, 관심 어린 말로 대치하는 방법을 제공한다. 따라서 특정 사건이나 행동에 붙여졌던 낙인이나 죄책감, 수치심 등을 정상화, 일반화시킨다. 이 기술은 클라이언트의 자아존중감이 낮거나 자신감이 결여되어 있을 때 혹은 자기 비판적이면서 자책할 때 매우 유용하다. 클라이언트들은 자신에 대해 매우 비판적이고, 부정적이고, 자기 처벌적일 수 있다(Trevithick, 우국희 외 역, 2002).

그렇지만 재구조화는 매우 구체적인 사실에 기반해야 하고, 클라이언트가 받아들일 수 있을 정도로 설득력이 있어야 하며, 쉽게 이해될 수 있는 말로 전달되어야 한다.

사례

클라이언트: 제 생각에 저는 정말 나쁜 엄마예요. 저는 피곤하기도 하지만 성질이 나빠서 항상 아이들한테 소리를 지르고…

사회복지사: 당신이 자녀들에게 어떻게 하는지를 저에게 이야기할 수 있다는 사실은 당신이 자녀들과 더 좋은 관계를 가지고 싶다는 뜻이지요. 부모로서 뭔가 잘못되었다는 것을 인정하는 데는 큰 용기가 필요합니다. 당신이 이러한 문제들에 대해 무언가 하기를 원한다는 사실은 우리에게 기회를 주는 것이죠.

6. 도전과 직면기술

면접이나 개입과정에서 클라이언트는 항상 협조적이고, 일관성 있게 응하는 것은 아니며, 저항할 수 있다. 때로는 클라이언트와 의견의 불일치 등으로 갈등 상황에 처하기도 하고, "내가 왜 여기 와서 당신과 이야기해야 하는지 모르겠다. 당신이 내게 도움 준 것이 뭐가 있냐?" 등과 같이 저항하거나, 폭력적인 언행을 하는 경우도 있다. 또는 클라이언트가 스스로 부여한 변화의 장애와 관련한 정서나 행동을 보여주는 경우도 있다. 부부간 갈등문제를 겪고 있는 성인 남성 클라이언트가 도움을 요청하면서 관계발전을 위해서는 무엇이든 할 수 있다고 했고, 아내와 이번 주 데이트 약속을 했다. 그렇지만, 그는 직장에서 초과근무를 했고, 데이트하기엔 너무 늦은 시간에 도착해 결국은 데이트 약속을 어긴 경우가 있을 수 있다. 이런 경우들에 사회복지사는 클라이언트의 언행에 대해 도전(대응)하고, 상황을 직면시킬 필요가 있다. "당신은 아내와의 관계를 발전시키고 싶어 하고, 아내와 두 번의 데이트를 하기로 했습니다. 하지만 당신은 아내와 데이트하기로 한 날 밤 늦게까지 일했습니다. 이는 무엇을 뜻하는 것 같습니까?"(Cournoyer, 김인숙 · 김용석 역, 2006)

도전(challenge)과 직면(confrontation)은 동일한 맥락에 있다(Feltham & Dryden, 1993 ; Lishman, 1994 ; Trevithick, 우국희 외 역, 2002 재인용). 도전과 직면기술은 클라이언트의 자기인식 또는 자기성찰을 촉구하기 위해 사용되는 기술이다. 클라이언트가 자신의 문제를 인정하려고 하지 않거나 회피하고 합리화하는 것, 행동에 따른 결과를 인식하지 않으려 하거나, 문제를 해결하기 위한 조치를 취하려 하지 않는 경우, 클라이언트의 행동이 자기에게 도움이 되지 않으면서 타인에게 위협이 될 때, 나아가 이러한 경우들의 연장선상에서 사회복지사를 모욕한다든지, 소리를 지른다든지 하는 경우, 그 결과를 구체적으로 직면시킴으로써 도전할 수 있을 것이다. "내게 계속 소리를 지르면 나는 더 이상 이야기할 수가 없고, 내가 도와주기 어렵다. 그리고 당신은 부가적인 처벌을 받게 될 것이다."라고 직면시킬 수 있을 것이다.

또한 말과 행동이 일치하지 않는 경우(모순과 불일치, 상충), 의미왜곡이 있는 경우, 비합리적인 생각과 행동에 대해 지적하고, 그 결과를 직면시킬 수 있을 것이다. 나아가 클라이언트가 모르고 있거나 인정하기를 거부하는 생각, 느낌에 대해 스스로 주목하도록 할 수 있을 것이다. 직면기술은 클라이언트가 자신의 문제를 유지하거나 그에 영향을 미치는 사고, 감정, 행동과 대면하는 것을 말한다.

직면하기를 위한 형식

한편으로 당신은________라고 말하지만(느끼지만, 생각하지만, 행동하지만) 그 반면에, 또 다른 한편으로 당신은 _____라고 말합니다(느낍니다, 생각합니다 혹은 행동합니다).

에간(Egan, 1975)은 직면을 "클라이언트가 건설적인 행동변화와 자기이해로부터 도피하는 데 사용하는 모순, 왜곡, 게임, 가림막 등에 대한 책임성 있는 폭로"라고 설명한 바 있다. 도전과 직면기술은 분명한 문제를 문제로 인정하지 않는 것과 같은 클라이언트의 자기기만이나 회피, 합리화, 왜곡, 게임, 자신의 행동결과를 인식하지 않으려고 하는 것, 클라이언트 언행의 불일치, 문제를 교정하기 위한 조치를 취하지 않으려고 하거나 중요한 이슈를 다루려고 하지 않는 것 등에 초점을 둔다(Sheafor et al., 서울대 사회복지실천연구회 역, 1999). 또한 직면기술은 클라이언트가 하는 말과 말하는 태도 사이의 불일치에 대해서도 사용할 수 있고, 개인적 가치관과 사회적 가치관이 맞지 않을 경우, 비현실적인 목표를 가진 경우도 사용할 수 있다.

식번과 노선은 클라이언트와 충분히 신뢰 관계가 형성되었을 때만 사용하는 것이 좋다. 클라이언트가 맞닥뜨리기 어려워하는 부분에 초점을 맞추는 것이기 때문에 클라이언트는 혼란스러워할 수 있다. 어떤 사람들은 더 위축되어 침묵하게 되는 반면, 어떤 사람들은 흥분하거나 심지어 공격적이 되기도 한다. 우울한 클라이언트들은 관계로부터 철회하기도 한다. 스트레스를 많이 받거나 효과적인 대치 기술을 갖고 있지 못한 사람에게는 불균형을 초래할 수 있는 잠재요인이 될 수 있다.

따라서 가급적 부드럽고, 지지적으로, 진실되게 하고, 사용언어와 방법에 있어 예의 바르게 하는 것이 좋고, 비난이나 평가보다는 '나' 전달법을 사용하여 사회복지사의 감정과 정서, 생각 등을 말해 주는 것이 좋다. 또한 직면을 받게 되면 매우 방어적인 클라이언트는 대개 합리화하거나, 오히려 사회복지사를 공격하거나, 상황을 최소화함으로써 메시지를 거부할 수도 있다. 따라서 직면기술을 사용하고자 할 경우는 클라이언트가 한 말이나 행동에 근거할 필요가 있다. 추측한 정보에 근거해서는 안 될 것이다.

7. 구체적 · 물질적 원조 제공하기

사회복지사가 실천현장에서 클라이언트에 개입하는 데는 공공부조분야에서 현금이나 현물 등의 물질적인 원조를 제공해야 할 경우나 구체적인 케어서비스나 가사지원서비스(청소, 식사준비 등) 등 구체적인 서비스를 제공해야 하는 경우가 많다. 사회복지사는 가난한 사람들이 긴급하게 필요한 물품을 파악하는 전략적인 위치에 서 있다. 필요를 파악한 후 사회복지사들은 그것들을 개선하는 데 필요한 활동을 주도할 책임이 있다. 사람들의 요구를 충족시킬 수 있는 적절한 기관에 주의를 촉구하거나 클라이언트가 필요한 것을 얻도록 사회복지사가 직접 노력하는 것을 포함한다. 사회복지사들은 교회, 시민단체, 민간 봉사조직같이 어려운 사람들에게 물품을 제공하는 기관과 접촉하거나, 공공부조기관에 특별한 물품 및 서비스제공을 요청할 수도 있으며, 저소득층을 위한 중고품 가게에서 필요한 물품을 구입하도록 클라이언트를 원조할 수도 있다(Hepworth et al., 허남순 외 역, 2004).

구체적인 서비스나 물질적 원조를 제공하면 되지 이것이 기술인가라고 생각할 수 있다. 사회복지사들은 적정수준의 지지와 보호를 제공해야 하며, 개인에게 어떤 종류의 원조를 어떻게 제공할 것이며, 개인적으로 그리고 문화적으로 적합하도록 원조를 제공할 것인가를 결정하는 데는 여러 가지를 고려해야 하고, 여러 가지 기술이 관련되어 있기 때문에 중요한 사회복지실천기술인 것이다. 구체적이고 물질적인 원조 내지 서비스는 클라이언트들의 의존을 조장할 수 있고, 자조를 해칠 수 있으며, 스스로 책임지지 않으려는 경향을 가져올 수도 있고, 분노와 수치스러움, 굴욕감이나 실패감을 느끼게 할 수도 있다. 사회복지사가 구체적이고 물질적인 원조를 제공하는 데 있어 보다 적극적인 입장에서 분명한 목적의식이나 전략을 가지고 수행한다면(확인된 전략의 일부로서 물질적 원조제공), 클라이언트(서비스 이용자)의 대처능력을 증진시킬 수 있을 것이다.

사회복지사의 관심과 보호와 헌신에 대한 의사소통방법의 하나로 구체적이고 물질적인 원조를 제공하는 것은 클라이언트들에게 유용하게 작용할 수 있다. 특히 치료비 또는 생계비 지원, 편지쓰기나 교통제공, 탁아제공 등 클라이언트 스스로 다루기 힘든 문제들을 다루어주는 것은 클라이언트와의 관계형성뿐 아니라 가장 필요한 요구를 채워준다는 면에서 유용할 수 있다. 그렇지만, 사회복지사가 구체적인 서비스나 물질을 제공하는 데 있어 때로 클라이언트들을 어린애나 바보같이 취급하고, '이걸 해라/저걸 해라'는 식의 명령조의 의사소통을 한다든지, 클라이언트가 감사히 여기고 협조적이며 공손하기를 고집하는 경우가 있다. 만족할 줄 모르는 클라이언트들을 좋아하지 않고, 통제나 의존을 좋아하거나, 때로 클라이언트가 물질적 도움을 받을 수 있도록 클라이언트와 어떤 것을 공모하거나 묵인하는 경우도 있다.

사회복지사 자신에 대한 지식을 되돌아보아야 할 것이고, 받는 자의 입장에 섰을 때 느끼는 감정이나 다른 사람들에게 의존해야만 될 때 느끼는 불안을 인식할 필요가 있는 것이다. 사회복지사는 과거에 원조를 받았던 개인적 경험과 앞으로 일상생활에서 다른 사람들로부터 원조를 받을 수 있는 상황을 염두에 두고 원조에 임해야 할 것이다(Howe, 1987). 클라이언트와 함께 파트너가 되어 일하는 경우 좀 더 평등하고 상호적 관계를 창조하고 유지하는 것이 바람직하다.

한편, 사회복지사들은 클라이언트에게 "안 된다"고 말해야 할 경우 클라이언트들의 욕구불만, 분노, 굴욕의 표현을 참고 견디어야만 한다. 또한 클라이언트들의 감사할 줄 모름을 참고 이해하도록 노력해야만 한다. 이러한 긴장상태에서 중간 입장에 있는 사회복지사는 규정이 지급을 허용하는 경우인데도 보류하게 되거나, 보류하도록 되어 있는 규정을 조정하여 지급을 하게 되거나 어떤 압력을 받을 수도 있을 것이다. 정책이나 지침 때문에 도움을 주지 못하는 경우도 있다. 공공부조의 상황에서 주로 활용되는 구체적 서비스로서 물질적 도움을 제공할 때, 사회복지사는 어떤 물질적 도움이, 어떤 경우에 유용하며, 자격조건이나 물질적 도움을 받을 수 있는 행정수단 등에 대해 아는 것이 중요할 것이고, 자신의 활동을 검토하는 것, 그리고 물질적 도움이 전체 문제해결과정 안에서 욕구를 충족시키는 데 적절하게 관련된다는 것을 이해해야 할 것이다(이영호, 2011).

그리고 개인 수준의 실천에 있어서의 물질적 도움을 제공하는 경우, ① 클라이언트의 상황을 개선하는 데 도움이 되는 경우(기구나 피복 등을 위한 수당), ② 능력을 개발시키거나 건강을 증진시킬 기회를 만드는 경우(건강클럽 등), ③ 자립을 돕는 것(가사조력, 직업훈련 등), ④ 위기로부터 보호하는 것(음식물 긴급지급, 집세연체금의 청산, 가스나 전기 공급중단 예방), ⑤ 특수한 생활경험의 기회를 제공하는 것(여행, 휴일, 보이스카우트 가입금의 지불 등) 등의 기준은 충분한 의미를 가진다고 볼 수 있다(이영호, 2011).

8. 자기주장기술

많은 클라이언트들은 대인관계갈등을 경험하고, 특히 자신의 사고나 감정을 미성숙하게 표현하거나 공격적인 방법으로 표현함으로써 대인관계갈등을 경험하는 경우가 많다. 자기주장이 서투름으로써 대인관계갈등이 일어나는 경우이다. 또한 실천현장의 클라이언트들은 지속적인 패배와 억압 및 착취의 경험을 함으로써 무기력해져 스스로를 보호할 수 없다고 느끼게 되고, 자기를 부정하며, 체념하고 순응하여 살아가려 하고 새로운 해결방안이나 대안을 모색하지 못하며 전혀 자기주장적이지 못한 경우가 많다.

자기주장이란 타인의 권리와 감정을 존중하면서 자신의 사고, 감정, 의견, 원하는 것, 성취하고자 하는 것을 단호하게 요구하거나 표현하는 것을 의미한다. 비록 다른 사람들로부터 비난과 거부, 처벌을 가져올 수 있다 하더라도 이를 감당할 부담을 안고 자신의 주장을 명백하게 표현하는 것을 말한다(Hepworth et al., 허남순 외 공역, 2004; 엄명용 외, 2009). 자기주장의 행동유형이나 반응은 ① 요청을 거부하기, ② 분위기와 어울리지 않는 의견 표현하기, ③ 자신의 약점을 인정하기, ④ 칭찬을 수용하기, ⑤ 긍정적인 감정을 표현하기, ⑥ 행동의 변화를 요구하기, ⑦ 대화를 주도하고 유지하기 등을 포함한다(Bucell, 1979; Hepworth et al., 허남순 외 역, 2004 재인용).

무력감으로 인해 수동적이거나 자신의 주장을 분명하게 표현하지 못하는 경우 무조건적인 순종이나 착취를 경험하면서 분노, 공격성, 오해와 같은 부정적인 결과를 경험한다. 불안과 공포를 계속 경험하게 되고, 자기존중감, 자기효능감, 자기주장과는 거리가 먼 관계갈등을 경험하게 된다. 자신의 가치에 많은 타격을 받아왔기 때문에 효과적인 변화를 시작하는 데 필요한 자신에 대한 신념이나 자신감을 유지할 수 없게 된다. 따라서 자기주장기술이 부족한 클라이언트는 자신의 의사를 상대방에게 분명하게 표현하는 자기주장기술을 배울 필요가 있다.

사회복지사는 자기주장기술을 학습이론이나 다른 인지행동적 접근에 근거한 모델링이나 자기주장훈련을 통해 클라이언트에게 가르칠 필요가 있다. 또한 클라이언트가 자신에 대한 신념이 부족하여 자신감이 부족하거나 필요한 기술이 부족한 경우 최대한 효과적인 협동이 가능하도록 도와 이러한 기술들을 획득하도록 해야 할 것이고, 자기비하적인 말을 할 때 이를 보다 긍정적이고 희망적인 것으로 바꿀 수 있도록 돕고, 클라이언트를 주저하게 만드는 불안과 공포를 다루고, 억제할 수 있는 작은 시도들을 할 수 있도록 격려하고 지지하는 것이 필요하다(Trevithick, 우국희 이 역, 2002).

자기주장을 개발하는 것은 사회복지사나 클라이언트에게 쉬운 일이 아니다. 클라이언트는 때로 자신이 간절히 원하는데도 불구하고 자기주장을 하지 못하도록 방해하는 극단적인 긴장감이나 감정의 마비를 종종 경험한다. 이런 강력한 감정은 일반적으로 잘못된 깊은 신념의 신물이다. 결과적으로 사회복지사는 클라이언트가 이런 잘못된 신념에 대해 자각하고 그것을 현실적인 개념으로 바꾸도록 도와야 한다. 자기주장을 가로막는 인지적 장애물들은 ① 자신의 욕구나 권리보다 다른 사람의 욕구와 권리가 더 중요하다는 믿음, ② 다른 사람을 기쁘게 하거나 감동을 주는 것에 지나치게 관심을 갖는 것, ③ 다른 사람에 대해 자기주장함으로써 발생할 수 있는 결과를 지나치게 두려워하는 것 등이다(Hepworth et al., 허남순 외 역, 2004).

9. 사회적 관계망 개입기술

사회적 관계망 개입(social network intervention)은 사회적 지지체계의 역량을 개발하고, 재구조화, 새로운 지지체계를 개발하여 클라이언트의 사회적 환경을 개선함으로써 클라이언트의 삶에 개입하는 것을 말한다(사회적 환경에 대한 개입전략, 환경으로부터의 스트레스에 대한 완충물을 형성, 한마디로 지지체계의 개발로 볼 수 있음). 사회적 지지의 관계망, 사회적 지지망, 개인적 관계망, 사회적 지지체계, 사회적 관계망, 공동체의 지지 등의 개념은 상호교환적으로 사용된다(장승옥, 1996). 사회적 관계망 개입은 최근 사례관리가 중요한 사회복지실천방법으로 확대됨에 따라 사례관리 안으로 통합되었다고도 볼 수 있다(Rothman, 1991 ; 김인숙 · 우국희, 2000 재인용).

사회적 관계망은 단순한 사람들의 집합이 아니라 관계망 구성원들과의 연결이 클라이언트의 기능수행에 영향을 미치는 하나의 관계체계이다. "사회적 지지는 사회적으로 친밀한 사람이나 친밀한 존재라고 생각되는 사람들이 제공하는 언어적 · 비언어적 정보나 충고, 가시적인 유형의 도움 혹은 행동, 그리고 수혜자에게 정서적으로나 행동적으로 바람직한 효과를 제공하는 것이다"(Gottlieb, 1983). 클라이언트의 관계망 속에서의 실질적이고, 정서적인 도움과 지원을 의미하는 사회적 지지[2)]는 개인

2) 메기어(Lambert Maguire, 장인협 · 오세란 역, 1996)는 사회적 지지에 의해 제공되는 자원으로 다음과 같은 점을 설명했다. ① 자아의 감각(a sense of self) : 사회적 지지체계 성원들과의 관계를 통해 그 자신이 사고하고 느끼는 인간으로서 자율적이고 독특한 존재라는 인식을 하게 된다. ② 격려와 긍정적 피드백 : 긍정적인 피드백으로 클라이언트 자신의 행동을 변화시킬 수 있다는 자신감을 갖게 된다. ③ 스트레스로부터의 보호 : 직업상실, 배우자사망, 심각한 의료문제 발생 등과 같은 스트레스적 상황에 처할 때 강한 사회지지체계를 가진 사람들은 스트레스 인자에 보다 성공적으로 대처해 나간다. ④ 지식, 기술, 자원제공 : 유용한 정보제공, 특히 자조

의 사회적 관계망의 한 구성요소, 즉 정기적으로 상호작용을 하는 사람과 집단이다. **사회적 지지는 대체로 긍정적인 영향을 주지만, 클라이언트의 사회적 관계망의 일부 다른 부분이 클라이언트에게 스트레스를 주거나 클라이언트의 기능수행에 해로운 영향을 미칠 수도 있다**(Sheafor et al., 서울대 사회복지실천연구회 역, 1999). 따라서 사회적 관계망에 개입하여 긍정적인 사회적 지지를 제공하는 관계(구조, 과정 등)로 전환해 갈 수 있도록 하는 것을 사회적 관계망 개입이라 할 수 있다.

실제로 사회복지실천현장에서 클라이언트들은 대부분 충분한 사회적 지지망을 확보하고 있지 못하다. 많은 클라이언트들 혹은 클라이언트 가족들은 친척, 가족, 친구들이 제공할 수 있는 사회적 지지를 가장 필요로 하면서도, 이들로부터 고립되어 있고, 주변의 사회적 관계망에서 다중적인 문제에 빠져 있는 경우가 많다(Whittaker & Tracy, 1989 ; Sheafor et al., 서울대 사회복지실천연구회 역, 1999 재인용). 비공식적인 지지망은 물론이고, 특히 공식적인 지지망이 부족·결여되는 경우가 많다. 공식적인 지지망, 연계망이 확보되지 못하는 것은 클라이언트의 정보력 부재, 좁은 사회관계망, 무기력감 등의 개인적 요인들에 기인하거나, 지역사회 내에서 사회복지기관·시설들의 단편적인 서비스체계에 기인한다.

비에겔 외(Biegel et al., 1995)는 사회적 관계망 개입을 "사회적 관계망의 구조, 구성, 관계의 질을 변화시키는 광범위한 개입서비스"로 규정하면서, 동료지지집단, 자연적 원조자와의 연계, 자원봉사자와의 연결, 가족 교육 및 지지, 공식적·비공식적 지역사회 자원과의 연계를 주요한 관계망 개입의 전형적 유형으로 소개하였다(김인숙·우국희, 2000). 또한 헵워스 외(Hepworth et al., 허남순 외 역, 2004)도 사회적 지지체계를 개발하는 방법을 네 가지로 들고 있다. 자연적 지지체계(친척, 이웃, 친구, 교회조직, 클럽 등)의 활성화, 자조집단의 구성, 자원봉사자 활용, 공식적 지지체계의 활용 등이다.

사회적 관계망에 개입하는 사회복지사는 가족과 친구 그리고 다른 체계들에게 그

집단에서의 지식, 기술, 자원제공은 큰 의미가 있다. ⑤ 사회화의 기회제공: 많은 클라이언트들은 사회적 기술이 결핍되어 있다. 타인과의 상호작용은 자기 가치를 강화시키고, 구체적 원조를 제공하기도 하고, 클라이언트로 하여금 사회관계에 관여하도록 한다.

들이 클라이언트에게 중요하며 큰 도움이 될 수 있다는 것을 알게 함으로써 스트레스에 대한 보호적인 완충제를 구축할 수 있다. 클라이언트와 단지 주변적인 관계만 갖던 가족이나 친구들도 이러한 긍정적 피드백을 받음으로써 이 과정의 필수적인 부분이 될 수 있다. 이타주의와 타인에 대한 관심이 격려됨으로써 클라이언트와의 강한 관계가 발전될 수 있다. 가족과 친구들에게 그들이 가끔 해주는 지지나 격려의 말 또는 경청이 클라이언트에게 상당히 도움이 된다는 사실을 상기시킬 필요가 있다. 또한 사회적 지지 노력의 성공은 아주 기본적인 인간행동, 즉 관심을 보이거나 격려나 지지를 해주는 것에 달려 있다는 것도 설명할 필요가 있다. 사회복지사는 클라이언트에게 관계망 도표를 그리게 하거나 그의 사회적 지지체계를 묘사하게 함으로써 클라이언트로 하여금 과거와 미래의 관계들의 의미와 유용성을 재고찰할 수 있도록 해야 한다(Maguire, 장인협 · 오세란 역, 1996).

사회적 관계망 개입유형은 여러 가지가 있을 수 있지만, 가장 중요한 것은 클라이언트와 기존 관계망 성원과의 관계를 활성화시키는 개입유형으로, 관계망에 대한 클라이언트의 태도와 신념을 변화시키거나, 관계망 성원들이 클라이언트에게 보다 지지적이 될 수 있도록 격려하고, 이를 위해 관계망 성원들 간의 모임을 주선하는 것 등이 여기에 포함될 수 있다. 그리고 클라이언트를 보호하는 가족의 부담감을 줄이고 보호능력을 증대시키는 것을 목적으로 하는 개입유형으로, 가족의 역할을 협의하여 조정하는 것, 가족교육 및 상담, 가족원들을 대상으로 하는 지지집단 형성 지원 등이 포함된다.[3)]

사회적 관계망에 개입하여 사회적 지지체계를 개발하는 경우 사회복지사는 가장 먼저 클라이언트의 기존 관계망을 명확히 할 필요가 있다.[4)] 이 과정에서 어떤 클라

3) 김인숙 · 우국희(2000)는 사회적 관계망 개입유형으로 7가지를 포함한다. ① 기존 관계망 활성화, ② 가족의 보호능력 증대를 목적으로 하는 개입유형, ③ 이웃주민에 대한 개입, ④ 서비스 조정, 연계, 관리유형, ⑤ 자조집단형성 개입유형, ⑥ 자원봉사자 연계유형, ⑦ 지역사회임파워먼트 유형 등이다.

4) 메기어(Maguire, 장인협 · 오세란 역, 1996)는 사회적 지지체계개발의 단계로 표현한다. 감정환기(관심과 문제 등에 대한 감정환기), 사정평가, 명료화, 계획, 재구조화 등이고 여기서는 이 과정을 요약하였다.

이언트들은 그들의 관심과 문제, 해야 할 일 등에 대해 장황하게 이야기하기도 하고, 또 어떤 사람들은 아무 것도 이야기하지 않거나 방어적이거나 회피적이다. 그렇지만, 사회복지사는 클라이언트의 사회적 관계에 대한 감정들을 살펴야 하고, 감정의 자유로운 흐름을 격려해야 한다(일정한 관계망 성원들에 대한 감정환기). 비언어적 반응이나 언어적으로도 클라이언트가 제시한 이슈나 감정에 대해 부연하거나 질문하고 요약함으로써 반응한다.

클라이언트의 관계망을 **도식화(관계망 도표)하게 한 후 관계의 성격, 접촉 빈도 등에 대한 사정평가**가 있어야 할 것이고, 도식화된 관계망의 특성에 대해 사실에 입각해 토의하면서, 이러한 관계들에 대한 감정이 탐색되어야 한다. 클라이언트의 사회지지체계에 관련된 사실들을 정서적으로 이해할 필요가 있는 것이다. 관계들에 대한 분노나 후회 등의 억압된 감정들을 드러내도록 할 필요가 있고, 행동을 수정하는데 초점을 둘 수도 있고, 관계에 대한 부정적인 인식이나 감정, 신념이나 태도 등이 어떠한 역효과를 유발했는지에 대해 이해시켜야 할 것이다.

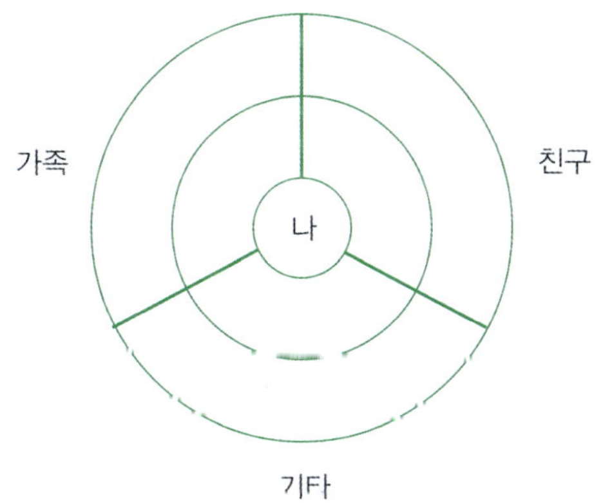

[그림 4-1] 클라이언트의 사회적 지지망을 밝히기 위한 도형

다음으로 관계의 이점과 불리한 점 등을 클라이언트와 함께 고려하면서 **클라이언트의 사회적 관계망 재구조화를 위한 계획과 구체적인 재구조화노력**이 이루어져야

할 것이다. 이 과정에서 과거의 좋은 친구와 재연결하도록 한다거나, 지지집단 내지는 자조집단에 들어가게 한다거나, 기존의 각종 사회집단에 참여토록 할 수도 있다. 사회적 관계체계의 부정적 요소를 감소시키거나 제거하면서 이용 가능한 사회적 지지를 양적·질적으로 향상시켜야 할 것이다. 물론 사회적 관계망 재구조화 계획은 클라이언트의 욕구에 기반해야 하고, 긍정적인 연결을 서서히 구축해 나가야 하며, 다양한 클럽, 조직 및 집단과의 연결을 고려해야 한다. 그리고 **재구조화 과정을 함께 계획하고, 지원하고, 격려하는 것**이 중요하다.

기존의 관계망 내에 부정적인 요소에 대한 변화노력은 클라이언트에게 있어 결코 쉬운 일이 아니다. 예를 들어 알코올 중독 남성이 기존의 알코올 관련 친구들과 분리되도록 도와야 하는데, 알코올 중독자들은 종종 자신의 친구들이 알코올과의 관련 속에서만 자신들을 친구로 대우한다고 생각하는 경향이 있다. 이러한 인식을 깨고 건전한 체계(가족, 친구, AA멤버 등)와 연결되도록 하는 것은 결코 쉬운 일이 아니기 때문이다.

사회적 관계망 개입기술은 연계망·관계망·네트워크 기술(networking skill)로도 불려진다. 사회적 관계망 개입기술은 관계망에 개입하여 어떻게 새로운 관계망을 만들며 기존의 관계망을 유지하거나 변화시킬 것인가(관계망 구성)와 관계망·연계망 모임을 통해 관계망의 질적인 역량을 개선하는 노력을 포함한다. 쿨쉐드와 옴(Coulshed & Orme, 1998)은 관계망(networking)작업에 세 가지 전략을 포함시켰다(Trevithick, 우국희 외 역, 2002).

① 관계망치료: 네트워크 치료, 클라이언트의 관계망 내의 사람들을 한자리에 모아 변화매개역할을 할 수 있도록 하는 것

② 문제해결을 위한 네트워크 회의: 공식적·비공식적 도움을 제공할 수 있는 사람들이 모두 모여 역할분담을 논의

③ 관계망구성: 새로운 관계망을 어떻게 만들며, 기존의 관계망을 유지·변화시킬 것인지에 대한 것

10. 임파워먼트 기술

사회복지사가 원소하는 수많은 클라이언트들은 자신의 상황을 변화시키는 데 무력감을 느낀다. 심지어는 외적인 환경적 압력이나 통제들로 인한 여러 문제들에 대해 자신을 비난하는 태도를 보이기도 한다. 이러한 무력감을 극복하기 위해 사회복지사는 클라이언트 스스로 충분한 능력을 가지고 있다는 것(능력고취)을 강조할 필요가 있다.

임파워먼트(empowerment)는 단어 그대로 보면 '파워(힘)를 준다', '힘을 갖게 한다'는 뜻이다. 우리나라에서 임파워먼트는 권한부여, 역량강화, 세력화, 능력고취 등 다양하게 번역되어 사용되고 있으나 그 본질적 개념이 왜곡될 가능성이 있어서 그냥 임파워먼트[5]로 부른다.

임파워먼트에서 힘(파워)은 능력(감), 선택권(서비스의 내용과 범위에 대한 통제성), 역량, 권한, 권력 등 다양한 의미를 내포하고 있다. 구티에레즈(Gutièrrez, 1990 ; Shera & Wells(eds.), 이경아 외 역, 2004 : 14 재인용)는 힘(power)이란 "자신이 원하는 것을 얻을 수 있는 능력, 타인의 사고·느낌·행동에 영향을 미칠 수 있는 능력 그리고

5) 임파워먼트 모델은 기본적으로 클라이언트 개인의 역량을 강화하고 환경적 자원과 기회를 극대화하는 데 초점을 두고 있기 때문에 인간의 사회적 기능을 향상시키고 사회환경을 이러한 인간의 욕구 충족에 유리하도록 조성하는 사회복지실천의 근본 목적과 조화롭다. 임파워먼트 모델에 입각한 실천은 클라이언트의 문제나 약점 파악에 주안하기보다는 강점과 잔존능력을 확인하고 이를 계발하여 더욱 극대화하는 방향으로 전개되기 때문에 사회복지실천의 기본적 가치 실현에도 더욱 적합하다. 사회복지실천의 목적과 가치에 부합되고 사회복지사의 실천활동의 본질에 적합한 이론적 전제를 포함하는 임파워먼트 모델은 오늘날 서구에서 다양한 실천현장에 폭넓게 적용되고 있다. 이 모델은 클라이언트와 대면관계를 형성하여 원조활동을 전개하는 미시적 실천에서 아동, 노인, 장애인, 빈곤가족, 자조집단 등 다양한 유형의 클라이언트 집단에 활용되고 또한 사회복지 조직 및 기관을 비롯하여 지역사회나 전체 사회를 대상으로 전개되는 거시적 실천현장에서도 광범위하게 사용되고 있다.
원래 임파워먼트는 갈등이론에 기반을 두고 발전된 개념으로 초기에는 주로 거시적 실천의 영역에서 사회정의의 실현을 위한 소외계층의 권익향상을 위한 변화 전략적 개념으로 파악되었다. 최초로 임파워먼트 개념을 소개한 솔로몬(Solomon, 1976)은 임파워먼트를 흑인과 빈곤계층이 자신들의 삶을 향상시키기 위해 정치경제적 파워를 증대시키는 수단적 개념으로 간주했다. 그러나 이후 이 개념은 미시적 실천에도 적용되고 그 개념적 범위가 확대되어 오늘날에는 강점시각과 능력중심실천의 접근법을 포용하고 있다(황성철, 2002).

가족 · 조직 · 지역사회 · 사회에서 자원의 분배에 영향을 미칠 수 있는 능력"으로 규정하고, "임파워먼트는 개인적 · 대인관계적 · 정치적 능력(힘)을 증진시키는 과정으로서, 이러한 과정을 통해 사람들은 그들의 생활 상황을 개선하기 위한 행동을 취하게 된다."고 설명했다. 즉 이러한 과정 내에서 사람들은 개인적 통제감(권력감), 다른 사람에게 영향을 미칠 수 있는 능력 및 사회를 변화시키기 위해 다른 사람들과 함께 일할 수 있는 능력을 개발하게 된다는 것이다. 개인적 차원에서 스스로의 삶에 대한 통제감(력)을 갖고 사회의 생활영역에 참여하고, 다른 사람들과의 관계에서 통제력, 권위 또는 영향력을 가지게 되고, 더 나아가 스스로 주체임을 지역사회 또는 사회에 주장하고, 지역사회의 정치 · 사회적 구조변화와 사회변화를 가져오는 데 힘을 갖고 있다는 느낌을 갖게 되는 것(결과)이고, 이러한 느낌을 가질 수 있도록 하는 것(과정)이 임파워먼트인 것이다.

임파워먼트는 과정과 결과 모두를 의미한다. 다시 말해, 임파워먼트는 무력함을 갖는 개인, 가족, 조직, 지역사회가 잠재적인 힘을 발견하고, 개발하여 파워를 형성하여 자신과 환경에 통제감을 갖게 되는 과정이고, 결과적으로 개인은 비판적 사고, 자존심, 자립심, 권리의식, 자기효능감을 가질 수 있으며, 대인관계 측면에서는 지식과 기술을 습득하고 원조를 요청하거나 자기주장을 할 수 있으며, 정치 · 사회적인 측면에서는 정치적 참여와 행동을 하고 사회환경에 대한 통제감을 가질 수 있다는 것이다(황성철, 2002). 헵워스 외(Hepworth et al., 허남순 외 역, 2004)는 "역량강화란 클라이언트가 자신의 욕구나 복지, 만족감을 강화하는 데 환경과 상호작용할 수 있는 능력을 재습득하거나 얻도록 하는 것"으로, "힘을 얻는다는 것은 필요한 자원을 환경에서 얻을 수 있음을 의미하고 유능함, 자존감, 지원체계, 개인의 행동이나 다른 사람과 협력하는 활동으로 자신의 삶의 상태를 개선할 수 있다는 신념과 밀접하게 관련이 있다."고 설명하고 있다.

임파워먼트는 무력감으로부터 개인적 통제감(권력감)으로의 전이를 가져오는 하나의 방법이다. 이렇게 되기 위해서는 4가지 심리학적인 변화가 요구된다.

① 자기효능감 증진

② 집단의식을 개발하는 것

③ 자기비난을 감소시키는 것

④ 변화에 대해 개인적 책임을 인식하는 것

클라이언트에게서 이러한 변화를 가져오도록 하기 위해서는 실질적인 도움을 제공하는 것을 포함하여 다음과 같은 5가지의 임파워먼트 기술 혹은 개입이 필요하다.

① 클라이언트의 문제 정의(규정)를 수용함

② 기존 클라이언트의 강점을 발견하고 강화시킴

③ 클라이언트의 상황에 대한 권력분석에 관여

④ 구체적인 기술을 가르침

⑤ 자원을 동원하고 클라이언트의 권익을 옹호함(Gutièrrez, 1990 ; Trevithick, 우국희 외 역, 2002 재인용)

또한 밀레이와 두보이스(Miley & DuBois, Shera & Wells(eds.), 이경아 외 역, 2004 재인용)는 일반주의 실천에서의 역량강화 과정(임파워먼트 실천과정)을 대화, 발견, 개발의 3단계[6]로 새롭게 개념화했다.

> "사회복지사는 대화(dialogue)를 통해 클라이언트와의 협력적인 파트너십을 발전시킨다. 문제가 되는 상황을 명료화하고, 작업의 목적을 정의한다. 발견(discovery)에 있어, 사회복지사들과 클라이언트는 변화를 위한 계획을 만들기 위해 자원들을 파악하는 과정을 실행한다. 개발(development)에 있어서 사회복지사와 클라이언트는 대인관계적 · 제도적 자원들을 활성화하고 다른 사람들이

6) 종래의 문제해결중심의 실천과정에서 사용하는 접촉단계, 계약단계, 개입단계, 평가 및 종결단계를 3단계로 개념화하였다. 대화, 발견, 개발이라는 3단계의 실천과정 내에서 관계형성은 파트너십형성으로 그 의미가 변화, 문제식별(문제사정)은 도전확인과 강점파악으로, 사정은 자원체계 탐색으로, 목표설정은 해결방안 구상으로 변화되었고, 평가는 성공의 인식(자원과 기회의 획득, 역량강화 등에 대한 클라이언트의 인식)으로, 종결은 성과의 통합으로 표현되어 실천과정의 주요 요소가 개념적으로나 내용적으로 크게 바뀌게 된다(Miley et al., 1995 ; 황성철, 2002 재인용).

나 체계들과 연결하고, 사회자원의 재분배를 위한 새로운 기회들을 창조해 낸다."(Miley et al., 1998)

그리고 개발 단계에서의 세 가지 실천기술로 자원의 활성화, 협조적 관계구축, 기회의 확장 등을 들고, 역량강화 측면에서 사회복지사의 주요 기술들을 설명했다. **자원의 활성화**는 클라이언트 자신의 개인적 자원과 사회적 환경 내 가능한 자원에 대한 사정을 촉진하는 역량강화 기반활동과 관련된 것으로, 사회복지사는 자원을 조정하고 관리하는 기술에 대해 클라이언트에게 자문하면서 다음과 같은 활동이 가능하다.

① 개인적 효능감을 강화한다.
② 대인 관계 능력을 강화한다.
③ 의식신장을 촉진한다(비판의식의 개발, 개인적인 것과 정치적인 것 간의 관계성을 확보하는 것).
④ 강점을 형성한다.
⑤ 변화에 대한 동기 부여를 한다.
⑥ 개인적 역량을 훈련한다.

또한 **협조적 관계구축**은 자연적 지지망을 중심으로 클라이언트의 기능을 강화시키고, 서비스 전달망을 조직하여 클라이언트에게 정서적 지지를 가져오고 역량의 기반을 형성할 수 있도록 하는 것으로, 사회복지사는 여기에서 다음과 같은 기술을 사용할 수 있다.

① 역량강화 집단 형성하기
② 비판적 의식 발전시키기
③ 자연적 지지망과 제휴하기
④ 필요한 사회서비스 전달체계 만들기
⑤ 클라이언트–서비스 동맹 구축하기
⑥ 대인 관계적 역량 최대화하기

그리고 **사회개혁, 정책개발, 법적 옹호 그리고 지역사회변화 노력 등을 통한 기회의 확장**은 자원의 재분배를 확고히 하고 사회정책을 발전시키는 데 필요한 전문적 요구와 직접적인 관련이 있다. 이와 관련된 기술은 다음과 같다.

① 환경적 기회와 위기를 인식한다.
② 지역사회 역량강화와 발전에 참여한다.
③ 사회옹호와 사회행동을 촉진한다.
④ 사회정의를 지지한다.
⑤ 사회정치적 역량을 기른다.

사회복지실천에 있어서 최근의 역량강화(empowerment) 패러다임은 다음과 같은 주요 특징들을 포함한다(Shera & Wells(eds.), 이경아 외 역, 2004).

① 클라이언트를 대상이 아닌 주체로 간주한다.
② 클라이언트의 병리가 아닌 강점에 초점을 맞춘다.
③ 원조 과정에 있어 클라이언트가 적극적으로 참여한다.
④ 공식적 서비스만을 자원으로 보기보다는 전체 지역사회를 자원으로 활용한다.
⑤ 비공식적 사회관계망의 회복이나 형성을 강조한다.
⑥ 점검과 평가 그리고 옹호는 협력적인 형태에서 이루어진다.

11. 중재 및 협상기술

중재 및 협상기술은 갈등관계에 있는 당사자들 간에 차이점을 조정하거나 이해를 도모하여 타협점을 찾거나 합의점에 이르도록 돕는 기술이다. **중재**(meditation)는 중립적 입장에서 쌍방을 화해시키고 조정하는 것을 말하는데, 중재는 가급적 중립적 입장에서 수행되는 것이다. 중재에서 중요한 한 가지 접근은 상반된 당사자들이라도 어느 정도의 공통점은 있을 수 있으므로 이들 간의 공통기반을 찾는 것이다. 공통기반을 확인하고, 서로의 차이점을 중립적 입장에서 조정하여 합의에 이르도록 하는 것이다. 분쟁 중인 부모의 경우 자녀의 긍정적인 장래에 대한 바람이 공통분모일 것이고, 분쟁 중인 이웃의 경우에도 한 가지 공통기반은 평화롭게 사는 것일 수 있다. 이러한 공통기반을 찾아낸다면, 차이를 다소 쉽게 구분할 수 있을 것이다.

협상(negotiation)에서 사회복지사는 중립을 지키지 않는다. 협상기술을 사용할 때 사회복지사는 특정 사건에 관여된 클라이언트와 관련 사람들의 다양한 관점을 살펴보고, 이들이 어떻게 이러한 관점에 이르렀는지, 이러한 상황의 근원은 무엇인지를 이해하는 것이 중요하다. 이를 통해 어느 정도의 융통성과 타협점이 존재하는지를 찾아볼 수 있을 것이다. 어느 정도의 융통성과 타협점은 협상의 기초가 될 수 있다.

다양한 상황에서 협상의 성공 여부는 사실적 정보를 얼마나 잘 준비하고 제시하는가 그리고 협상에서 주요 인물들이 어디에 소속되어 있는지를 얼마나 세심하게 생각해보았는가에 달려 있을 것이다. 또한 어떤 점에 더 큰 비중을 두어야 할지를 아는 것이 중요하고, 협상결정이 가져다 줄 이득을 조명해 주는 것이 중요하다. 한편, 협상과정에서는 상대편의 정서에 호소하기보다 공정성을 강조하도록 한다. 즉 상대방의 입장을 충분히 공감하고 존중하면서 동시에 그들의 마음을 변화시킬 수 있다는 자세로 임하는 것이 중요하다. 협상에 성공하기 위해서는 한편으로 협상의 실패와 좌절을 이겨낼 수 있어야 한다. 성공적인 협상가의 중요한 특성에는 적응유연성, 협상을 성공적으로 이끌어 내겠다는 강한 의지, 설득기술 등이 있다(Trevithick, 2000 ; 엄명용 외, 2009 재인용).

협상기술은 클라이언트와 함께하는 직접적 서비스와 관련해서, 일의 초점을 협상하는 것, 계약을 수립하는 것, 문제를 극복하는 방법을 함께 결정하는 것과 관련되는 경우도 있다. 공동의 의사결정과 협력의 분위기를 창출하는 도구로서 협상기술이 사용될 수도 있을 것이다. 가장 단순한 예를 보면, 과제중심개입에서 과제를 잘 수행할 수 있도록 어떤 협상점을 제시할 수 있을 것이다.

12. 옹호기술

흔히 우리들은 '누구를 옹호한다'라는 말을 많이 사용한다. 일정한 대상을 감싸고, 대변한다는 의미다. 부적절한 혹은 불평등한 사회적・법률적・제도적 측면이나 사회복지기관의 기능으로 인해 욕구를 충족할 수 없는 클라이언트 개인이나 집단을 위해 사회복지사는 옹호(advocacy)활동을 하게 된다(양옥경, 2000: 192).

사회복지사의 클라이언트 개인이나 집단을 위한 옹호기술은 자신의 이익이나 권리를 스스로 대변할 수 없는 사람들의 권리나 이익을 대신 주장해주고, 관련법이나 제도의 개선・확대를 요구하고, 권리를 찾기 위해 함께 노력하는 역량을 말한다. 물론 클라이언트 개인이나 집단들이 스스로 자신들의 권리를 주장할 수 있도록 여러 측면에서 도와주는 행위들 또한 옹호에 포함될 것이다. 예를 들어 장애인들의 자유로운 이동권을 확보하기 위해 장애인들과 함께 법적・제도적 개선노력을 하는 경우를 들 수 있다. 작게는 사회복지기관이나 직원이 급여자격이 있는 클라이언트에게 정상적인 서비스나 혜택을 제공하지 않는다거나, 차별적인 혜택을 제공한다면 클라이언트를 옹호할 필요가 있다(도광조, 2012).

옹호에서 주요 개념은 '표현(representation)'의 개념으로 다음과 같은 것들이 포함될 수 있다(Trevithick, 우국희 외 역, 2002).

① 클라이언트 스스로 자신들을 표현할 수 있도록 지지하는 것
② 클라이언트의 견해와 욕구를 입증・주장하는 것
③ 클라이언트의 견해와 욕구, 관심사 및 이익을 타인에게 해석해주고, 전달하는 것
④ 다양한 과업을 수행하기 위해 경청과 협상기술, 공감, 자기수상기술, 분명하게 초점을 가지기와 같은 적절한 기술을 개발하는 것

옹호기술은 클라이언트의 목소리와 이익이나 관심사를 전달하여 정책 및 서비스 전달에 있어 변화를 초래하는 것을 그 목적으로 하고 있다. 클라이언트 집단이나 개인을 위한 옹호활동방법은 다양하다. 정치적 과정에 영향력을 행사한다든지, 언론을

통해 그 심각성을 계속 알리고, 연구조사를 통해 심각성 및 정책대안들을 마련할 수 있다. 또한 지지집단을 조직화해 권력기관이나 정치조직에 압박을 가할 수도 있을 것이다. 정책입안자나 행정가를 대상으로 편지쓰기, 전화하기, 시위하기, 면담요청 및 건의사항 전달하기 등 다양하다.

옹호기술을 활용하기 위해 사회복지사는 적절한 훈련과 슈퍼비전 그리고 지원을 받아야 한다. 클라이언트를 대신하여 그 사람의 권익을 위해 싸우기 위해서는, 관료주의와 권력자들과 대면할 경우, 전문가로서의 확신이나 전문지식이 절대적으로 요구된다. 특히 관련법, 정부지침 및 안내서, 기관정책과 실천방법 등을 이해하여 클라이언트의 욕구와 권리를 대변할 수 있어야 한다.

매슬로우의 다섯 가지 인간의 욕구와 유사하게 클라크(Clark, 2000)가 제시한 다섯 가지 상호 의존적인 욕구와 관련해, 그중 어떤 욕구에 대해서든 옹호자로 나설 필요가 있을 것이다(Trevithick, 우국희 외 역, 2002).

① 안전과 심리적 안심(신체적 보호, 안전)
② 생활수단(음식, 쉼터와 같은 기본욕구들)
③ 창의성에 대한 기회(보상이 있는 일, 개인적 성장)
④ 사회적 참여와 지위(인정과 존경)
⑤ 권력과 선택(사회에 참여하기, 선택하기)

한편, 옹호는 직접 서비스 차원에서 클라이언트가 자격이 있지만 어떤 이유로 인해 받지 못하는 서비스나 혜택을 확보해야 할 때도 필요하다. 클라이언트의 서비스나 혜택을 확보하기 위해 다른 전문가나 기관들을 위협해야 할 경우도 있으므로 이에 발생할 수 있는 위기들을 주의 깊게 고려해야 한다. 몇 가지 지침들을 기억할 필요가 있다(Sheafor et al., 서울대 사회복지실천연구회 역, 1999).

① 당신의 클라이언트가 당신이 자신의 옹호자가 되기를 원하는지를 확인한다. 클라이언트의 명백한 동의가 있어야 하고, 가능하면 모든 행동에 관한 결정에 클라이언트를 포함시킨다.

② 옹호가 사회복지사의 인간관계와 다른 기관이나 전문가와의 관계를 손상시킬 수 있고, 이 손상된 관계가 다른 클라이언트를 돕기 위한 협력과정에 문제가 될 수 있다. 옹호활동에 대한 신중한 결정이 필요하다.
③ 클라이언트를 옹호하고자 하는 것이 클라이언트를 돕고자 하는 순수한 동기에서 출발한 것인지 확인할 필요가 있다. 다른 전문가나 기관을 싫어하거나 자신의 세력을 확장하고자 하는 의도여서는 결코 안 된다.
④ 옹호활동을 결정하기 전 문제에 대한 객관적인 이해가 충분해야 한다. 소문이나 다른 일방의 상황 설명만으로 결정해서는 안 된다. 전후 맥락을 충분히 살펴야 하고, 옹호과정에서도 객관적인 자료에 근거해서 신중하게, 정확하게, 부드러운 매너로 수행할 필요가 있다.
⑤ 다른 기관의 실제 한계와 복잡성을 이해할 필요가 있다. 다른 기관의 명령체계나 업무수행체계를 존중해야 하고, 서비스 원조를 호소하는 과정을 추진하고자 할 때는 클라이언트의 욕구와 필요한 서비스, 단계별로 시도했던 일에 관한 상세한 서류를 준비하고, 목록을 만들 필요가 있다.

그렇지만, 옹호는 때에 따라서는 이 과제를 잘 수행할 수 있는 사회복지사의 기술과 의도에 대한 불신으로 인해 제한받기도 하고, 클라이언트를 대신해서 전문가들이 활동을 대신함으로써 사회복지대상자들이 자신을 대표하는 능력이나 학습하는 능력이 '압력이나 설득'을 통해 침해되거나 약화될 수 있다는 위험을 지적받기도 한다.

CHAPTER 05 사회복지실천모델에 따른 개입기술

사회복지현장에서 사회복지사의 실천은 대부분 사회복지실천이론 및 모델에 기반해 있다. 사회복지사는 자신이 활용하는 다양한 실천방법 및 기술들이 어떠한 실천이론이나 모델에 기반해 있는지를 알아야 할 것이고, 이를 기반으로 클라이언트의 문제해결과정에 보다 전문적이고 과학적인 도움을 제공할 수 있어야 할 것이다.

사회과학에서 일반적으로 이론(theory)은 어떤 현상을 논리적이고 보편타당하게 설명, 예측하기 위해 사실과 관찰에 기초하여 관련된 개념, 가설, 명제들이 모인 것(집합체)으로 규정한다. 그리고 이론은 현상을 설명하고 예측하는 데 초점이 맞춰져 있고, 그 내용이 다소 추상적이다(김성천, 1995). 반면, 모델(model)은 본보기이고, 문제해결을 위한 실천 활동의 원칙과 방식을 구조화시킨 것으로, 문제와 상황을 분석하고 개입방법을 계획하고 실천과정을 진행시키는 데 직접적으로 필요한 기술적 적용방법을 구체적으로 제시한다(홍선미, 2004).[1] 모델은 문제해결 전략과 기법에 초점이 맞춰져 있고, 보다 구체적이다. 사회복지실천에서 이론은 사회복지실천에서 활용하는 모델이나 방법을 뒷받침하는 토대이고, 모델은 사회복지사가 활용하는 일정한 틀을 갖춘 방안이다(최옥채, 2009).[2]

---

1) 사회복지실천지식의 구성수준은 패러다임(paradigm) > 관점/시각(perspective) > 이론(theory) > 모델(model) > 실천지혜(practice wisdom)로 구분 가능하다. 패러다임(Thomas Kuhn – 한 시대를 지배하는 과학적 인식, 이론, 관습, 사고, 관념, 가치관 등이 결합된 총체적인 틀)은 의료적 패러다임(문제의 원인 진단, 치료에 초점, 개인심리치료에 관심)에서 생태적 개념의 패러다임(사회조건에 대한 관심과 함께 인간과 환경 사이의 적응적 관계에 초점)으로 변화함. 관점/시각은 관심영역과 가치, 대상을 규정하는 사고체계로, 보수주의적 관점(개인의 변화 · 적응)에서 급진적 관점(사회변화)으로 구성될 수 있다. 실천지혜는 실천현장에서 사회복지사의 직관에 기초한 비공식적 지식들을 의미한다(홍선미, 2004).

2) 이론과 모델의 차이를 분명하게 밝히기는 쉽지 않다. 이론에서 모델이 나오기도 하고, 모델에서 이론으로 발전할 수도 있는 것이다. 이론적 모델이란 현실에 존재하는 문제를 해결하기 위

사회복지실천이론과 모델은 클라이언트의 문제에 대한 인식과 사회문제에 대한 분석을 서로 다른 시각에서 제공하는 다수의 이론들과 모델을 포함한다. 사회복지실천에서 활용되는 모델은 행동과학이론(behavioral science theories)[3]을 배경으로 기술적 과정을 도출한 것—정신분석이론과 정신분석모델, 행동주의이론과 행동수정모델, 인지이론과 합리정서적 치료 등—이 있는 반면, 이론적 기반과 무관하게 적용할 수 있는 모델－과제중심모델이 있다. 사회복지분야의 실천모델은 심리이론을 기초한 것이 다수이나, 생활모델(life model)과 같이 인간과 환경 사이의 상호적응이라는 생태체계적 시각에 기초한 모델이나, 절충주의적 성격으로 단일한 이론적 배경을 갖지 않는 모델도 있다(홍선미, 2004).

사회복지실천이론들의 간략한 역사를 살펴봄으로써 이론과 모델의 역사적 위치를 살피고자 한다(신성자, 2012). 초창기 사회복지실천은 종교적 가치관과 자원봉사자의 개인적 사명감에 의해 시작되었기 때문에 특정한 이론적 배경이나 실천모델을 가지지 않았다. 그러다가 자원봉사자들이 유급 사회복지사로 바뀌면서 자신들의 정체성을 찾기 위한 과학적 이론들이 필요하게 되었다. 이러한 사회적 요구에 의해 1917년 메리 리치몬드(Mary Richmond)는 『사회진단(*Social Diagnosis*)』이라는 사회복지실천의 전문서적을 발간하였으나, 이는 사회학적 관점에 근거를 둔 사회복지실천의 접근방법으로 객관적 이론이라고 보기 어려웠다. 그러던 중 1920년대에 프로이트(Freud)의 정신분석이론이 중요한 이론으로 받아들여졌고, 사회복지사들은 클라이언트의 문제를 진단－치료하는 의료적 모델을 강조하는 진단주의 학파(diagnostic school)를 형성하였다.

1930년대 후반 진단주의 학파의 병리적이고 의료적인 모델에 반대하는 기능주의 학파(functional school)가 등장하였다. 기능주의 학파는 클라이언트의 자아를 강조하는 자아심리학과 사회복지기관의 사회적 기능을 강조하는 이론으로 오토 랭크(Otto

한 개념적 설계도이며, 주어진 현실 안에서 문제해결에 관련된 구성요소 간에 질서를 만든 것이다. 모델의 가설화된 관계들이 그와 유사한 다양한 문제들에 적용될 수 있을 때, 보다 높은 수준의 일반화된 이론이 형성될 수 있다(이화여대 사회사업학과 편, 1993 ; 신성자 외, 2012 재인용).

3) 인간의 행동을 과학적으로 탐구하는 학문영역이고, 사회과학·인문과학의 일부이다. 행동주의(behaviorism)와는 다른 의미이다.

Rank), 로빈슨(Robinson)과 태프트(Taft), 스몰리(Smalley) 등이 주축이 되었다. 이 학파는 사회복지기관의 기능을 활용하는 것이 사회복지실천임을 강조하면서 사회복지사와 정신분석치료사를 구별시켜 사회복지의 정체성을 확립하는 데 기여하였다. 이후 기능주의 학파의 영향을 받아 해밀튼과 홀리스(Hamilton & Hollis)는 클라이언트의 문제를 사회적 환경과의 상호작용에서 파악하려는 심리사회모델을 개발시켰다. 심리사회모델은 개인의 심리적 특성뿐 아니라 신체생리적 현상과 사회적 환경까지도 모두 고려하는 '상황 속의 인간'이라는 관점을 제시하면서 사회복지실천의 고유한 이론으로 발전하였다.

이후 1957년 펄만(Perlman)이 진단주의 학파와 기능주의 학파의 이론을 통합한 문제해결이론을 제시(『*Social Casework : Problem-Solving Process*』)하였고, 1930년대 후반부터 시작된 두 학파 간의 갈등이 종식되었다. 문제해결이론은 이후 핀쿠스와 미나한(Pincus & Minahan)의 4체계모델과 콤프톤과 갤러웨이(Compton & Galaway)의 문제해결모델 등에 영향을 주었고, 일반사회복지실천을 개념화하게 되었다. 문제해결이론 및 모델에서는 인간의 삶은 문제의 연속이고, 인간의 활동은 문제해결의 수단이라는 입장, 문제해결이 사회복지실천의 가장 중심적인 과제라는 전제, 문제를 해결하기 위한 사회복지적 개입은 고도로 구조화되고 초점화된 접근,[4] 사회복지사와 클라이언트 간의 협력적 관계에 기반한 공동노력의 원칙과 클라이언트의 능력개발의 원칙을 강조하였다.

펄만의 책이 출판되던 당시만 해도 정신역동이론이 사회복지실천을 지배하고 있어, 클라이언트의 문제는 무의식적이며 은밀한 성격을 갖는다는 점을 강조해 왔던 정신역동이론에게 심각한 도전이었다(Perlman, 1957 ; Healy, 남찬섭 역, 2012). 결국 클라이언트를 원조하는 데 있어, 성격과 같은 보다 근본적인 측면(심리상태)을 다루기보다는 클라이언트가 어려워하는 문제에 초점을 맞추어, 어떻게 문제를 잘 해결

4) 펄만(Perlman)은 사회복지사들은 문제를 이해할 때와 그 문제에 대응할 때 서로 다른 분석수준을 택해야 한다고 주장하였다. "문제의 성격을 전체적인 시각에서 이해하는 것은 충분히 가능한 일이다. 하지만 그 문제에 대해 전체적인 차원에서 개입하는 것은 거의 불가능하다. 비록 머리를 통한 이해는 총체적인 것이라 할지라도 문제해결을 위한 실제의 행동은 부분적인 것이고, 특정 측면에 초점을 둔 것이며 단계적일 수밖에 없다"(Perlman, 1957 ; Healy, 남찬섭 역, 2012).

할 것인가에 집중하자는 것이었고, 클라이언트의 심리상태뿐 아니라 그보다 훨씬 많은 부분에 관심을 가져야 한다는 것이다. 1960년대에 들어오면서 공공부문이 확대되었고, 이에 따라 사회복지사들의 고용기회가 크게 증가하였으며 그와 함께 사회복지사들의 역할에 대한 사회적 기대도 변화함에 따라 효율성(장기적이고 다소 비구조화된 개입방법에 의문, 부분적이고 초점화된 활동 강조), 효과성, 사회서비스 조직의 책임성이 강조되는 분위기에서 사회복지사들에게 큰 공감을 불러 일으켰다.

1960년대 이후 사회복지의 전문성이 강화되었고, 1970년대에는 문제해결이론에 기초한 과제중심모델과 위기개입이론이 소개, 행동주의이론에 근거한 인지행동모델이나 행동수정모델, 체계이론에 근거한 생태체계모델이 주요 실천이론으로 소개되었다. 1970년대 중반에는 일반체계이론과 생태체계적 관점에 근거한 강점 지향 혹은 해결중심접근의 중요성이 대두되면서 역량강화모델이 나타났다. 1980년대 이후 탈시설화의 영향과 복합적 욕구를 가진 클라이언트의 등장 등 사회환경변화로 직접 실천을 모두 포괄할 수 있는 통합모델인 사례관리모델이 새롭게 활용되었다. 최근에는 문제의 원인을 사회구조적 측면에서 찾으려는 '급진사회복지실천모델'과 과학적 실천증거들을 기반으로 하여 과학적 전문성을 더욱 강화하고자 하는 '증거기반실천(evidence-based practice)모델' 등 다양한 실천모델들이 제시되고 있다.

이 장에서는 여러 가지 사회복지실천모델 중 심리사회모델, 인지행동모델, 해결중심모델, 위기개입모델 등을 중심으로 소개하고자 한다.

1. 심리사회모델

심리사회모델의 상당부분은 이미 일반 사회복지실천에 녹아들어 있다. 사회복지실천은 역사적으로(과거에도), 그리고 현재에도 많은 측면에서 심리사회적 개념들에 의존해 있다(Woods & Robinson, Turner(ed.), 1996). 모델의 명칭에서 알 수 있듯이, 심리사회모델에서는 인간의 문제를 심리적(혹은 정서적)이고 사회적(혹은 환경적)인

문제로 이해한다. 즉 대부분의 개인 내적인 문제는 심리적 요인뿐 아니라 사회환경적인 요인들의 영향을 받으며, 역시 대부분의 사회환경적인 문제에서도 개인적인 요인에 따라 문제에 대한 개인의 경험은 서로 다르다(김혜란 외, 2006). 모든 사회복지실천이 심리사회적 개념들에 의존해 왔다고 해도 과언이 아닐 만큼 심리사회모델은 사회복지에서 차지하는 비중이 매우 크다(김기태 외, 2007).

심리사회모델은 우애방문단과 자선조직협회에서 경험한 사실들을 체계적으로 정리하여 현대 개별사회사업 이론과 실천 발전의 토대를 구축한 메리 리치몬드(M. Richmond, 1861~1928)의 연구에 의해 발전하였으며, 정신분석학, 자아심리학, 체계이론, 생태체계이론, 다양한 사회과학적(인류학, 사회학 등) 지식들에 의해 영향 받았고, 해밀튼(G. Hamilton, 1892~1967 : 『*Theory and Practice of Social Casework*』(1940)에서 '심리사회'라는 용어를 사용[5]), 홀리스(F. Hollis, 『*Casework : A Psychosocial Therapy*』, 1964)에 의해서 사회복지의 주요 이론모델로 체계화되었다. 리치몬드에 의해 연구・개발된 여러 원칙들은 심리사회모델의 기본 토대가 되었고, 이후 해밀튼은 '상황 속의 인간'이라는 개념과 함께 심리사회모델을 개발했고, 1960년대에 홀리스는 심리사회모델을 사회복지실천이론으로 체계화하였다.

심리사회모델은 미국에서 1930년대 이후부터 1950년대까지 지속된 진단주의 학파(Diagnostic school)와 기능주의 학파(Functional school) 간의 논쟁과정에서 진단주의 접근이 기능주의자들의 개념들을 흡수함으로써 통합된 이론모델이고, 초기의 사회복지실천 활동이 이론적 체계를 갖추는 과정[6]에서 여러 이론모델이 절충되어 만들어졌다(심리사회모델은 정신분석학에 뿌리를 두고 있으며, 자아심리학, 역할이론, 체계이론이 접목). 그리고 클라이언트의 정신 내부적, 대인관계적, 그리고 환경적 측면들을 완전하게 이해하기 위해 사회복지영역뿐만 아니라 정신의학, 심리학, 사회학, 인류학 등을 포함하는 다양한 지식체계들로부터 새로운 이론과 지식을 받아들이는 개

5) 심리사회라는 용어는 핸킨스(Hankins, 1930)가 처음으로 사용하였다(Woods & Robinson, Turner(ed.), 1996).

6) 미국 사회복지역사에서 북미와 영국의 19세기 이후 자선조직협회(우애방문단), 인보관운동에서의 초기사회복지사들의 활동들이 메리 리치몬드(개별사회사업의 절차를 표준화하고 규정하는 과정에서 개척자 역할)에 의해 체계화되고, 이후 더욱 정교하게 이론화되는 과정을 일컫는다.

방되고 유연한 체계로서 계속 발전하고 있는 실천모델이다.

심리사회적 접근에서는 현재에도 일반 사회복지실천에서 유효하게 사용하는 개념이나 이론들 즉 문화, 사회적 역할, 의사소통, 체계이론, 생태체계이론 등을 통합해 활용하고 있다. 개인적, 대인관계적, 그리고 조직적 수준에서 효과적으로 개입하기 위해서는 다양한 개념들이 필요하고, 어떤 하나의 개념이나 실천기술만으로는 클라이언트의 복잡하고 광범위한 관심과 문제들을 다룰 수 없다는 입장인 것이다(Woods & Robinson, Turner(ed.), 1996). 또한 다양한 수준들—개인, 소집단, 가족, 중요한 타자, 그리고 클라이언트 생활 내 여타 체계들—에서의 원조 제공을 강조함으로써 복잡하고 복합적인 문제들에 효과적으로 대처하고자 하는 경향을 보이고 있다(김기태 외, 2007).

심리사회모델은 인간의 신체생리 · 심리사회적 기능과 환경의 상황과 요구 모두를 고려하는 '상황 속의 인간'이라는 관점을 제시하면서 사회복지실천의 고유한 이론으로 발전하였다. 역사적으로 개인과 가족의 복지를 지지하고 사회적 기능을 회복하려는 인간의 욕구에 반응하기 위한 개별사회사업가들(리치몬드와 그 시대의 사회복지사들)의 노력으로부터 발달하였다. 또한 사회적 박탈과 재해에 직면했을 때 그들의 대인관계와 삶의 다양한 상황을 향상시키기 위한 노력으로부터 발달하였다. 시간의 흐름에 따라 강조점들이 다소 변화하였다 하더라도 심리사회적 관점은 생물학적 요인, 인간 내적인 심리적 · 정서적 과정, 외적인 사회적 · 물리적 환경, 그리고 이것들 사이의 상호작용의 영향들을 일관되게 인식하였다(Woods & Robinson, Turner(ed.), 1996).

여기서는 심리사회모델의 주요 특성, 기본 가정 및 개입원칙, 개입의 주요 과정과 개입기법 그리고 심리사회모델의 평가에 대해 살펴보도록 한다.

1) 모델의 주요 특성[7]

(1) 포괄적이고 전체적인 시각 및 관점

심리사회모델은 문제에 대하여 개인 내적인 심리적 · 생리적 문제와 함께 환경의

7) Woods & Robinson, Turner(ed.)(1996)의 내용을 참조하였다.

문제 또는 개인과 사회 간 상호작용의 문제로 보는, 포괄적이고 전체적인 시각 및 관점을 가지고 있다. 따라서 심리사회모델에서는 개입의 초점을 개인의 심리 내적 상태, 개인을 둘러싼 환경, 그리고 개인과 환경의 상호작용관계에 두고 있으며, 문제해결을 위해 개인, 환경, 개인과 환경 간 상호작용 문제에 대해 각각 개입을 하거나 동시에 복합적으로 행할 필요가 있다고 보았다. 즉 실천의 초점을 '상황 속의 인간'에 두며, 개별화한 개개인을 수용하고, '클라이언트가 있는 곳에서 출발'하는 실천의 원칙을 강조한다(장수미 외, 2010).

(2) 철저한 진단과 사정 강조

심리사회모델에서는 개인과 가족, 그들과 충돌하는 환경, 그리고 '환경 속의 인간 전체(gestalt)'에 대한 연구를 통해 그것들에 대한 의미 있는 사정, 혹은 진단이 형성될 수 있도록 하는 것을 목적으로 한다. 심리사회모델에서는 개인, 가족, 외부환경 등을 철저히 조사하는 진단과 사정이 강조된다. 클라이언트의 환경은 상호작용하는 많은 체계들로 구성되며, 따라서 사회복지사와 클라이언트가 진행할 방법을 결정하기 위해서는 상호작용하는 체계들에 관해 연구할 필요가 있는 것이다. 심리사회적 개입을 하는 사회복지사들은 개인의 상황에 영향을 미치는 모든 관련된 생물학적, 사회적, 그리고 심리적 체계들을 다룬다. 메리 리치몬드는 『사회진단(*Social Diagnosis*)』(1917)에서 "사례기록들에 기반한 조사와 계획이 이루어지지만, 조사된 내용과 계획 간에 연계되지 않는 경우가 가끔 있다."는 점을 지적한 바 있고, 행동 계획으로 옮기기 전에 모순이나 빈틈을 찾기 위해 발견한 것들에 대한 체계적인 점검을 강조했다(Woods & Robinson, Turner(ed.), 1996).

(3) 체계론적 접근 시도

심리사회모델에 의한 실천은 적응과 변화에 대한 체계론적 이해에 기초한다. 체계의 한 부분에서의 변화는 반드시 체계의 다른 부분에서의 변화를 가져오고, 클라이언트가 상호작용하는 체계의 한 측면을 강화함으로써 체계의 다른 한 측면 혹은 다른 체계들을 도울 수 있다는 것이다. 특히 가족체계들(가족구성원 간 조화, 가족체계 내의 지지패턴, 가족관계의 향상 등)이 개인의 성격 성장과 발달을 위해 주요한 맥락을 제공한다. 또한 심리사회적 개입은 환경 속의 인간 전체의 병리학적 혹은 역기능적 측면에 초점을 맞추는 것이 아니라 오히려 개입은 가장 접근 가능하고 가장 변화가 가능한 측면을 다루도록 맞추어져 있다. 그러므로 개입전략은 실제적으로 변형이 가능한 것을 결정하기 위해 적합한 힘들 혹은 체계들에 대한 주의 깊은 분석에 의존한다. 환경의 개선, 창조적 적응, 힘들의 균형에서 조그만 움직임이 상당한 차이를 만들 수 있다는 것이다.

(4) 사회복지사와 클라이언트의 관계 중시

심리사회적 개입을 하는 사회복지사들의 목적은 강점과 대처능력을 회복하고 강화하고 동원하며 자원을 찾아내고, 인간과 사회적 환경 혹은 물리적 환경 사이의 적절한 조화를 발견하기 위해 클라이언트와 함께 일하는 것이다. 개입은 문제들과 그것들의 원인(origin), 클라이언트의 목적과 동기, 힘들의 균형에 대한 사회복지사와 클라이언트의 상호이해에 기초하여 계획된다.

심리사회모델에서는 사회복지사와 클라이언트가 함께 과정을 이끌어 나가는 협력적 관계를 강조한다. 사회복지사와 클라이언트의 관계가 심리사회적 개입의 성공을 위해 중요하고, 심리사회적 개입의 가장 강력한 도구이다. 사회복지사들은 전문적 자신감을 가지고 의사소통하는 능력에 덧붙여, 비소유적인 온화함과 관심, 비심판적 수용, 진실성, 정확한 감정이입, 자기지시의 중요성에 대한 깊은 존중, 변화에 대한 실제적인 낙관성을 보여주는 것이 필요하고, 이를 위해 사회복지사는 객관적이고 타인중심이 되며, 자아의 활용(use of self)을 훈련받도록 지속적으로 노력해야 한다. 개입과정과 바람직한 변화를 촉진함에 있어서, 클라이언트의 신뢰와 적극적인 참여를 중요시한다.

사회복지사와 클라이언트 간의 협력적인 관계는 여러 가지 장애물들이 있을 수 있는 바, 사회복지사는 이에 적극적으로 대처할 필요가 있다는 점을 강조한다. 즉 클라이언트들은 어려움을 스스로 해결하지 못한 것에 대한 수치 혹은 실패감이나 불안감을 가질 수 있고, 사회복지사가 그들 상황이나 욕구를 모두 이해할 수 없을 것이라는 예상된 두려움, 비자발적 클라이언트의 경우 사회복지사의 헌신에 대해 종종 의심하는 경우 등 다양한 요소들에 의해 협력적인 관계를 만들어가기 어려울 수 있다는 것이다. 사회복지사는 클라이언트가 방어적 태도에 이르게 된 삶의 과거 사실들을 평가함으로써 클라이언트의 부정적인 반응들에 주의를 기울여야 하고, 적대적이거나 거부적 행동들에 반응하기보다는 내재된 욕구들과 감정들에 반응할 필요가 있고, 판단적이거나 처벌적이지 않고, 지속적인 신뢰감과 감정이입적인 관계형성에 노력해야 한다. 그리고 사회복지사 스스로의 자기인식이 필요한데, 자신의 반응과 정서유발 패턴에 대해 잘 알고 있어야 하며, 역전이의 역동성에 대해서도 충분히 인식할 수 있어야 한다는 것이다.

심리사회모델에서는 더 나아가 사회복지사와 클라이언트의 관계를 치료적으로도 활용할 수 있다고 본다. 클라이언트가 과거 양육자와의 역기능적 관계에 의해 청소년기 이후 대인관계에 어려움이 있을 경우, 사회복지사가 클라이언트에게 성실하고 진솔한 태도로 보살피는(caring) 역할을 하고, 성숙한 대인관계의 기회를 제공함으로써 부정적 대인관계를 교정하는 경험을 하도록 도울 수 있다는 것이다(이신영 · 박선영, 2012).

2) 모델의 기본가정 및 개입원칙[8)]

심리사회모델은 자아심리학의 영향을 받아 인간의 가치와 능력에 대한 믿음에 기초하고 있지만, 또한 개인이 기능하는 데 있어 성격체계의 구조와 발전이 작용한다는 프로이트의 이론을 받아들이고 있다. 심리사회모델은 다음과 같은 기본가정과 개입원칙에 기반하고 있다.

첫째, 모든 개인은 생래적 가치(innate worth)를 가지고 있고, 이로 인해 개인들의 복지(well-being)에 대해 적극적으로 관심을 가져야 한다. 모든 개인은 그 자신의 삶의

8) Woods & Robinson, Turner(ed.)(1996)의 내용을 참조하였다.

방식을 선택할 권리를 가지고 있다는 것이다. 따라서 현재 상황에서 있는 그대로 받아들이고(수용, acceptance), 자기지시(self-directive) 혹은 자기결정(self-determination), 자기방향성에 대한 개인의 권리를 존중할 필요가 있다. 클라이언트들이 스스로 결정하고 자신의 삶을 책임질 수 있도록, 스스로 선택할 수 있도록 도와야 한다. 자율적 행동을 위한 매우 조그마한 기회를(요양기관의 환자들이 음식메뉴를 선택하게 한다거나, 그들 방의 가구배치를 계획하도록 허락) 제공함으로써 사람들로 하여금 희망을 갖게 하고, 보다 더 많은 자신감과 독립심을 느낄 수 있도록 도울 수 있다는 것이다. 클라이언트들이 그들 삶의 전문가이고, 그들의 고유한 태도와 가치관이 중요하고 이해된다는 것을 보여줌으로써 개인에 대한 존중이 표현될 수 있다. 그리고 같은 이유에서 비밀보장에 대한 클라이언트의 권리 또한 보장되어야 한다.

둘째, 인간은 기본적으로 모든 연령의 사람들이 성장하고, 배우고, 적응하고, 최소한 어느 정도 그들의 사회적이고 물리적인 환경을 변형하는 능력을 가지고 있다고 전제한다. 사회복지사가 긍정적이고 비소유적이며 감정이입적인 인간관계를 지향할 때 성장, 창조성, 탄력성을 충분히 발휘한다. 따라서 사회복지사는 성장지향의 관계에 대한 인간의 욕망과 삶의 과정에서의 변화에 대한 적극적 지향(proactive orientation)을 충분히 이해할 필요가 있다는 것이다.

셋째, 그렇지만, 심리사회모델에서는 프로이트가 제시한 다음의 사항들이 전제된다.

① 주요한 의미를 지니는 감정이나 사고들은 인식(awareness) 범주 밖에 존재한다.

② 성격은 행동에 영향을 주는 유동적이고 역동적인 체계이다. 심지어 성격체계 내부의 아주 작은 변화가 일어나게 되더라도 그 영향이 성격체계 전체에 파급되어 시간을 두고 생각, 감정 및 행동을 변화시키게 된다.

③ 방어는 긍정적·부정적 목적 모두로 사용될 수 있도록 구성된다.

④ 증상들(겉으로 드러난 문제들)은 정신 내부의 갈등을 드러내어 해소하고자 하는 적응노력이다.

⑤ 신경증(neurosis)은 프로이트 이전의 이론가들이 말하는 선천적 취약성의 징후가 아니라, 실제로 개인의 인간관계 경험에 뿌리를 두고 있는 것으로 그 기원은 사회적이다.

넷째, 그러나 심리체계는 독립적으로 존재하는 것이 아니라 클라이언트의 상황 속에서 생물학적 체계, 사회적 체계와 끊임없이 상호작용한다. 인간들은 개인의 욕구와 환경상의 자원들 간의 보다 나은 조화를 만들기 위해 지속적으로 환경과 역동적인 상호작용을 하게 된다는 것이다. 따라서 클라이언트의 현재 문제 상황에 영향을 주는 생물학적·사회적·심리적 체계 등 모든 관련 체계들에 관여해야 한다.

다섯째, 이와 같은 체계들 간의 상호 관련성으로 인해 어느 한 체계에서의 변화는 다른 체계들의 변화를 야기한다. 그러므로 심리사회적 실천은 적응과 변화에 대한 체계론적인(systematic) 이해를 기반으로 이루어져야 한다.

여섯째, 사건이나 상황들에 부여하는 개인적이고 집단적인 의미는 사람들마다 각기 다를 수 있다. 일생 동안의 가족적이고 사회적인 경험에 기초해 각 사람들은 주관적인 인식체계(universe of perception)를 드러낸다. 사람들의 이러한 주관적인 인식체계들은 일부분 문화에 영향을 받기도 하지만, 개인에게 고유한 것이다. 따라서 문제 상황을 다룰 때 개별성이 강조되어야 한다. 동일한 유형의 문제 상황이라 하더라도 그 상황이 발생한 배경들이 다를 수 있기 때문에 클라이언트의 문화, 사회경제적 배경, 계층, 주변환경 등에 대해 차별적으로(일반화에 대한 주의) 다루어져야 하고, 이로 인한 클라이언트의 사고, 감정, 행동이 어떠했고, 현재는 어떠한가를 다루어야 하며, 클라이언트 스스로도 과거부터 현재까지의 자신의 사고, 감정, 행동 등에 대해 이해하고 고찰할 수 있도록 해야 한다.

3) 모델의 주요 실천과정 및 기법

(1) 주요 실천과정

① 초기면접

심리사회모델의 초기실천단계에서는 사회복지사와 클라이언트 간의 접촉의 이유를 이해시키고, 클라이언트가 사회복지사의 원조를 활용할 수 있도록 관계를 형성하고, 클라이언트를 원조과정에 참여시키기 위해 동기부여하는 것이 중요하다. 동기

부여는 클라이언트가 변화과정에 스스로 관여하고자 하는 정도 그리고 변화의 가능성을 스스로 인정하는 정도와 관계된다.

또한 심리사회모델에서는 클라이언트의 문제와 그 원인을 이해하는 것을 강조한다. 사회복지사는 초기면접과정에서 클라이언트로부터 문제, 클라이언트들이 생각하는 문제의 원인, 대처과정에서 클라이언트가 시도한 일들, 관련된 사람들이나 조직, 기관들 혹은 체계들에 관한 클라이언트의 인식을 수집한다. 동시에 초기면접에서 사회복지사는 클라이언트가 현재 도움이 될 수 있을 것이라 믿는 대처능력과 기능, 자원 등에 대한 클라이언트의 인식을 파악하도록 한다.

② 정보 및 자료수집

초기면접에서 수집된 사실에 덧붙여 클라이언트의 비언어적 행동과 태도, 그 의미에 대한 사실수집, 주변 사람들, 공공기관의 자료 등을 수집하고, 필요에 따라 친척들과의 접촉을 통해 클라이언트가 알지 못하고 있거나 어떤 이유에서 무시하고 있는 사실을 알아낼 수 있다. 또한 아동들의 경우 부모, 선생님과 원조자들과의 추가적 면접을 필요로 한다.

③ 초기 생활사(과거력)와 생활경험들의 탐색

심리사회모델은 정신분석이론에 영향을 받았지만, 무의식보다는 의식, 전의식적 사실들에 초점을 둔다.[9] 그러므로 억압된 초기감정이나 기억들이 조사의 목적은 아니다. 그렇지만, 원가족의 문제와 초기발달정보 등이 현재의 어려움과 직접적 연관성이 있을 때 과거로의 탐색이 이루어진다. 현재의 행동패턴들이 초기발달단계들과 어떻게 관련되는지에 대한 클라이언트의 인식이 중요한 것이다.

또한 개인과 가족의 생활주기(life cycle)상 전환발달단계에서 많은 문제들이 생기는데, 이러한 생활단계전환—결혼, 부모가 됨, 이혼, 은퇴, 죽음 등—과정에서 겪었던 중요한 생활사건들, 클라이언트가 인식한 역할전환의 의미, 대처과정, 대처과정

9) 그러므로 개입과정에서 무의식의 경험을 표면으로 의식화하는 기술을 사용하지 않고, 자유연상을 활용하지 않는다(김경호, 2010).

에서의 어려움 등을 짚어봄으로써 그러한 생활사건이 현재 클라이언트가 겪고 있는 어려움에 미치는 영향에 대해 파악한다.

④ 환경 속의 인간에 대한 사정

심리사회적 사정은 심리사회적 조사에서 얻어진 사실들을 세밀하게 분석하는 과정이고, 클라이언트와 상황, 문제에 대해 비판적으로 검토하는 것이다. 사정은 클라이언트가 어떠한 문제를 경험하고 있고, 문제의 심각성과 원인, 문제해결을 위해 필요한 변화, 문제해결을 위해 사회복지사와 클라이언트가 해야 할 노력 등에 관한 자료수집과 추론을 통해 가능해진다. 심리사회모델은 사정과정에서 클라이언트의 부적응 측면뿐 아니라 상황의 영향에도 관심을 갖고 역동적인 사정평가를 중시한다. 그리고 개인과 상황의 약점뿐 아니라 강점에 대한 평가도 중요하다(김경호, 2010).

사정과정에서 사회복지사는 상황 속의 인간을 구성하는 다양한 체계들이 어떻게 상호작용하고 있는지, 상황의 스트레스나 생활사건들, 성격기능, 가족맥락과 다른 관련된 힘들이 어떻게 클라이언트가 직면하고 있는 딜레마를 함께 만들어 가고 있는지를 분석해야 한다. 이러한 과정을 통해 사정에서는 개입의 지점을 확인하고 변화를 위한 능력, 동기, 기회 등이 평가되어야 한다.

보다 구체적으로 '어떻게, 왜 문제가 존재하는가(How and why a problem exits)', 그리고 '인간−상황 전체에서 누구와 무엇이 변화를 위해 접근 가능한가(Who and what within the person-situation gestalt is accessible to change)'를 분석해 내어야 한다. 클라이언트의 어려움을 완화·해결하기 위해 어느 부문에 개입 가능한지, 어떤 체계가 가장 쉽게 변화될 수 있는지를 결정해야 한다는 것이다. 결국, 사정과정에서 접근 지점(points of access)을 규명해야 하고, 개인·가족·사회연계망·지역사회의 능력, 동기와 기회 등을 평가해야 하며(Ripple et al., 1964), 어떻게 개인의 능력들과 지지체계들과 사회적 자원들이 장애물을 극복하기 위해 동원될 수 있는가를 사정해 내야 한다는 것이다. 사정과정에서 '어떤 개인적 강점들이 개발될 수 있는가?', '어떤 가족구성원들이 가장 접근 가능한가 또는 가장 동기화되어 있는가?', '어떤 지역사회 체계들과 자원들이 동원 가능한가?' 등의 질문이 고려되어야 한다(Woods & Robinson,

Turner(ed.), 1996).

심리사회모델에서는 개인의 성격기능은 사정의 일부분으로서 다루어질 뿐이며 그 자체가 전부가 될 수는 없다. 클라이언트의 자아기능이 가지는 강점이나 한계점 등의 평가도 물론 중요하지만 이러한 개인자아기능은 상황적 요소들에 의해 항시 조정되고 중재되어짐을 사정에서 고려해야 할 것이다. 실제로 같은 사람이라도 시간과 장소에 따라 느끼고 행동하는 것이 다르며, 이는 곧 상황적 맥락의 중요성을 의미한다(김기태 외, 2007).

심리사회적 사정에서 다루어야 할 내용들을 살펴보면 다음과 같다(Cooper & Lesser, 2002 ; 김기태, 2007 재인용).

가. 신상정보 : 클라이언트의 연령, 성별, 종교, 결혼상태, 고용, 가족, 친구, 재정상태, 주거상태, 외모, 의복상태, 지능, 언어구사능력, 면접에 대한 태도 등

나. 의뢰경위 : 누구에 의해 의뢰되었는가? 의뢰처에서 말하는 클라이언트의 문제는 무엇인가? 자발적 혹은 비자발적 클라이언트인가? 클라이언트는 의뢰 이유를 이해하고 있는가?

다. 제시된 문제 : 클라이언트가 지금 사회복지사와 만나게 된 이유는 무엇인가? 현재 그가 지닌 문제는 무엇인가? 이러한 질문들에 대한 답을 구하면서 클라이언트가 자신의 문제를 설명하면서 사용하는 정확한 단어나 어휘들에 주목할 필요가 있다. 특히 클라이언트가 바라보는 자신의 문제가 의뢰처가 해석하는 클라이언트 문제와 다를 경우는 더욱 그러하다.

라. 문제의 역사 : 문제가 발전되어 온 경위에 관한 것이다. 현재 문제 상황이 본질적으로 급성적인가 혹은 만성적인가? 촉진적 사건이 있다면 무엇인가? 증상의 진행과정은 어떠했는가? 문제를 해결하기 위해 이전에 시도된 노력 여부, 이전에 치료를 받은 적이 있다면 당시 치료기간, 빈도 및 결과는 어떠했는가? 클라이언트의 치료에 대한 반응은 어떠했는가? 치료관계에 대해 클라이언트는 어떻게 느꼈는가?

마. 이전의 상담경험 : 이전에 클라이언트가 받은 상담이 있었는가? 있었다면 그 결과는 어떠했는가?

바. 가족배경 : 가족의 사회경제적, 교육적 및 직업적 배경, 가족구성원들의 상호작용에 대한 내용, 클라이언트는 가족에 대해 어떻게 생각하고 가족들은 클라이언트를 어떻게 바라보는가?

사. 개인력 : 클라이언트의 발달과정상의 역사를 설명하는 부분으로서 출생, 각 발달단계에서 이루어져야 했던 발달과업의 완수 등에 대한 내용을 포함한다. 이와 함께 과거의 약물복용이나 물질남용, 신체적 · 성적 혹은 정서적 외상경험 등에 대한 정보들, 클라이언트가 아동일 경우 학교생활 및 또래 친구들과의 관계 등을 조명함이 필요하다.

아. 의료적 사항 : 이에 대한 정보는 현재 클라이언트의 심리사회적 장애들에 영향을 미치고 있는 의료적 혹은 기질적 문제들의 가능성을 배제시키는 데 도움을 준다.

자. 문화적 배경 : 클라이언트의 문제가 특정의 문화적 맥락 안에서 발생하고 있는 것은 아닌가 하는 점을 주시할 필요가 있다.

차. 종교 : 클라이언트의 현재나 과거의 종교적 활동이나 신념 등

카. 정신상태와 현재 기능수준 : 자아기능의 개념은 사회복지실천의 사정에서 매우 중요하다. 사회복지사는 클라이언트의 자아기능의 특징, 방어기제, 강점 및 한계점 등에 대해 살펴야 할 것이다.

타. 정신상태검사 : 이는 클라이언트의 정신상태에 대한 정보들을 체계화하고 기록하는 하나의 방법이다. 이를 바탕으로 정신장애의 진단 및 통계편람에 따른 진단을 확립시킬 수 있다.

파. 정신장애의 진단 및 통계편람에 따른 진단 : 앞의 내용들을 통해 클라이언트의 정신상태에 대해 명확히 이해한 다음 진단을 해야 한다. 대부분은 DSM-Ⅳ의 분류체계를 따르는 편이다.

하. 요약 : 위에서 수집된 모든 정보들은 자료를 이해하고 개입목표를 확립하는 데 도움이 되는 이론적 준거틀의 맥락 안에서 정리될 필요가 있다.

거. 개입 모델에 대한 고려(선택) 및 개입목표 : 이 부분에서 사회복지사는 요약부분을 토대로 정교한 개입목표들을 수립하고, 개입을 효과적으로 이끌 수 있는

최적의 이론적 모델을 선택한다.

너. 평가계획 : 개입계획에서 평가의 방법 또한 미리 계획되어야 한다.

(2) 주요 실천기법-직접적 개입기법

심리사회모델은 개인, 집단, 가족, 클라이언트를 둘러싼 다양한 체계를 포함한 다양한 수준을 개입의 단위로 삼는다. 그리고 한 사례에서 이러한 다양한 수준의 개입이 혼합되어 사용되기도 한다. 개별면접과 더불어 가족면접을 병행하기도 하며 다른 중요한 타자들과의 접촉을 시도하기도 한다.

우즈와 로빈슨(Woods & Robinson, 1996)은 홀리스(Hollis)와 그 동료들이 분류한 사회복지사-클라이언트의 의사소통 6가지 유형들을 인용하면서 이것들이 심리사회적 실천에서의 모든 개입에서 필수적으로 활용될 수 있음을 밝혔다(김기태 외, 2007).

① **지지(Sustainment)** : 클라이언트의 불안을 감소시키면서 사회복지사와 관심사를 충분히 공유하도록 격려하는 것으로서, 관심과 수용, 감정이입적 이해, 재확인 등을 보여주는 언어적 · 비언어적 의사소통이다. 이해하고 있다는 끄덕임, 혹은 미소, "그러한 감정들은 자연스러운 것입니다", "좀 더 말씀해 보시지요" 등.

② **직접적 영향(Direct influence)** : 다양한 수준의 제안이나 충고 등을 의미한다. "…을 하는 것이 더 좋을 것 같네요", "제 생각에는 당신이 …을 해야 한다고 생각합니다" 등의 예를 들 수 있다. 제안이나 충고, 조언 등을 제공하는 데 있어서도 클라이언트가 결정할 여지를 남겨두는 것이 좋다. "제 경우는 이렇게 했는데, 그런 방식이 어떨는지 생각해 보시기 바랍니다."라는 식으로 하면 클라이언트에게 많은 결정권을 부여하게 된다(이영호, 2011).

③ **탐색, 묘사, 환기(Exploration, description, ventilation)** : 클라이언트 상황에 대한 사실들을 알아내고, 그것에 대한 감정들을 꺼내 놓는 클라이언트와 사회복지사 간의 의사소통을 의미한다. 클라이언트가 자신과 그가 처한 환경이나 상황에 대해서 객관적으로 말하는 기회를 가짐으로써 다시 생각해보고 탐색해보는 기회를 가진다는 것이다. 환기는 이런 과정에서 사실과 관련된 감정을 안

전하게 표출하게 함으로써 카타르시스를 경험하도록 원조하는 것이다(최선화, 2012). 때로는 환기를 경험하는 것 자체로 문제가 해결되는 경우도 있다. 감정을 환기하면 클라이언트는 즉각적으로 감정적으로 편안함을 느낀다. 탐색-묘사-환기는 연관되어 있는데, 사실을 진술하거나 설명하는 과정에서 자연히 감정이 표현되기 때문이다(이영호, 2011).

④ **개인-상황의 구성에 대한 성찰**(Reflection of person-situation configuration) : 클라이언트 스스로 자신을 둘러싼 상황과 어떻게 관련되어 있고, 상호작용하고 있는가를 성찰할 수 있도록 의사소통하는 것을 말한다. 예를 들어 "평소 부모와의 관계(의사소통)가 어떤지요?", "아들을 좀 지켜봐줄 수는 없나요?", "친구들과의 관계가 원만하지 않다고 생각하지는 않는지요?", "그것이 당신의 외골수적인 성격 때문은 아닌지요?"

⑤ **유형역동성 고찰**(Pattern dynamic reflection) : 사건들(events)에 대해 특정하게 생각·행동하도록 하는 클라이언트의 행동적 경향이나 사고나 감정패턴을 확인할 수 있도록 원조하는 것을 말한다. "당신은 남편이 괴롭힐 때마다 아들과 싸우지는 않나요?", "당신 스스로가 자신을 얼마나 비난하고 비하하고 있는지 생각해 보신 적이 있나요?"

⑥ **발달적 고찰**(Developmental reflection) : 클라이언트로 하여금 현재의 성격과 기능에 영향을 주는 원가족이나 초기 생활의 경험을 생각해보도록 하는 의사소통을 말한다. 클라이언트가 지금 겪고 있는 문제나 어려움이 원가족과의 관계에서의 문제가 되풀이되는 것은 아닌지, 과거의 경험에서 온 영향은 아닌지를 고찰해 보도록 하는 것이다. 어머니가 자녀에게 지나친 기대를 하는 경우, "어머니의 청소년기에는 비슷한 점이 없었나요?"라고 질문하면서 어머니 자신의 성장기에 가족으로부터 관심을 받지 못했고, 특히 어머니의 무관심에 대한 지나친 보상심리 때문에 일어난 현상이라는 사실을 알도록 하는 것이다. 다시 말해 어머니의 원가족에서의 미해결과제가 다음 세대에도 반복되어 나타나는 현상일 수 있는 것이기 때문이다.

(3) 주요 실천기법–간접적 개입기법

심리사회모델에서는 클라이언트의 문제가 심리적인 것보다는 환경과의 상호작용에서 균형을 상실한 데서 기인하는 경우 클라이언트의 인적·물적 환경에 개입하여 환경을 조정하기도 한다(**환경조정**). 사회복지사는 클라이언트에게 필요한 자원을 제공하고 발굴하며 클라이언트와 다른 사람들 사이에서 중재하고 클라이언트를 옹호하는 역할 등을 수행한다.

4) 모델에 대한 평가

심리사회모델은 정신분석학에 뿌리를 두고 있으며, 자아심리학, 역할이론, 체계이론이 접목되어 있다. 클라이언트의 과거력에 관심을 두고 있으며, 사회기능적 문제는 내적 기능, 외적인 스트레스, 그리고 내적·외적 양자 간 부조화의 결과로 본다(전석균, 2001). 개인의 심리 내적인 면과 환경의 상호작용을 강조하는 모델이기 때문에 개인, 집단, 가족, 환경 등에 폭넓게 개입함으로써 복합적인 문제들에 효과적으로 대처할 수 있는 장점이 있다. 개인과 환경의 상호작용에 초점을 둠으로써 개인의 외부환경을 무시하고 내면적 갈등을 중시한 정신분석이론을 넘어선 모델로 평가할 수 있다. 또한 사회복지실천에 있어 중요한 관점이라 할 수 있는 '환경 속의 인간', 개인과 환경의 이중초점을 강조했다는 면에서도 계속적으로 적용될 여지를 가지는 모델이라 할 수 있다.

그렇지만, 정신분석이론에 뿌리를 두고 있는 진단주의가 기능주의적 전제를 받아들여 통합된 모델이므로, 실질적인 개입방법에서는 환경에 대한 개입기술이나 전략이 미흡하고, 인간과 환경 간의 상호작용을 강조하면서도 여전히 개인의 심리 내적인 요인에 더 많은 초점을 두고 있다. 개인의 문제를 심리적 부적응으로 간주한다고 볼 수 있고, 개인 심리 내적인 적응과 변화를 촉구하는 개입을 강조한다는 것이다. 결국 심리적·사회적 요인을 중요하게 보지만, 문제의 원인을 사회적 요인보다는 개인이나 가족에서 찾으려는 면이 강하다는 것을 보여준다. 이러한 입장을 적절히 해석해 본다면, 심리사회모델에서는 인간을 자신의 문제를 해결해 갈 수 있는 능력을 가진 존재로 봄으로써 사회복지사와 클라이언트의 감정이입적 관계, 수용, 자기결정의 원리를 강조하면서 특히 개인의 심리 내적인 면을 적절히 조정함으로써 클라이언트 스스로 문제를 해결해 갈 수 있도록 할 수 있다는 것으로 볼 수도 있을 것이다.

심리사회모델에서는 과거에 겪었던 경험들이 현재의 심리사회적 기능에 영향을 미친다는 입장을 취하고 있고(과거력 중시), 이를 클라이언트가 이해하고 통찰하도록 하는 데 많은 비중을 두고 있다. 과거와 현재의 사회적 관계와 환경은 개인의 성격을 형성하는 주요한 힘이라는 측면에서만 사회적 관계와 환경이 중요하게 다루어졌고, 궁극적으로는 현재의 심리사회적 기능문제 등은 성격형성에의 문제라는 입장이고, 개입도 성격 및 인격발달에 초점을 두는 경향이라 볼 수 있다.

그렇지만 심리사회모델에서 실증적인 사례연구조사를 통해 실천을 평가하는 점, 관계지향적 활동과 클라이언트 지향의 가치에 기반한 실천은 충분한 가치가 있고, 심리사회모델에서는 이전보다 더 전체적 사정을 하고 복수의 개입을 계획할 필요가 있고, 정확한 조사, 사정 그리고 차별성 있는 개입계획이 실천에서 필수적이다.

2. 인지행동모델

인지행동모델은 인지이론과 행동주의 및 사회학습이론(Bandura)으로부터 나온 개념들을 통합·절충한 것이다. 인지행동모델은 말 그대로 자신과 상황에 대해 부정적인 인지를 가짐으로써 역기능적인 행동을 한다는 기본적 입장을 취하고 있고, 인지적이고 행동적 기법을 통해 왜곡된 인지를 재구성하고, 새로운 행동기술을 습득하도록 원조한다. 자신과 상황에 대한 비현실적인 해석과 이러한 해석을 유지시키는 행동을 파악한 후 해석의 타당성을 평가하고, 인지적·행동적 기법을 통해 수정하려는 입장이다. 인지행동모델은 인지적 접근을 중심 틀로 하여 개입과정에서 행동수정의 기법을 주로 사용하고, 인지적 기법도 활용한다.

미국에서 1950년대와 1960년대 행동주의이론[10)]이 크게 발달하였지만, 행동주의는 인간의 신념, 동기, 의지, 사고, 감정과 같은 내면적 요소를 설명해 주지 못함으로써 인간행동 이해의 한계에 대한 비판이 제기되었다. 따라서 행동주의이론은 1970년대 인지심리학이 발전하면서 인지의 중요성에 대한 이론적 기초를 제공받아, 관찰 가능한 행동뿐 아니라 개인의 경험과 사고를 포함하는 인지행동이론으로 발전하게 되었다. 또한 개인은 자신 또는 타인의 행동의 결과를 관찰함으로써 학습할 수 있다는 반듀라(Bandura)의 사회학습이론[11)]은 인지이론과 행동주의이론을 통합하는 데 기여했다.

반듀라는 오래 전부터 인지를 변화시키는 방법은 드러난 행동에 개입하는 것이라고 하였다(Bandura, 1977 ; 양옥경 외, 2000 재인용). 예를 들어 개에 대한 공포를 합리적으로 치료하려면 일련의 덜 두렵고 해롭지 않고 즐겁기도 한 개와의 만남의 경험을 통하여 감정을 향상시키고, 회피를 줄임으로써 공포를 줄이는 것이 사무실에서 언어적인 인지치료를 행하는 것보다 효과적이다. 이에 인지치료[12)]도 절충적으로, 두려움을 느끼는 현장에의 노출과 같은 행동요법을 활용하는 절충주의를 사용하며, 합리정서적 치료도 많은 행동적 방법인 강화, 주장과 기술훈련, 현장에서의 소거, 공포스러운 자극에의 노출과 같은 방법을 활용한다. 결국, 인지이론에서는 변화된 인지체계를 행동주의적 강화를 통해 변화의 지속성을 담보하고, 행동주의이론에서도 행동치료를 통해 단순히 행동상의 변화를 가져왔을 때, 그 변화의 지속성에 의문이 제기되는데, 환상, 사고, 자기 이미지 등과 같은 인지의 변화를 통해 행동의 수정

10) 인간행동의 대부분은 자극에 대해 반응하는 행동(자극－반응으로서의 행동)이며, 외부강화에 의해 학습된 행동이다. 행동은 학습에 의해 이루어진다는 기본전제를 가져 학습이론이라고도 불린다.

11) 인간의 행동은 환경적 자극에 의해 동기화되기도 하지만, 인지적 요소(자기효율성을 성취하는 방향으로 행동결정)에 의해 최종적으로 결정된다. 새로운 행동 학습은 외적 강화 없이도 모델링, 관찰 등에 의해서 가능하다.

12) 인지이론은 1960년대에 발전했고, 최초의 인지이론가이며 실천가는 알프레드 아들러(Alfred Adler, 1959, 1963)라 할 수 있다. 이후 엘리스(Ellis)의 합리정서행동치료(Rational Emotive Behavior Therapy), 벡(Beck)의 인지치료(Cognitive Therapy) 등이 발전하였다.

과 재학습과정의 확장을 이룰 수 있다고 보는 것이다.

여기서는 인지행동모델의 주요 특성, 주요 가정 및 주요 개념, 주요 실천과정 및 개입기법, 그리고 인지행동모델의 평가에 대해 살펴보도록 한다.

1) 모델의 주요 특성

(1) '환경 속의 인간' 관점 지향

인지행동모델에서 인간은 심리적 특성(심리 내적 갈등, 정신분석이론)에 의해서만 좌우되는 것도, 전적으로 환경(행동주의이론)에 의해서만 행동하는 것도 아니며, 개인의 행동은 외적 환경의 자극과 개인의 인지적 과정이 상호 작용한 결과 형성된다고 본다(심리적·환경적 영향 사이의 끊임없는 상호작용의 결과). 즉 독특한 인지과정을 갖는 인간이 환경에 대해 독특하게 해석하고 경험함으로써 행동하게 되고, 이러한 행동의 결과는 환경의 반응에 따라 영향을 받기도 하며, 환경에 개입하게 되는 상호작용 과정을 갖는다는 것이다. 따라서 인간의 행동을 이해하기 위해서는 행동주의만으로 혹은 인지주의만으로 부족하며, '환경 속의 인간' 관점을 취하는 사회복지실천에서 환경과의 맥락 속에서 인간을 이해하는 인지행동적 시각이 필수적이다(양옥경 외, 2009).

(2) 클라이언트의 자각을 강조

인지행동모델은 클라이언트의 역기능적 문제가 클라이언트 자신과 환경에 대한 왜곡된 인지체계(잘못된 생각)에서 출발한다고 가정하고, 클라이언트의 왜곡된 인지를 재구성하기 위해 인지적 기법뿐 아니라 다양한 행동주의적 기법을 병행하여 사용한다. 인간이 생각하고 느끼고 행동하는 것이 상호 관련된다는 전제하에서 인지, 정서, 행동이 어떻게 상호작용하여 클라이언트에게 영향을 미치는지를 **클라이언트로 하여금 자각하도록 함으로써 클라이언트가 기능적으로 행동하고 느끼며 생각할 수 있도록 돕는 모델**이다(신성자, 2012).

따라서 인지행동모델에 기반한 사회복지실천에서는 인지와 정서, 행동의 상호작용에 대한 클라이언트의 이해를 돕고, **교육을 통해 왜곡된 상황해석 방식을 변화시키거나 기능적인 차원으로 해석하는 방식을 배울 수 있도록 하고**, 관찰학습을 통해 새로운 기능적인 행동을 학습하고, 행동주의적 강화를 통해 행동변화를 유지시킴으로써 인지의 변화와 행동의 변화를 도모한다. 예를 들어 클라이언트 스스로 이분법적인 사고("나는 완전히 망했어, 난 다 틀렸어")를 함으로써 자해행동을 하는 경우, 교육을 통해 이분법적인 사고의 폐해를 스스로 인식하도록 하고, 이분법적 사고를 하는 사람들의 행동결과와 그렇지 않은 사람들의 행동결과에 대한 관찰학습을 할 수 있도록 하고, 전혀 다른 방식으로 삶을 바꾸어 볼 수 있도록 훈련하고, 지지 · 강화함으로써 인지의 변화 및 행동의 변화를 가져올 수 있도록 원조할 수 있을 것이다.

(3) 지금-여기에 초점

인지행동모델은 '지금-여기(here and now)'에 초점을 두어 클라이언트들이 호소해 오는 실생활의 문제들을 개념화한다. 인간에게 장애를 유발하는 것은 과거의 사건이나 심리적 외상 그 자체가 아니라 이것에 대한 인간의 해석이라는 점을 강조한다. 현재의 행동에 대한 과거의 역사적인 원인에 초점을 두지 않으며 상담과정에서 과거를 다루지 않는다(정순둘 외, 2011).

(4) 구조화되고 체계적인 개입과정

인지행동모델은 구조화된 접근과 체계적인 개입과정으로 인해 클라이언트와 사회복지사 모두에게 쉽게 받아들여지는 모델이며, 사례에 대한 적용 가능성이 높기 때문에 인지행동모델에서 제공하는 실천기술은 사회복지실천기술 가운데 가장 많이 활용되고 있다. 일반적으로 인지행동모델은 클라이언트가 더 나은 적응적 인지와 행동기술을 효과적으로 학습하고 무기력해지지 않도록 하기 위해 구체적 문제와 해결책에 초점을 두고(이신영 · 박선영, 2012), 개입절차에 있어서도 구조화되어 있으며, 특히 행동수정의 기법을 사용하는 경우는 더욱 그러하다(예 : 자기주장훈련 등). 문제를 해결하기 위한 방향과 처방된 절차를 갖고 있으며, 지침서(manual)에 의해 개입 과정을 유지하고, 비협조, 힘의 갈등, 종결준비 등과 같은 이슈를 관리하고, 표적이 되는 문제에 전략적인 초점을 유지한다(양옥경 외, 2000). 각 회기에서 클라이언트와 사회복지사가 함께 세운 의제(agenda)를 다루며, 사회복지사가 피드백을 제공하고 과제를 부여한 후 종결한다. 종결 후에도 클라이언트가 회기 중에 배운 기술을 직접 실천해 보도록 도와 실생활에 적용할 수 있도록 한다. 또한 문제를 중심으로 단기개입이 이루어지는 것이 보통이다. 따라서 이 모델에서 사회복지사는 모든 답을 다 알고 있는 권위적 인물이 아니라 클라이언트 스스로 문제를 해결하고 목표를 달성하는 데 적극적으로 참여할 수 있도록 돕는 코치이자 훈련가이며 믿을 수 있는 교사의 역할을 한다.

(5) 사회복지사-클라이언트의 협력적 관계 중시

인지행동모델은 개입에 있어 구조화되고 체계적인 절차를 가짐으로써 사회복지실천에서 아주 중요한 사회복지사-클라이언트의 라포관계를 경시하고 기술만을 강조하는 것처럼 보일 수 있고, 실제로 이로 인해 많은 비판을 받아온 것도 사실이다. 그렇지만, 인지행동모델에서는 클라이언트의 자각, 즉 인간과 환경 간의 상호결정 및 상호작용관계나 인지와 행동・정서의 상호작용관계에 대한 스스로의 자각을 강조하고, 과제를 부여하는 등 클라이언트의 적극적인 참여와 협조가 전제되지 않으면 수행하기 어려운 과정들을 가지고 있다. 클라이언트의 정서적・행동적 반응에 관계된 인지적 기능에 대해 사회복지사와 함께 경험적으로 탐구하도록 하기 위해서는 협력적 관계에 기반하지 않으면 곤란할 것이다. 인지행동이론 내의 실제적인 개입의 성공을 위해서는 과정 내에서의 클라이언트의 동의와 협력이 필수적이고, 사회복지사-클라이언트의 협력적 원조관계 자체가 행동변화의 도구가 될 수도 있을 것이다.

이 외에도 인지행동모델은 클라이언트가 생각하는 방식과 행동의 변화를 초점으로 다음과 같은 특성을 갖는다(Cooper & Lesser, 2008; Goldstein & Noonan, 2005; 장수미 외, 2011 재인용).

① 현재 문제와 관련된 클라이언트의 생각과 행동, 문제를 촉발하는 환경적 요인에 대한 체계적인 사정이 이루어진다.

② 문제를 명확히 하고 목표를 설정하는 데 초점을 둔다.

③ 왜곡된 사고와 자기파괴적 행동을 수정하고, 자신과 타인에 대한 새로운 신념체계와 행동의 습득을 위한 명료한 개입방법을 갖는다.

④ 개입의 성과에 대해 객관적 측정방법을 갖는다.

2) 모델의 주요 가정

인지행동모델은 인지이론과 사회학습을 근간으로 하는 행동주의이론의 절충적 접근이다. 인지행동모델은 행동치료에 초점을 두되 행동에 선행하여 관련되는 인지적 측면을 고려하는 입장과 인지치료에 근간을 두고, 행동주의적 기법을 활용하는 입장으로 구분해서 볼 수 있다. 인지행동모델에서는 다음과 같은 가정을 가진다.

첫째, 인지행동모델에서 인간은 환경에서 발생하는 일에 대해 수동적으로 반응하는 존재가 아니라 스스로 세상에 대해 의미를 부여하고 구성해가는 존재이고, 자신의 의식 영역 내에 심리적 불균형 상태를 이해하고 해결할 수 있는 능력을 가진 **능동적인 존재**로 본다. 물론 행동주의 입장에서는 환경결정론적인 입장으로, 인간은 자신의 행동을 통제할 수 있는 힘이 없다고 보지만, 반듀라(Bandura)의 사회학습이론에서는 인간이 자기효율성을 성취하는 방향(자기효능감)으로 행동을 규제할 수 있다고 가정하고 있고, 새로운 행동의 학습은 외적 강화 없이도 이루어질 수 있다고 보고 있다. 관찰학습을 통해 인간의 행동에 대한 학습은 자극－반응의 단순한 관계라기보다는 자극－유기체의 내적 요인(인지적 요인)－반응 모델로 설명하였다.

결국 인지행동모델에서는 인간과 환경과의 관계에서 상호결정론적인 입장을 취하고, 인간은 환경에 영향을 받기만 하는 것이 아니라 자신의 환경을 만들어 가는 데 중요한 역할을 하는 능동적인 존재라고 본다. 그리고 페인(Payne, 2005 ; 정순둘 외, 2011 재인용)은 “인지행동이론을 수용하는 치료자는 **모든 인간은 가치가 있다는 입**

장을 취하게 되며 개입과정에서 인본주의 철학을 가지고 개입한다. 즉 자신과 타인에 대한 무조건적 관심은 인간은 누구나 강점과 단점, 재능, 예외적인 특성 등을 가지고 있다는 자기수용적인 태도를 기반으로 하며, 인간은 누구나 가치가 있으며 불완전한 존재이므로 이를 수용해야 한다는 인본주의적인 입장을 추구한다"는 것이다(인지행동모델의 인간 가치 지향[13]).

둘째, 인지행동모델에서는 **인지가 행동과 정서에 영향을 미친다**고 보고 있다. 인간은 실제 환경에 반응하기보다는 자신이 지각하는 환경에 반응하므로 어떤 사건에 대한 인지적 평가가 사건에 대한 반응에 영향을 미친다. 따라서 한 개인의 인지에 초점을 맞추는 것이 수행을 변화시키는 효과적인 전략이다. 이러한 측면에서 인지행동모델은 다음과 같은 몇 가지 기본 가정을 전제로 하고 있다(신성자 외, 2012).

- 일생을 통하여 인지적 성장과 변화가 이루어진다.
- 개인의 행동은 환경적 사건을 인지적으로 어떻게 상징적으로 인식하는지에 따라 달라진다. 즉 개인이 사건의 어떤 측면에 선택적으로 주의를 기울이며, 어떤 의미를 부여하는지에 따라 행동이 달라진다.
- 대부분의 사회적 · 행동적 역기능은 자기 자신, 타인, 그리고 삶의 상황들에 대해 갖고 있는 잘못된 생각(인지체계)에서 비롯된다.
- 사고, 감정, 행동 그리고 결과는 원인적으로 관련성을 가지고 있다.
- 인지 변화는 행동 변화에 영향을 미친다.

셋째, 인지행동모델에서는 한 개인의 인지가 행동에 영향을 미치기도 하지만 **행동에 의해서 인지가 영향을 받기도 한다**고 보고 있다. 따라서 인지적 수행과 행동적 수행 모두를 사정해야 함은 물론 양자의 상호연관성을 사정해야 한다. 예를 들면, 시험을 칠 때 시험문제와는 상관없이 불안만 가중시키는 내용의 혼잣말을 할 경우

13) 엘리스(Ellis)는 인간 문제의 주요 원인이 자신에 대한 부정적인 평가(negative self-rating)라고 주장하면서 많은 문제가 자신을 가치 있게 평가하지 않는 데서 비롯된다고 하였다. 이는 곧 자신의 성공에 대해 낮게 평가하거나, 자신을 입증하기 위해 너무 많은 것을 요구하거나 혹은 타인의 승인을 적극적으로 추구하거나 자신의 성취 가능성에 대해 스스로 방해하는 것을 의미한다. 인지행동이론에서는 클라이언트가 자신의 가치에 대해 긍정적으로 평가할 수 있도록 원조하게 된다(엄명용 외, 2009).

시험문제에 정확히 반응하는 아동의 능력에 영향을 미친다. 이는 인지가 행동에 영향을 미치는 예이다. 아동의 저조한 시험성적 또한 아동의 자기 패배적인 혼잣말을 증가시킬 수 있다. 이는 행동의 결과가 인지에 영향을 미치는 예이다(서경희, 1999).

넷째, 행동을 변화시키는 과정에 있어서 **인지도 과학적인 조사의 대상이 될 수 있다**고 본다.[14] 따라서 인지행동모델에서는 행동주의의 방법론을 고수하며 인지과정도 검증이 가능하다는 것이다. 인지를 측정·모니터하기 위해서는 면담을 하거나, 과제수행을 측정하거나, 클라이언트 자신의 개인적인 생각을 써보게 한다든가 하는 방법을 사용할 수 있다(서경희, 1999).

3) 모델의 주요 개념

인지행동이론의 주요 개념은 행동주의이론과 인지이론에서 제시되는 주요 개념으로 구성되어 있다. 행동주의이론의 주요 개념들을 살펴보면, 강화와 처벌, 강화스케줄, 소거 등이 있으며, 인지이론에서 나온 주요 개념으로는, 벡(Beck)의 인지이론에서 나온 개념인 자동적 사고, 스키마(인지도식), 추론과정에서의 체계적 오류, 그리고 엘리스(Ellis)의 합리적 정서행동이론에서 나온 비합리적 신념 등이 있다.

(1) 강화와 처벌

강화(reinforcement)는 행동을 더 하도록 하는 것으로, 강화에는 정적 강화와 부적 강화가 있다. 정적 강화는 보상을 제시하여 행동을 증가시키는 것(칭찬 받은 행동 반복)이며, 부적 강화는 불쾌한 자극(하기 싫어하는 일 등)을 면해주거나 감해줌으로써 반응행동을 증가시키는 것을 말한다.

처벌(punishment)은 행동을 덜 하도록 하는 것으로, 정적 처벌과 부적 처벌이 있다.

14) 이러한 입장은 행동주의적 입장으로 볼 수 있다(행동주의 입장에서 인지의 작용을 수용하는 입장). 이 입장에서는 인지도 하나의 행동으로 간주하고, 인지도 학습된다고 본다. 환경적 사건이 일어나고, 사건의 결과 행동, 감정, 인지로 나타난다는 것이고, 이러한 결과 내에서 세 가지 행동현상들이 상호작용한다는 것이다. 이에 비해 인지이론적 입장은 환경적 사건이 일어나고, 이에 대한 인지적인 과정이 있으며, 이 인지를 바탕으로 행동과 감정이 드러난다는 입장이다.

정적 처벌은 어떤 행동의 결과로 불쾌한 자극(예 : 야단이나 매, 벌금 등)이 주어지면서 그 행동을 감소시키는 것을 말하고, 부적 처벌은 행동의 결과로 인하여 유쾌한 것을 제거시킴(예 : 좋아하는 게임을 못하게 함)으로써 행동을 감소시키는 것이다.

(2) 소거

소거(extinction)는 정적 강화에 의해서 유지되는 행동과 관련되는데, 강화물이 중단되면 행동이 일시적으로 강화될 수는 있으나, 점차 줄어들면서 궁극적으로 완전히 소멸하게 됨을 의미하는 것이다. 엄마의 보상에 의해 강화된 짜증을 내고 떼를 쓰는 아이의 행동에 대해 보상("어휴 우리 귀한 아들을 누가 이렇게 혼자 내버려두었냐")을 철회함으로써 짜증행동을 없애는 것을 예로 들 수 있다.

(3) 강화스케줄

강화스케줄(reinforcement schedule)은 강화를 지속적·간헐적으로 할 것인가, 강화 간격과 비율에 대한 스케줄을 말한다. 강화스케줄에는 행동이 일어날 때마다 강화해주는 지속적 강화와 매번 강화해 주지 않고 간헐적으로 강화해주는 간헐적 강화(바람직한 행동이 일어날 때마다 항상 표적행동을 보상하는 것은 아니다)가 있다.

흥미롭게도 간헐적 강화를 통해 유지되는 행동은 지속적으로 강화되어온 행동보다 더 지속적이며 소거가 잘 되지 않는다는 것이다. 빙고게임이나 낚시, 혹은 오락게임 등과 같이 무작위 강화스케줄에 의해 유지되거나, 개인적 위기나 감정이 고조된 시기에 학습된 행동은 쉽게 소거되지 않으며 변화가 어렵다. 지속적 강화는 간헐적 강화보다 학습을 빨리 시키기 때문에 새로운 행동을 가르치는 프로그램의 초기 단계에 사용된다. 그러나 지속적으로 강화된 행동은 비교적 쉽게 소거된다. 새롭게 배운 행동이 소거되지 않도록 하기 위해서는 지속적 강화를 간헐적 강화로 대치하여야 한다(Sheafor et al., 서울대 사회복지실천연구회 역, 1999). 강화스케줄은 강화의 간격과 비율에 따라 세분화될 수 있다.

(4) 자동적 사고

벡(Beck)은 인간의 사고과정을 도식(schema), 자동적 사고, 인지적 오류로 구분하였고, 치료과정을 통해 클라이언트의 자동적 사고를 점검, 인식하게 하고, 그 타당성을 검토하게 하여 왜곡된 사고를 좀 더 현실적인 인지로 대치하도록 하였다.

출처: 이장호 외(2001).

[그림 5-1] 인지이론에 따른 심리적 문제 발생과정

벡(Beck)은 자각의 가장 가까운 곳에 있는 생각이나 생각의 조각들을 자동적 사고(automatic thinking)라고 하였고, 엘리스(Ellis)는 자기진술이라 했다. 순간순간 자기도 모르게 떠오르는 생각이나 영상을 일컫는 것으로 의식의 가장 표면에 있다(가장 표면적인 수준의 생각). 이 사고는 심사숙고하거나 합리적으로 판단한 결과가 아니며, 자동적으로 튀어나오는 스쳐가는 생각이다. 마음속에 스쳐가는 실제적인 단어나 영상을 말한다(박경애, 1998). 어떤 사건을 접하게 되면 자동적으로 떠올리는 어떤 생각들인 것이다.

사람들이 경험하는 심리적 문제는 스트레스적 사건을 경험했을 때 자동적으로 떠올리는 부정적인 내용의 생각들로 인해 발생하는 것이다. 즉 자동적 사고가 부정적인 내용일 경우 심리적 문제로 이어진다고 볼 수 있는 것이다. "지금 당신 자신에게 무슨 이야기를 하고 있습니까?", "어떤 사건이 일어났을 때 당신 자신에게 무슨 이야기를 하고 있습니까?", "어떤 사건이 일어났을 때 당신 자신에게 무슨 말을 했습니까?" 등의 질문을 통해 클라이언트의 자동적 사고를 찾아낼 수 있다.

전형적으로 우울 증상을 경험하는 사람들의 자동적 사고는 크게 세 가지 내용으로 구성되어 있는데 이를 **인지의 3요소**(cognitive triad)라 한다. 첫 번째는 자기에 대한 비관적 생각(예 : 나는 무가치한 사람이다)이고, 두 번째는 앞날에 대한 염세주의적 생각(예 : 나의 앞날은 희망이 없다)이며, 세 번째는 세상에 대한 부정적 생각(예 : 세상은 살기가 매우 힘든 곳이다)이다. 이러한 생각들을 가지고 있는 사람이 그러한 생각들을 불러일으키는 생활사건을 경험했을 때 우울증이라는 심리적 문제를 경험하게 된다는 것이다. 결국, 인지의 3요소는 자기와 세상, 미래에 대한 한 개인의 부정적인 생각과 태도이고, 우울증의 원인이 된다고 볼 수 있다(이장호 외, 2001).

(5) 인지 도식

그렇다면, 자동적 사고는 어떻게 생겨나는 것인가? 특히 부정적인 내용의 자동적 사고를 활성화시키는 것은 바로 역기능적인 인지 도식(스키마, schema)의 내용들이다. 즉 역기능적 인지 도식을 가지고 있는 사람이 일상 생활에서 스트레스 사건을 경험하게 될 때 부정적인 내용의 자동적 사고를 자신도 모르게 떠올리게 되며, 그 결과로 심리적 문제가 발생한다는 것이다.

인지 도식은 살아가면서 쌓인 자기 나름의 자기와 세상을 이해하는 틀로서 어린 시절부터 시작해서 삶을 사는 과정에서 만들어진 체계화된 덩어리라고 볼 수 있다. 사람들의 인지 도식은 삶의 과정이 반영된 결과이기 때문에 사람들의 인지 도식의 내용은 모두 다를 수 있다. 인지 도식 중 문제가 되는 것은 부정적인 성질의 인지 도식이다. 역기능적인 인지 도식일 것인데, 예를 들면, '사람은 멋지게 생기고 똑똑하고 돈이 많지 않으면 행복해지기 어렵다', '다른 사람의 사랑없이 나는 행복해질 수 없다', '절반의 실패는 전부 실패한 거나 다름없다', '인정을 받으려면 항상 일을 잘 해야만 한다', '한 인간으로서의 나의 가치는 나에 대한 다른 사람의 평가에 달려 있다', '사람들은 언제 나에게 등을 돌릴지 모르기 때문에 믿을 수 없다' 등이다. 이러한 역기능적 인지 도식이 여러 가지 심리적 문제를 초래하는 근원적 역할을 한다(이장호 외, 2001).

(6) 인지적 오류

역기능적인 인지 도식은 자동적 사고를 발생시키는 역할만 하지 않고, 인지적 오류(cognitive errors)를 발생시키기도 한다. 인지적 오류는 어떤 경험이나 사건을 해석하고 받아들이는 과정에서 생기는 추론 혹은 판단의 오류들이고, 현실을 제대로 지각하지 못하거나 사실 또는 그 의미를 왜곡하여 받아들이는 것을 말한다. 이러한 오류를 많이 범할수록 심리적 문제를 겪게 될 가능성이 더 커진다.

인지적 오류를 범하는 이유는 무엇인가? 인지적 오류는 역기능적 인지 도식에서 비롯되는 것이다. 예를 들어 어떤 사람이 어릴 때부터 다른 사람들로부터 거부를 당한 경험이 여러 번 있었고, 그로 인해 마음의 상처를 안게 되었다고 생각해보자. 아마도 그 사람의 마음은 지금 교제하고 있는 이성이 자신을 거부하지나 않을까 하는 노심초사의 심정일 것이다. 그래서 상대방의 일거수일투족을 예의주시하면서 '거부의 단서'를 찾는 데 온갖 신경이 다 쏠릴 것이다. 이런 상황에서 상대방이 실제로는 차가 막혀서 약속 시간에 늦게 도착했는데도 '아 저 사람이 드디어 나에게 싫증이 났구나'라고 결론 내리게 되고, 이는 쓰라린 거부의 경험들로 점철된 과거 경험을 가진 당사자로서는 어쩌면 피할 수 없는 것인지도 모른다. 이 예에서 '상대방으로부터 거부당했다', '상대방이 싫증이 났구나'라는 결론이 나오게 된 이유는 과거 경험들을 통해 차곡차곡 쌓아온 거부와 관련된 인지 도식('사람들은 언젠가는 나를 버릴 것이다', '사람들은 믿을 수 없다') 때문이라는 것이다(이장호 외, 2001).

이러한 인지 도식을 밑바탕에 깔고 있는 사람들은 한편으로는 일상생활에서 경험하는 여러 사건들의 의미를 왜곡해서 지각하게 될 가능성이 높고, 다른 한편으로는 어떤 사건에 접해서 부정적인 내용의 자동적 사고들을 떠올리게 될 여지가 매우 크다. 그 결과 심리적 문제들을 경험하게 된다.

인지적 왜곡·오류에는 여러 가지 종류가 있다(양옥경 외, 2000 ; 이장호 외, 2001 ; Sheafor et al., 서울대 사회복지실천연구회 역, 1999).

① 임의적 추론(arbitrary inference) : 적절한 근거 없이 결론을 내리는 오류. 충분한 증거 없이 증명되지 않고 비현실적인 결론을 내린다(결론으로 건너뛴다).

② 선택적 추상화(selective abstraction) : 중요한 요소를 무시한 채 사소한 부분에 근거하여 전체를 이해하는 오류. 우리는 발표를 할 때, 강의할 때 전체적으로는 반응이 긍정적이었지만, 몇몇 사람이 졸거나 엉뚱한 짓을 하는 데만 선택적으로 주의를 기울여 실패했다고 단정 짓는 경우를 종종 볼 수 있다. 선택적 추상화인 것이다.

③ 선별적 관심 : 자신이 미리 인지하고 있는 생각을 뒷받침해주는 사실들에만 관심을 갖는다. 다른 결론을 지적해주는 사실들은 간과하거나 기각해 버린다.

④ 과잉 일반화(over generalization) : 한두 번의 사건에 근거하여 일반적인 결론을 내리고 무관한 상황에도 그 결론을 적용시키는 오류.

⑤ 흑백 논리(polarized thinking, 이분법적 사고, dichotomous thinking) : 이분법적 오류로서, 어떤 일의 성과를 성공이냐 실패냐의 이분법적으로만 평가하는 경우.

⑥ 개인화(personalization) : 자신과 무관한 외부 사건을 자신과 관련짓는 성향. 모든 문제나 부정적인 사건들은 자신의 부족함 때문에 야기된다. 통제할 수 없는 것에 대해 책임을 진다.

⑦ 의미 확대 및 축소(과대 및 과소평가, magnification · minimization) : 사건의 중요성이나 의미를 지나치게 과장하거나 축소하는 오류. 실제와 무관하게 어떤 측면을 지나치게 과장하거나 축소하는 것. 시험 한 번 잘못 친 걸 가지고 '내 인생은 이제 끝이다', 과수석을 하고도 '어쩌다가 운이 좋아서 그렇지 아무 것도 아냐'라고 생각하는 경우를 볼 수 있다. 실패의 과대화(일을 하는 중에 우리는 10을 성공하고, 1을 실패할 수 있지만 단지 실패에만 관심을 쏟는다), 성공의 과소화(성공을 운이 좋은 덧으로 돌린다) 등을 말한다.

⑧ 자신, 타인, 세상에 대한 부정적인 믿음 : 자신을 포함한 모든 사물이나 사람이 나쁘고, 변화되지 않으며, 희망이 없다는 지속적이고 부정적인 믿음을 고수한다.

⑨ 외적 통제소(external locus of control) : 스스로의 삶에 대한 통제권이 없다고 생각하는 경향. 즉 다른 사람이 자신의 삶을 통제한다고 믿으며, 어떤 일이 일어나는가는 운명의 문제라고 믿는다.

(7) 비합리적 신념

엘리스(Ellis)는 합리적 정서행동치료(Rational Emotive Behavior Therapy, REBT)의 창시자로 정서적 문제(예 : 우울, 불안, 공포 등)를 유발하는 것은 생활 사건 자체가 아니라 그 사건에 대한 왜곡된 생각이고, 이러한 왜곡되고 잘못된 생각의 뿌리에는 비합리적 신념들이 깔려 있다고 가정한다. 인지의 ABC 모형을 제시하였는데, A는 개인 앞에 놓인 어떤 사건(Activating events)이고, B는 사건에 대해 개인이 믿거나, 생각하거나, 자신에게 하는 말(Believe)이고, C(Consequence)는 감정적 결과나 정서적 반응 또는 행동이다. 각 개인이 사건에 대해 어떻게 생각하느냐에 따라 정서와 행동이 달라질 수 있다는 것이다.

엘리스는 비합리적 신념을 규명하고 도전함으로써 합리적 신념으로 대체해야 한다고 주장했다. 비합리적 신념은 특정한 사건 혹은 경험에 대한 클라이언트의 잘못된 생각이나 태도를 일컫는다. 엘리스에 따르면 비합리적 사고는 논리적으로 모순이 많고(비논리성), 경험적 현실과 일치하지 않고(비현실성), 삶의 목적 달성에 방해가 되고(삶을 파괴적으로 이끈다, 비실용성), 절대적 · 극단적 · 경직되어 있다(융통성 결여). 나아가 절대적이고 당위적 사고가 모든 정서적 문제의 핵심이라고 보고, 여기에서 파생된 과장적 사고, 인간비하적 사고, 낮은 인내성 등을 비합리적 생각의 요소로 보고 있다. 비합리적 신념에는 '반드시', '꼭', '절대로', '모든', '항상', '완전히', '전혀', '해야만 한다' 등이 저변에 깔려 있다. 엘리스는 11가지의 비합리적 사고(표 5-1)를 언급했다(박경애, 1998).

맥멀린(McMullin, 1986)은 클라이언트의 문제를 낳는 비합리적인 사고의 많은 예를 나열하고 있다. 이러한 예들은 다음과 같은 믿음을 포함하고 있다. 예를 들어 "집은 안전하다. 그러므로 집에서 멀리 여행을 떠나면, 위험성이 점점 커진다", "나는 다른 모든 사람들의 가치와 행동에 맞추어야 한다. 그렇지 않으면 외톨이가 되고, 다른 사람들에게 따돌림을 당할 것이다", "나는 시도하는 모든 것에 가능한 한 최대한 노력하여야 한다" 등이다(Sheafor et al., 서울대 사회복지실천연구회 역, 1999).

〈표 5-1〉 엘리스의 11가지 비합리적 사고

구분	내용
사람관계	1. 알고 있는 모든 중요한 사람들로부터 사랑받고, 인정받고, 이해받아야만 가치 있는 사람이다(It is essential that a person be loved or approved by virtually everyone in the community). 2. 우리는 다른 사람에게 의지해야만 하고 의지할 만한 강한 누군가가 있어야만 한다(A person should be dependent on others and should have someone stronger on whom to rely). 3. 타인의 문제나 혼란스러움에 함께 괴로워하고 속상해야만 한다(A person should be quite upset over other people's problems and disturbances). 4. 어떤 사람들은 나쁘고 사악하며 따라서 비난받고 처벌받아야만 한다(Some people are bad, wicked, or villainous and therefore should be blamed and punished).
세상일	5. 완벽한 능력이 있고, 사교적이고 성공을 해야만 가치 있는 사람이다(A person must be perfectly competent, adequate, and achieving to be considered worthwhile). 6. 일이 뜻대로 진행되지 않는다면 이는 무시무시하고 끔찍한 일이다(It is a terrible catastrophe when things are not as a person wants them to be). 7. 인간의 문제에는 완벽한 해결책이 있고 만약 그 해결책을 발견할 수 없다면 이는 끔찍한 일이다(There is always a right or perfect solution to every problem, and it must be found or the results will be catastrophic).
운명	8. 행복이란 외부 사건들에 의해 결정되며 우리는 통제할 수 없다(Unhappiness is caused by outside circumstances, and a person has no control over it). 9. 인생에서 어려움을 부딪치기보다 피해가는 것이 편하다(It is easier to avoid certain difficulties and self-respnsibilities than to faces them). 10. 위험하거나 두려운 일이 일어날 가능성에 대해 늘 생각하고 있어야 한다(Dangerous or fear somethings are cause for great concern, and their possibility must be continually dwelt upon). 11. 과거의 일들이 현재의 행동을 결정한다(Past experiences and events are the determinants of present behavior; the influence of the past cannot be eradicated).

4) 모델의 주요 실천과정 및 기법

(1) 주요 실천과정

① 협력과 신뢰의 분위기 촉진

인지행동이론의 가장 중요한 원칙 중 하나는 협력과 신뢰의 분위기를 촉진시키는 것이다. 사회복지사는 클라이언트와 접촉을 통해 클라이언트의 상황에 관심을 가지고 문제를 해결하기 위해 적극적으로 협력한다는 신뢰를 주어야 한다. 사회복지사는 따뜻하고 정서적이어야 하며 순수하고 클라이언트와의 신뢰형성을 특별히 중요시해야 한다(김경호, 2010).

② 문제정의

사회복지사에게 원조를 받기 위해 찾아온 클라이언트는 조리 있게 자기의 문제를 이야기하기 어렵고, 혼란스럽거나 감정에 압도되어 그들의 문제가 정확히 무엇인지 확신하기 어렵다. 사회복지사는 클라이언트가 말하는 것을 주의 깊게 듣고 구체적인 문제행동을 찾아내야 하고, 문제의 핵심을 끌어내 그것을 보다 잘 조직된 방법으로, 보다 이해가 쉽고 덜 처벌적인 방법으로 클라이언트에게 이야기해 주어야 한다.

클라이언트가 스스로 문제가 무엇인지를 자각하고 공유할 수 있도록 계속해서 클라이언트에게 문제의 행동적·인지적·감정적·상황적 요인들에 대해 질문하고, 그것을 클라이언트와 함께 성찰해야 한다. 과연 문제가 무엇이고, 문제를 일으키는 데 작용하는 요인들은 무엇인지 보다 구체적으로 세분되게 정의하는 것이 중요하다(장인협, 1994, 下).

③ 자료수집 및 사정

인지행동이론에서 자료수집과 사정은 상호 연결되어 있다. 클라이언트로 하여금 매일 일지를 쓰거나 메모를 하도록 함으로써 문제행동 및 정서를 모니터링하고, 선행사건, 역기능적 사고와 신념, 역기능적 사고가 언제 어떤 상황에서 누구와 함께 있을 때 주로 발생하는지, 어떻게 반응했는지 등을 파악한다. 일지는 문제 상황이 촉발되는 상황, 부정적인 혼잣말, 그 상황에서의 감정, 문제 상황을 정당화시켜 주는 역기능적 신념, 긍정적 혼잣말 등으로 구성된다. 일지 등을 통한 자기모니터링은 그 자체만으로도 표적행동의 감소에 도움이 될 수 있다.

또한 사정단계에서 사회복지사는 부정적 신념을 파악하고 행동적 개입전략을 수립하기 위해 클라이언트의 강점과 성공경험에 관한 정보를 찾는다. 클라이언트의 강점을 확인하는 것은 문제해결을 향한 공동의 노력을 가능하게 한다. 사회복지사는 클라이언트가 제기한 이슈들을 요약하고 문제가 가장 극심할 때의 상황 등 문제목록을 클라이언트와 함께 작성한다(김경호, 2010).

④ 클라이언트에 대한 교육 실시

개입단계에서 많은 중점을 두는 부분이 인지행동적 개념에 대한 교육이다. 이 모델은 인지와 신념, 사고의 변화를 전제로 하기 때문에 인지와 정서・행동의 상호작용・관계에 대해서 설명해 클라이언트 스스로 받아들일 수 있도록 하고, 왜곡된 상황해석 방식을 변화시켜 기능적 차원으로 해석하는 방식을 클라이언트가 학습할 수 있도록 교육을 실시한다. 쓰기과제, 오디오나 비디오 사용, 강의와 세미나 참석 등의 직접적인 교육이 포함된다. 인지행동모델에 대한 교육도 포함한다. 또한 인지행동모델에서는 증상교육도 중요하게 다루어진다. 우울증, 강박장애, 외상 후 스트레스장애 등에 대한 개입에서 매우 중요하다. 증상에 대한 올바른 이해를 통해 불안을 현저히 감소시킬 수 있고 증상대처에 대한 자기효능을 높일 수 있다.

⑤ 개입 과정 및 이후 과제 활용 및 변화를 위한 강화 실시

인지행동모델은 해결해야 할 구체적 문제와 해결책에 초점을 두고 단기개입이 이루어지고, 매우 구조화된 개입이 이루어진다. 개입 과정에서 클라이언트가 스스로 연습하고 수정된 인지와 행동을 숙련하도록 할 수 있는 과제를 활용하는 경향이고, 변화를 위해 지속적인 강화를 활용한다. 과제를 부여하는 것은 회기와 회기 사이의 연결성을 제공하고 클라이언트가 개입 장면에서 배운 기술을 일상생활에 적용해 보도록 돕는다. 지난 회기를 통해 수행된 과제의 성과와 시행착오 경험을 검토하는 것

은 반복되는 어려움을 점검하고 개입을 구조화하는 데에도 도움이 된다.

그리고 새롭고 긍정적인 행동을 습득할 수 있도록 하기 위해 정적 강화를 제공하는 상황을 증가시켜야 한다. 예를 들어 클라이언트를 소중히 여기는 사람이나 기분 좋게 하는 사람을 만나는 것, 직장에 돌아가는 것 등을 들 수 있다. 주로 외부에서 강화를 제공하지만 클라이언트 스스로 자신의 새로운 행동에 대해 보상을 하기도 한다(장수미 외, 2011).

우울증 증세를 보이고 있는 A부인에게 사회복지사가 ABC모델을 설명하는 예

사회복지사 : 만약 제가 당신의 의자 밑에 폭탄이 있다고 말한다면 어떤 느낌이 들 것 같으세요?
A부인 : 웃을 것 같아요.
사회복지사 : 겁나지 않나요?
A부인 : 아니요. 왜냐하면 당신을 믿지 않을 거니까요.
사회복지사 : 좋아요. 보세요, 당신이 어떻게 느끼는가는 당신이 믿고 생각하는 것에 달려 있어요. A는 제가 당신에게 폭탄에 대해서 이야기한 것이지요. B는 당신이 그 사건에 대해서 믿고, 자신에게 이야기한 것이에요. C는 B, 즉 당신이 어떻게 믿는가에 따른 당신의 느낌이지요.

출처 : Lantz(1996) ; 엄명용 외(2009) 재인용.

(2) 주요 실천기법

인지행동모델은 인지이론적 요소와 행동주의적 기법을 통합하여 사용함으로써 클라이언트의 인지, 정서, 행동을 기능적으로 변화시킨다. 즉 인지행동모델은 클라이언트가 가지고 있는 외부세계나 자신에 대한 왜곡된 인식체계를 인지적 교육을 통해 변화시키고, 인지재구조화 등을 통해 순기능적인 대안적 인지체계로 전환할 수 있도록 한다. 또한 행동주의적 기법들을 통한 성공경험으로 클라이언트가 문제 상황에 보다 현실적이고 적응적으로 행동하고 변화를 유지시키도록 도와준다(신성자, 2012).

인지행동모델에 기반한 개입은 크게 3가지 부류로 묶어볼 수 있다(이장호 외, 2001).

첫 번째는 인지적 재구성에 초점을 두는 부류들이다. 인지적 재구성(인지재구조화)이란 클라이언트의 사고내용과 방식을 재구성하여 변화시킨다는 것이다. 인지적 재구성을 통해 우울이나 불안과 같은 정서적 문제를 해결하려는 것이다.

두 번째는 대처 기술의 직접적인 교육과 훈련을 강조하는 부류들이다. 이 부류에서는 사람들이 부적응을 겪는 이유가 상황에 부적절한 방식으로 반응하기 때문이라고 본다. 따라서 상황에 적절한 대처 행동을 가르치고 훈련(불안관리 훈련 등)시킴으로써 부적응을 해소하려는 것이 이 접근의 핵심이다. 예를 들어 사람들이 많이 모인 곳에 가면 불안해지기 때문에 그런 상황을 피하려는 클라이언트에 대해 불안을 효율적으로 관리함으로써 올바른 대처행동을 할 수 있는 구체적인 기술들을 직접적으로 가르치고 훈련시키는 경우를 들 수 있다. 또는 친구를 사귀거나 쇼핑을 하거나 자신의 의견을 확신 있게 남에게 전달하는 기술 등이 부적절할 때는 모델링을 통해 훈련시킬 수 있다. 대처 기술 훈련은 클라이언트에게 문제 장면에 대한 구체적인 대처 기술을 집중적으로 훈련시킴으로써 상황에 대한 더 나은 대처를 가능하게 하는 것이다.

세 번째는 문제 해결 접근이라 불리는 부류들이다. 이 부류에서는 클라이언트들이 겪는 부적응을 해소하는 데 인지적 재구성과 대처 기술 훈련을 복합적으로 사용한다. 한편으로는 문제 장면에서 보다 적절한 행동을 할 수 있도록 구체적인 대처행동을 훈련시키는 과정을 거치며, 다른 한편으로는 문제를 스스로 해결할 수 있도록 인지의 내용과 방식을 변화시키는 과정 또한 포함한다.

또 다른 측면에서, 인지행동이론에 의하면 인간의 행동은 보상이나 처벌 등 환경적 영향과 환경이 제공한 정보를 구조화한 인지도식의 상호작용을 통해 형성된다. 그러므로 개인의 역기능적 인지구조나 행동을 개입의 표적으로 하며, 개입방법으로 모델링, 연습, 강화, 과제 부여 등 다양한 행동수정 절차를 활용한다. 인지행동이론의 개입기법은 인지적 · 행동적 · 정서적 기법을 포함한다(김경호, 2010).

첫째, 인지적 기법은 클라이언트의 인지체계를 이해하고 견해를 수용하면서 똑같은 상황에 다른 의미나 감정을 연결함으로써 클라이언트가 자신의 인지체계가 부적절한 것일 수도 있다는 것을 인식하게 하는 것이다. 이를 통해 클라이언트는 상황에 대해 적절한 의미나 감정을 가질 수 있게 된다.

둘째, 행동적 기법은 성취 가능한 바람직한 행동을 구체적으로 설명한 후 행동을 연습하게 함으로써 실제 생활에서 클라이언트가 사회복지사의 도움 없이 행동할 수 있게 돕는 것이다.

셋째, 정서적 기법은 클라이언트가 긴장상태에 있을 때 근육 이완 또는 긴장 완화요법을 시행함으로써 클라이언트가 자신의 긴장을 조절할 수 있게 돕는 것이다.

인지행동모델에서 사용될 수 있는 주요 기술들은 여러 가지가 있고, 대체로 인지재구조화를 포함하지만, 여기서는 경험적 학습, 역설적 의도, 체계적 둔감화, 노출법, 자기주장훈련 등을 살펴본다.

① 경험적 학습

경험적 학습(experiential learning)은 왜곡된 인지에 도전하여 변화하도록 유도하는 것으로 인지적 불일치 원리(cognitive dissonance principle)로 설명된다(Lantz, 1996 ; 엄명용 외, 2009 재인용). 자신의 인지에 부합하지 않는 특정한 행동을 하도록 함으로써 클라이언트가 자신의 인지적 오류를 발견하고 수정하도록 하는데, 자기주장훈련, 모델링, 역할극, 사회기술훈련, 심리극(psychodrama) 등을 활용할 수 있다. 행동을 통해 인지를 변화시키고자 하는 의도를 가진 기법이라 할 수 있다.

② 역설적 의도

역설적 의도(paradoxical intention)기법은 클라이언트가 어떤 유쾌하지 못한 구체적 행동이 자꾸 발생할 것 같은 불안상태에서 그 행동이 더욱 심하게 나타나는 경우에 가장 적절하게 사용될 수 있다. 역설적 의도 기법은 클라이언트가 두려워하고 불안하게 여기는 행동을 계속하도록, 또는 더욱 더 할 수 있도록 지시하는 것을 말한다. 아내에게 권위적이고 지배적인 남편에 대해 아내에게 더욱 지배적으로 행동하도록 지시를 내리는 경우, 잦은 부부싸움을 호소하는 남편과 아내에게 매일 2시간씩 부부싸움을 하도록 지시하는 경우, 우울한 클라이언트에게 계속해서 우울하게 행동하라고 하는 경우 등과 같이 불안행동, 증상행동을 자발적으로 계속하도록 지시나 과제를 주는 기법이다. 일반적으로 가족치료에서 알려진 역설적 개입(paradoxical intervention)이고, 증상처방(symptom prescription)이다.

역설적 의도기법을 통해 사회복지사는 클라이언트에게 '변화하라'는 메시지와 '변화하지 말라'는 두 가지 모순된 메시지를 동시에 전달하는 이중구속의 상황을 만들게 된다. 이러한 이중구속의 상황에서 클라이언트가 사회복지사의 지시에 순응하게 되면 증상행동에 대해 클라이언트가 통제 가능한 상황이 되는 것이고, 지시를 따르지 않는다면 증상행동을 포기하는 것이 되는 것이다. 다시 말해, 클라이언트가 우울한 행동을 계속 또는 더 많이 행한다는 것은 이미 우울을 스스로 통제할 수 있다는 인식이 생기게 되어 변화의 자신감을 가지게 된다는 것이고, 우울한 행동을 지속하라는 지시를 따르지 않는다면 우울증상으로부터 호전되는 것을 뜻하게 된다는 것이다.

그렇지만, 역설적 의도기법을 자살의사를 가진 클라이언트나 육체적 원인에 기인한 증상을 다룰 때는 결코 사용해서는 안 될 것이다.

③ 노출법

노출법은 인지행동이론에서 아주 중요한 부분인데, 클라이언트가 두려워하는 상황에 직접 노출시켜 그 상황을 회피하지 못하게 함으로써 자연스런 소멸과 습관화가 일어나도록 하는 기법을 말한다(김경호, 2010). 어릴 적 경험으로 아버지의 권위적인 모습에 학습되어 있는 경우, 아버지 앞에만 가면 두렵고, 말을 할 수 없고, 긴장되게 된다. 이러한 아버지 앞에 서는 상황을 만들거나, 아버지와 1주일 동안 여행하는 과제를 줌으로써 아버지에 대한 인식이 달라지는 경험을 하게 되는 경우를 말한다.

④ 체계적 둔감화

사람은 누구나 새롭고 낯선 상황에 직면했을 때 불안하고 긴장하게 된다. 가령 처음으로 많은 사람들 앞에서 발표를 해야 할 때 가슴이 떨리고 눈 앞이 캄캄해지는 경험을 할 수 있다. 대부분은 같은 상황을 몇 번 경험하게 되면 점차 익숙해지고 처음보다 덜 떨리게 된다. 하지만 그런 상황에 처할수록 더 불안해지고 생각하는 것만으로도 불안이 커지는 사람도 있다. 체계적 둔감화기법은 객관적 위협이나 위험이 없는데도 심한 불안을 느끼는 클라이언트를 대상으로 한다.

체계적 둔감화(systematic desensitization)란 가장 덜 불안한 상황에서 가장 불안한 상황들을 순서대로 제시하면서, 불안자극과 불안반응 간의 연결이 없어질 때까지 불안자극들을 반복적으로 근육이완상태와 짝지음으로써 점차 자극에 대한 반응강도를 감소시켜 나가는 기법이다. 적용은 일반적으로 세 단계로 이루어진다. 1단계는 근육이완훈련으로 시작한다. 2단계는 클라이언트에게 불안을 일으키는 상황을 모두 열거하게 한 후, 가장 심하게 불안을 일으키는 상황을 제일 위에 두고 가장 낮은 불안을 일으키는 상황을 제일 밑에 두어 불안을 느끼는 정도에 따라 그 순서대로 불안의 위계를 작성한다. 3단계는 근육을 이완하도록 한 후 가장 약한 불안을 야기하는 상황에서부터 차례로 상상하도록 하여 불안 유발자극을 제시한 다음 근육이완에 의해 불안을 제거하는 것이다(장수미 외, 2011).

⑤ 자기주장훈련

자기주장훈련(self assertiveness training)은 클라이언트의 자기주장 능력을 증진시키는 기술로서, 자신의 생각이나 감정, 권리를 적절하게 표현하거나 전달하는 데 어려움을 겪는 클라이언트를 대상으로 한다. 자기주장훈련에서 사회복지사는 클라이언트가 공격적·주장적·수동적 표현의 차이를 명확히 구별할 수 있도록 돕는다. 주장적 표현은 일반적으로 구체적인 문제에 초점을 맞추고, 자신의 권리와 소망, 요구 등을 알기 쉽고 확고하게 표현하는 것을 포함한다. 나-전달법을 주로 사용해 자신의 감정을 전달할 수 있어야 한다.

주장훈련은 모델링을 활용한다. 구체적인 단계는 ⓐ 변화가 필요한 구체적인 행동을 파악하고, ⓑ 모델을 제시하고, ⓒ 역할극을 통해 클라이언트가 모델의 행동을 따라 해 보고, ⓓ 사회복지사 및 집단 성원이 피드백을 제시함으로써 바람직한 행동을 강화하는 형태로 이루어진다. 예를 들어 권위적인 아버지에게 자기주장을 하기 어려운 딸의 경우 모델링 기법을 활용하여 행동 습득을 유도한다. 이때 아버지와 딸의 역할을 바꾸어 역할전환[15]을 해 봄으로써 문제를 좀 더 구체적으로 파악하고 상대방의 어려움을 생각해 보도록 할 수 있다(장수미 외, 2011).

또한 사회복지사는 자기주장훈련과정에서 '다른 사람들로부터 사랑과 인정을 받아야 한다'와 같은 비합리적 신념을 클라이언트로 하여금 인식·변화할 수 있도록 해야 한다.

⑥ 소크라테스식 대화법(문답법)

클라이언트의 인지 특히 자동적 사고 등의 현실검증과 변화를 가져오기 위해서는 논박이나 강의식이 있을 수 있고, 질문과 응답을 지속함으로써 클라이언트 스스로 인지의 왜곡이나 인지적 오류를 알 수 있도록 할 수 있을 것이다. 후자의 방식이 소크라테스식 대화법이라 일컫는다. 소크라테스식 대화법은 소크라테스(B.C.470~B.C.399)가 제자들을 가르치기 위해 사용하던 교육방법이다.

당연하게 여겼던 상대방의 논리를 따라가면서 문답을 지속하여 스스로 모순에 부딪히게 함으로써 클라이언트 스스로 자신의 사고를 통찰, 사색, 정리하도록 하는 대화법이다. 인지적 왜곡이나 오류가 있음을 밝혀내고, 이를 통해 사건이나 정서·행동의 의미를 새롭게 모색할 수 있도록 하는 과정이다. 말이나 사고에서 의문 나거나 미심쩍은 부분을 분명히 하고, "어떤 근거에서 그렇게 생각하게 되었나요?", "어떻게 해서 그렇게 생각하게 되었나요?" 등과 같이 논리적인 근거, 이유 등을 따져본다. 또한 구체적인 사례를 들게 하고, 사례들로부터 일반적인 공통점이나 차이점 등을 찾아볼 수 있도록 한다.

소크라테스식 대화법은 클라이언트의 사고를 외부로 드러내 보여서, 스스로의 사고를 보다 더 의식하고, 정교화하고, 발전시키며, 평가해 보도록 하는 데 목적이 있다. 그리고 소크라테스식 대화법은 모든 사고에는 논리, 즉 구조가 있고, 여러 요소

15) 역할전환(role reversal)은 한 사람이 다른 사람의 역할을 맡아 다른 사람의 관점에서 사물을 보도록 할 때 사용된다. 남편과 아내, 부모와 아동과 같이 두 사람의 클라이언트가 갈등상태에 있을 때, 또는 한 사람 혹은 두 사람 모두 상대방이 어떻게 느끼는지를 인식하지 못하고 있다고 보일 때 주로 사용할 수 있다.

들이 서로 연결되어 전체적인 체계를 이루고 있다는 생각에 기반해 있다. 따라서 클라이언트의 사고구조를 스스로 발견하도록 하는 데 중점을 두고 있다.

소크라테스식 대화법의 예

사회복지사: 선생님은 지금 기분이 어떤가요?
클라이언트: 우울합니다.
사회복지사: 우울하다는 것은 뭘 말하는 건가요?
클라이언트: 침울하다는 것입니다.
사회복지사: 침울하다는 것은 뭘 말하는 건가요?
클라이언트: 기분이 더럽단 것입니다.
사회복지사: 기분이 더럽다는 것은 또 뭘 말하는 건가요?

5) 모델에 대한 평가

인지행동모델은 전통적 행동주의이론과 인지이론을 절충한 혼합모델이다. 인지이론적 기법을 통해 사회복지사는 클라이언트가 상황을 왜곡하여 해석하는 방식과 정서를 변화시킬 수 있도록 도우면서 동시에 새로운 행동기술을 습득하고 실제 상황에 적용할 수 있도록 강화를 통해 행동의 변화를 유지시키도록 한다(Lantz, 1996 ; 엄명용 외, 2009 재인용)는 입장인 것이다.

인지행동모델은 개입의 성과에 대한 분석과 검증이 용이하여 지금까지 실험 연구를 통해 유용성이 경험적으로 검증되어 왔다. 인지행동이론의 개인과 환경의 상호작용에 대한 초점은 사회복지실천의 환경 속의 인간이라는 관점과 일치한다. 사회복지사와 클라이언트의 협력적 관계와 클라이언트의 강점과 역량강화를 강조하는 것도 사회복지실천과 일치한다. 아울러 구체적인 개입 기법을 제시하기 때문에 실천이 용이하고, 클라이언트의 적극적인 참여를 강조하므로 클라이언트의 강점과 자기결정권을 중시하는 사회복지실천에 적합하다는 평가를 받고 있다. 요약하면, 경험적 원리에 의해서 만들어졌고 개입방법이 구체적이고 기술 습득에 중점을 두기 때문에 클라이언트의 저항이 낮고 클라이언트가 빨리 배우며 다른 접근법과 절충적 사용이 가능하다는 장점이 있다(김경호, 2010).

그렇지만, 인지행동모델이 기본적으로 잘못된 인지나 신념을 변화시키는 데 초점을 맞추고 있고, 인지와 정서·행동의 관계에 대해 클라이언트 스스로 자각하고, 교육을 필요로 한다는 점에서 인지이론에서와 마찬가지로 일정한 교육수준 혹은 지적 능력을 가진 클라이언트에게 보다 더 잘 적용될 수 있다는 한계를 가진다. 그렇다고 지적 능력이 떨어지는 클라이언트에게는 적용할 수 없는가? 그렇지는 않다. 단지, 반복적인 학습과 훈련을 통해 어느 정도의 효과를 기대할 수는 있지만 그 효과성이 상대적으로 떨어진다고 볼 수 있다.

그리고 사정 및 개입과정에 있어 클라이언트의 적극적인 참여가 필요하다. 문제해결을 위해 클라이언트는 새로운 시도를 해 보려는 충분한 의지를 갖고 있어야 한다. 전혀 자신의 신념에 걸맞지 않는 행동을 해야 하는 경우도 있다. 그렇지만, 현실적으로 우리가 대상으로 하는 클라이언트들은 자존감도 낮고, 변화의지도 상대적으로 낮다. 인지행동모델을 적용하는 데 다소의 한계가 있는 것 또한 사실이다.

끝으로, 행동주의 기법을 사용할 경우, 클라이언트에게 도전이 되거나 스트레스를 주는 상황을 활용할 경우 윤리적 이슈를 고려할 필요가 있다. 불안이나 공포를 유발하는 상황, 사건, 대상물은 클라이언트에게 위협이 될 수 있는 조건이므로 사전에 고지된 동의를 얻을 필요가 있다. 아울러 심장발작이나 고혈압 등 신체적 위기 상황에 대한 고려도 필요하다(이신영·박선영, 2012).

3. 해결중심모델

해결중심모델(Solution-focused model)은 상담현장에서는 해결중심상담으로, 가족치료현장에서는 해결중심단기가족치료라는 이름으로 알려져 있다. 기존 문제의 원인에 초점을 두는 문제중심적 접근(문제해결적 접근, 문제해결모델)과는 달리 해결 또는 해결책 구축에 초점을 맞추는 접근이다.

해결중심모델은 1970년대 후반 정신건강연구소(Mental Research Institute : MRI)의 단기치료센터(Brief Therapy Center)에서 활동한 스티브 드쉐이저(de Shazer)와 인수(Berg : Insoo Kim Berg, 한국명 김인수) 등에 의해 발전된 실천적 접근법이다. 이후 MRI를 떠난 드쉐이저(de Shazer)와 동료들은 위스콘신 주의 밀워키에서 단기가족치료센터(Brief Family Therapy Center : BFTC)를 설립하고, 해결중심단기치료모델이라는 이름을 사용하기 시작했다. 한국에는 해결중심단기치료가 1987년에 소개되었으며 현재 '한국단기가족치료연구소' 및 '솔루션센터'가 이를 적용하고 있다(신성자 외, 2012).

해결중심모델은 현재 미국, 독일, 일본, 한국 등 여러 나라로 확산되어 실천과 조사연구가 진행 중이다. 정신건강, 학교, 가정폭력, 아동, 청소년, 가족관계 등 다양한 이슈들에 대해 여러 현장에서 적용되고 있다.

『해결을 위한 면접(*Interviewing for Solution*)』(1998)이란 책에서는 본격적으로 해결중심면접에 대해 설명하기 전에 많은 사람들이 '의학적 모델에 영향을 받은 문제해결접근(모델) 또는 문제해결 패러다임'에 익숙해 있다는 점과 실천현장이 문제해결 패러다임[16)]을 강조하는 것에 대한 깊은 우려를 나타내었다. 첫째, 현장의 클라이언트의 문제는 한 가지의 해결책만이 있는 것은 아니다 혹은 문제와 해결책 사이에는 어떤 관계가 있어야만 하는 것도 아니라는 점을 설명한다. 사회복지사는 다양한 사고 안에서 문제에 대한 여러 가지 다른 관점을 연구하고, 가능한 해결책을 찾아봐야 한다는 것이다. 책에서는 드쉐이저가 어떤 한 가족을 상담한 예를 들고 있는데, 가족들이 이야기하는 문제가 27가지나 되어, 개입방법을 계획할 수 없는 상황에서 드

16) 원조 전문직의 문제해결 패러다임은 의학적 모델에서 질병을 치료하는 것과 같은 구조를 갖고 있다는 것이다. 먼저, 문제의 성격을 결정하고 난 후 개입방법을 결정하는 문제해결의 일반적인 구조, 즉 문제가 무엇인가에 대한 이해와 분류, 원인에 대한 정확한 진단·사정이 중요, 문제에는 반드시 원인이 존재하고(원인과 결과 간의 직선적 인과관계), 서로 다른 문제는 다른 해결책이 존재한다는 점, 다양한 문제와 그에 따른 다양한 해결책에 관해 축적된 과학적인 전문지식에 근거하여 개입하고 평가하는 구조를 가지고 있다는 것이다. 문제와 해결책에 관한 과학적 전문지식에의 신뢰와 의존구조이다(Dejong & Berg, 허남순·노혜련 역, 1998).

쉐이저와 동료들은 "당신의 생활 가운데 계속해서 일어나기를 원하는 것이 어떤 것인지"에 대해 주의 깊게 관찰해 오라고 가족들에게 지시했고, 2주 후 가족들은 모든 문제가 다 해결되었다고 보고하였다는 것이다. 둘째, 원조 전문직의 사명은 클라이언트에게 좀 더 생산적이고 만족할 만한 삶을 살도록 권한을 부여하는 것(empowerment)에 있다. 클라이언트에게 권한을 부여하는 것은 "자신, 가족과 이웃 안에 내재해 있는 상당한 힘을 발견하도록 돕는 것"(Saleebey, 1992)이라는 점을 설명한다. 현장에서 클라이언트의 문제와 전문가의 해결책을 강조하는 것은 이러한 사명으로부터 멀어지게 한다고 주장한다. 문제에 초점을 맞추는 대신 클라이언트와 공동으로 탐구하면서, 클라이언트로 하여금 문제를 극복하는 데 활용할 수 있는 개인석인 자원과 강점을 발견하도록 하고, 가장 만족스런 삶을 창조하는 데 가장 유용한 것이 무엇인가에 대한 클라이언트의 지각과 준거틀이 중요하다는 점에서 클라이언트의 준거틀 안에서 일하면서 클라이언트에게 권한을 부여하고 강화해야 한다는 것이다(Dejong & Berg, 허남순 · 노혜련 역, 1998).

해결중심모델은 클라이언트의 준거틀을 탐색하고, 준거틀 안에서 해결책을 구축함으로써, 클라이언트 스스로의 내적인 힘을 인식할 수 있도록 원조하는 것을 강조한다. 여기서는 해결중심모델이 가지고 있는 주요 특성, 주요 가정과 이론적 배경, 주요 실천과정과 실천기법 등에 대해 살펴본다.

1) 모델의 주요 특성

(1) 해결책 구축을 위한 면접활동에 기반

해결중심모델은 클라이언트와 사회복지사 간의 면접 혹은 대화, 질문과 응답에 기반하고, 사회복지사와 클라이언트 간에 이야기하는 과정 속에서 문제와 해결책에 대한 클라이언트의 정의와 인식의 전환이 있게 된다는 점을 강조한다. 그러면 해결중심모델은 질문을 통한 개입기법인가? 그렇지 않다. 해결중심적 사고 또는 해결중심적 대화,[17] 질문기법 등을 기반으로 집단 프로그램화할 수 있는 가능성도 있고,

일반적인 사회복지서비스 제공과 함께 실천할 수 있는 가능성은 충분하다. 그러면 해결중심모델은 개인이나 가족만을 대상으로 이루어지는 실천모델인가? 그렇지도 않다. 집단을 대상으로 하는 실천도 가능하고, 조직에 대해서도 적용 가능하다.

그렇지만, 해결중심모델은 면접활동에 가장 큰 비중을 두고 있는 것 또한 사실이고, 면접 시의 특별한 질문기법들이 해결중심적 접근의 독특성을 나타내는 데 큰 역할을 한다.

해결중심적 면접은 크게 두 가지 활동을 중심으로 전개되는 데, 첫 번째는 클라이언트의 준거틀 안에서 잘 형성된 목표를 발전시키는 것이고, 두 번째는 예외에 근거한 해결책을 구축하는 것이다(Dejong & Berg, 허남순 · 노혜련 역, 1998). 잘 형성된 목표는 우선, 클라이언트에게 중요하고, 작고 간단하며, 구체적이어야 한다. **목표는 기적질문을 통해 발전시킬 수도 있다**. 문제가 해결되었을 때, 클라이언트의 생활에서 무엇이 달라져 있을 것인지, 무엇이 달라질 수 있는지에 대한 설명을 이끌어내기 위해 사회복지사와 클라이언트가 함께 노력한다. 문제중심적 접근을 하는 사회복지사가 사정에 착수했을 시점에 잘 형성된 목표를 발전시키게 된다.

그리고 **해결책을 구축하는 데 있어서는 예외질문을 활용한다**. 예외는 문제가 발생하지 않았다든지 또는 적어도 덜 심각했던 상황을 말하고, 예외적인 상황에서의 '누가, 무엇을, 언제, 어디서' 등에 초점이 맞춰진다. 예외적인 상황이 일어나도록 '누가 무엇을 했는지'에 대해 질문한다. "당신은 지난 두 주 동안 당신이 묘사한 기적과 같은 시간이 있었나요? 아주 작은 부분이라도요."라고 질문함으로써 예외를 찾을 수 있게 된다. 문제중심적 접근을 하는 사회복지사가 개입 계획을 세우는 시점에 해결책을 구축하는 활동이 있게 된다.

해결중심모델에서는 클라이언트의 삶의 경험과 그 의미, 해결책에 대한 인식을 중요시하는 반면, 클라이언트의 문제의 성질과 그 심각성, 문제와 관련된 인물, 문제의 원인 등에 대해서는 크게 중요한 의미를 두지 않는다. 클라이언트의 문제의 원인이

---

17) 해결중심적 대화는 클라이언트가 자신의 삶 속에서 달라지기를 원하는 것(무엇이 변화되기를 바라는가?)과 그러한 것이 일어나게 만들 수 있는 가능성에 대하여 이야기하는 것이다(Dejong & Berg, 허남순 · 노혜련 역, 1998).

될 만한 것들에 대해서는 묻지 않는다. 절대로 '왜'라는 질문을 하지 않는다. 따라서 문제해결적 접근에서의 사정, 개입계획 등의 과정들이 별도로 이루어지지 않는다.

(2) 클라이언트를 위한 피드백 작성

해결중심모델에서는 매회 면접 종결 시 면접에서 얻은 정보를 잘 조직해서 클라이언트가 해결책을 구축하는 데 도움이 될 피드백을 제공한다. 물론 피드백이 면접과정의 다른 요소들보다 더 중요하지는 않을 것이다. **피드백은 칭찬, 연결문, 과제 세 부분으로 구성**된다(Dejong & Berg, 허남순 · 노혜련 역, 1998). **칭찬**은 클라이언트를 인정해 주는 것이다. "당신은 남편과 자식들의 행복을 위해 최선을 다하고 싶어 하는 진정한 가족중심의 사람입니다."라고 칭찬할 수 있다. **연결문**은 칭찬과 뒤따라올 제안이나 과제를 연결해 주는 피드백의 한 부분이다. "저는 당신이 공포스런 느낌을 없애는 방법이 무엇인지를 알아내야 한다는 것이 중요한 목표라고 말씀하시는 데 동감합니다. 부인이 평생 동안 그 느낌을 가지고 살아야 한다면 부인이나 가족에게 좋지 않을 거예요. 그러므로 저는 …을 제안하려고 합니다." **과제**는 관찰과제와 행동과제가 있을 수 있다. 관찰과제는 예외적인 날이 있는 경우 언제 어떻게 그런 일이 일어나는지, 그런 때는 무엇을 하고 있는지, 누구와 함께 있었는지 등에 관하여 잘 추적하여 다음 면접 시에 그 차이점을 얘기할 수 있도록 하라는 과제일 수 있다. 행동과제는 면접과정에서 조금이라도 도움이 된다고 이야기한 행동들을 계속하라는 과제일 수 있다. 이 같은 내용의 피드백을 제공하는 것은 해결중심모델이 '변화의 주동자는 클라이언트라는 사실'을 지향하고 있다는 면을 단적으로 드러내는 한 부분일 것이다.

(3) 알고 싶어 하는 자세 강조

해결중심모델에서는 클라이언트의 준거틀을 탐색하는 방법으로 알고 싶어 하는 자세(not knowing posture)[18]를 취해야 한다는 점을 강조한다. 알고 싶어 하는 자세

18) 알지 못함의 자세로 번역하는 경우도 있다.

는 클라이언트 개인, 문제 또는 변화되어야 하는 것들에 대한 사회복지사의 선입견적인 견해와 예상을 나타내기보다는 클라이언트가 이야기하는 것들에 대해 더 알고자 하는 욕구, 풍부하고 진지한 호기심을 전달하는 태도나 입장이고, 클라이언트로부터 '설명을 듣고자 하는' 위치에 서는 것을 말한다(Anderson & Goolishian, 1992 ; Dejong & Berg, 허남순 · 노혜련 역, 1998 재인용). 해결중심모델에서는 알고 싶어 하는 자세를 견지하는 알고 싶어 하는 기술(Skills for not knowing－알고 싶어 하는 자세를 위한 의사소통기술)로 기본적인 면접기술인 경청, 사회복지사의 비언어적인 행동,[19)] 클라이언트가 사용하는 핵심용어의 반향 · 반복, 개방형 질문, 요약, 쉽고 간략한 설명, 침묵의 사용, 클라이언트의 비언어적 행동에 주목, 자기노출, 의사소통과정에 대한 주목,[20)] 칭찬, 클라이언트의 지각에 대한 긍정, 감정이입, 클라이언트에게 초점 돌리기, 해결중심적 대화의 확대 등을 들고 있다.

(4) 클라이언트와의 관계유형 구분

해결중심모델은 첫 면접에서 클라이언트를 만날 때 클라이언트와의 관계유형을 구분 · 발전시켜 갈 수 있고, 각각의 상황에서 사회복지사가 어떻게 반응할 수 있는지에 대해 언급하고 있다. 클라이언트와 사회복지사 간의 관계유형은 세 가지로 분류한다. 고객형과 불평형, 방문형이다(Dejong & Berg, 허남순 · 노혜련 역, 1998).

고객형의 관계는 사회복지사와 클라이언트가 공동으로 문제와 해결책에 관해 같은 그림을 그리고 있는 관계를 말한다. 이 관계에서 클라이언트는 자기 자신을 문제해결의 한 부분으로 보고, 문제해결을 위해 무엇이든 할 의지를 보인다(**자신에게 문제가 있고, 자신이 변해야 한다는 입장**). 고객형의 관계유형은 클라이언트 자신이 원해서 도움을 요청한 클라이언트(자발적 클라이언트)에게서 가장 쉽게 형성된다. 고객형

19) 클라이언트와 일치하는 어조, 눈맞춤, 고개 끄덕임, 다양한 얼굴표정, 적절한 시점에서의 미소, 적당한 속도의 언어구사, 클라이언트 쪽으로 몸 약간 기울이기, 이따금의 신체접촉, 클라이언트와 가까운 거리 등이다.
20) 클라이언트의 의사소통 내용과 과정에서 과정(process)은 클라이언트가 정보를 표현하는 방식, 즉 정보를 제공할 때 나타낸 정서, 감정 등이다.

의 관계유형 내에서 사회복지사와 클라이언트는 해결중심적 대화를 이어갈 수 있다. 클라이언트가 자신의 문제나 걱정거리, 이를 해결하기 위해 시도해 본 것들에 대한 이야기를 듣고, 클라이언트가 변화하기를 바라는 것이 무엇인지, 이를 중심으로 목표를 발전시켜 나갈 수 있을 것이다.

불평형의 관계는 사회복지사와 클라이언트가 문제에 대해서는 공통의 인식을 가지지만, 해결책을 구축하는 데 있어서 클라이언트의 역할에 대해서는 합의가 이루어지지 않는 관계를 말한다. 클라이언트는 계속 불평이나 문제를 늘어놓고, 자신이 문제해결의 커다란 일부라고 생각하지 않고, 다른 사람의 변화를 통해 해결될 수 있다는 입장에 있게 된다(**문제가 있다는 것은 인정하지만, 내가 변하는 것이 아니고 다른 사람이 변해야 한다는 입장**). 이 관계에서 클라이언트는 문제를 야기시킨다고 생각하는 사람을 사회복지사가 변화시켜 주기 바란다. 나아가 클라이언트는 문제 있는 사람을 변화시키는 방법을 가르쳐주기를 바라기도 한다. 이러한 경우에 있어서도 클라이언트에게 자신이 변화되지 않으면 해결할 수 없다는 점을 직면시키는 것보다는 클라이언트의 지각과 인식을 존중하는 동시에 클라이언트의 초점을 문제 있는 타인들로부터 자신에게로, 긍정적인 변화를 가져오기 위한 자신의 역할로 전환시키고자 노력해야 한다는 것이다. 질문을 통해 문제중심적 대화에서 해결중심적 대화로 전환하도록 이끌어가야 한다는 것이다.

방문형의 관계는 사회복지사와 클라이언트가 함께 작업해야 할 불평이나 목표를 공동으로 확인할 수 없는 관계를 말한다. 이 관계에서 클라이언트는 자신이 사회복지사와 다뤄야 하는 문제가 있다고 인식하지 않거나, 다른 사람이나 기관에 문제가 있다고 느낀다(**문제 자체의 부정, 자신의 변화를 부정하는 입장**). 이러한 관계는 비자발적 클라이언트들과의 관계에서 주로 나타난다. 비자발적이므로 이들 클라이언트들은 종종 주변의 요구와 명령 등에 대해 정당한 이유가 없는 처벌, 부당한 조치, 또는 "어떤 사람이 자기를 못살게 구는 것"이라고 보기도 한다. 이러한 관계에서도 역시 사회복지사는 알고 싶어 하는 자세를 견지하고 클라이언트의 지각(문제에 대한 인식)에 주의를 기울이면서 클라이언트가 무엇을 진정으로 원하는지, 이를 위해서 클라이언트 측에서는 어떻게 변화해야 하는지, 해결중심대화를 이끌어가는 것이 필요하다는 것이다.

해결중심모델에서는 사회복지사와 클라이언트 간의 관계유형을 3가지로 분류했지만, 결국 불평형이든, 방문형이든 모두 고객형 쪽으로 변화시켜 가야 한다는 점을 강조하고, 사회복지사와 클라이언트 간의 관계유형은 전환할 수 있다는 것을 인식하는 것이 중요하다는 점을 강조한다. 그리고 흔히 해결중심모델의 사회복지사와 클라이언트 간의 관계유형 분류가 클라이언트에게만 해당되는 것으로 보아 클라이언트 특성유형으로 분류하는 경우가 있는데, 이것은 바람직하지 않다. 해결중심모델에서는 사회복지사가 클라이언트를 분류해서 생각하게 되면, 클라이언트의 해결책 구축 능력을 분류하는 것이 되기 때문에 적절치 않고, 관계유형에 충실해야 한다는 점을 강조한다.

2) 모델의 주요 가정 및 이론적 배경

해결중심모델의 기본 접근은 '문제(problem)'의 해결이 아니라 '해결한 경험' 또는 '성공한 경험'과 '예외적 경험'을 찾는 것이다.[21] 따라서 해결중심단기모델은 문제의 진단과 제거에 초점을 맞추는 전통적 의학적 모델과는 다른 가정과 철학이 있다.

(1) 모델의 인간관

해결중심모델에서는 인간을 긍정적으로 바라본다. 인간은 자신의 문제를 충분히 인식할 수 있고, 해결해 나갈 수 있는 힘과 능력을 가진 존재라는 것이다. 따라서 클라이언트는 이미 문제해결을 위한 자원을 가지고 있고, 문제를 해결할 수 있는 능력

21) 문제해결(problem solving)접근과 해결중심모델 각각에 '해결'이라는 단어가 포함되기 때문에 두 접근을 동일한 것으로 오해하는 경우가 종종 있다. 문제해결모델은 문제와 해결책은 연관되어 있기 때문에 사회복지사가 효과적인 해결책을 고안해 내기 위해서 먼저 문제를 정확하게 진단해야 한다는 것을 전제로 하고 있다. 따라서 사회복지사는 문제에 초점을 맞춰 그 성질과 원인파악에 주력한다. 이는 문제보다는 클라이언트의 준거틀, 인식, 강점과 예외 상황과 같이 해결책을 구축하는 데 도움이 되는 부분에 초점을 맞추는 해결중심모델과는 대조를 이룬다(Dejong & Berg, 허남순·노혜련 역, 1998).

을 소유하고 있다는 것을 전제한다. 클라이언트는 삶에서 무엇이 자신에게 유용한지 그렇지 않은지를 구분할 수 있는 능력을 가지고 있으며, 자신이 무엇을 원하고 삶에서 어떤 변화가 일어나기를 바라는지 가장 잘 알고 있는 전문가(expert)인 것이다. 따라서 클라이언트는 진정으로 변화하고 협조하기를 원한다고 보고 있다.

따라서 사회복지사는 클라이언트의 문제에 대한 인식을 충분히 믿고 인정할 필요가 있고, 클라이언트가 원하는 것에 대한 이야기를 경청하는 과정에서 클라이언트가 가진 문제해결의 자원이나 해결방안을 클라이언트 스스로 인식할 수 있도록 돕고, 공동의 노력으로 해결하도록 하는 자문가(consultant)의 역할을 해야 한다. 사회복지사는 결코 클라이언트를 변화시키는 전문가가 아니고, 클라이언트에게 직접 어떤 것을 가르치거나 행동변화를 하도록 새로운 전략을 가르치지 않아야 한다는 것이다.

(2) 모델의 기본원리

해결중심모델에서는 7가지 기본원리를 다음과 같이 설명한다(Berg · Miller, 가족치료연구모임 역, 1995).

첫 번째 원리는 정신건강에 대한 강조이다. 클라이언트가 자신들의 문제를 다루는 데 있어서 성공하였던 경험에 일차적인 초점을 두는 것이다. 따라서 클라이언트의 장점과 자원, 능력들이 클라이언트의 결함이나 장애에 비해 부각된다. 해결중심 접근법에서는 무엇이 잘못되었고 고착되었나 하는 것보다 무엇이 잘 되었고 그것을 어떻게 활용하는가를 찾고자 한다. 클라이언트는 이미 건강한 면이 있었으나 단지 그가 그것을 인식하지 못하고 지내왔다는 전제를 수용한다. 건강한 면에 초점을 두는 것은 클라이언트가 자신의 문제에 대해 해답을 갖고 있다는 점을 말하기도 한다.

두 번째 원리는 활용의 원리이다. 클라이언트의 장점, 자원, 건강한 특성들을 도출시킴으로써 제시된 문제를 해결하려는 것이 중시된다. 클라이언트가 원하는 결과를 성취하기 위해, 클라이언트가 이미 가지고 있는 자원, 기술, 지식, 믿음, 동기, 행동, 증상, 사회관계망, 환경, 개인적 특성 등을 활용하는 것이다. 활용의 원리는 사회복지사가 클라이언트의 준거틀을 수용하고 그 준거틀 내에서 작업해야 한다는 것을 의미한다.

인수와 밀러(Berg · Miller, 가족치료연구모임 역, 1995)는 폐기종과 고혈압, 몸무게가 280파운드나 되어 고통받아, 유일하게 할 수 있는 것은 걷는 것이라고 말하는 은퇴 경관이 알코올, 담배, 음식을 과도하게 섭취함으로써 치료 받기를 원한 경우를 예로 든다. 다음과 같은 인용을 한다.

> "당신은 원하는 대로 담배를 피울 수 있습니다. 담배를 사기 위해 당신이 사시는 곳에서 멀리 있는 시의 한 끝으로 걸어가서 한 번에 담배 한 갑을 사십시오. 당신이 요리할 때도 한 번에 남김 없이 먹을 수 있을 만큼만 사십시오. 당신의 음주에 대해서도, 1마일 밖에 훌륭한 주점이 있습니다. 한 주점에서 1차로 술을 드시고, 1마일 밖에 있는 다른 주점에서 2차를 하십시오. 그러면 당신은 오래지 않아 아주 훌륭한 모습이 될 것입니다."

세 번째 원리는 탈이론적, 탈규범적이며, 클라이언트의 견해를 존중한다. 각 사람은 독특한 개인이다. 타 이론에서와 같이 인간행동에 대한 가설적 이론의 틀에 클라이언트를 끼워맞추려 하기보다는 개인의 독특한 욕구를 충족시켜야 한다는 것이다. 클라이언트가 경험하는 문제에 대해 어떠한 가정도 하지 않고 클라이언트가 호소하는 독특한 불평에 기초하여 개별화된 해결책을 발견하면 된다는 것이다(개인에 따른 개별적인 해결책). 클라이언트의 견해는 액면 그대로 수용되어 진정한 클라이언트 중심의 실천적 접근이 가능하다는 것이다.

네 번째 원리는 간략화(parsimony, 인색 · 절감의 원칙)의 원리이다. '단순화시켜라', 단순한 것을 지향한다는 것이다. 해결중심모델은 원하는 개입목적을 달성하기 위해 사용되는 개입방법의 경제성을 추구한다. 이러한 경제성은 복잡한 것에서 단순한 것으로 접근하는 것이 아니라, 단순한 것에서부터 복잡한 것으로 접근함으로써 성취된다는 것이다. 복잡한 문제라고 하여 반드시 해결방법이 복잡할 것이라는 가정은 잘못된 것이다. 작은 변화가 또 다른 변화를 가져오며 더 큰 변화를 가져올 수 있다. 그러므로 목표는 클라이언트가 달성할 수 있는 작은 것으로 세우는 것이 중요하다. 개입의 파급효과를 믿기 때문에 개입은 가장 단순한 것에서부터 시작한다. 파급효과(ripple effect)란 한 영역에서 생기는 작은 변화는 궁극적으로 다른 많은 영역들에서 더 큰 변화를 야기시킨다는 것이다. 즉 일단 변화가 시작되면 클라이언트를 위해 더 나은 변화들이 일어나게 된다는 것이다.

다섯 번째 원리는 변화는 불가피하다는 것이다(변화의 필연성). 개인의 삶 속에서 변화는 끊임없이 일어나고, 변화가 클라이언트 삶의 일부여서 클라이언트는 변화를 막을 수 없다는 것이다. 따라서 개입은 자연스럽게 일어나는 변화를 확인하고 변화를 해결책으로 활용하는 작업인 것이다. 사회복지사는 긍정적인 변화가 일어나게 돕고 이를 해결책 구축으로 이어지게 해야 한다. 또한 **변화가 불가피하다는 원리는 '항상 발생하는 것은 없다'라는 것과 관련된다.** 변화가 계속되기 때문에 문제 상황이 계속되지는 않는다는 것이다. 어떠한 문제 상황이라도 문제가 발생하지 않는 때가 있고, 클라이언트가 문제를 문제라고 생각하지 않는 경우도 있다는 것이다. 사회복지사는 문제가 되지 않는 시기를 탐색하고, 문제일 때와 문제가 아닐 때의 차이점을 발견함으로써 문제가 아닌 경우를 증가시킬 수 있다.

여섯 번째 원리는 현재와 미래에 대한 지향원리이다. 클라이언트가 현재와 미래에 적응하는 것이 과거에 적응했던 것보다 우선적으로 중시된다. 그렇다고 과거에 대해 말하는 것이 해결중심모델에서 중요하지 않다는 것은 아니다. 과거에 대한 정보는 클라이언트가 현재 살아가는 방법을 반영해주는 것으로 인식된다. 이러한 이유로 해결중심모델은 과거를 깊이 연구하기보다 클라이언트가 현재와 미래에 적응하는 것을 돕는 데 일차적인 목적을 둔다. 개입과정은 클라이언트가 과거와 문제로부터 멀어지게 하고, 미래와 해결책을 지향하도록 한다는 것이다

일곱 번째 원리는 클라이언트의 협력을 중요시한다는 것이다. 클라이언트의 목표성취를 위해서는 협력이 중요하며, 이는 사회복지사와 클라이언트가 함께 해결방안을 발견하고 구축하는 과정에서 특히 중요시된다. 협력적 실천관계는 클라이언트가 사회복지사에게 협력하여야 할 뿐 아니라 사회복지사도 클라이언트에게 협력하여야 하는 것이다.

(3) 모델의 중심 철학

해결중심모델에 기반한 개입의 중심 철학은 다음과 같다(Berg & Miller, 가족치료연구모임 역, 1995).

① 망가지지 않았으면, 고치지 마라. 클라이언트가 이미 가지고 있는 것이 잘 기능하고 있다면 사회복지사가 문제라고 생각할지라도 그것에 대하여 다루지 않는다. 클라이언트가 문제 삼지 않는다면, 사회복지사가 먼저 고치려 하지 마라.

② 일단 무엇이 효과가 있는지를 안다면, 그것을 더 많이 하라.

③ 그것이 효과가 없다면 다시는 같은 방법을 사용하지 말고, 다른 방법을 시도하라. 클라이언트가 사용하고 있는 방법이 문제를 지속시킨다면 다른 방법을 모색해야 한다.

(4) 모델의 이론적 배경

해결중심모델의 이론적 배경은 사회구성주의(social constructivism)이다. 사회구성주의는 구성주의 입장이지만, 구성주의 입장과는 다소의 차이를 가진다. 그러면, 구성주의는 무엇인가? **구성주의**(constructivism)에서는 각 개인은 독특한 특성과 삶의 역사를 가진 존재이고, 객관적인 현실이란 존재하지 않으며 각 개인이 나름대로 의미를 부여한 주관적 현실만이 존재한다는 것이다. 현실은 각 개인들이 구성해 가는, 각 개인들의 주관적인 경험세계 안에서 각 개인들의 생각과 인식을 기반으로 구성된 상징적 구성물인 것이다.

사회구성주의는 사회적 구성주의로서, '사회적(social)' 상호작용이 추가된 것이다. 각 개인들의 생각과 인식 구성에 사회적 상호작용이 영향을 미친다는 것이다. 결국 사회적 구성주의는 각 개인들이 상호작용한 결과를 가지고, 현실을 구성한다는 것이다. 구성주의가 개인이 가지고 있는 생각을 중심으로 실체를 바라보는(개인적 구성주의라고도 함) 반면, 사회구성주의는 사회라는 집단에 속한 사람들과의 상호작용에 기반하여 현실 내지는 실체를 구성해 간다는 것이다. 사회구성주의에 의하면 현실은 사회적 환경과 관련되어 있으며, 모든 사람에게 똑같이 적용될 수 있는 실천의 본질적 요소는 없는 것이다(김경호, 2010). 구성주의와 사회구성주의 이론은 공통적으로 사람들이 자신과 그들의 환경을 정의해 나아가는 과정을 그 이론의 관심과 실천의 핵심주제로 삼는 것이다(고미영, 2004).

사회구성주의 이론은 상호 역동적인 관계에 있는 개인들 사이에서 사회세계가 창조되며 건설된다고 본다. 사회복지사와 클라이언트들이 만나는 현실도 마찬가지다(고미영, 2004). 클라이언트의 문제에 대한 인식과 정의 또는 의미가 시간이 지남에 따라, 그리고 다른 사람들과의 상호작용, 사회복지사와 클라이언트가 이야기하는 과정 속에서 전환할 수 있다는 것이다. 나아가 사회구성주의에서는 클라이언트의 인식과 정의의 전환은 그가 속한 지역사회 안에서 이루어지고, 지역사회의 다양성을 반영한다는 것이다(Dejong & Berg, 허남순 · 노혜련 역, 1998).

또한 **구성주의적 실천의 중요한 원리는 언어 사용과 표현에 수복하는 것이다.** 구성주의 실천에서는 언어를 통해 새로운 의미의 구성과 새로운 현실 창조를 추구한다. 개인들이 구성하는 사회적 실제(reality)라는 것은 개인들의 삶에 대한 언어표현을 통해 나타나고(구성주의), 언어적 상호작용의 결과로 나타난다(사회구성주의)는 것이다. 언어적 상호작용은 사회복지 실천의 전 과정을 이끌어가는 가장 실제적인 기술이다(언어의 사회적 성격). 따라서 사회구성주의 이론을 바탕으로 하는 해결중심모델에서는 현실에 대한 클라이언트의 인식과 정의의 전환, 해결책 구축과정에서 클라이언트의 능력을 믿고 존중하며, 그들이 자신의 삶에서 원하는 바를 보다 많이 창조할 수 있도록 그들과 어떻게 대화를 이끌어 갈 것인가가 중요하다는 점을 강조한다.

3) 모델의 주요 실천과정 및 기법

(1) 주요 실천과정

해결중심모델은 상담장면, 가족치료장면에서 주로 활용된다. 해결중심적 질문과 대답 속에서 해결책을 모색하게 되는데, 첫 번째 면접에서 클라이언트가 원하는 것을 중심으로 대부분 목표를 설정하고, 클라이언트의 강점과 성공에 기초한 해결책을 구축하는 과정을 거치게 된다. 첫 번째 이후의 면접에서는 클라이언트의 진전상태를 발견하고, 확대, 변화에 대한 자신감을 확충해 가는 과정을 거치게 된다. 따라서 해결중심모델에 기반한 개입은 단기개입인 경우가 대부분이다.

① 라포형성 및 문제로부터 해결책 모색으로의 전환

클라이언트와 처음 만나게 되면 라포를 형성하는 것이 중요하다. 서로에 대한 소개와 간단한 잡담 등을 수행할 수 있다. 클라이언트에게 '당신은 대부분의 시간을 어떻게 보내는지, 어떻게 보내는 것을 좋아하는지' 등으로 시작하는 것이 좋다. 클라이언트는 종종 이런 질문에 답하면서, 자신에게 무엇이 그리고 누가 중요한가 또는 자신의 강점 등을 드러내기 때문이다.

이후 "제가 어떻게 도움이 될 수 있을까요?", "제가 어떻게 당신에게 도움이 될 수 있을 거라고 기대하셨습니까?", "오늘 여기 오신 목적이 무엇인가요?", "오늘 상담하신 결과로 뭐가 좀 달라지면 여기 온 것이 보람 있었다고 말할 수 있습니까?", "무엇이 좀 좋아지면 오늘 이렇게 귀한 시간을 내셔서 여기 오신 것이 보람 있었다고 느끼시겠습니까?" 등의 질문(시작을 위한 질문)을 통해 문제를 서술하게 하고, 그 문제가 클라이언트에게 어떤 영향을 미치는지, 클라이언트는 무엇을 시도했는지 등을 질문하고, 이러한 과정에서 클라이언트의 성공의 경험과 그러한 성공을 이루어내기 위해 활용한 강점들에 대해 클라이언트 스스로 인식하도록 돕는다.

문제를 서술하는 과정에서는 문제를 분석하기보다는 더 나아지는 상태, 그러한 상태가 되기 위한 일 즉 해결방법을 생각해보도록 돕는다. 아울러 문제의 원인에 대해서는 묻지 않는다. 클라이언트가 문제를 서술하는 과정에서 문제에 초점을 두는 것보다는 클라이언트가 생활에서 무엇이 변화되기를 바라는지 등 목표 및 해결책 모색으로 전환해야 한다는 것이다.

② 목표 설정하기

해결중심모델에서 개입의 효과를 가져 오는 가장 중요한 요인들 중 하나가 클라이언트가 분명한 목표를 갖도록 돕는 것이다. 보통 클라이언트가 문제나 어려움을 설명한 다음 사회복지사가 공감하며 그 문제를 잘 요약하여 설명한 후, "자, 그럼 그러한 어려움들이 모두 해결되었다면 생활에서 무엇이 달라질 것 같은가요?"라는 질문을 하여 클라이언트가 바라는 궁극적 목표를 설정하도록 돕는다(이신영 · 박선영, 2012).

물론 시작을 위한 질문과정에서 클라이언트가 원하는 것에 주목해서 목표를 탐색할 수도 있다. 시작을 위한 질문에 대한 클라이언트의 응답이 해결목표로 설정하기에 크거나 추상적이고 막연한 경우가 대부분이다. 크고 막연한 목표를 현실적이고 실행 가능한 작은 목표로 바꾸어 가야 한다(건강해진다, 기분이 좋아진다 등). 작은 변화라도 그것이 한 번 이루어지면 조금씩 커지면서 또 다른 변화가 일어나고 결국은 문제가 해결될 수 있다는 점을 인식시키면서, 재차 질문을 통해 "무엇이 조금이라도 변하면 원하는 일이 일어날 수 있을까요?", "그런 기적이 일어나면 무엇이 달라질까요?", "건강해지면 생활에서 무엇이 달라질까요?" 등의 질문을 통해 작고 실행 가능한 목표를 설정해야 한다.

③ 예외에 대한 탐구: 클라이언트의 강점과 성공에 기초한 해결책 구축

해결해야 할 목표를 설정한 후에는 해결책을 구축해야 하는데, 해결중심모델에서는 생활 속에서 목표 또는 문제가 일어나지 않는 상황 혹은 그 정도가 좀 덜한 상황에 대한 예외탐색을 통해 해결책을 구축해 간다. 예외란 클라이언트의 생활에서 일어난 과거의 경험으로서 문제가 발생할 것이라고 기대하였으나 문제가 발생하지 않은 상황을 말한다(de Shazer, 1985 ; Dejong & Berg, 허남순 · 노혜련 역, 1998 재인용).

해결중심적 면접자로서 예외를 탐구하는 데는 몇 개의 확인할 수 있는 부분들이 있다. 첫 번째는 클라이언트가 최근 몇 주 동안 문제가 발생하지 않았거나, 적어도 문제가 심각하지 않았던 때가 있었는가에 대해 인식하고 있는지 여부이고, 두 번째는 클라이언트가 예외를 인식하고 있다면, 예외가 의도적 예외(deliberate exception)였는지, 우연적 예외(random exception)였는지를 확인할 필요가 있다. 그러한 예외가 일어났을 때에 "누가, 무엇을, 언제, 어디서 예외가 일어났는가"를 확인함으로써, 클라이언트의 예외적 상황이 클라이언트가 어떤 행위를 해서 나타난 것인지, 아니면 우연히 나타난 것인지를 탐구할 필요가 있고, 의도적 예외였다면, 클라이언트에게 있어서는 성공의 경험인 것이고, 강점이 될 수 있을 것이다. 일반적으로 클라이언트들은 예외를 인식하게 되면, 태도가 달라진다. 의자에서 몸을 똑바로 고쳐 앉거나, 자주 미소 지으며 더 열심히 작업에 임하려고 한다.

④ 클라이언트의 진전 · 변화에 대한 평가

첫 면접 이후에는 클라이언트가 자신에게 중요한 해결책을 얼마나 만족스럽게 수행해 나가는지, 어떻게 진전 · 변화하고 있는지에 대한 평가를 통해 변화 동기와 자신감을 강화하고, 진전을 확대시킬 필요가 있다. 이 과정에서는 첫 면접 이후에 조금이라도 나아지거나 변화된 것에 초점을 두면서 사회복지사의 활동 'EARS'가 필요하다. E(eliciting)는 무엇이 나아졌는지를 이끌어내는 것이고, A(amplifying)는 나아진 것을 확장시키며, R(reinforcing)은 나아진 것을 통해 나타나는 성공과 강점을 강화시키는 것을 말한다. S(start again)는 또 다시 나아진 다른 것에 관하여 묻는다. 변화가 없다고 한다면 작은 변화라도 찾아보게 함으로써 변화의 파급 효과를 기대한다(정문자 외, 2012). 물론 이 과정에서 동기와 자신감의 수준을 평가하기 위해 척도질문을 사용한다.

(2) 주요 실천기법-해결지향적 질문

해결중심모델에서는 질문을 아주 중요하게 다룬다. 개입하는 사회복지사는 좋은 질문을 던지는 것이 가장 핵심적 역할 중 하나이다.

① 면접 전 변화에 관한 질문

해결중심모델에서는 '변화는 불가피하며 계속적으로 일어난다'고 기본적으로 가정하기 때문에 클라이언트가 면접을 약속한 후 사회복지사를 찾아오기 전에 경험한 변화에 대해 알아보는 '**면접 전 변화에 관한 질문**(pre-session change question)'을 중요하게 생각한다. 이러한 질문은 이미 클라이언트는 사회복지사의 도움 이전에 변화할 수 있는 잠재력이 있음을 내포하고 있는 것이다. 면접 전 변화가 있는 경우, 사회복지사는 클라이언트가 보여준 해결 능력을 인정하고 칭찬하여 확대할 수 있도록 격려한다. 클라이언트의 3분의 2는 전화로 면접을 약속하고 첫 번째 면접을 하러 오는 사이에 이미 긍정적인 변화가 일어난다는 것이다.

예 우리 경험에 의하면 처음 면접을 신청했을 때와 면접을 받으러 오기까지의 시간 동안에 어려운 상황이 좀 나아진 사람들이 많았습니다. 혹시 그런 변화를 경험하셨습니까?

② 기적질문

해결중심모델에서 기적질문은 목표설정과정에서 주로 사용된다. **기적질문**(miracle question)은 문제가 해결되었다는 기적의 상황에서 클라이언트의 생활 속에서 무엇이 달라지겠는가를 질문하는 것이다. 기적이 일어나 문제가 모두 해결되면 자신이, 자신의 생활이, 혹은 관련된 사람들이 어떻게 달라질 것인가를 상상해 보도록 촉진하는 역할을 한다.

기적질문은 클라이언트로 하여금 문제에 초점을 두고 있는 사고에서 해결책으로 초점을 옮기는 극적인 전환을 요구한다. 기적질문은 클라이언트에게 변화의 가능성에 대해 제한 없이 자유롭게 생각할 수 있게 해주고, 미래의 비전에 초점을 맞춘다는 점에서 유용하다. 다음은 김인수와 스티브 드 쉐이저가 사용한 기적질문의 예이다.

> "자, 이제 이상한 질문을 하나 하고 싶은데요. 만약 오늘밤 당신이 잠들고 집안이 조용한데 기적이 일어났다고 생각해 봅시다. 그 기적은 당신으로 하여금 여기에 오도록 만든 그 문제가 해결되는 것입니다. 하지만, 당신은 잠들어 있기 때문에 기적이 일어났다는 것을 모르고 있습니다. 자, 당신이 내일 아침에 깨어났을 때 무엇이 달라지면 당신은 기적이 일어나서 당신을 여기에 오게끔 한 문제가 해결됐다고 생각하시겠습니까?", "아침에 깨어났을 때 기적이 일어났구나 그래서 달라졌구나 하는 것을 알게 하는 첫 번째 신호가 무엇일까요?"

클라이언트가 기적에 대한 그림이나 가능한 해결책의 일부를 구체적으로 이야기하면("기적이 일어나면 산책을 더 많이 할 것 같아요") 질문을 통해 한 단계 더 나아간다("산책을 더 많이 하면 무엇이 달라질 것 같습니까?").

기적질문을 했을 때, 클라이언트가 "모르겠는데요", "글쎄요" 등의 말로 대답을 하는 경우가 있다. ⓐ "조금이라도 생활에 어떤 변화가 있게 되면, 아! 기적이 일어났구나 라고 생각하시겠나요?"라고 좁혀갈 필요가 있고, ⓑ "주변 사람들이(남편, 아이들 등 클라이언트에게 중요한 사람들) 무엇을 보면 와! 세상이 달라졌어, 기적이 일어났어라고 말할까요?" 등 관계성 질문을 해 볼 수 있다. 또한 ⓒ 기적이라는 말에 거부감을 느끼는 경우도 있기 때문에 "문제가 해결되면"과 같은 식으로 질문해 볼 수도 있다("문제가 해결되면 무엇이 달라질까요?"). ⓓ 그럼에도 불구하고 기적그림이 잘 그려지지 않는 경우는 문제에 고통을 느끼고 있고, 노력하는 모습을 칭찬, 격려하면서 다음 면접 때까지 클라이언트의 생활에서 더 일어나기를 원하는 것이 무엇인지를 관찰하여 보고하도록 하는 과제를 제공할 수 있을 것이다.

③ 예외질문

해결중심모델에서는 어떠한 문제에도 예외는 있기 마련이라는 전제를 가진다. **예외질문**(exception-finding question)을 통해 인지하지 못했던 예외를 찾아내고 그것을 계속 강조하면서 클라이언트의 성공을 확대하고 강화한다. 클라이언트가 행한 우연적인 성공경험을 찾아내어 이를 의도적으로 계속해 보도록 격려한다. 예외는 정도 차이로 볼 필요가 있다. 문제가 일어나지 않는 경우뿐 아니라 문제가 덜 일어나는 경우를 포함한다.

예 최근 문제가 일어나지 않은 때는 언제였습니까?
문제가 조금이라도 나아진 때에 대해 말씀해 주세요.

흔히 클라이언트는 어려움에 압도되고 지쳐서 자신의 현재 삶이 전적으로 암울하게 보일 수 있다(예외를 발견하기 힘들어하는 경우). 따라서 ⓐ 문제가 없던 상황을 떠올리기 힘들 수 있으므로 그러한 생활에서도 조금이라도 편안했던 순간, 그리고 문제가 잘 해결될 수 있을지 모르겠다는 생각이 들게 했던 일에 주의를 기울여 시각을 좀 더 확장하고 여러 면을 살펴보도록 촉진한다("기적 같은 일들이 조금이라도 일어난 때가 있었습니까?"). 그리고 ⓑ 클라이언트에게 중요한 사람에게 당신이 조금이나마 편안했던 경험에 대해 물어보면 뭐라 답할지 생각해 보라고 간접적으로 촉진할 수도 있다. ⓒ 계속 예외를 발견하기 힘들어하면서 면접이 종결될 경우, 헤어지기 전에 다음에 만날 때까지 클라이언트 자신, 가족관계, 친구관계, 학교나 직장생활, 사회관계 등의 생활 속에서 계속 일어나기를 바라는 긍정적인 일에 대해 생각하거나 관찰해 오도록 요청할 수도 있다(이신영 · 박선영, 2012).

④ 관계성질문

관계성질문(relationship question)은 클라이언트와 중요한 관계에 있는 사람들이 갖고 있는 생각, 의견, 지각 등에 대해 묻는 질문이다. 때로 클라이언트는 문제가 해결되었을 때 자신의 생활에서 무엇이 달라질 것인지에 대해 전혀 예측하지 못하는 경우가 있다. 어떤 사람이 자신의 희망, 힘, 한계, 가능성 등을 지각하는 방식은 자신에게 중요한 타인이 자신을 어떻게 보고 있을 것이라는 생각과 밀접한 관련이 있다. 따라서 관계성질문을 하는 것이다. 클라이언트는 자신의 입장에서 자신을 보다가 중요한 타인의 눈으로 보게 되면, 이전에는 없었던 가능성을 만들어 낼 수 있다.

예 당신 어머니가 여기 계시다 치고 제가 어머니께 당신 문제가 해결되면 무엇이 달라지겠느냐고 묻는다면 어머니는 뭐라고 말씀하실까요?

당신이 자신에 대해 기분이 좋아진다면 다른 사람들은 당신에게서 어떤 다른 점을 보게 될까요?

만약 당신의 개(사회적으로 고립되어 개가 자신에게 중요한 경우)가 저에게 설명할 수 있다면, 당신의 문제가 해결되었을 경우 당신의 어떤 점이 달라졌다고 얘기할까요?(Dejong & Berg, 허남순 · 노혜련 역, 1998 ; 정문자 외, 2012)

⑤ 척도질문

척도질문은 클라이언트가 자신의 관찰, 인상, 예측에 관한 것들을 0점에서 10점까지의 수치로 측정하도록 하는 것이다.

예 문제와 관련하여 자신을 어떻게 보고 있는지를 더 잘 이해하기 위한 척도질문
"저는 이제 당신이 몇 가지 사항들을 0점에서 10점까지의 척도상에 놓아 보았으면 해요. 우선 0점부터 10점까지 척도에서 0점은 당신의 문제들이 최악의 상황에 있는 것을 나타내는 것이고, 10점은 당신이 이제까지 이야기했던 문제들이 해결된 것을 의미합니다. 그럼 당신은 오늘 어디쯤에 있다고 할 수 있을까요?"
"그게 6점이라고 가정한다면 5점인 것과 비교해 무엇이 다를까요?"
"4점에서 5점으로 올라간다면 무엇이 달라질까요?"
"선생님이 1점 올라간 것을 부인이 아신다면, 부인은 어떻게 다르게 반응하실까요?"

척도질문은 클라이언트의 인식에 대한 거의 모든 것들을 알아내는 데 사용될 수 있다. 즉 자존심, 면접 전 변화, 동기나 자신감, 변화에 대한 의지, 해결되어야 할 문제들의 우선순위, 희망에 대한 인식, 진척 상황의 평가 등을 포함한다.

⑥ 대처질문

대처질문은 자신의 미래를 매우 절망적으로 보아 아무런 희망이 없다고 하는 클라이언트에게 주로 사용된다. 즉 "무엇을 기대하고 오셨나요" 등의 질문에 "아무 것도 나아지지 않을 거예요", "해 봤자 소용없을 거예요."라고 응답하는 클라이언트에게는 이 대처질문을 통해 클라이언트가 이미 자신 안에 대처방안을 가지고 있었으며 사용해 왔음을 깨닫도록 하는 질문이다(신성자, 2012). 대처질문은 어려운 상황 속에서도 어떻게 대처할 수 있었는지를 묻는 질문이다.

예 어떻게 그렇게 오랫동안 대처해 올 수 있었습니까?
어떻게 해서 상황이 더 나빠지지 않을 수 있었나요?
그런 악몽에서 깨어날 때 어떤 것이 자신을 진정시키는 데 도움이 되었나요?
－제 옆에 누워 자고 있는 아내의 숨소리를 듣는 것이 도움이 됩니다.－
자는 아내의 얼굴을 보는 것이 어떻게 도움이 되나요?

이런 절망적인 상황에 빠져 있는 클라이언트에게 희망을 심어주기란 결코 쉬운 일이 아니다. 그렇지만, 절망적인 상황에서도 아직 살아서 숨쉬고 있다는 점에서 대처질문을 통해 클라이언트들의 강점을 가동시키고, 자신의 감정과 상황에 대한 통제력을 재확립할 수 있도록 도울 수 있다. 대처 방안에 대한 질문을 통해 사회복지사는 클라이언트가 지극히 작은 성공이라 하더라도 성공경험을 가질 수 있게 하고 강점을 느끼게 할 수 있다. 대처질문은 압도되어 있는 클라이언트에게 의미를 부여하기 위해 만들어진 해결중심적 대화의 한 형태이고, 사회복지사와 클라이언트가 공동으로 참여하는 **발견의 과정**(그동안 상황에 압도되어 인식하지 못했던 것을 발견)인 것이다.

일단 클라이언트와 대처전략을 파악하기 위해 작업을 한 후에는 대처와 관련된 성공적인 경험들을 강화하기 위해 척도질문을 활용할 수 있다. 현재 대처능력을 척도화하는 것이다. 예를 들면 "0점에서 10점까지의 척도 중, 10점은 당신이 생각할 때 그 어느 누구보다 잘 대처하고 있다는 것을 말하고, 0점은 당신이 전혀 대처하지 못하고 있다는 것을 말합니다. 그렇다면 당신은 현재 얼마나 잘 대처하고 있다고 말할 수 있습니까?"

4) 모델에 대한 평가

해결중심모델은 전통적인 의료모델을 기초로 하는 문제중심 접근에서 벗어나 문제해결에 초점을 두는 모델로서, 클라이언트와 사회복지사 간의 해결중심적 대화를 통해 클라이언트의 성공경험과 강점을 확대·강화함으로써 해결책을 모색해 간다. 어려움과 문제가 많은 가운데서도 그간에 나르세 해 보려고 노력한 강점을 살리고, 작지만 그동안 인식하지 못한 작은 성공경험들을 클라이언트 스스로 인식하도록 함으로써 보다 나은 대안을 마련하고, 그 대안을 시도하면서 희망감과 자존감을 고취시키고자 한다는 것이다. 이러한 점에서 강점관점의 대표적인 실천방법으로 인식되고 있다.

해결중심모델은 클라이언트의 문제를 분석하고 문제의 원인을 내부에서 찾으려는 시도가 아니라 클라이언트 자신의 능력을 강화시키며 클라이언트가 자신의 현실을 재구성해 나가도록 하는 사회구성주의 패러다임에 근거하는 클라이언트중심모델이다. 사회복지사의 역할은 클라이언트의 성공 경험, 문제해결 능력을 인정하고, 클라이언트와 공동으로 그 능력을 발견하고, 이를 강화·확대하여 클라이언트 스스로 문제해결을 위해 작은 변화를 시작하고 계속하도록 돕는 것이다.

해결중심모델은 1987년 우리나라에 접목되어, 다양한 분야에서 그 효과가 있음이 입증되고, 비교적 빠르게 보급되고 있지만, 몇 가지 점에서 비판을 받고 있다. 이 모델은 클라이언트의 과거 및 문제에 대한 이해를 중요시하지 않지만 사회복지사는 여전히 클라이언트에 대해 사정하고 진단할 필요가 있다는 점, 병리(pathology)는 실제로 존재한다는 점이 그것이다(Nelson et al., 2007). 단기개입이라고 하지만 실제로는 많은 시간과 노력이 필요하다는 점이 지적되고 있다. 또한 문제중심적이고 부정적인 것에는 관심이 적고, 주로 긍정적이고 해결중심적인 것만을 생각하도록 하는 접근법을 클라이언트들이 과연 어느 정도 만족해하는가를 지적할 수 있다. 특히 한국인들은 한이 많고 누적된 감정이 많은데 그러한 측면을 다루지 않고 해결방안만을 구축하는 것이 효과적인지에 대한 비판이 있다(정순둘 외, 2011).

그리고 적용하는 데는 나름의 한계점도 있다. 우선 해결중심모델은 질문기법에 기반을 두고 있고, 사회복지사와 클라이언트 간의 대화에 집중하기 때문에 해결중심적 대화에 익숙해야 한다는 점이다. 사회복지사들이 이 모델을 적용하기 위해서는 대화에 대한 훈련이 충분히 이루어져야 한다. 문제해결적 접근(문제중심적 접근)에 익숙해 있는 사회복지사들이 해결지향의 대화에 얼마나 적응할 수 있는가가 관건일 것이다.

4. 위기개입모델

사람들은 생활 도처에서 스트레스를 가져다주는 사건들에 직면하게 된다. 새로운 환경, 새로운 지위, 갑작스러운 사건·사고, 중요한 타인의 죽음 등 다양한 상황에서 심한 스트레스를 받아, 심각한 고통을 겪기도 한다. 특히 외상적이고 부정적인 사건들은 대부분의 사람들을 심각한 고통에 빠뜨리고, 이후 부정적 결과가 발생할 위험을 증가시킨다. 역기능적 행동, 신체적·사회적 기능의 손상, 그리고 급성적·장기적 정신장애의 주요 위험요인이 될 수 있다. 생활에서의 위기상태이고, 위험사건에 노출된 이후 나타나는 부정적 결과를 예방하기 위해서 정서·정보·환경적 원조를 즉각적으로 제공해야 한다. 위기개입모델은 위기 상황에 즉각적으로 개입하여 단기간의 전문적인 원조를 제공하기 위한 모델이다.

위기개입모델은 격심한 고통의 감정을 일시적으로 경험하고 이로부터 압도당하거나, 발달상의 이행 과정 및 스트레스를 유발하는 사건에 대처할 능력의 부재를 경험하는 사람들에 대한 관심에서 발전된 모델이다. 이 모델은 극심한 스트레스 상황에서 즉각적으로 필요한 서비스의 지원과 격심한 고통 이후에 발생할 수도 있는 심각한 심리붕괴현상의 예방에 관심이 있다. 그러므로 위기개입모델은 긴박한 스트레스 상황 속의 개인이나 가족을 진단하는 준거틀과 임상적 측면에서 예방법으로 일반화될 수 있는 접근방법을 제시해 준다. 위기개입의 이론과 실제는 린데만(Lindermann, 1944)의 격심한 슬픔 반응에 관한 연구[22]와 카플란(Caplan, 1964) 및 동료학자가 수행한 예방적 정신의학연구 프로그램 등에 기초해서 1950년대 및 1960년대에 걸쳐서 급격한 속도로 성장했다(NASW, 이문국 외 역, 1998).

위기개입모델은 재난이나 위험 상황에 처한 집단이나 지역사회에 대한 개입과 예방의 필요성이 대두되면서 지역사회 정신건강프로그램의 일환으로 실시되었다. 모델의 초기단계에서는 위기에 처한 개인이나 가족을 중심으로 심리중심의 위기개입 실천을 강조하였다. 그렇지만, 1960년대에 카플란(Caplan)[23]이 위기를 해결하고 난

---

22) 1944년 미국 보스턴의 유명한 술집인 고고넛 그로브 클럽의 대화재 이후 갑자기 가족을 잃은 사람들에 대한 연구를 통하여 "급성적인 비탄의 증후와 관리"라는 논문을 발표하였다. 최대의 위기는 배우자와의 사별이며 비탄에 잠긴 행동으로 ① 사별한 사람에 대한 몰두, ② 사별한 사람과의 동일시, ③ 죄책감과 적대감의 표현, ④ 일상생활의 붕괴, ⑤신체적 증상의 호소 등을 포함한다고 한다(양옥경 외, 2000).

23) **카플란**은 위기를 위험사건으로 인한 개인의 정서적 항상성의 일시적 혼란상태로 정의하였고, 위기는 개인의 정서적 균형을 더 나은 상태로도, 더 나쁜 상태로도 만들 수 있는 특별한 기회임을 강조하였다. 이에 따라 **지역사회에 기반을 둔 예방적 위기개입서비스를 주장하는 선구자**가 되었다(Caplan, 1964 ; K. Ell, Turner(ed.), 1996).

후 적응과정에서 환경 자원, 특히 지역사회서비스체계의 중요성을 주장하게 됨에 따라 개인의 심리적 문제뿐만 아니라 환경에 대한 접근을 중시하게 되었다. 인간의 위기가 사회구조적 측면과 사회체계적 측면에 의해 제기된다는 인식이 확산되면서 심리중심의 위기개입과 함께 생태학적 측면의 환경중심접근이 강조되었다(NASW, 이문국 외 역, 1998).

최근 30년 동안 위기개입에 대한 관심이 급부상하면서 위기개입은 하나의 분야로 성장하게 되었다. 지역사회 정신건강 운동의 성장과 자살에 대한 계속되는 관심으로 긴급전화가 출현한 것이 위기개입의 성장을 촉진해왔다. 그 외 최근 점차 늘어나는 재해, 9·11테러리스트의 세계무역센터와 펜타곤 공격, 총기난사사건, 각종 대인 폭력문제의 발생 등으로 타인에게 희생되거나 재앙 경험 후 즉각적으로 치료하는 것이 장기적인 정신건강문제를 예방할 수 있다는 인식이 확대되면서 위기개입의 중요성이 더욱 확대되고 있다(Myer & James, 한인영 외 역, 2006).

한편, 사회복지실천현장에서는 잠재적으로 위험한 생활사건을 경험한 개인이나, 현재 위기상태에 놓여 있는 개인과 자주 접하게 되는 것이 특징이다. 실제로 대부분의 사회복지사들은 매일 위기개입서비스를 제공하고 있다고 해도 과언이 아니다. 따라서 위기개입모델에 충실한 접근이 요구된다고 볼 수 있을 것이다. 여기서는 위기개입모델의 주요 특성, 주요 개념들, 개입 목표와 원칙, 주요 실천과정에 대해 살펴본다.

1) 모델의 주요 특성

(1) 절충모델

위기개입모델은 긴박한 긴장 속에 있는 개인이나 가족, 집단을 돕기 위해 기존의 인간 행동과 성격이론들의 원칙이나 기술을 결합한 절충적인 개입 틀이다.

위기개입모델은 기본적으로 정신역동이론에 뿌리를 두고 있고,[24] 인간발달단계

24) 위기개입모델은 갑작스러운 심리적 혼란이 외적 사건으로 유발된다고 봄으로써, 인간의 문제

에 따른 심리사회적 위기에 대한 개인의 능력을 강조한 자아심리학, 개인의 인지와 인식이 감정, 행동에 상호교류방식으로 영향을 준다는 인지행동이론, 사회체계 내에서의 역할수행과 위기와의 관계를 설명하는 사회역할이론 등에도 기초를 두고 있다. 또한 생태체계이론의 항상성, 불균형, 상호의존과 같은 개념들을 공유하고, 해결중심모델도 다양한 클라이언트 집단을 위한 위기개입에 사용되어 왔다.

(2) 낙관적인 인간관

위기개입모델은 사람들의 성장·적응능력에 대해 매우 긍정적인 입장을 취하고 있다. 위기는 개인에게 부정적 결과를 제공하기도 하지만 동시에 성장과 발전을 위한 기회가 되기도 한다(Golan, 1978). 사람들은 스트레스나 해로운 사건에 대항하여 정서적 균형과 평형상태를 얻으려 노력하면서 새로운 행동을 학습할 수 있다. 또한 위기개입에서 사람들이 상황적 스트레스나 위험한 생활사건에 직면하게 될 때 경험하는 정서적 불균형 상태는 병리적인 것과는 다르며, 누구에게나 일어날 수 있는 정상적인 삶의 경험으로 간주된다(정순둘 외, 2011).

(3) 단기적·시간 제한적이고 구조적인 개입 중시

위기개입모델은 최단 시간 내에 최소의 재정적·전문적 자원으로 최대의 치료적 효과를 지향하는 실천모델이다. 위기라는 사건 자체가 짧은 기간에 발생하는 것이며, 따라서 변화를 시도할 시간이 길지 않다는 것이다. 일반적으로 위기 지속기간은 4~6주 정도인데, 6주 이내에 아주 구조적으로 정립된 개입이 이루어져야 한다는 것이다.

나 위기를 심리 내적인 경험(성격 등)으로 설명하는 정신역동이론에서 벗어났다고 볼 수 있지만, 클라이언트의 심리학적 측면의 성장에 많은 관심을 보임으로써, 그리고 위기나 스트레스에 동반되는 불평형을 과거경험과 연결하고자 하는 경향을 보임으로써 클라이언트의 내적 세계에 중점을 두는 정신역동 접근에 경도되어 있는 것 또한 사실이다(K. Ell, Turner(ed.), 1996 ; Healy, 남찬섭 역, 2012).

(4) 강점관점에 기반

위기개입모델은 단기적 · 적극적 · 상황중심적 문제해결 방법으로서 클라이언트의 작은 변화는 문제를 해결하는 데 충분하며, 이때 클라이언트의 능력과 강점이 문제 해결에 핵심이 된다. 위기에 처한 개인은 매우 혼란스러운 상태에 있고, 다양한 측면을 보지 못하는 터널시각(tunnel vision)을 갖고 있기 때문에 위기해결에 필요한 자신의 강점을 스스로 인지하지 못한다. 강점관점에 입각한 위기개입은 클라이언트가 위기 상황을 성공적으로 다루기 위한 자원과 대처기술을 이미 가지고 있지만 그것들을 사용하고 있지 못하거나 인식하고 있지 못할 뿐이라고 보고, 클라이언트가 그들 내에 있는 자원을 찾도록 도와준다. 이때 사회복지사는 클라이언트의 자원을 발견하고 사용하도록 하는 촉매역할을 한다(Saleeby, 2002 ; 장수미 외, 2010 재인용).

2) 모델의 주요 개념

(1) 위기

위기는 혼란, 불안, 우울, 분노의 감정, 사회적 기능 손상, 신체증상을 수반하는 심각한 정서적 동요상태로, 개인이 평소 사용하던 대처나 문제해결능력으로 해결되지 않을 정도로 급성적이며 약화된 상태로 정의할 수 있다. 이러한 정서적 동요는 신체적, 심리적, 인지적, 대인관계상에서 문제를 갖거나 증상을 통해 경험하게 된다. 위기는 타인과 독립된 개인으로서, 또는 가족, 조직, 지역사회 내의 개인들로 구성된 집단으로서 경험할 수 있다. 위기는 상실의 인식, 상실의 위협, 도전 등을 초래하는 명확한 **스트레스적 생활사건이 전제된다**(K. Ell, Turner(ed.), 1996). 일상적 생활사건들일 수도 있고, 배우자와의 사별, 조기출산, 신체적 질병, 이혼, 갱년기, 은퇴 등과 같이 보편적인 생활과정에서 상실감을 가져다주는 사건들일 수도 있을 것이다. 최근에는 심각한 외상적 생활사건에 초점을 둔다.[25]

25) 초기의 위기이론에서 위기는 일상적 생활사건 또는 생활스트레스원에 의해 초래된 위기에 초점을 두었지만, 점차 배우자와의 사별, 조기출산, 신체적 질병, 이혼, 은퇴 등과 같은 보편적인

위기는 보편적인 것이기도 하고 고유한 것이기도 하다. 사람에 따라 환경을 적절하게 조정할 힘을 갖거나 탄력적일 수는 있겠지만 어떤 사람도 위기에 대한 면역력을 가지고 있지 않다는 점에서 보편적이다. 또한 위기는 같은 상황에서도 어떤 사람은 성공적으로 극복할 수 있는 반면 어떤 사람은 그렇지 못하다는 면에서 고유성이 있다(James & Gilliland, 2001 ; Myer & James, 한인영 외 역, 2006 재인용). 결국 위기는 동일한 상황에 직면하더라도 개인에 따라서 위기일 수도 그렇지 않을 수도 있다는 것이다. 상황이나 사건 자체가 위기라기보다는 개인이 상황이나 사건 자체를 위기라고 인식할 때(고통스러운 사건이 상당한 혼란 및 붕괴를 가져올 것이라는 개인의 지각), 그래서 절망, 분노, 혼돈과 같은 감정을 동반하는 격심한 정서적 혼란 상태를 경험하게 되고, 이전의 대처방법으로는 문제를 해결하지 못하는 경우를 말한다. 위기는 사건 그 자체가 아니라 사건에 대한 반응인 것이다. 이러한 반응은 신체적・정신적・행동적으로 다양하게 나타난다.

모든 사람은 삶의 특정 시기에 심리적 외상을 경험한다. 그러나 외상으로 인한 압박이나 응급상태 그 자체가 위기를 가져오는 것은 아니다. 외상적 사건이 주관적으로 욕구 충족이나 안전 또는 실존에 위협이 되었을 때 비로소 위기의 상태에 들어서게 된다(Caplan, 1964 ; Myer & James, 한인영 외 역, 2006 재인용).

위기에 처한 개인은 심각한 심리적 취약성을 드러내고, 방어기제의 위축, 문제해결 및 대처능력의 심각한 와해를 경험하게 된다. 평소의 객관성, 판단력을 잃게 되고, 무력감을 가지게 된다. 때로는 위기사건을 자신의 책임으로 인식해서 죄책감까지 가지는 경우도 있다. 전쟁과 사고 이후 불면, 공포심 심화, 우울, 성학대 및 강간 등에 의한 두려움, 공포감, 무력감, 기억상실, 분노폭발 등 심각한 위기 상황이 포함될 수 있다.

생활변화를 겪는 동안의 상실감이 위기를 촉진시킨다는 것으로 관심을 옮겼고, 최근에는 심각한 외상 후 스트레스 증후군을 겪는 피해자들에 대해 더욱 강조하고 있다(K. Ell, Turner(ed.), 1996).

특히 최근에는 심각한 **외상 후 스트레스 장애**(Posttraumatic Stress Disorder, PTSD)를 겪는 경우가 증가하고 있어, 일상적 스트레스 사건이나 발달과정상의 사건보다 부정적인 외상적 생활사건에 초점이 맞춰지는 경향이 있다. 부정적인 외상적 생활사건을 겪는 경우 사건의 성격이나 그 사건에 부여된 의미, 개인적 · 환경적 자원에 관한 개인 인식의 적절성과 다소 상관없이 대부분의 사람들을 심각한 고통에 빠뜨리고, 이후 부정적 결과가 발생할 위험을 증가시킨다. 외상 후 스트레스 장애(PTSD)는 많은 사람들에게 만성적 정신장애가 된다. 한편, 정상적인 발달상의, 스트레스가 많은 생활사건에 대해서는 대부분의 사람들이 일시적으로 심각한 혼란을 느끼지만, 결국은 평소 사용하는 대처자원이나 대처전략으로 반응한다.

(2) 위기 영역

인간이 경험하는 위기는 여러 영역으로 나뉜다. 발달단계에서 경험하는 발달적 위기, 예측 불가능한 사건이나 사고로 인한 상황적 위기, 인간의 존재 의미와 관련된 실존적 위기, 자연재해나 전쟁과 같은 환경적 위기 등이 있다(김경호, 2010 ; James & Gilliland, 한인영 외 역, 2008).

① 발달적 위기

발달적 위기는 인간이 성장하고 발달해 나가는 흐름에서 발생하는 극적인 변화나 전환으로 인하여 비정상적인 반응이 발생하는 사건을 말한다. 예를 들어 아이의 출생이나 대학 졸업, 중년기의 직업변화, 은퇴, 노화과정과 같은 사건들의 반응으로 발달적 위기가 나타날 수 있다. 발달적 위기는 정상적인 것으로 볼 수 있으나 모든 개인과 모든 발달적 위기는 독특하며 독특한 방식으로 사정하고 다루어야 한다.

② 상황적 위기

상황적 위기는 사람이 예견하거나 통제할 수 없는 드물고도 극히 이례적인 사건이 발생할 때 나타난다. 자동차 사고나 유괴, 강간, 기업 매각으로 인한 직업 상실, 갑작스러운 질병, 죽음과 같은 사건에서 발생한다. 상황적 위기는 예견할 수 없고,

갑작스럽고 충격적이며 맹렬하고, 많은 경우 비극적이라는 점에서 다른 위기와 차이가 있다.

③ 실존적 위기

실존적 위기는 내적 갈등이나 불안을 포함하는 것으로 이는 삶의 목표나 책임감, 독립성, 자유, 의무와 같은 중요한 인간적 이슈와 함께 일어난다. 실존적 위기는 40세의 어떤 사람이 자신이 특정 전문직이나 조직에 중요한 영향력이 없음을 깨달으면서 경험하는 위기일 수도 있다. 결혼을 하지 않고 부모와 함께 사는 것을 선택한 사람이 50세에 자신이 진정으로 독립적인 삶을 꾸리지 못하였고 완전히 행복하고도 가치 있는 인간이 될 기회를 놓쳤다는 후회일 수도 있다. 60세의 사람이 자신의 삶이 의미가 없고, 의미 있게 삶을 충족시킬 수 없다고 느끼는 만연된 공허감일 수도 있다.

④ 환경적 위기

환경적 위기는 일반적으로 자연이나 인간이 야기한 재해가 어떤 잘못이나 행동을 취하지 않은 개인이나 집단성원들에게 갑작스럽게 닥칠 때 발생하는 것으로, 같은 환경에 사는 사람 모두에게 사건의 부정적 여파가 미친다. 이러한 위기는 허리케인이나 홍수, 폭풍, 지진, 화산폭발, 산불과 같은 자연재해일 수도 있으며, 전염병이나 기름 유출 같은 생물학적인 문제일 수도 있다. 전쟁이나 민족말살 등 난민이 경험하는 정치적 문제일 수도 있다. 또는 심리적 우울과 대립되는 심각한 경제불황일 수도 있다.

(3) 위기의 구성요소

위기는 다섯 가지 요소로 구성되어 있는데, 위험 사건(hazardous events), 취약 상태(vulnerable state), 촉발 요인(precipitating factor), 실제 위기 상태(active crisis), 재통합(reintegration)이 그것이다(Golan, 1978; 김혜란 외, 2006 재인용). 또한 위기의 위험요소(risk factors)와 보호요소(protective factors)가 포함될 수 있을 것이다(K. Ell, Turner(ed.), 1996).

① 위험 사건

위기는 대개 위험 사건에 의해 시작되는데, 위험 사건은 외부적인 사건일 수도 있고, 내부적 압력일 수도 있으며, 하나의 재앙 사건일 수도 있고 혹은 연속적으로 축적된 사건일 수도 있다. 하나의 위험 사건으로는 갑작스런 배우자의 죽음, 교통사고로 인한 장애, 해고, 이혼, 강간 등을 예로 들 수 있고, 연속적인 사건으로는 최근 직장에서 상사와 갈등이 있는 여성이 남편의 질병, 시집과의 갈등, 자녀의 성적 부진 등을 연속적으로 경험하면서 위기에 빠지는 예를 들 수 있다.

② 취약 상태

위험 사건으로 항상적 균형(homeostasis)을 잃으면 취약 상태가 된다. 취약 상태에서는 이전의 평형 상태를 회복하기 위해 평소 사용하던 문제해결 기제를 시도하며, 이에 성공하지 못하면 위기 상황에 대처하기 위한 새로운 방법을 강구하게 된다.

③ 촉발 요인

촉발 요인이란 긴장과 불안을 한층 고조시켜 취약 상태를 불균형 상태로 만드는 요인이다. 어떤 위기 상황에서는 위험 사건이 워낙 압도적이어서 위험 사건이 동시에 촉발 요인이 되지만, 어떤 경우에는 촉발 요인은 위험 사건과 직접적 관련이 없을 수도 있다. 예를 들어 최근 이혼한 여성이 운전 중 접촉사고를 당하고 가까스로 유지하여 오던 평형 상태가 깨지면서 실제 위기를 맞는 경우이다.

④ 실제 위기 상태

실제 위기 상태는 혼돈, 불안, 염려, 절망, 분노 등과 같은 감정을 동반하는 격심한 정서적 혼란 상태를 말한다. 위기에 처한 개인은 심리적 취약성, 방어기제의 위축, 문제해결 및 대처 능력의 와해를 경험한다. 격심한 위기 상태는 일반적으로 일시적인 현상으로 간주되며, 보통 6~8주 정도 지속된다고 하지만(김기태, 1993), 촉발 사건의 본질, 개인과 가족의 대처자원과 생활환경에 따라 다양해질 수 있다(Slaikeu, 1990)는 것을 지적하고 있다(K. Ell, Turner(ed.), 1996).

⑤ 위험요소와 보호요소

위험요소는 개인이 심각한 위기를 경험할 수 있는 가능성을 높이는 요소이고, 보호요소는 위기 이후에 심리적으로 심각한 손상을 받지 않노록 돕는 요소를 말한다. 심각한 위험 상태에 노출되는 것이 가장 큰 위험요소이지만 그 밖에도 사회·경제적 상태(빈곤 등), 과거의 정신과적 증상, 아동학대, 청소년기 또는 그 이전의 복합적 사건들이 포함될 수 있다.

한편, 위기 이후 스트레스와 그로 인한 부정적 결과를 감소시키는 데 효과적인 보호요소는 사회적 지원이다. 적응유연성(resilience), 유능한 양육자와의 긴밀한 유대관계 등의 효과적인 대처양식을 가진 가족과 개인, 보육적 교육프로그램과 지역사회 프로그램 등 개인, 가족, 그리고 지역사회의 특징들이 포함된다.

⑥ 재통합

재통합 단계에서는 일어난 문제에 대해 인지적으로 이해하게 되고, 위기 관련 감정을 표출[26)]하고 변화를 수용하며, 새로운 대처 행동유형을 개발한다. 또한 위기 상황을 극복함으로써 자기효능감, 자기존중감이 증진되기도 하고, 새롭게 학습한 적응기제는 앞으로 있을 수 있는 다른 상황을 효과적으로 대처하는 데에 적용될 수 있다. 하지만 위기 상황에서 부적절하고 부적응적 행동유형을 학습한 경우에는 앞으로의 상황에 적절히 대처하는 능력이 손상되어 위기 상황 이전보다 전반적 기능이 떨어질 수도 있다.

3) 모델의 개입목표와 개입원칙

(1) 위기개입 목표

위기개입은 매우 초점화된 단기 개입으로서 위기개입의 목표는 제한적이다. 레포

26) 위기개입모델에서는 감정의 표출이 의미 있는 변화를 위한 전제라고 본다(Healy, 남찬섭 역, 2012).

포트(Rapoport, 1970)는 위기개입의 목표를 다음과 같이 여섯 가지로 제시하였다. 그 가운데 처음의 네 가지는 반드시 달성해야 할 목표이며, 마지막 두 가지는 상황이나 클라이언트 특성 등이 허락하는 경우 달성할 수 있는 목표이다(김혜란 외, 2006).

첫째, 위기로 인한 증상을 제거한다.

둘째, 위기 이전의 기능 수준으로 회복한다.

셋째, 불균형 상태로 만든 촉발 사건에 대해 어느 정도 이해하도록 한다.

넷째, 클라이언트나 가족이 이용할 수 있는 지역사회자원이나 치료기제를 규명한다.

다섯째, 현재의 스트레스와 과거의 경험 및 갈등과의 연관성을 인식한다.

여섯째, 새로운 인식, 사고, 정서를 개발하고, 위기 상황 이후에도 사용할 수 있는 새로운 적응적 대처기제를 개발한다.

위기개입은 복잡하고 장기적인 치료적 목표를 성취하는 데 목표가 있는 것이 아니다. 즉 클라이언트의 인격을 성장시키거나 변화시키기 위해 클라이언를 돕는 것은 위기개입이 아니다. 그러므로 위기개입의 목표는 클라이언트가 위기에 대해 적응하는 능력을 갖도록 하는 데 일차적인 초점을 둔다(양옥경 외, 2000).

(2) 위기개입 원리

위와 같은 위기개입의 목표를 위한 위기개입의 원칙과 원리는 다음과 같다(Puryear, 1984; 장인협, 1994; 김경호, 2010; 정순둘 외, 2011; 신성자 외, 2012 재인용).

① 신속하고 즉각적인 개입

위기는 보통 시간제한적이며, 4~6주 동안 지속된다. 따라서 위기개입이 즉각적으로 이루어지는 것이 매우 중요하다. 이 시기가 지나면 급성위기는 사라지지만 위기를 유발하는 상황은 계속될 수 있다. 예를 들어 사고로 부모를 잃고 가장으로 살아가야 하는 장남은 부모의 죽음으로 인한 위기가 지나갔다고 하더라도 앞으로 어린 동생들을 돌보며 살아가야 하는 힘든 상황이 계속될 것이다. 이와 같은 경우는 당장의 위기개입 이후 사례관리와 같은 지속적인 사회복지실천이 요구된다(장수미 외, 2010).

② 행동 지향성

위기개입에서 사회복지사의 역할은 적극적이고 직접적인 역할을 수행해야 하며, 클라이언트가 위기에 대처하는 어떤 행동을 하게 할 만큼 적극적인 개입이어야 한다. 비활동적이고 간섭적인 과정은 좋지 않다. 위기 상황에서 클라이언트나 가족이 당황하여 어떠한 생각이나 대안을 찾아내기 어려운 행동 불가능 상태에 있으므로, 사회복지사가 해결의 대안을 제시해주고 이끌어갈 필요가 있는 것이다(양옥경 외, 2000).

③ 제한된 목표

위기개입의 목표는 위기 이전의 기능수준 회복에 있다. 성격변화 또는 환경 전체적인 변화를 추구하지 않는다. 균형상태만 회복하면 되는 것이다. 그러므로 위기개입은 클라이언트의 과거를 탐색하는 데에는 큰 비중을 두지 않는다. 과거에 대한 정보 수집을 한다면 위기와 직접적으로 관계된 부분에 한정하는 것이 좋다. 즉각적으로 현재의 위기를 해결하는 것이 중요하기 때문에 그것과 관련이 없는 과거로 인해 시간을 낭비하는 것은 불필요하다(양옥경 외, 2000).

④ 희망과 기대

위기에 처하여 절망감을 가진 사람에게 그들의 문제가 마술적으로 해결될 수 있다는 지나친 희망을 갖게 하는 것은 피해야 하지만 클라이언트에게 희망을 갖게 하는 것은 중요하다. 이는 주로 사회복지사의 태도에 의해 성취된다. 위기 해결과 클라이언트의 기능 회복에 대한 사회복지사의 희망적인 태도가 중요하다. 사회복지사는 위기가 어떤 형식으로 해결될 것이라고 기대하고 클라이언트가 기능을 잘할 것이라는 기대를 한다.

⑤ 지지

클라이언트에게 위기 극복에 도움이 되는 실용적인 정보를 제공하거나 정서적으로 지지하며, 강점에 대한 명확한 지지를 제공할 필요가 있다. 또한 사회적 지지체계를 개발하고 형성하도록 해야 한다. 그렇지만, 클라이언트에게 필요한 만큼만 지지를 제공해야 한다. 필요 이상으로 지지를 제공하여 클라이언트가 사회복지사에게 의존하지 않게 해야 하며, 클라이언트의 비현실적인 기대는 조정해 주어야 한다.

⑥ 문제해결에 초점

위기개입은 직접적으로 위기 상황과 관련된 구체적인 문제 또는 위기를 유발한 문제해결에 초점을 두고 이루어져야 한다. 신속하고, 정확하게 위기를 유발시킨 문제를 파악하는 데 초점을 두고, 그것을 해결하는 데 초점을 유지하도록 노력해야 한다. 위기개입을 할 때에는 가장 적절한 원조전략을 수립해야 한다. 위기 상황에 대해 정말로 최선의 접근이 되도록 잘 계획되어야 한다. 위기란 본질적으로 심각하기 때문에 가장 적절한 해결책을 모색하는 것 자체가 개입의 최우선순위가 되어야 한다. 클라이언트가 갖고 있는 다른 문제들에 대해서는 위기개입을 하고 난 후에 다룰 수 있다(양옥경 외, 2000).

⑦ 자기상(像)

위기에 처한 사람은 그가 가진 지식과 생각을 최대한 동원하여 노력해보고, 최종적으로 사회복지사의 도움을 받기 위하여 오는 경우가 많다. 따라서 클라이언트는 자신을 실패자로 인식한다. 사회복지사는 클라이언트의 자기상(self-image)을 사정하고 이해해야 한다. 사회복지사는 클라이언트와 신뢰관계를 조성하여 클라이언트의 자기상을 보호해 주고, 더 나아가 건전한 자기상을 확립하도록 원조한다.

⑧ 자립

사회복지사는 상황을 사정하고 개입계획을 함에 있어 클라이언트가 함께 참여할 기회를 제공한다. 클라이언트가 문제해결능력을 가질 수 있도록 문제해결에 클라이언트의 생각을 적극적으로 반영하고 클라이언트가 할 수 있는 것은 스스로 하게 해서 자립심을 기를 수 있게 해야 한다.

케스린 엘(Kathleen Ell, Turner(ed.), 1996)은 위기개입의 중요한 원칙을 다음과 같이 설명했다.

① 도움은 즉각적으로 제공되어야 하고, 흔히 아웃리치 프로그램을 통해서 이루어진다.
② 개입은 단기적이며, 시간 제한적이다.
③ 실천가가 적극적 역할을 한다.
④ 증상완화가 첫 번째 목표이다.
⑤ 실용적 정보와 명확한 지지를 제공한다.
⑥ 사회적 지지가 지원된다.
⑦ 되도록 빨리 회복할 수 있는 충분한 능력에 대한 효과적인 대처방법이 지원된다.
⑧ 위기경험에 직면하고, 현실인식에 대한 인지적 문제를 설명한다.

4) 모델의 실천과정

위기개입모델의 개입실천과정은 학자마다 약간의 차이가 있다. 고란(Naomi Golan, 1978 ; 김혜란 외, 2006 재인용)은 초기단계, 중기단계, 종결단계로 구분하여 설명하고 있다.

초기단계에서는 위기 상황에 즉각적으로 초점을 맞춰, 클라이언트의 상황에 대한 인식 파악, 현재 상황에 대한 정서적 반응을 표현하도록 돕고, 클라이언트의 불안 수준, 정서 반응 정도, 감정과 현실인식의 적절성, 기능수준, 생리적 능력 등 사정을 시작한다. 그리고 가장 중요한 문제가 무엇인지, 초점을 두어야 할 부분이 어디인지 등 현재 곤경에 대한 평가를 통해 개입 초점을 일반적 내지 물질적 지원에 둘지, 개인적 혹은 심리사회적 지원에 둘지를 결정하고, 앞으로의 활동에 대한 작업계획을 세우고 계약한다.

중기단계에서는 계약을 이행하는 데 전념하게 된다. 현재의 생활 상황에서 구체적인 문제해결을 위하여 계획된 과업을 확인하고, 이해하며, 과거의 부적절한 방법으로 가능한 것을 수정하고 새로운 대처유형을 습득하도록 한다. 이 단계에서 클라이언트가 활용할 수 있는 자원과 지지체계를 찾아내어 클라이언트가 적극 활용할 수 있도록 지원한다.

종결단계에서는 시작할 때부터 현재까지의 개입 상황을 자세히 검토하는 것을 포함한 종결과업을 수행한다. 이 단계에서 중요한 것은 새로운 자원과의 결속 강화, 개발된 대처유형과 성취한 과업 확인, 가까운 장래에 대한 사후계획 등이다.

길리랜드와 제임스(Gilliland & James, 한인영 외 역, 2008)는 사정하기, 경청하기,활동하기의 활동범주에 따라 세부적으로 6단계모델을 제시하였다. 1단계 : 문제 정의하기, 2단계 : 클라이언트의 안전 확보하기, 3단계 : 지지하기(전반부 1~3단계 : 경청이 주요활동이 됨, 관심 기울이기, 관찰하기, 이해하기, 강조하기, 수용하기, 비심판적 태도 취하기, 돌보기, 존중하기, 진실하기), 4단계 : 대안 탐색하기, 5단계 : 계획 세우기, 6단계 : 긍정적인 활동에 참여 유도하기(후반부 4~6단계 : 사회복지사의 행동적 활동이 많아지는 단계) 등이다. 사정하기는 1단계~6단계까지 계속 이루어지는 활동이다. 그리고 2단계 클라이언트의 안전 확보단계에서 클라이언트의 신체적·심리적 안전에 대한 위협의 치명성, 중요성, 비유동성, 심각성을 사정한다. 위기개입에서 사정은 사회복지사가 위기의 심각성, 클라이언트의 현재 정서상태－클라이언트의 정서적 유동성 혹은 비유동성[27]의 정도, 클라이언트가 활용할 수 있는 대안, 대처기제, 지지체계, 그 외 자원, 클라이언트의 치명성(자신이나 타인에게 위험한) 정도를 판단하는 것을 말한다. 특히 마이어 등(Myer et al., 1991)이 개발한 위기분류 사정양식(Triage Assessment Form : TAF)을 사용하여 정서상태, 행동기능, 인지상태를 포함하는 위기의 심각성을 사정하도록 하고 있다.

한편 아길레라와 메식(Aguilera & Messick ; 양옥경 외, 2000 재인용)은 문제해결모델

27) 유동성(mobility)은 다양한 기분, 느낌, 정서, 욕구, 조건, 영향에 대해 반응할 때 자율적으로 변화하고 대처할 수 있는 상태, 물리적이고 사회적인 상황에 유연하게 대처하고 적응적인 경우이고, 비유동성(immobility)은 자율적으로 변화하고 대처하지 못하는 상태, 상황에 유연하게 대처·적응하지 못하는 경우를 뜻한다(Gilliland & James, 한인영 외 역, 2008).

에 근거하여 사정, 계획, 개입, 위기대비 계획 등의 4단계 위기개입 과정을 제시하였다.

(1) 사정단계

사회복지사는 사정단계에서 클라이언트의 정서적 고통을 완화하거나 경감시키는 것과 동시에 개인과 문제에 대한 사정을 수행하게 된다. 문제의 본질 파악보다는 현재 상태에 초점을 두고 어떠한 방향으로 극복할 수 있는가를 탐색할 수 있을 것이다. 사회복지사는 사건 및 위기에 대한 정확한 사정을 위해 초점화 기술을 적극적으로 활용하여야 한다. 사정의 목적은 ① 위기상태의 특성과 수준, ② 위기가 클라이언트에게 주는 의미와 영향, ③ 위기 상황을 초래한 사건 및 요소, ④ 클라이언트의 대처능력, ⑤ 위기 상황을 완화시킬 수 있는 자원 등을 결정하는 것이다.

아길레라와 메식(Aguilera & Messick)은 좋은 사정을 위해서 고려해야 할 다섯 가지 세부 영역들을 제시하였다.

① 위기와 선행사건에 관한 파악

클라이언트가 왜 오늘 도움을 받으러 왔는지를 파악하는 것으로, 이는 무슨 일이 있었는지를 이해하기 위한 것이다. 무슨 일이 언제, 어디서, 어떻게, 누구에게 등의 내용을 이해해야 한다는 것이다. 클라이언트에게 "무슨 일로 여기에 오셨나요?"라거나, "무슨 일로 그렇게 화가 나셨나요?"라는 질문으로 위기 상황을 체크할 수 있다. 어떤 위기 상태인가를 파악하는 것이다.

② 현재의 위기와 선행사건에 관한 클라이언트의 인식

클라이언트에게 "이 사건에 대해 어떻게 느끼십니까?" 혹은 "이 사건이 앞으로 당신에게 어떤 영향을 줄 것 같습니까?" 등의 질문을 통해 클라이언트가 위기와 선행사건을 어떻게 인식하고 있는지 파악할 수 있다. 이는 클라이언트가 그 일을 얼마나 객관화시킬 수 있는지를 파악하게 도와준다.

③ 자원에 관한 고려

클라이언트에게 도움을 줄 만한 지지적 자원을 파악하고 자원의 지지수준이나 질을 고려해 보아야 한다. 물론 주변에 도움을 줄 수 있는 자원이 많으면 많을수록 좋다. 위기란 매우 스트레스가 되기 때문에 클라이언트가 가급적 빨리 위기 이전의 기능수준으로 회복되는 것이 중요하며, 이러한 지지적 자원은 중요한 보호요인이 될 수 있다. 이를 위해 사회복지사가 할 수 있는 질문은 "주변에 이 일에 관해서 이야기를 나눌 수 있는 사람이 있습니까? 혹은 이야기를 나누기 가장 편한 사람은 누구입니까?" 등이다.

④ 과거의 문제경험과 대처 기술

클라이언트가 과거에 비슷한 문제를 겪은 적이 있는지, 있다면 어떻게 해결했는지 고려하여 클라이언트의 대처 기술을 탐색한다. 이는 기존의 대처 기술이 현재의 위기극복에 도움이 될 수 있는지를 탐색하기 위한 것으로, 이를 위해 "전에도 이와 비슷한 일을 겪은 적이 있습니까? 있었다면 그때는 어떻게 해결하셨습니까?" 등의 질문을 할 수 있다.

⑤ 클라이언트의 자해 또는 타해 위험 정도

클라이언트가 자해나 타해의 위험이 있는지 그 치명성(lethality)을 사정하여야 하고, 자해의 위험성이 있다고 판단되면 입원치료 의뢰와 같은 절차를 즉시 연결해야 한다. 자살의 위험을 파악하기 위해서는 자살에 대한 구체적 계획을 가지고 있는지, 그 방법이 어느 정도 치명적인지, 그리고 신변정리나 가족에 대한 염려 혹은 우울의 정도나 일상생활의 변화가 어느 정도인지 등을 본인과 가족을 통해 자세히 알아보아야 한다. 또한 타해 위험을 파악하기 위해서는 클라이언트의 폭력적 표현이나 약물남용 등에 대해 조사해야 하고, 구체적 대상에 대한 적개심을 보이거나 해칠 가능성이 있는 경우에는 당사자에게 알려 주는 것이 중요하고, 후속조치로 의료기관에의 의뢰 등 신속한 조치를 취하여야 한다.

(2) 계획단계

사정을 통해 확보한 정보와 자료들을 근거로 대안적 대처방안을 강구하게 된다. 계획단계에서는 먼저 위기로 인한 클라이언트의 기능 손상 성노(일상생활 수행기능 손상 정도)와 일상생활 수행의 회복 가능성, 주변 자원들의 반응과 도움을 줄 수 있는지 등에 대한 평가가 이루어져야 한다. 그리고 가능한 잠재적 대안들을 고려하고, 이들의 장·단점을 평가하고 무엇을 추구할 것인지에 대한 행동을 계획한다. 또한 과거에 사용하였던 대처전략을 확인하고, 다시 활용하면 유용할 것인지 여부를 결정하는 것이 포함되어야 한다.

(3) 개입단계

개입단계에서는 계획단계에서의 계획과 탐색된 대안들을 구체적으로 실행함으로써 행동 변화를 초래하고자 한다. 아길레라와 메식은 다음의 4가지 개입과정을 제안하였다.

① 위기에 대한 지적인 이해를 돕는다.

위기에 있는 사람은 혼란스럽다. 정서적인 혼란상태에서 명확하고 객관적으로 생각하는 것은 매우 어렵다. 위기개입의 첫 번째 기능은 클라이언트로 하여금 위기 상황을 객관적으로 보도록 돕는 것이다. 사회복지사는 클라이언트로 하여금 자신의 강·약점을 좀 더 객관적으로 평가하여 위기를 해결해 갈 수 있도록 도울 수 있다.

② 클라이언트가 표현하기 힘든 감정을 드러내도록 돕는다.

스트레스는 종종 불안과 불편함, 강한 부정적 감정을 불러일으키지만 사람들은 이러한 감정을 드러내기보다는 다루려고 노력하며, 통제하여 내면에 담아 둔다. 이처럼 감정을 억압하는 것은 사람을 움직이지 못하도록 하는 원인이 된다. 이러한 감정을 나누기 위해서는 클라이언트가 먼저 이러한 감정을 인정해야 하기 때문에 사회복지사는 이러한 감정을 표현하도록 도와야 한다.

③ 대처기제를 탐색한다.

이 단계에서는 클라이언트가 변화하도록 돕는 것이 목표이므로 클라이언트가 새로운 대안을 확인하고 접근할 수 있도록 도와주거나, 사회복지사가 직접 해결을 위해 무엇을 해야 할지 방향을 제시해 줄 수 있다. 위기개입은 다른 개입보다도 직접적이고 단기적인 개입이기 때문에 사회복지사의 적극적 역할이 요구되는 것이다.

④ 사회적 활동 재개를 돕는다.

이는 클라이언트가 사회적 지지체계를 유지하거나 새로운 지지체계를 재형성할 수 있도록 돕는 것이다. 위기에 처한 많은 사람들은 가능한 한 많은 사회적 지지와 자원을 필요로 한다. 따라서 이미 존재하는 지지자원을 확인하고 이용하도록 하며, 기존의 자원이 존재하지 않거나 부적절한 경우에는 새로운 자원을 개발하여 새로운 관계를 형성하도록 도울 수 있다.

(4) 위기대비 계획단계

위기대비 계획(anticipatory planning)은 클라이언트가 미래의 다른 위기를 준비하도록 돕는 것을 의미한다. 이 단계는 클라이언트가 위기를 다루는 과정에서 무엇을 배웠는지를 정리하는 단계이다. 사회복지사의 과제는 클라이언트가 대처 행동을 명확히 하고 구체적으로 이해할 수 있도록 돕고, 이를 통해 클라이언트가 미래에 위기를 맞았을 때 학습한 대처기술을 활용할 수 있도록 돕는 것이다.

이때 클라이언트가 미래의 모든 문제에 대해 혼자서 해결해야만 한다는 메시지는 전달하지 않는 것이 좋다. 미래에 도움이 필요할 때 언제든지 도움을 받을 수 있으며, 사후관리도 이루어질 것이라는 것을 설명해 주어야 한다. 이 단계에서는 평가와 사후관리도 함께 이루어진다. 평가의 초점은 효과적 대처기제를 중심으로 이루어져야 한다. 그리고 위기개입의 경우 타 기관에 의뢰해야 하는 경우가 많기 때문에 의뢰하고 난 후 사후관리가 필요하다.

(5) 사례에 대한 적용 예

다음의 사례는 아길레라와 메식이 제시한 위기개입 4단계를 토대로 진행된 사례를 카렌 허스트(Karen Hust, 1993)가 제시한 것이다(양옥경 외, 2003 재인용).

① 사례 개요

클라이언트 김은정(가명, 41세)은 남편 이영택(가명, 39세)과 17년 전에 결혼하여 자녀 둘(각각 17세, 14세의 아들)을 두었다. 두 사람의 결혼생활은 약간의 기복은 있었으나 비교적 행복했다. 남편은 중견업체에 다녔고, 부인은 가끔씩 시간제 일을 하여 가계를 도왔다. 사회경제적인 면을 보면, 자신의 집을 소유하고 있으며 약간의 저축도 하고 있는 중산층이다. 이러한 생활을 유지하던 중 2주 전에 남편이 교통사고를 당하여 갑자기 사망하였다. 김은정은 이 사건 이후 비탄에 빠졌으며, 자녀의 장래가 염려되고 불안하여 지금까지의 가정생활을 유지하기 힘들 정도로 우울해지고 불안이 심해졌다. 이로 인해 누구에게도 도움을 구하지 못하고 집 밖에 나오지 못할 정도가 되었다. 이러한 문제로 그녀는 전화상담기관에 전화를 하여 지역 내의 정신보건센터를 소개받고 전화로 도움을 요청하여 사회복지사를 만나게 되었다.

② 사례개입과정

〈표 5-2〉 아길레라와 메식의 위기개입과정

사정	① 클라이언트가 인식하는 위기사건	• 남편의 죽음과 자녀양육문제
	② 위기사건에 대한 인식	• 위기사건을 남편 없이 생활하는 것에 대한 막막함과 두려움, 외로움, 미래에 대한 염려로 인식
	③ 유용한 자원	• 집 근처에 사는 언니와 친한 친구, 자녀들이 어머니를 염려하고 있어 정서적으로 지지가 됨
	④ 과거경험과 대처기제	• 5년 전 어머니와 사별, 사별 후 가슴이 답답하고 우울, 언니와 친구의 지지로 극복
	⑤ 자살 위험성	• 자살에 대해 생각한 적이 없고 과거에도 자살을 시도해 본 적 없으므로 자살 위험성은 없음
계획	① 일상생활수행기능 손상 정도와 회복 가능성을 고려한 개입 계획	• 남편의 죽음으로 인해 우울감에 압도, 무력감 호소 • 최소한의 가사생활은 수행하지만 외부와의 교류는 거의 없음

	② 대안 탐색과 대처 전략세우기	• 자녀양육에 대한 염려로 무력감 호소 • 현재 일상생활수행기능 손상은 배우자와의 사별에 따른 전형적 반응→사별한 사람들을 위한 자조집단인 애도자 모임에 참석 권유 예정 • 배우자와의 사별 전부터 시간제 임시직을 가지고 있음→전일제 직장을 위해 직업훈련프로그램연계 계획 • 재정문제에 대한 염려가 커서 재정 설계를 도와줄(교통사고보상금, 산업재해보상금 등의 문제를 도와줄) 자원이 필요→기관 내 전문사회복지사의 원조와 재정 설계 담당 은행원인 자원봉사자와 연계 • 자녀양육에 대한 염려와 심리적 외로움 호소→자녀와의 면담 결과 자녀들은 대체로 예측되는 문제가 없다는 점을 상기시킴. 언니와 친구의 정서적 지지를 받도록 할 계획
개입	① 위기사건에 대한 이해돕기 ② 감정 표현 돕기 ③ 대처 전략의 효과성 점검 ④ 사회적 활동 재개 격려와 점검	• 남편과의 사별 후 자신의 삶에 대해 객관적으로 이해하도록 도와 줌 • 남편과의 사별로 인한 슬픔, 두려움, 분노 등의 감정을 표현하도록 도와줌 • 재정설계 전문가와의 만남→재정운용에 도움 받고 막연한 두려움 극복 • 언니, 친구와의 접촉과 자조집단의 참여→심리적 안정감 회복하고 자녀에 대한 염려 완화 • 교회참석 재개→목회자와 교우들의 정서적 지지 • 시간제 임시직에서 전임직으로의 전환을 신청, 이를 위해 직업훈련프로그램에 신청→희망고취 • 자녀들의 학교 행사에 참석→자녀에 대한 긍지 • 언니와 친구뿐만 아니라 사고 이후 참여하지 않았던 친구 모임에 참석→정서적 지지
위기대비 계획	① 진전을 검토 ② 향후 있을 위기에 대비한 계획 수립	• 재정적 위기에 대한 구체적 도움, 자조집단을 통한 정서적 지지, 직장 유지, 언니와 친구를 통한 지원관계 유지, 교회 출석과 목회자 및 교우들의 지원의 유용성 확인 • 앞으로 어떤 위기를 만나더라도 이 과정을 통해 획득한 전략을 계속 사용하기로 함

5) 모델에 대한 평가

위기개입모델에서는 생활과정에서 개인들은 여러 상황으로 인한 스트레스나 일상생활 사건으로 인한 위기는 누구에게나 올 수 있고, 일시적으로 심리적 취약상태에 있게 되지만, 불균형상태에 처하게 되는 개인들은 자동적으로 자신의 삶에서 항상성과 균형을 되찾고자 노력하게 되는데, 이 과정에서 개인적·사회적 자원(대처자원) 여부나 정도 등에 따라 신체·심리·사회적으로 부정적인 결과를 가져올 수도, 그렇지 않을 수도 있다는 점을 가정한다. 위기는 부정적 결과를 가져오기도 하지만, 동시에 성장과 발전을 위한 기회라는 입장인 것이다. 따라서 개인적·사회적 자원과 이러한 자원을 강화하기 위한 개입이 중요하다는 점을 강조하고 있다.

사회복지실천은 잠재적으로 위험한 생활사건을 경험한 개인이나 가족, 현재 위기상태에 놓여 있는 개인과 자주 접하고, 필요한 서비스를 제공해 왔다. 이런 면에서 보면 사회복지사들의 실천 활동 자체가 위기개입서비스일 수도 있는 상황이다. 따라서 사회복지영역에서 사회복지사들은 지역사회 정신보건 프로그램, 자살예방센터, 가족서비스기관, 의료보호체계 등의 영역에서 초기 위기개입을 발전시키고 향상시키는 데 기여했다. 사회복지실천에서 가장 중요한 관심은 위기개입을 통해 위기사건으로 인한 위험을 줄이는 데 있으므로, 이를 위해 클라이언트의 대처능력을 강화하여 위험한 결과를 가져오기 전에 예방하는 데 주력해 왔다. 따라서 심리적 특히 정서적 측면에 초점을 맞추고, 지역사회서비스 자원과 환경적 측면에서 위기개입을 수행했다. 지역사회 서비스체계에 대한 정보제공, 지지집단의 활용, 심리·교육적 개입, 대처기술 훈련개입 등의 전략을 사용했다.

그렇지만, 최근에는 생명을 위협하는 질병이나 사건사고로 인한 외상, 사랑하는 사람의 죽음, 자연재해나 인공재해(화재, 홍수, 전쟁 등), 폭력적 범죄 등의 증가로, 환경적으로 보면 개인이 위기에 처해 고통에 빠질 가능성은 더욱 커져가고 있는 현실이다. 좋지 못한 사회경제적 상태, 만성적으로 스트레스가 많은 생활, 또는 부적절한 지지체계로 인해 이미 취약해진 사람들은 위기의 부정적 결과에 있어 더 위험한 상태에 빠질 수도 있음을 예측할 수 있다(K. Ell, Turner(ed.), 1996). 기존의 다양한 위기개입방법이나 프로그램으로는 감당하기 어려운 상황인 것이다.

대부분의 사람들은 정상적인 발달상의, 스트레스가 많은 생활사건에 대해 일시적으로 심각한 혼란을 느끼지만, 결국은 평소 사용하는 대처자원이나 대처전략으로 반응해 평형상태를 회복해간다. 그리고 대다수의 사람들이 심각한 외상적 사건을 경험하지만 이들 중 많은 사람들이 전문적 도움 없이 성공적으로 대처하고 있으므로 모든 사람에게 위기개입을 제공할 필요는 없다. 따라서 전문적 개입이 필요한 대상들을 가능한 한 빨리 확인할 수 있는 사정방법이나 평가방법을 활용하는 것이 중요하다. 병리적 위기상태 기준에 대한 연구가 필요하다. 그리고 위기개입의 효과성에 대한 연구가 집중적으로 이루어져, 어떤 종류의 위기개입(개인에 집중된 것인지, 가족을 기본으로 한 것인지, 환경적 부분에 초점을 맞췄는지 등)이 가장 효과적인지에 관한 질문에 대해서도 설명할 수 있는 연구가 필요하다. 성별이나 연령, 사회경제적·인종적 상태에 따른 효과성 연구가 필요하고, 생활스트레스, 사회적 지지, 대처에 관한 상호작용적·사회구조적 그리고 생태학적 차원의 연구로부터 통합된 지식은 상처받기 쉽고 다양한 문제를 가지고 있는 개인이나 가족의 유용성을 향상시킬 수 있을 것이다(K. Ell, Turner(ed.), 1996).

CHAPTER 06 집단대상 사회복지실천의 이해

인간은 태어나면서부터 가족집단에 소속되며 이후 계속해서 집단에 소속되어 집단을 통해 성장과 발달을 경험한다. 그만큼 인간은 집단과 떼려야 뗄 수 없는 불가분의 관계에 있고, 가장 익숙하다. 가족을 포함한 집단 내에서는 끈끈한 응집력이 있고, 소속감도 있고, 서로를 보듬어 안는 등의 모습이 포함되어 있다. 이러한 집단 구성원들 간의 상호작용의 형식과 내용을, 문제를 가진 개인들에게 적용해보자는 의도를 가진 것이 **집단대상 사회복지실천**이라고 볼 수 있다. 집단은 개인 · 가족과 집단 그리고 환경 변화를 위해 의미 있는 힘을 가지고 있기 때문이다.

집단대상 사회복지실천은 집단을 원조의 도구 또는 매개체로 활용하여 의도적인 집단 경험을 제공함으로써, 집단이 가진 힘을 활용 · 활성화하여 집단의 사회적 기능을 강화 · 회복시키고, 집단을 구성하는 개개인들의 사회적 기능의 회복이나 성장을 촉진할 수 있도록 원조하는 사회복지실천방법 중의 하나이다. 집단을 대상으로 하는 사회복지실천은 전통적으로 집단사회사업(group work, social group work)으로 발전되어 왔고, '집단지도', '집단사회사업실천', '집단사회복지실천', '집단수준 사회복지실천'이라는 이름으로 사용되기도 한다.

현대적 의미의 집단사회복지실천은 노동운동, 인보관운동, 사회복지관, 청소년단체 등을 포함한 사회기관의 역사와 궤를 같이하고 있다. 미국 집단사회사업의 초기 발달은 역시 산업화, 도시화 및 인구의 도시집중, 이민 등으로 인한 도시인구밀집, 주택문제, 연소자 및 부녀자 노동문제, 비행 및 범죄의 증가 등 유해한 환경 속에서 진보적인 사회개혁 및 개량에 대한 욕구가 증대되면서, 사회구조적 모순과 책임에 대한 인식이 확대되면서 비롯되었다(도광조, 2012).

YMCA와 YWCA의 활동과 인보관운동 등이 확대됨으로써 집단사회복지실천의 초기 모습이 나타나게 되었다. 이 단체들은 빈곤, 열악한 노동조건, 질병, 범죄 등의 상태에 있는 청년들에게 기독교신앙을 바탕으로 집단활동 및 레크리에이션을 통해 정신적 생활기술을 지도하였다. 또한 건강하고 인간다운 생활을 할 권리에 대한 인식 증진을 목표로 자발적이고 비공식적인 집단 내에서 인격적 교제를 기초로 한 사회 교육적 여가활동을 시작하였다. 1884년 바네트(Samuel Barnett) 부처가 영국 런던의 빈민 · 노동자 가(街)에 세운 토인비 홀(Tonybee Hall)과 1889년 아담스(Jane Adams)가 시카고의 빈민가에 세운 헐하우스(Hull House)에서 편물, 강습회, 아동모임 등 각종 사회 교육적 집단활동이 실시되었다. 1920년대 도서관, 성인교육기관, 보육원, 유치원 등 지역사회 공공시설이 발달되면서 집단활동 및 주민들의 자발적 여가활동이 성행하게 되었다(이신영 · 박선영, 2012).

1930년대 미국의 대공황 이후 집단사회사업의 전문화 및 체계화가 진행되었고, 집단사회사업이 별도의 사회복지실천방법으로 자리하게 되었다. 1935년에는 미국사회사업회의(NCSW)에서 집단사회사업분과가 만들어졌고, 1936년에는 집단사회사업연구협회(NASGW)를 결성하기에 이르렀으며, 1937년까지 10개 대학에서 집단사회사업 교과목을 개설하였다. 1940~50년대에는 정신분석 개념이 집단사회사업에 도입되어 개별사회사업가들과 공동으로 활동했으며, 치료집단이 강조되었고, 이런 영향으로 집단사회사업의 개념이 넓어지게 되었다.[1] 집단사회사업의 목적 역시 교정, 예방, 정상적인 사회적 성장, 개인적 성장, 시민으로서의 책임성과 참여 등으로 확대되었고, 정신병원, 교도소, 아동복지기관, 학교 등에서 다양한 형태의 집단활동이 이루어졌다(도광조, 2012).

그렇지만, 1960~70년대에는 사회복지방법론의 통합화에 관심이 모아지고, 방법론별 접근방법으로는 급격한 사회변동이나 문제에 대처하기 어렵다고 보아 사회복지실천의 통합적 방법을 지향하게 되었다(이신영 · 박선영, 2012).

집단사회복지실천은 개인을 대상으로 하는 개별실천보다 일반적으로 파워풀하다고 평가해 볼 수 있다. 동일한 문제를 가지고 있는 다수의 클라이언트들을 대상으로

1) 제2차 세계대전이 끝나면서 지역사회로 돌아온 참전용사들을 대상으로 정신의학적 집단사회사업이 실시되었다.

이루어지고, 개별실천보다 시간이나 노력면에서 상대적으로 적게 들 수 있기 때문이다. 그리고 사회복지실천현장에서 상당부분 집단활동이 이루어지는 경우가 많기 때문에 집단사회복지실천 전문분야에 대한 특별한 교육이 요구되고, 집단사회복지실천 전문가 양성이 절대적으로 필요하다.

1. 집단사회복지실천의 의미와 현장실천 예시

집단사회복지실천은 **집단을 매개 수단으로** 목표지향적 활동을 통하여 개인이 가진 문제를 해결하거나 개인의 강점을 더욱 강화시키고, 집단이나 지역사회가 당면한 문제에 효과적으로 대처해 나가도록 돕는 사회복지의 한 실천방법이다(신성자 외, 2012). 코노프카(Konopka, 1983)는 "집단사회사업은 의도적인 집단경험을 통해 개인이 사회경험을 할 수 있는 능력(사회적으로 기능하는 힘, 개인이 사회환경과 유효한 상호작용을 할 수 있는 능력 즉 사회생활능력)을 높여주고 개인 · 집단 · 지역사회의 여러 문제에 보다 효과적으로 대처할 수 있도록 사회자원을 동원하여 원조하는 사회복지의 한 방법이다."라고 정의했다(윤현숙 외, 2001 : 77).

집단사회복지실천은 문제를 가진 개인을 건강한 집단에 포함시켜 개인의 문제를 해결할 수 있도록 원조할 수도 있고, 동일한 문제를 가진 개인클라이언트들을 집단으로 묶어 집단활동을 통해 각 개인의 문제해결을 모색할 수도 있다. 또한 일정한 과업을 가진 집단을 적절하게 지도 · 원조함으로써 과업수행은 물론이고, **집단 내의 역동**(dynamic)을 더욱 강화할 수도 있을 것이다.

결국 집단사회복지실천은 ① 의도적인 집단경험을 포함한다. ② 집단 내에서의 사회적 관계, 집단 내의 역동(dynamic)을 활용, 활성화한다. ③ 목표지향적 활동이다. 집단성원의 교육 및 사회화, 성원의 자기성장, 성원의 지도력 개발, 사회환경의 변화, 조직 및 환경에 대한 개인의 통제력 증진 등이 포함된다(김종옥 · 권승논, 1993). ④ 개인의 사회적 기능 향상(문제해결능력 강화 및 강점 강화)을 도모한다. ⑤ 집단이나 지역사회에 개입해서 집단의 본래 기능 회복 및 강화를 원조한다.

다음은 사회복지실천현장에서 이루어지고 있는 집단대상 사회복지실천의 주요 프로그램들이다(신성자 외, 2012).

- 가정폭력피해 한부모가족 자조모임 역량강화 프로그램
- 군대 내 부적응사병의 적응력 향상을 위한 임파워먼트 프로그램
- 뇌졸중 환자 집단프로그램
- 다문화가족의 가족 기능 강화를 위한 집단프로그램
- 도박 중독자 가정위기극복 프로그램
- 미취학 발달장애아동의 사회성 향상 프로그램
- 보호관찰 청소년의 사회적응 프로그램
- 북한이탈여성가족의 사회적응력 향상 프로그램
- 생활시설 어르신과 대학생이 함께하는 집단활동을 통한 정서지지 프로그램
- 시설 청소년의 자립강화 프로그램
- 알코올중독자 주간 재활집단 프로그램
- 여성장애인의 역량강화를 위한 자조집단 프로그램
- 우울 및 스트레스 위험 청소년집단 학교정신건강 프로그램
- 위(Wee)센터 또래관계 증진을 위한 사회기술훈련 집단프로그램
- 이혼여성가장의 임파워먼트집단 프로그램
- 장애아동 가족 기능 강화를 위한 아빠 역할 찾기 집단프로그램
- 장애여성의 임파워먼트를 위한 집단 프로그램
- 저소득 이혼여성가장의 역량강화를 위한 자조집단 프로그램
- 정신장애인 과제중심 사회기술훈련 집단프로그램
- 조직화를 위한 영구임대아파트 주민 자조집단 프로그램
- 치매가족의 가족 기능강화를 위한 가족집단 프로그램
- 투석 중인 신장장애인의 재활의지강화 집단프로그램
- 학교생활 부적응 청소년의 중도탈락예방 집단프로그램
- 학교폭력 피해학생 역량강화 프로그램

- 학대받는 아동의 사회적응력 향상을 위한 집단치료 프로그램
- 행복한 노후를 보내기 위한 노인집단 프로그램

이같이 현장에서 활용되고 있는 집단프로그램들을 예시했지만, 이러한 집단프로그램이 집단사회복지실천이라고 등식 지우는 것은 잘못된 것이다. 집단과 집단프로그램을 혼용해서는 안 된다. 프로그램은 집단의 내용 가운데 하나다. 집단의 내용은 집단의 목적을 성취하는 하나의 도구로서, 프로그램도 집단의 목적을 성취하는 도구로 활용되는 것이지 집단 자체가 곧 집단프로그램은 아닌 것이다. 또한 집단의 내용에는 토의, 활동(예 : 만들기, 레크리에이션, 게임 등), 교육 등이 포함될 수 있다(엄명용 외, 2009). 헵워스 외(Hepworth et al., 허남순 외 역, 2004)는 가끔 집단형식은 활동 또는 행사 등을 포함하는데, 그러한 프로그램을 이용할 때 사회복지사는 성원들과 그러한 활동들이 특정 목표들을 충족시키기 위해 가장 잘 이용할 수 있는 방법이라는 것에 대해 논의하고, 그 집단의 경험을 평가하고 일반화하는 방법들을 성원들과 함께 계획할 필요가 있다고 설명하고 있다.

2. 집단사회복지실천의 이점과 목적

1) 집단사회복지실천의 이점

집단대상 사회복지실천은 개인을 대상으로 한 사회복지실천보다 더 효과적일 수 있다. 물론 항상 그런 것은 아니다. 그렇지만, 집단사회복지실천은 동일한 문제를 가지고 있는 다수의 클라이언트들을 대상으로 한다는 점에서 한 번에 많은 사람들에게 도움을 제공할 수 있으므로 상대적으로 전문사회복지사의 노력이 덜 들고, 큰 효과를 낼 수 있다. 또한 흔히들 집단으로 뭉치게 되면 힘이 덜 들고, 더 큰 힘이 생기듯이 **집단역동**(group dynamic)이 일어나 상당한 결과를 가져올 수도 있고, 자존감이 떨어져 크게 사회적이지 못한 클라이언트들도 집단 내에서 다른 사람들을 도울

수 있게 됨으로써 자존감을 회복할 수 있는 기회를 가지게 된다. 사회복지실천에서 집단을 활용하는 이유는 집단이 가지고 있는 독특한 특성과 장점 때문이다.

소집단을 활용하여 집단성원들을 원조하는 집단사회복지실천방법은 개인, 가족 혹은 지역사회방법을 보충하거나 보완할 수 있다. 특정 클라이언트의 욕구에 따라서는 개인과 집단형태가 서로 결합되어 활용되거나 순차적인 방법으로 활용될 수 있다. 집단에서는 **상호원조**가 작용하는데, 이것이 집단사회복지실천을 사회복지실천의 다른 방법과 구별짓는 일차적인 요인이다. 소집단 내에서 사람들(집단성원들)이 서로 돕는다는 것이고, 이러한 지지적인 관계에 기반을 둔 상호원조 과정이 성공적으로 작용하게 되면 **역동적인 힘**이 방출되어 치료적인 요소나 변화의 기제로 활용된다. 이러한 역동적인 힘으로 인해 특정 상황에서는 집단방법을 선호하게 된다.

한 사회복지사가 한 클라이언트 체계를 대하는 것과는 달리, 집단에서는 특정 목적을 위해 다양한 관계 및 상호작용을 이해하고 활용하게 된다. 집단을 적절하게 활용하기 위한 현명한 결정을 내릴 수 있도록 사회복지사는 집단 내에 작용하는 독특한 과정에 관한 지식을 필요로 하며, 집단 서비스를 통해 가장 잘 성취될 수 있는 목표에 대한 지식도 필요로 하게 된다(Northen & Kurland, 노충래 역, 2006).

다음은 얄롬(Yalom, 1995)이 제시하는 집단의 치료적 요인[2)]들로 집단이 갖는 장점을 살펴본다(김혜란 외, 2006 ; 신성자 외, 2012).

① 희망감 고취(Instillation of hope) : 다른 사람들이 좋아지는 것을 보고 자신도 좋아질 것이라는 희망을 갖는다.

② 보편성(Universality) : 클라이언트들은 종종 자신만이 유독 외롭거나 비참하고, 받아들이기 어려운 문제를 가지고 있다고 생각한다. 집단을 통해 다른 사람들도 자기와 비슷한 갈등과 생활경험 또는 문제를 가지고 있다는 것을 알고 안도감을 경험한다.

③ 정보공유(Imparting information) : 클라이언트들은 집단사회복지사의 교육 등을

---

2) 1970년 어빙 얄롬(Irvin Yalom)은 성인을 위한 장기 심리치료 집단에서 작용하는 치료적인 요인들을 설명하였지만, 이전부터 소집단에서의 역동적인 힘을 명확히하는 노력이 있었다. 결국 얄롬의 집단에서의 치료적 요인들이 **상호원조의 역동적인 힘**을 의미하는 것이다.

통해 자신의 문제에 대해 보다 명확하게 이해할 수 있으며, 또한 집단성원들로부터도 직·간접적인 제안, 지도, 충고 등을 얻게 된다.

④ 이타심(Altruism) : 집단성원들은 비슷한 문제를 함께 가지고 있기 때문에 서로가 서로에게 지지, 위로, 제안과 통찰을 제공한다. 자신도 누군가에게 도움을 줄 수 있고 타인에게 중요할 수 있다는 경험은 자존감을 높여 준다.

⑤ 사회화 기술의 발달(Socializing technique) : 집단활동을 통해 성원들은 대인관계 상황에 필요한 사회적 기술을 배우고 역할훈련을 통해 적응적 행동을 배우게 된다. 집단 내에서 사람을 사귀는 일이 능숙해진다.

⑥ 모방행동(Imitative behavior) : 집단사회복지사와 집단성원들은 새로운 행동을 배우는 데 좋은 모델이 될 수 있다. 집단 내에서 다른 성원들의 행동을 모방하면서 자신의 행동을 생각함은 물론이고, 비슷한 상황에서 다르게 행동하는 성원들을 관찰하면서 보다 발전된 모습을 배울 수 있고, 집단이 다양한 문화적 배경과 행동양식을 가진 사람들로 구성되는 경우, 서로에게 새로운 행동을 학습하는 모델로서 작용할 수 있다.

⑦ 감정정화(Catharsis) : 집단 내의 비교적 안전한 분위기 속에서(지지적 분위기) 집단 성원들은 그동안 억압되어온 감정을 자유롭게 발산할 수 있다.

⑧ 일차적 가족집단의 교정적 재현(The corrective recapitulation of the primary group) : 집단성원들은 이전에 부모·형제들과 상호작용했던 방식으로 집단지도자나 다른 성원들과 상호작용하게 되는데, 집단 내 상호작용 과정에서 그동안 해결되지 않은 가족갈등에 대해 탐색하고 도전할 기회를 갖는다.

⑨ 집단응집력(Group cohesiveness) : 집단성원들은 집단 내에서 인정받고 수용된다는 소속감을 느끼며, 집단 및 성원들에 대한 신뢰감을 발전시킨다. 집단성원들은 자신들이 의미 있는 집단에 소속되었다는 것을 느낄 때, 다른 성원들과 집단의 규범에 영향을 받게 된다. 집단응집력·집단소속감은 중요한 치료요인으로 작용한다.

⑩ 실존적 요인들(Existential Factors) : 클라이언트는 집단성원들과의 경험 공유를 통하여 다른 사람에게 아무리 많은 지도와 후원을 받는다 할지라도 자신들의

인생에 대한 궁극적인 책임은 스스로에게 있다는 사실을 인식하게 된다.

⑪ 대인관계학습(Interpersonal learning) : 클라이언트는 집단성원 간의 다양한 상호작용 속에서 자신의 대인관계에 대한 통찰을 얻게 되고 자신이 원하는 관계형성에 대한 아이디어를 가질 수 있다. 또한 집단은 대인관계 형성의 새로운 방식을 시험해 볼 수 있는 장이 된다. 얄롬은 대인관계학습이 집단에서 특히 중요한 힘이라 하였다.

이상의 요인들은 분석적인 이유로 분리되어 있지만 실제에서는 각 요인들 간에 중복되는 부분이 존재하고 서로 연관되어 있다. 사회복지사는 집단을 통한 사회복지실천이 가질 수 있는 장점에 기여하는 요인들을 잘 인식하고 그 요인들이 충분히 활용되도록 해야 한다. 집단사회복지실천과정에서 상호원조의 역동적인 힘이 갖는 잠재적인 이득을 충분히 생각해야 하고, 이러한 역동적인 힘이 조성·발휘될 수 있도록 해야 한다. **집단은 단점도 있다**. 대표적으로 집단은 성원의 순응과 성원 간의 의존성을 조장할 수 있으며, 집단 희생양을 만들어 낼 수도 있다는 점이다. 집단을 형성하는 그 자체만으로 집단의 장점이 우연히 생성되지는 않으며, 사회복지사에게는 클라이언트의 자기이해와 변화를 격려할 수 있는 어떤 형태의 상호작용을 만들 책임이 있다(김혜란 외, 2006).

2) 집단사회복지실천의 목적 및 유효성

집단사회복지실천 또는 집단서비스의 제공목적은 집단경험을 선택할 기준을 개발하는 것(여러 실천방법 중 집단을 선택하는 이유)이기도 하고, 집단서비스가 지향하는 지향점이라고도 할 수 있고, 집단서비스가 효과적인 부분을 설명하는 것일 수 있을 것이다.

사회복지실천에서 집단을 활용하는 첫 번째 목적[3)]은 사회적 관계능력 향상이다. 하트포드(M. Hartford)는 “집단사회사업의 중요한 목적 가운데 하나는 사람들이 사회관계에서 발생하는 문제를 해결할 수 있도록 돕고, 정상적인 사람들은 사회적으로

3) 이하 집단사회복지실천의 목적내용은 H. Northen & R. Kurland, 노충래 역(2006)에서 발췌하였다.

더욱 성숙하도록 돕는 것"이라 했고, 골드스타인(H. Goldstein)은 "집단은 종종 관계의 부적응적 양상을 교정하는 데 목표를 두고 있다."라고 주장하였다. 앞서 언급한 것처럼 집단역동(치료적 요인)은 사회관계에서 발생하는 어려움이나 부족한 면(의존-독립, 형제갈등, 권위를 가진 사람과의 갈등, 폭력, 따돌림, 소외감 및 외로움과 같은 문제를 가진 사람들)에 대처하는 데 이상적인 사회적 상황을 제공해 준다.

두 번째 목적은 사회적 능력의 향상에 있다. 집단은 사회적 기능의 문제를 예방할 목적으로 활용될 수 있고, 집단의 목표는 집단성원들이 그들의 사회적 역할을 보다 적절하게 수행할 수 있도록 돕는 것이며, 생애주기를 따라 전환해 갈 때 발생하는 역할기대의 변화에 적절하게 대처할 수 있도록 돕는 것이다. 새로운 심리사회적 발달단계나 전환단계에서 새로운 혹은 변화된 역할을 수행할 때, 적절히 대처할 수 있는 지식과 경험, 기술이 부족하여 어려움을 겪는 경우 집단사회복지실천이 효과적일 수 있다. 예를 들어 예비 위탁가정 부모들은 아동이 새로운 발달단계나 교육과정에 진입할 때 어떻게 적절한 결정을 해야 하며, 무엇을 고려해야 하는지에 대한 정확한 지식정보가 없을 수 있다.

세 번째 목적은 생애 전환기, 문화적 차이, 생명을 위협하는 질병, 이혼, 강간, 신체적 폭력 등과 같은 상황으로 인해 발생하는 **스트레스에 효과적으로 대처할 수 있는 능력을 개발**하기 위한 것이다. 동료로부터의 지지나 자극은 이러한 문제들을 경험한 성원들이 감정을 표현하고 관리할 수 있도록 도울 뿐만 아니라 긴장감을 해소하고 손상된 자긍심을 향상시키며 스트레스 상황과 문제의 현실에 대한 새로운 대처방법을 발견할 수 있도록 돕는다.

3. 집단사회복지실천에서 활용하는 집단의 유형

사회복지사는 실천현장에서 치료중심의 집단, 교육중심의 집단, 사회화집단, 자조집단 등 다양한 목적을 가진 집단을 활용하게 된다. 토스랜드와 리바스(Toseland &

Rivas, 1995)는 집단사회복지실천에서 활용될 수 있는 집단으로, 집단의 목적에 따라 치료집단(treatment group)과 과업집단(task group)으로 크게 분류했다. 치료집단은 개별성원의 사회심리적 욕구를 충족시키는 데 주목적을 두는 집단으로 구성원들 간의 의사소통이 공개적으로 이루어지고, 구성원들 간의 적극적인 상호작용이 격려되고, 상호작용을 통해 역할이 발달되고, 자기표출 정도가 높으며, 집단 내에서 이루어진 내용은 비밀보장을 원칙으로 한다. 그리고 치료집단을 지지집단, 교육집단, 성장집단, 치료집단(therapy group), 사회화집단[4]으로 세분했다. 과업집단은 위원회나 사회행동집단 등과 같이 과업달성을 위해서, 성과물을 산출해 내기 위해서 또는 명령을 수행하기 위해서 만들어진다. 과업집단은 성원의 개인적 성장보다는 방침을 만들어 나가면서 의사를 결정하고 산출물을 만들어내는 것에 집중한다. 과업집단에서는 의사소통이 특정 과업에 관한 논의에 집중되고, 역할도 각 성원들에게 할당되는 경향이 있고, 집단과정은 형식적인 일정과 규칙들이 있다(Hepworth et al., 허남순 외 역, 2004).

다음은 토스랜드와 리바스(Toseland & Rivas, 1995 ; 김혜란 외, 2006 재인용)가 분류한 치료집단을 중심으로 그 특성을 살펴본다.

① 지지집단

대부분의 성공적인 치료집단(therapeutic group)은 지지집단으로서의 특성을 가지고 있다. 지지집단(support group)은 성원들이 스트레스를 주는 생활상의 사건에 잘 대처하고 효과적으로 적응할 수 있도록 원조하는 데 목적을 둔다. 아이디어나 제안, 조언을 공유하고 지지를 제공하기 위한 것이다. 지지집단에서 사회복지사의 역할은 자조 및 상호원조를 통해 대처기술을 향상시키도록 동기화시키며 미래에 대한 희망을 촉진시키는 것이다. 지지집단의 성원은 대개 유사한 문제나 경험을 갖고 있어서 유대가 빨리 형성되며, 자기표출의 정도가 매우 높다. 경우에 따라서는 유사한 어려움을 가진 사람들이 자발적 집단을 만들어 동료끼리 경험을 나누어 개인적으로 바

4) 4가지 주요 목적들(지지, 교육, 성장, 사회화)에 의해 결정되는 특징을 이용하여 치료집단의 분류를 더욱 세밀히 하였다.

람직한 변화를 가져오도록 하는 자조집단도 지지집단으로 볼 수 있다. 지지집단은 일종의 자조집단으로 볼 수도 있지만 자조집단에 비해 보통 사회복지사나 전문가가 이끌게 된다. 지지집단의 예는 다음과 같다.

- 이혼한 부부의 자녀집단
- 암환자나 그 가족으로 구성되어 질병의 영향과 대처방법을 논하는 집단
- 아동양육의 어려움을 함께 나누는 편부모집단
- 정신병원에서 퇴원하여 지역사회에서의 적응을 다루는 집단

② 교육집단

교육집단(educational group)의 주목적은 성원들의 지식, 정보 또는 기술의 향상에 있다. 정보의 제공은 주로 전문가에 의해서 강의 형태로 이루어지며 성원 간의 토의를 통해서 학습이 강화된다. 집단성원은 학습에 대한 공통의 관심사를 가진 사람들로 구성된다. 사회복지사는 성원의 지식, 기술, 경험 등을 고려하여 모든 성원이 최상의 학습효과를 얻도록 해야 한다. 교육집단은 주로 강의를 중심으로 구조화되므로 성원들의 자기표출은 비교적 낮은 편이다. 교육집단의 실례는 다음과 같다.

- 성교육을 받는 청소년 집단
- 예비부모교육을 받는 미혼 성인집단
- 위탁가정의 부모가 되려는 집단
- 특정 약물이나 질환에 대해 정보를 획득하는 집단

③ 성장집단

성장집단(growth group)의 목적은 성원들이 자신과 타인에 대해서 그들의 생각, 감정, 행동을 인식, 확장, 변화시킬 수 있는 기회를 통하여 자신의 잠재력을 최대한 발휘할 수 있도록 하는 데 있다. 성장집단은 사회심리적 병리를 치료하기보다는 사회심리적 건강을 향상시키는 데 초점을 두며, 자신의 성장기회로 집단을 활용하려는 사람들에 의해 구성된다. 따라서 집단은 성원들이 통찰력을 얻을 수 있고 새로운 행동을 시험해 볼 수 있으며 피드백을 얻고 성장할 수 있는 지지적인 분위기여야 한

다. 성장집단의 결속력은 성원들이 잠재력을 발전시키도록 서로 도와주려는 가운데 발달한다. 성장집단은 특성이 다양한 성원으로 구성되는 경우 이질성 그 자체로 성장을 강화할 수 있으며, 유사한 특성을 가진 성원으로 구성되는 경우 성원 간의 감정이입과 지지를 증가시킬 수 있다. 성장집단에서 자기표출의 정도는 높은 편이다. 성장집단의 예는 다음과 같다.

- 부부를 위한 참만남 집단
- 청소년을 위한 가치명료화 집단
- 여성을 위한 의식고양집단
- 은퇴 후의 삶에 대해 초점을 맞추는 노인집단

④ 치료집단

치료집단(therapy group)의 목적은 성원들의 행동변화, 개인적인 문제의 개선, 또는 상실된 기능의 회복을 원조하는 것이다. 대개 집단성원은 전문가에 의해 치료집단이 적합한지 사정된 후 공통의 문제를 겪고 있는 클라이언트들로 구성된다. 치료집단에서 사회복지사는 전문가, 권위적인 인물 또는 변화 매개인으로서의 역할을 수행하게 되며, 집단의 공동목적 내에서 개별성원의 목적을 구체적으로 수립하여 이를 달성하도록 원조한다. 자기표출의 정도는 비교적 높은 편이나 성원들이 겪는 문제에 따라 차이가 날 수 있다. 치료집단의 예는 다음과 같다.

- 지역정신건강센터에서 심리치료를 받는 외래환자 집단
- 건강협회에서 지원하는 금연을 원하는 사람들의 집단
- 초범자로 보호관찰 처분을 받은 청소년 집단
- 약물중독으로 치료를 받는 집단

⑤ 사회화집단

사회화집단(Socialization group)은 사회적 관계에 어려움을 가지고 있는 클라이언트를 중심으로 사회생활에서 효과적으로 기능하기 위해 필요한 사회기술이나 태도를 학습하거나 좀 더 사회적으로 용납할 수 있는 태도나 행동으로 변화·발달시키는 데 중점을 둔다. 사회화집단은 치료집단과 다소 유사한 면도 있지만, 근본적인 원인규명 등의 치료보다는 행동과 기능의 적응유형을 유지하거나 사회적 기능 향상에 목적을 둔다.

사회화집단은 게임, 역할연습, 레크리에이션 활동 등의 특정 프로그램 활동에 참가하여 결속력을 발전시키며 대인관계 기술을 향상시킨다. 사회화집단은 사회기술훈련집단, 자치집단, 그리고 여가집단으로 구분된다. 사회기술훈련집단의 대표적인 예는 의사소통을 효과적으로 하지 못하거나 하지 않으려고 하는 사람 또는 만족스러운 사회관계를 맺는 데 어려움을 느끼는 사람들을 대상으로 하는 자기주장훈련집단을 들 수 있다. 자치집단은 정신병동이나 시설에서 생활하는 사람들이 치료적 공동체에서 자신들의 역할, 책임, 권리 등을 분명히 할 수 있도록 하는 집단이다. 여가집단은 스카우트 활동, 캠핑, 스포츠 활동 등에서 근원을 찾을 수 있다. 여가는 그 자체가 목적일 수도 있으며, 여가활동을 통하여 치료적 효과를 얻으려는 경우 목적에 이르는 수단이 되기도 한다. 사회화집단의 예는 다음과 같다.

- 학교에서 공격적인 아동들의 집단
- 과거에 정신장애환자였던 사람들의 모임집단
- 치료센터에 입소되어 있는 아동들의 주별 모임 집단
- 소풍, 춤과 같은 여가활동을 포함하는 편부모 집단

이상의 분류를 이해하는 데 유의해야 할 것은 사회복지실천현장에서 하나의 목적을 가진 집단은 없으며 대개 한 집단은 여러 목적을 가지고 있다는 것이다. 예를 들어 다운증후군의 자녀를 둔 부모집단은 지지, 교육 및 성장을 목적으로 하며, 알코올 중독자 집단은 위의 목적을 모두 가지고 있다고 볼 수 있다.

또한 자조집단(self-help groups)은 마약이나 암 또는 비만, 자녀의 죽음, 도박, 가정폭력 등과 같은 핵심적인 공통의 문제나 관심사를 가진 사람들 또는 그 문제를 해결하고자 하거나 이해하고자 하는 사람들이 성원 상호 간의 원조를 목적으로 형성되는 자발적 소집단이라는 점에서 치료집단이나 과업집단과 구분될 수 있다. 비록 사회복지사가 자조집단을 형성하는 데 도움을 줄 수는 있지만, 자조집단 자체는 집단의 성원으로서 같은 이슈를 놓고 애쓰는 비전문가들이 이끌어간다. 자조집단들이 강조하는 것은 대인 간의 지지, 그리고 개개인이 다시 한 번 그들의 삶을 책임질 수 있도록 환경을 만들어주는 것이다(Hepworth et al., 허남순 외 역, 2004). 자조집단의 경우는 집단사회복지사가 관여하더라도 중심적 역할을 수행하지는 않는다. 집단을 사회복지사가 떠맡지 않고 지지와 상담을 제공해주는 정도로 관여할 수 있다.

사회복지사가 현장에서 활용하는 집단은 이외에도 많을 수 있다. 예를 들면, 집단의 내용이 사회적이거나 오락 활동을 포함하는 사회집단(social groups, 노인들의 취미모임 등), 오락 및 레크리에이션 집단(recreation group), 토론집단(discussion group), 사회행동집단(social action group) 등도 있을 수 있다.

4. 집단사회복지실천의 접근모델

집단사회복지실천을 어떻게 효과적·효율적으로 이끌어 집단 전체의 목적을 달성하고, 집단 내 개인들의 목표를 달성할 수 있도록 할 것인가? 집단에 어떻게 접근·개입할 것인가에 대한 것이다. 집단사회복지실천에서 이론적 모델을 발전시키려는 노력은 여러 학자들에 의해 시도되었지만, 대표적인 집단사회복지실천 모델로 파펠과 로스만(Papell & Rothman, 1980)이 제시한 세 가지 모델, 즉 사회목표모델(social goals model), 상호작용모델(reciprocal model), 치료모델(remedial model)이 있다.

1) 사회목표모델

사회목표모델은 병리나 질병 등에 대해서보다는 사회문제 해결과 사회적 기능에 관심을 두고, 치료보다는 자기실현에 강조점을 둔다. 사회적 의식과 사회적 책임, 이를 통한 시민 참여, 선량한 사회인, 민주적 과정의 습득을 주된 목표로 한다. 사회가 목표로 하는 것을 습득할 수 있도록 한다는 것이고, 인간관계훈련, 시민참여 등의 활동을 통해 사회적 의식과 사회적 책임이라는 목표를 성취한다. 이 모델에서 집단사회복지사는 교사, 조력자의 역할을 담당하게 된다. 인보관, YMCA, YWCA, 보이스카웃, 걸스카웃 등의 활동처럼 시민들의 지식기반, 기술기반을 넓히고자 하는 집단들의 활동이 이 모델에 포함된다. 사회목표모델은 집단의 선(the good of group)과 사회에 대한 개인의 적응을 강조하는 입장이다.

2) 치료모델

치료모델은 집단을 개인치료를 위한 수단으로 보는 모델로서 개별성원치료에 목표를 둔다. 집단활동을 통해 개인적 치료 목표를 달성하는 데 중점을 두는 집단치료(group therapy)가 여기에 해당된다. 낮은 자존감 · 목적의식 결여 · 분명하고 명확한 자기 정체감의 부족 등과 같은 문제들이 집단치료에서 효과적으로 다루어지게 된다. 주로 불안 · 우울 · 비효과적 스트레스 처리 · 일 처리능력의 부족 · 감정 통제의 어려움이나 표현능력의 부족 · 집단 상황에서의 불편함 · 인간에 대한 불신 · 친밀한 관계 유지의 어려움 등의 문제를 가진 성원들이 대상이 된다(윤현숙 외, 2001 : 78).

치료모델은 미시간대학의 교수들에 의해 처음으로 소개되었기 때문에 미시간모델이라고도 한다. 치료모델은 개인의 목적성취를 지원하기 위한 수단으로서 집단을 강조하는 입장이기 때문에 개인의 선(the good of individual)이 주 요체다. 치료모델에서 집단사회복지사는 변화의 창출자 역할을 하게 되고, 전문가적인 권위를 가진다. 약물남용집단의 사회적응과 재활을 위한 집단활동에서는 사회적응훈련이나 자기수상훈련, 분노조절훈련 등의 프로그램을 포함한다.

3) 상호작용모델

상호작용모델은 인본주의모델이라고도 불리는데, 집단성원 간, 개인과 집단 간 상호작용, 상호관계에 초점을 두고 성원 간 상호지지체계형성과 대인관계향상을 강조한다. '지금 여기에(here and now)'를 강조하면서 현재의 집단과 현재의 개인행동, 관계에 주안점을 둔다. 상호작용모델에서는 집단과 개인 모두의 선(the good)을 위한 집단과 개인의 상호작용을 강조하는 입장이고, 이 모델에서 집단사회복지사는 자료 제공자 또는 중재자의 역할을 하게 된다.

〈표 6-1〉 집단사회복지실천의 모델비교

특징	사회적 목표모델	치료모델	상호작용모델
주 과제	• 비공식적 정치 및 사회 행동에 필요한 자원제공과 사회적 붕괴 예방	• 집단 매개체를 통한 치료로 사회적 사고 및 위험으로부터의 회복과 재활	• 앞의 두 모델의 조합(문제해결을 위한 상호원조체계의 개발)
장기적 목적	• 보다 나은 민주사회 건설	• 개개인의 사회적응 향상	• 개인과 사회의 조화
구체적 목표	• 소속감의 증대, 민주적 참여에 대한 훈련 • 처음에는 전문가에 의해 집단목표가 결정되나 점차 그 책임은 집단에게 이양	• 집단상호작용을 활용하여 역기능 행동을 하는 성원의 치료와 재활 • 세부적인 집단목표를 전문가가 사전에 결정	• 적정수준의 적응과 사회화를 성취하기 위해 성원 간의 상호원조체계 형성, 대인관계 향상 • 집단목표의 결정을 전문가와 회원이 공유
개입 장소 및 기관	• 회원이 있는 가정, 인근 지역, 인보관, 지역사회 복지관	• 임상기관, 사회복지기관 및 시설	• 임상기관, 사회복지관 (집단목표에 따라 다양)
초점	• 개인의 성숙과 민주시민의 역량 개발	• 개인적인 역기능 변화	• 성원 간의 자조, 상호원조체계 개발
지도자 역할	• '영향력을 끼치는 자(influence person)'의 역할 : 바람직한 역할 모델을 제시	• 전문적인 '변화 매개인(change agent)'의 역할	• '중재자(mediator)'의 역할
대상	• 시민, 이웃, 지역주민	• 역기능 또는 문제 해결을 위해 도움을 필요로 하는 자	• 공동관심사의 성취를 위해 협력하는 구성원
집단 활동	• 토론, 참여, 합의, 집단과제의 개발 및 실행, 지역사회조직화, 성원의 사회행동 기술 습득	• 성원의 행동변화를 일으키기 위해 구조화된 개입을 하거나 직접, 간접적 영향력을 발휘	• 관심사를 토론, 상호원조 형성, 상호이익이 되는 결속된 사회체계의 형성

특징	사회적 목표모델	치료모델	상호작용모델
집단 크기	• 3~25명 정도	• 7~10명 정도	• 상황에 따라 유동적
신입회원 가입문제	• 개방적이며 누구나 친구가 될 수 있다.	• 전문가의 통제	• 전문가와 회원의 동의에 의한 자유로운 가입
회합 기간	• 지도력 유형에 따라 유동적	• 정기적이며 시간사용 계획을 사전설정	• 유동적, 지도자와 성원이 합의
대표 학자	• Ryland, Wilson, Coyle, Klein	• Vinter, Sarri, Glasser, Redl	• Schwartz, Bion, Lewin, Tropp

출처 : 남세진 · 조흥식(1997 : 44-45) ; 김혜란 외(2006) 재인용.

5. 집단사회복지실천의 원칙

다음은 집단과의 사회복지실천과정에서 사회복지사가 고려해야 할 실천의 원칙을 살펴보자(윤현숙 외, 2001).

1) 개별화의 원칙

집단사회복지실천의 개별화의 원칙이란 집단 내에서 집단관계나 집단역동을 통해 나타나는 개인으로서의 입장을 명확히 하고 개인의 욕구에 대응한다는 원칙으로, 사회복지사는 집단 전체가 지닌 욕구나 목표, 집단의식을 증진함과 동시에 집단성원 개개인의 존재의식을 명확히 하면서 집단성원의 일원으로 자각할 수 있도록, 개개인의 목표를 설정하여 달성할 수 있도록 원조하는 것이 중요하다.

집단 내 개별화를 위해서는 성원 개개인의 가정적 · 사회적 배경, 집단활동 경험 유무 등을 파악하고, 이를 선제로 그들의 집단 내 태도 · 행동을 이해할 수 있어야 한다. 성원 각자의 개성을 존중하고 집단성원 상호 간의 관계를 존중해야 한다.

2) 수용의 원칙

수용이란 집단성원 각자가 여러 태도·행동·감정을 표현하고 어떤 가치관을 가졌다 하더라도 그 사람을 있는 그대로 인정하고 받아들이는 것을 말한다. 그러나 수용은 반사회적·파괴적 행위를 인정하는 것이 아니라 행위 그 자체는 바르게 평가하되, 그 사람이 그 같은 행위를 할 수밖에 없었던 배경을 이해하고 감정을 충분히 받아들이는 것이다. 표현된 태도나 언어·감정에 대한 수용도 중요하지만, 구성원 개개인을 전체로서 이해하는 것이 중요하다.

3) 참가의 원칙

집단성원들은 집단활동에 참여함으로써 그들이 원하는 목표를 달성할 수 있다. 사회복지사는 구성원들의 참가를 촉진하는 요인과 저해하는 요인에 대해 이해하고 있어야 한다. 참가를 촉진시키기 위해 동기를 부여하고, 촉진을 위한 프로그램을 개발한다. 프로그램을 통해 개인적 욕구나 흥미에 부합하도록 해 집단참가를 유도할 수 있다. 참가의 저해요인으로는 지식 부족에서 오는 불안, 다른 성원들에 대한 중압감 등을 포함하는 집단성원의 불안감, 과중한 역할분담, 성원 간 친분 정도, 집단의 크기가 너무 크거나 작을 경우, 사회복지사의 개입방법 등 다양하다.

4) 체험의 원칙

집단성원들은 집단활동을 통해 다양한 경험을 하게 되고, 협동심, 소속감, 성취감을 느끼게 된다. 이를 통해 성장하게 되는 것이다. 집단성원들은 그때그때 상황을 잘 파악하고, 적절한 시기에 각자의 문제와 과제를 스스로 해결할 수 있다는 느낌을 체험할 수 있어야 한다. 사회복지사는 집단성원들의 적극적인 참여를 촉진함으로써 성원들이 자신의 문제해결에 기반이 되는 요소들을 체험할 수 있도록 도와야 한다.

5) 갈등해결의 원칙

집단 내 갈등이 생겼을 때 갈등으로부터 피하지 않고, 직면하여 문제를 해결하기 위해 노력하는 과정을 중시하는 것이 갈등해결의 원칙이다. 집단은 다양한 배경을 가진 성원들 간에 갈등의 발생 위험이 높다. 집단 내 성원들 개개인 간에, 또는 하위집단 간에 발생하여 하위집단 간 갈등이 심화되어 집단발달과정을 저해한다면 사회복지사는 적극 개입하여 갈등으로부터 벗어나도록 지원해야 한다.

6) 규범의 원칙

집단발달과 목표달성을 위해 성원들을 통제할 최소한의 규칙을 정한다. 예를 들면, 결석하지 않기, 피드백 주기, 다른 성원이 이야기하는 동안 경청하기, 집단토의를 독점하지 않기, 다른 성원들의 생각과 감정 존중하기, 진실하고 솔직하게 피드백 주기, 서로 신뢰하고 협력하기, 비밀 보장하기 등이다. 사회복지사는 집단성원들에게 규칙이나 제한 등을 자각시킬 필요가 있다.

7) 계속 평가의 원칙

집단 목적의 하나는 집단에 참가하여 체험과 경험을 키우고 이를 통해 개인의 성장과 집단 자체의 성장을 가져오는 것이다. 그것은 계속적인 활동을 통해 가능한 것으로, 단발적인 프로그램 활동만으로는 불가능한 것이다. 따라서 계속적 · 연속적으로 집단 과정을 분석 · 평가하고, 이에 기초하여 다음 단계로 이행한다. 평가를 통해 목표를 수정하거나 프로그램을 융통성 있게 변화시킨다.

6. 집단역동

사회복지실천에서 소집단을 활용하여 집단성원들을 원조하게 된 것은 소집단 속에서 발생하는 사회적 힘이 성원을 변화하도록 작용하기 때문이다. 집단 내에서는 성원과 성원 사이 그리고 전문가와 성원 사이에 역동적인 상호작용을 하게 되는데, 이러한 집단과정 내에서 개별성원뿐만 아니라 전체로서의 집단에 영향을 미치는 독특한 힘(force)을 만들어 낸다. 이러한 힘을 **집단역동 혹은 집단역학**(group dynamics)이라고 한다. 집단은 이러한 집단역동을 통해 변화해 나가면서 개별성원에게 영향을 주어 변화를 유도하거나 문제의 해결을 제공한다. 따라서 사회복지사는 집단에 영향을 주는 집단역동을 잘 이해하고 있으면서, 집단역동의 하위요소들이 집단과 개별성원 그리고 집단발달 및 과정에 주는 영향을 분석하고 적절히 개입할 필요가 있다. 집단역동의 구성요소에는 사회적 상호작용–의사소통 유형, 집단의 목적, 대인관계, 지위와 역할, 가치와 규범, 긴장과 갈등, 집단응집력 그리고 하위집단 등이 있다. 이러한 하위요소들은 또한 집단역동에 중요한 영향을 미치게 된다. 이들 각각에 대해 간략하게 살펴보면 다음과 같다(Northen & Kurland, 노충래 역, 2006).

1) 사회적 상호작용–의사소통 유형

의사소통은 사회적 상호작용의 가장 핵심적인 부분이다. 의사소통은 정보, 감정, 태도, 기타의 메시지들이 전달되고 받아들여지며 해석되고 반응하게 되는 복잡한 사회적 과정이다. 의사소통은 언어적·비언어적 형태로 이루어지면서, 타인에게 영향을 미친다. 생각은 주로 언어적인 수단을 통해 교환되지만 정서적인 내용은 비언어적 수단, 즉 얼굴표정, 자세, 몸짓, 침묵, 행동으로 표현된다.

각 성원의 권리를 인정하면서 그 성원의 의견을 듣게 되는 개방된 의사소통체계에서는 성원들이 각자의 문제와 집단의 문제에 직면하여 그것을 해결하려는 의지와 가능성, 기회를 높이게 된다. 이러한 의사소통체계에서 사회복지사는 집단성원들이 집단의 목적을 성취할 수 있도록 촉진하는 역할을 한다. 집단성원들의 솔직하고, 신중하며 의미 있는 상호작용은 그들의 긍정적인 변화를 촉진하게 된다. 따라서 각 성원들은 자신의 정보와 태도를 다른 성원들과 어느 정도 공유해야 하고, 집단과정에 진심으로 관여해야 한다. 사회복지사는 집단성원들이 보다 솔직하고 일관된 생각이나 관점, 정서적 반응을 보일 수 있도록(통합된 상호작용) 이끌어야 한다.

집단과정에서 의사소통은 사회복지사나 집단의 특정 성원에 의해 집중되는 지도자중심형(leader-centered)보다는 모든 집단성원들이 함께 참여하는 집단중심형(group-centered)이 바람직하다. 성원 간에 자유롭게 상호작용할 필요가 있고, 지도자중심(지도자의 생각·목표 등이 작용)이 아니라 집단중심(집단 구성원 목표 중심)으로 상호작용할 필요가 있는 것이다. 미들맨(Middleman, 1978)은 의사소통과정에서 네 가지 상호작용 유형을 제시하였는데, ① 기둥형(maypole), 즉 지도자가 중심인물이고, 성원과 지도자 양자 간에만 의사소통이 이루어지는 상호작용 유형, ② 순번형(round robin), 즉 각 성원들이 돌아가면서 의사소통하는 유형, ③ 뜨거운 자리형(hot seat), 즉 다른 성원들이 지켜보는 가운데 지도자와 한 성원만이 의사소통하는 유형, ④ 자유부동형(free floating), 즉 의사소통이 둥둥 자유롭게 떠다니는 형태로 집단성원 모두가 의사소통 책임을 지는 유형이다. 기둥형, 순번형, 뜨거운 자리형은 지도자중심의 유형이며, 자유부동형은 집단중심의 유형이다.

2) 집단의 목적

모든 집단(가정 등의 집단, 집단사회복지실천에서 집단 포함)은 목적[5]을 갖고 있다. 즉 궁극적 목표와 최종 목표 혹은 의도를 가지고 있다. 집단의 목표는 집단성원의 선택, 의사소통의 발달, 집단규범, 집단의 활동 그리고 집단성원 및 집단의 평가기준에 영향을 준다. 이러한 과정들이 때로는 집단의 목표를 성취하려는 동기에 영향을 주게 된다. 또한 집단의 목표 자체는 명료화되고 강화되기도 하지만, 수정되거나 버려지기도 한다.

또한 개별성원의 목적과 집단의 목적이 일치하면 집단성원의 만족도와 집단의 효과성을 증진시킬 수 있다. 집단성원이 자신의 개인적인 목표가 집단의 전체적인 목적에 의해 성취될 것이라고 인식하게 되면 목표를 성취하려는 동기가 생겨나게 된다. 따라서 사회복지사는 개별성원들의 다양한 목표를 파악하여 이를 명료화할 수

5) 일반적으로 집단실천의 목적으로 자아존중감 향상, 사회적응능력 향상, 재활 및 자립의지 강화 등이 있다.

있도록 돕고, 성원들의 목표 가운데 공통점을 파악할 수 있도록 도울 필요가 있다. 집단이 목표를 설정하게 되면 이를 성취하려고 앞으로 전진하게 되며, 집단의 성원들도 각자 자신의 동기에 의해 앞으로 나아가게 된다.

3) 대인관계

집단의 목적과 더불어 집단성원들 간의 친화성은 집단의 성패를 결정하게 된다. 집단의 발달과정과 관련해서 집단성원들 간의 정서적인 유대감을 구성하고 있는 매력이나 증오와 같은 정서적인 힘에 대해 관심을 기울일 필요가 있다. 집단 내에서의 의사소통행위는 의견과 사실뿐만 아니라 긍정적이거나 부정적인 감정도 전달하게 된다. 집단성원들은 언어적·비언어적 방법으로 서로에게 의사소통을 한다. 이 과정에서 타인에 대한 관심·사랑으로 특징지어지는 성숙한 대인관계보다는 비성숙한 자기중심적인 관계에 머물게 되는 경우들이 있다. 자신의 욕구와 충동에 의해 관계하게 된다. 다른 성원들을 인격적으로 대하거나 타인의 관심사에 적절하게 반응하지 못해 개별성원들 간의 관계뿐만 아니라 집단 전체의 정서적인 분위기를 어렵게 만드는 경우들이 있다.

개개인이 모여 집단을 이루기 위해서는 혹은 현존하는 집단이 생존하기 위해서는 긍정적이면서 집단을 단합시킬 수 있는 힘이 부정적이면서 집단을 분열시키는 힘보다 강하게 지배하고 있어야 한다. 사회복지사는 집단이 성장, 발달하기 위해서는 개별성원들이 자기중심적이기보다는 집단중심적이고 집단에 통합된 행동과 생각을 보일 수 있도록 도울 필요가 있다.

4) 지위와 역할

지위란 주어진 집단 내에서 개인이 차지하는 위치를 말하고, 역할은 집단 내에서 주어진 지위에 대해 기대되는 행동들을 의미한다. 여러 사람이 모여서 활동하게 되면 자연스럽게 집단 내에서 개인의 지위가 결정되며 그 지위에 따른 역할이 주어지게 된다. 아니면 어떤 역할을 하다 보면 자연스럽게 지위가 주어지기도 한다. 그래서 집단 구성원들은 모두가 다른 역할과 집단 내에서의 지위를 차지하게 된다(최선화, 2012).

집단 내에서 집단성원들은 각자의 기준(예 : 어렸을 때의 생활경험, 준거집단, 문화적 가치 등)과 사회적 기준에 따라 집단성원들 서로에게 등급을 매기게 되고, 집단성원 각자들도 자신에 대해 등급을 매기게 된다. 일반적으로 집단 초기에는 사회 내에서 가지고 있는, 가졌던 사회적 지위를 그대로 가지고 들어오는 경향이 있고, 이에 따라 집단 내에서 지위와 역할이 주어질 수 있다. 그렇지만 집단 내에서의 지위는 집단성원들 간에 지속적인 상호작용이 이루어짐에 따라 사회정서적 역할과 과업역할이 발생하게 되고, 이에 따라 변하게 된다. 집단 내에서 집단성원의 위치는 자신에게 주어진 혹은 자신들이 성취한 역할에 의해 영향을 주고받는다. 사회복지사는 집단성원들의 역할에 대한 지식뿐 아니라 역할에 영향을 미칠 수 있는 기술을 갖추고 있어야 한다.

집단활동에 영향을 미치는 지위와 역할로는 지도자와 고립자를 들 수 있다.[6] 지도자는 집단을 이끌어 나간다는 점에서, 고립자는 집단의 응집력과 결속에 방해가 된다는 점에서 중요하다. 고립자는 집단에 포함되지 않는 개인으로 집단활동에 방해가 되기도 한다. 그러므로 고립자들을 포함시키고 결속시키기 위한 노력이 요구된다(최선화, 2012).

5) 가치와 규범

일련의 규범으로 표현된 가치(사람들이 한 집단에 함께 참여하게 되면 공통의 가치체계를 형성하고, 이것이 집단성원에 대한 행동규범을 어느 정도 결정)는 독자적인 문화를 구성하는데, 이 독자적인 문화는 안정된 사회체계의 자산이다. 집단 내에서 규범이

6) 윤현숙 외(2001)에서는 지도자 역할, 고립자 역할 이외에 과제중심역할(과업수행역할), 집단유지 역할(집단기능을 유지하고 강화하도록 지향하는 역할), 자기만족 추구역할(집단을 이용해서 자신의 욕구를 충족하는 역할, 집단이나 집단의 가치를 무너뜨리기 위해 저항하고, 방해와 반대를 일삼거나 일방적으로 자기주장을 고집), 희생양 역할(집단 문제에 대해 무거운 책임을 혼자 짊어진 것처럼 행동하지만, 다른 성원들로부터는 계속 부정적 반응을 얻는다) 등을 언급하였다.

란 집단에 어떠한 결과를 가져오든 간에 성원들에게 기대되는 행동기준을 일반화시킨 것이다. 이것은 가치판단을 포함한다. 일단 집단 내에서 일련의 규범이 수용되면, 이 규범은 집단성원들이 추구하는 목표, 집단성원들의 관계 형성 및 주변의 타인들 그리고 집단의 본질과 내용의 운영 및 문제해결의 수단에 영향을 주고, 행동범위를 규정한다. 또한 규범은 대체로 집단성원들 간의 합의에 의해 만들어지기 때문에 규범을 공유하고 지켜가게 된다. 따라서 규범은 특별한 대가를 지불할 필요 없이 행동을 통제하는 수단으로 작용하게 되고 동시에 대인관계의 힘을 활용하여 규칙에 순응하도록 할 때 발생할 수 있는 불확실성을 없애는 수단이 되기도 한다. 사회복지사는 집단의 규범을 만들고 이를 잘 관리할 수 있도록 촉진해 나가야 한다.

6) 긴장과 갈등

사회학자인 찰스 쿨리(Charles Cooley)는 "생각하면 할수록 갈등과 협력은 분리될 수 없는 것을 알게 되는데, 이는 두 가지가 항상 어느 정도 서로 연관되어 있는 일종의 과정의 단계이기 때문이다."라고 주장하였다(Cooley, 1918). 긴장 혹은 긴장에 대한 위협은 인간발달의 핵심 요소다.

집단활동이 진행되면서 집단성원들 간에는 다양한 형태의 긴장과 갈등관계가 형성될 수 있다. 집단과정에서는 성원들 간에 상호작용이 이루어지고, 대인관계가 형성되는 만큼 대화과정에서든, 과제를 추진하는 과정에서든 갈등은 자연스럽고 필연적이다. 과업의 객관적 상태에 대한 잘못된 정보나 오해, 집단성원들 간의 목표, 가치, 규범에 대한 차이 등에 의해서 발생하게 된다. 집단구성원들은 생활경험이나 사회경제적 자원의 차이를 가지므로 목표, 가치, 규범에 대한 차이는 당연할 것이기 때문이다. 하지만 긴장과 갈등이 집단에 항상 부정적인 영향을 미치는 것은 아니다. 오히려 집단은 긴장과 갈등을 건설적으로 해결할 때 더욱 성장할 수 있다. 집단의 발달과 변화에 있어 매우 중요한 요소인 것이다.

갈등은 정체를 예방하고, 관심과 호기심을 자극하며, 문제에 대한 인식과 제고 그리고 문제의 사정을 가능케 한다. 하지만 갈등이 오래 지속되거나 심각해지면 집단성원들의 심리적인 분열과 심리사회적 기능의 와해를 야기할 수 있다. 따라서 사회복지사는 갈등에 관여된 사람과 문제의 본질, 갈등에 대한 다른 사람들의 반응과 갈등이 일어난 환경 그리고 갈등으로 인해 영향을 받은 모든 사람들에게 나타난 결과를 이해할 필요가 있고, 갈등을 관리할 필요가 있다.

7) 집단응집력

집단응집력은 개별성원이 집단에 대해 갖는 소속감과 매력을 표현한 집단의 특성이다. 집단을 떠나지 않으려는 특성이다. 집단이 성원들에게 매우 매력적이라는 것은 성원들의 태도나 의견 혹은 행동에 변화를 일으킬 수 있는 능력이 집단에 있음을 말해준다. 집단성원들이 소속감을 갖고 매력을 느끼는 근거로는 다른 성원들에 대한 매력과 다른 성원들을 좋아하거나 집단활동 자체가 흥미롭고 유익하기 때문에 또는 집단에서의 지위가 갖는 매력 등 여러 가지가 있을 수 있다(최선화, 2012). 일반적으로 유사성을 가진 집단(예 : 연령, 성별, 지위 또는 당면 문제, 취미, 집단에 대한 이해나 활동에 대한 이해 등)으로 구성될 때 응집력이 증가한다.

집단응집력이 높으면 집단에 대한 만족도가 높고 사기가 충천하고 내적 갈등이 적으며 집단성원이 중도에 탈락하여도 집단이 생존할 가능성이 높아진다. 나아가 집단의 목표를 성취하는 것이 더욱 효과적이다. 집단응집력이 안정적으로 형성되면 집단성원의 시간 엄수와 집단 출석이 규칙적이 되고, 이러한 것들이 자발적으로 이루어진다(집단의 안정성, 참석률이 좋고 이탈률이 낮다). 또한 집단에 대한 소속감이 강하게 되어 '우리' 의식이 향상되며 성원 간의 친밀감이 증가하고, 자기노출에 대한 저항감도 감소되고, 의사소통도 자발적이게 되어 부드러운 분위기가 지속된다(이질감이 사라진다).

그렇지만, 집단응집력이 강하면 집단성원들에게 긍정적 결과뿐 아니라 부정적 결과도 초래할 수 있다. 집단에 과도하게 매력을 느끼는 성원은 변화에 영향을 미치는 부정적인 면을 파악하는 데 어려움을 가질 수 있으며, 다른 성원에 의해 지나치게 영향을 받는다. 기본적인 만족을 위해 집단에 지나치게 의존함으로써 지역사회에서 활동하는 것에 제한을 받기도 한다. 나아가 집단에 대한 강한 동일시는 개별화 및 자아정체감 상실(주체적인 '나'가 아니라 집단 속의 '나'로 인식)을 동시에 가져올 수도 있다. 또한 응집력이 강한 집단은 외부환경으로부터 새로운 정보를 유입시키는 것을 반대함으로써 폐쇄적이 될 수 있다. 결국 집단성원들의 자아정체감이 상실되지 않으면서 모든 성원들에게 유익한 집단응집력이 발달하여 집단이 종결되어도 성원들이 효과적으로 기능할 수 있어야 한다.

8) 하위집단

집단성원들이 상호 간에 공통점을 발견하거나 매력이 생기면 하위집단을 형성하게 된다. 하위집단을 형성하여, 서로 경쟁하거나 반목하거나 협력하는 관계가 설정된다. 하위집단 가운데 다소 우위에 있는 하위집단은 집단에 대한 통제력을 행사하려고 시도하기 때문에 다른 하위집단과 갈등을 유발할 수도 있다(엄명용 외, 2009).

하위집단을 잘 활용하게 되면 집단을 이끌어가는 데 효과적이기도 하다. 하위집단이 여럿인 경우는 각각에게 역할과 지위를 부여하는 방법도 집단의 결속에 도움이 된다(최선화, 2012). 사회복지사는 하위집단의 존재여부와 관계성 등을 잘 관찰할 필요가 있고, 이를 적절하게 응집력에 도움이 될 수 있는 방향으로 전환할 수 있도록 해야 한다.

CHAPTER 07 집단대상 사회복지실천의 과정과 기술

집단대상 사회복지실천의 과정은 집단이 집단목표를 달성하기 위해 생성되어 해산되기까지 변화·진전해 가는 단계적 경과를 말하며, 각 학자들마다 집단발달단계를 통해 집단과정을 다양하게 설명하고 있다(윤현숙 외, 2001).

집단과정(group process)은 집단성원들 사이의 상호작용을 통해 이루어지고, 집단 내에서 성원과 성원 사이, 그리고 사회복지사와 성원 사이에서 발생하는 역동적인 상호작용 그 자체로도 볼 수 있으며, 개별성원뿐 아니라 전체로서의 집단에 크게 영향을 미치게 된다. 여기서는 집단이 경과하게 되는 각 과정의 특성과 사회복지사의 역할, 과제 및 실천기술 등에 관해 살펴보고자 한다.

1. 집단발달단계

많은 사람들과 함께 일해 나가는 과정은 서로에 대해서 익숙해지고 서로와 타협하고 수용하는 과정이며, 이 과정을 통해서 참여한 사람들이 성장하게 된다(최선화, 2012). 같은 목적과 목표를 가지지만 서로 다른 사람들이 함께 모여 집단의 목적 및 개인의 목표를 달성해가는 과정은 쉽지 않은 과정이고, 집단구성원 및 집단사회복지사의 적극적인 노력이 뒷받침되어야 한다. 특히 적극적인 상호작용에 기반하는 집단사회복지실천과정은 조화와 조율의 과정을 잘 극복할 수 있어야 한다.

대부분의 집단은 시간이 지남에 따라 일정한 형태로 발달하게 된다. 대학에서 어떤 학과에 어떤 학생들을 어떻게 선발할 것인가를 미리 계획해서 모집전형을 하게 되고, 학과에 전국 각지의 학생들이 처음으로 만나게 되고, 2~3학년을 거쳐 4학년에 이르게 된다. 처음 1학년 때에는 서로를 알아가고, 친밀감을 형성하게 된다. 저항감도 생기게 된다. 이 과정에서 끼리끼리 하위집단도 생기고, 이들 간의 갈등도 생기게 된다. 점차 시간이 지나면서 각 하위집단들을 인정하게 되고, 상호 인정・협조하는 모습을 보이면서 본격적인 대학생활을 시작하게 되고, 학습목표를 달성하는 과정을 거치게 된다. 집단내부구조, 의사소통과 상호작용의 형태, 응집력, 사회통제, 문화 등이 형성되고 변화되어 간다. 3, 4학년이 되면 각자의 자기 진로를 결정하고 개인 목표를 달성하기 위해 노력하게 된다.

집단을 대상으로 하는 집단사회복지실천에서도 마찬가지의 과정으로 발달하게 된다. 집단의 목적과 목표, 집단의 크기나 구성 등을 계획하는 **준비단계**를 거치게 되고, 집단구성원을 모집하고 모임을 갖기 시작하는 **초기단계**, 집단구성원들이 서로를 알아가면서 지위와 역할을 찾아가고, 이 과정에서 갈등도 생기고, 조정하면서 집단의 목표를 이루어가는 과정인 **중기단계**(과업과 목표를 달성하기 위해 집중적으로 노력하는 단계)에 이르게 된다. 이후 그동안 집단이 해온 노력을 **평가하고, 종결하는 단계**를 밟게 된다. 많은 학자들은 집단의 발달단계를 간략하게 초기, 중기, 종결의 세 단계로 구분(Northen & Kurland, 노충래 역, 2006)하였고, 슐만(Shulman, 윤현숙 외, 2001 재인용)은 준비기, 개시기, 작업기, 종결기로, 토스랜드와 리바스(Toseland & Rivas, 1995 ; 김혜란 외, 2006 재인용)는 계획단계, 초기단계, 사정단계, 작업단계, 평가단계, 종결단계로 구분하였다.

또한 많은 학자들은 단계별 특성에 따라 구분하기도 했는데, 여러 집단에 공통적으로 적용 가능한 갈랜드와 동료들(Garland et al., 1965)은 친밀 전 단계, 권력과 통제 단계, 친밀단계, 분화단계, 종결단계로 구분한 바 있다(Hepworth et al., 허남순 외 역, 2004 재인용). 이를 소개한다.

1) 친밀 전 단계-접근과 회피행동

이 단계에서는 성원들이 접근하고 회피하는 행동이 나타난다. 이는 타인과의 상호작용이나 프로그램 활동에 참여를 주저하는 것이다. 성원들은 자신의 문제와 집단과의 첫 만남에서 오는 불편한 감정에 사로잡혀 있다. 성원들은 보통 침묵을 지키고, 종종 두려워하거나 의심하는 경향이 있으며, 자신이 표현한 것에 대해 다른 성원들이 어떻게 반응할지 우려하거나 지배, 공격, 고립, 거부, 적의에 대해 두려워한다. 그래서 성원들은 조심스럽게 행동하고, 때로 화도 내고, 그러면서 집단이 원하고 기대하는 행동을 인식하려 한다.

또한 성원들은 다른 성원의 사회적 지위와 역할을 자신의 잣대로 규정하거나, 자기소개를 정형화하는 경향이 있고, 이 단계에서 성원들은 집단이 자신에게 어떤 혜택을 줄 것인지 명확하지 않고, 집단목적에 대해서도 잘 이해하지 못한다. 집단의 한계나 제한점을 생각하게 되고, 지도자가 얼마나 능력이 있는지를 확인하고자 한다. 성원들은 다른 성원과 공통점이 있는지 찾고, 그들 사이에서 살아남을 수 있는 역할을 찾거나 승인, 수용, 존경 등을 추구하면서 집단을 향해 움직인다. 초기에는 대부분 지도자를 중심으로 의사소통을 한다. 어떤 성원은 집단 이슈나 구조에 관한 결정 또는 성원의 행동을 통제하는 면에서 사회복지사가 직접 개입하기를 요구할 수도 있다.

2) 권력과 통제단계-변화의 시간

이 단계의 준거틀은 '변화(transition)'이다. 성원들은 상황을 이해하고 예상할 수 있게 되면서 관계의 틀을 구성하려고 노력한다. 성원들은 지지받고 보호받기 위해서 자신과 유사한 다른 구성원들에게 관심을 둔다. 또한 다른 성원과의 관계에서 '서열'에 신경을 쓰며, 구성원들은 하위집단과 위계 또는 일련의 사회적 질서를 만들어낸다.

이 시기에는 대립하는 하위집단들이 자주 갈등을 겪으며, 지도자와 권위 있는 인물, 소극적 참여자에 대해 분노를 표출하는 집단경향이 나타난다. 집단에 대해 매력을 상실하는 경우, 적대감이나 철회 등을 보이기도 한다. 낮은 지위에 있는 성원에 대한 언어적 침해, 공격, 거부 등도 자주 나타나며, 하위집단에 속하지 못한 고립된 성원은 모임에 참석하지 않을 수도 있다. 집단에서 소속감을 경험하지 못한 성원은 갈등적인 집단 경험보다 집단 외부에서 매력적인 것을 찾으려 한다.

3) 친밀단계-친밀한 관계발전

이 단계에 접어들게 되면 집단은 '친밀 전 단계'인 권력과 통제단계에서 친밀단계로 변한다. 갈등은 사라지고 성원 간에 개인적 소속감이 강해지며, 집단경험에 대해 중요하게 인식한다. 성원들은 자신감과 '공동체성'이 성장하는 것을 경험하며, 집단 목적에 대해 깊이 동의하고, 이 목적을 지원하는 계획과 과업을 수행하려는 동기가 높다. 성원 각자의 독특성을 인지하기 시작하면서 상호신뢰하기 시작한다. 각 성원에게 있는 감정과 문제를 드러내기 시작하며, 집단의 의견을 구하기 시작한다.

반면, 성원들은 바람직한 친밀감을 형성하기 위해 자신에게나 타인과 관계하는데 갈등을 일으킬 수 있는 부정적 감정을 억누르고, 성원들은 참석하지 않은 성원에 대해 진실한 관심을 표명하고 참석하지 않은 사람들을 모임에 다시 참석시키기 위해 연락을 할 수도 있다. 이 단계에서는 집단의 문화, 양식, 가치체계에 따라 집단의 '특성'이 나타난다.

개인의 관심이나 기질 또는 다른 긍정적 힘에 따라 분명하게 규범을 세운다. 성원들은 집단에 기여할 수 있는 바에 따라 지위를 정하며 지도력 유형을 다진다. 성원들 간 관계의 틀이 친밀하게 바뀌는데, 성원들은 집단경험을 가정과 같이 느끼게 되며, 다른 성원들을 친자매처럼, 지도자를 집단의 '아버지나 어머니'로 부르기도 한다.

4) 분화단계-집단정체성 발달과 내적 준거틀 형성

이 단계는 집단응집력과 조화로 표현된다. 이 단계에서 집단중심의 기능이 이뤄지며, 개인과 집단의 욕구가 조화를 이룬다. 성원들은 개인적 감정표현이 자유롭고, 자신이 진실로 수용되고 있다는 감정을 느낀다. 자유와 친밀감을 경험하면서 성원들은 집단경험을 독특한 것으로 인지하기 시작하고, 집단은 그 자체의 관습과 구조를 형성하는데, 즉 집단은 그 자체의 준거틀을 형성한다. 집단목적을 적절히 반영하는 '집단' 이름이나 상징을 선택한다.

집단의 에너지는 집단의 목적이나 과제를 수행하는 것에 집중되고, 집단활동과 조직구조를 지원하는 유연하고 기능적인 역할이 발달한다. 집단위계는 보다 융통성을 지향하며 지속적인 특별한 경험이나 능력을 개발하기 위해 성원들은 지도자 역할을 당연한 것으로 받아들인다. 성원들은 자신의 욕구와 처한 상황을 적절히 의사소통하고 다른 사람을 지원하고, 집단에서 발달한 복잡한 상호관계를 이해하는 데에서 자신의 감정과 타인의 감정을 분석하는 기술을 획득한다. 집단기능에 대해 이해하면서, 집단은 갈등을 공개적으로 드러내며 집단 발달을 저해하는 장애물을 확인하게 된다.

모든 의사결정은 만장일치를 지향하며 다른 생각을 가진 성원의 입장을 신중히 고려하고 차이점을 해결하기 위해 또는 공통된 의견을 모으기 위해 노력한다. 성원들은 소속감을 갖기 전에 느꼈던 비밀스러운 수치심을 집단모임에서 자연스럽게 이야기한다. 집단에서 자신의 역할과 관계를 확실히 하면서 다른 집단과 갖는 모임에 흥미를 보이거나 집단외부의 문화를 집단에 가져오기도 한다.

5) 종결단계-헤어짐의 시간

이 단계에서 성원은 이별하기 시작한다. 다른 성원이나 지도자와의 밀착관계를 느슨하게 하며, 욕구를 충족할 새로운 자원을 찾는다. 성원들은 집단을 떠나는 것에 대해 다양한 감정을 경험하게 된다. 지도자나 다른 성원에 대한 분노를 표출할 수 있으며, 이전에 잠잠했던 말싸움이 다시 등장하거나, 지도자에게 더욱 의존적이 될 수도 있다. 집단에서 경험했던 유익함도 종종 거부한다. 이별에 대한 이런 반응은 순간적으로 또는 집단적으로 나타나는데, 이것은 집단 종결에 대한 포기, 거부, 이해의 잠재된 감정과 집단에서 가진 긍정적 감정을 조화시키려는 노력이다.

종결은 집단이 달성한 것을 평가하고 숙고하며 배운 것을 공고히 하는 시간이다. 또 해결하지 못한 과제를 해결해야 하고, 초점을 맞추어 피드백을 주고받는 시간이며, 집단에서 획득한 관계를 음미할 수 있는 좋은 시간이다. 집단에서 배운 것을 다른 상황에 어떻게 적용할 것인지, 집단을 재조직하거나 추후모임을 어떻게 할 것인지 이야기하게 된다.

2. 집단발달단계별 특성과 사회복지사의 역할

집단발달단계에 대한 구분은 학자에 따라 다양하나, 여기서는 **준비단계, 초기단계, 중기단계, 종결단계로 구분**하고 각 단계에서 나타나는 집단성원과 집단의 공통적인 특징, 이에 대한 사회복지사의 역할 및 과제를 소개하고자 한다. 집단사회복지실천과정에서 활용되는 실천기술은 개인을 대상으로 하는 사회복지실천에서 사용하는 기술을 근간으로 하지만, 다소 다른 측면을 가지고 있는 바, 이에 대해서도 살펴보고자 한다.

1) 효과적인 집단운영을 위한 사전준비

집단프로그램을 운영하기 위해서는 기본적으로 개별실천과정에서 비슷한 문제를 가진 사람들을 기반으로 목적과 목표, 프로그램이 만들어지고 진행되어야 하지만, 현장에서는 전혀 그렇지 않는 경우가 많다. 현장에서는 프로그램을 만들어놓고 프로그램에 적합한 사람들을 모집하는 형태를 취한다. 따라서 프로그램진행을 위해 어쩔 수 없이 집단운영과정에 방해가 될 수 있는 사람들을 처음부터 포함시키는 결과도 낳고, 프로그램진행을 위한 인원 모집이 되질 않아 프로그램진행을 하지 못하는 결과도 보이고 있다. 소위 집단프로그램을 진행해야 하기 때문에 어쩔 수 없이 진행하는, 프로그램을 위한 프로그램밖에 되지 않는 경우가 많다.

효과적인 집단사회복지실천을 수행하기 위해서는 사전에 철저히 준비·계획할 필요가 있다. 어떤 집단프로그램을 가지고, 어떤 성원들을 포함시킬 것이며, 집단구조를 개방적으로 가져갈 것인가, 폐쇄적으로 가져갈 것인가, 각 잠재적인 성원들은 어떤 욕구와 목표를 가지고 있는가에 대한 철저한 계획과 사전조사가 이루어져야 할 것이다. 사회복지사가 우선적으로 준비·계획할 부분은 집단 상황에 크게 영향을 미칠 수 있는 집단의 목적과 목표, 집단구성, 집단구조, 물리적 환경, 집단프로그램 등에 대해 사전계획을 세워야 한다. 일반적으로 집단의 구성요소로 알려진 집단의 목적, 집단의 형태, 집단의 크기, 집단활동기간, 집단활동의 길이와 횟수, 모임의 장소 등이 준비단계에서 고려되어야 한다는 것이다.

(1) 집단의 욕구와 목적의 명확화

① 집단계획단계의 집단의 욕구사정: 잠재적 집단성원들의 욕구사정 및 사회·정서적 능력 사정

사회복지사가 집단을 운영하려고 계획하는 시발점은 집단프로그램이 필요해서 의뢰·인정된 사례[1)]들을 두고 적절한 집단프로그램을 계획하는 경우일 것이다. 이때 이들 사례들은 준비단계에서 잠재적 성원들인 것이다. 또한 사회복지사가 사회복지 전문직의 일반적 목적(예: 효과적인 심리사회적 기능 유지 및 향상), 실천경험으로 볼 때 사람들의 일반적인 욕구들(각 발달단계의 과업을 완수할 욕구, 생애과정에서 직면하는 삶의 전환과 위기에 효과적으로 대처하고 싶은 욕구, 건강, 교육, 재정적인 안정, 여가, 사회적 관계에 대한 기본적인 욕구를 충족시킬 기회를 갖고자 하는 욕구 등), 지역사회 주민의 특성과 자원에 비춰봐서 필요하다고 인정되는 욕구들에 기반하여 잠재적인 집단의 목적과 프로그램을 설정해 두고 클라이언트들을 찾아나서는(outreach) 경우도 있을 수 있다. 이때 지역주민들이나 집단서비스를 신청하는 사람들 또한 준비단계에서는 잠재적인 집단성원인 것이다. 또한 성원들을 모집하는 다양한 홍보방법(예: 직접적 접촉, 안내문 게시, TV 혹은 라디오를 통한 홍보, 인쇄물 배포나 신문을 통한 방법, 온라인 매체, 홈페이지 등)을 통해 모집된 사람들도 역시 잠재적인 집단성원으로 볼 수 있을 것이다.

집단의 계획과정에서 사회복지사는 **잠재적인 성원들의 욕구를 사정할 필요**가 있다. 이에 대해 노던과 커랜드(Northen & Kurland, 노충래 역, 2006)는 "집단의 계획과정에서 욕구사정은 보다 공식적인 형태인 접수면접에서 이루어지지만, 종종 집단의 구성과정에서 욕구사정은 성원을 찾아가서 비공식적으로 대화를 나눔으로써 이루어질 수 있다. 공식적인 방법이든 비공식적인 방법이든 간에 사회복지사는 잠재적인 성원인 클라이언트가 필요로 하고 원하는 것이 무엇인지 파악하기 위해 다양한 질

1) 스스로 필요해서 기관에 찾아와서 집단서비스를 요청하는 경우나 다른 기관이나 다른 사회복지사들이 집단서비스가 필요하다고 의뢰된 경우, 사회복지사 스스로 개별 대상자에 대한 개별 실천과정에서 집단서비스가 필요하다고 인정된 경우 모두를 포함한다.

문을 고려해야 한다. 직접적으로 묻는 질문(예: 당신의 욕구가 무엇이라 생각하세요?)은 매우 제한된 반응을 가져올 뿐이고 특별히 도움이 되지 않는 대답들일 수 있다.

욕구를 사정함에 있어 중요한 것은 피면접자에 대한 현실적인 감각을 익히는 것이다. 그들이 하루를 어떻게 지내고 있는가? 주말에는 주로 무엇을 하는가? 그들의 염려는 무엇인가? 그들의 희망, 꿈 혹은 소원은 무엇인가? 그들의 가족은 어떠한가? 친구들과 함께 있을 때 그들은 무엇에 대해 이야기하는가? 이러한 질문들에 대한 잠재적인 성원의 대답을 통해 사회복지사는 클라이언트에 대해 많은 것을 알 수 있는데, 그들의 대답 자체가 상당 부분은 그들의 욕구를 나타내는 지표가 될 수 있다. 또한 잠재적인 집단성원들을 관찰할 수 있는 기회 혹은 가능하다면 그들과 잠시 어울릴 수 있는 기회를 갖는 것(예: 특정 클라이언트가 지역주민들과 어울리는 모습을 관찰한다든지, 사회복지사가 지역주민들과 어울리는 기회 등), 지역사회로 사회복지사가 나가서 특정의 잠재적인 집단성원뿐 아니라 여러 사람들(관련된 교사나 부모, 타 기관의 직원 등)과 대화하는 것은 사회복지사가 집단계획과정에서 클라이언트의 욕구를 사정하고 이해하는 데 도움을 준다. 특정 잠재적인 집단성원들에 대해 지역사회의 관련자들과 대화를 나눌 때 특정 주제가 나타나게 되고 일부 염려사항들이 반복적으로 표현된다면, 이러한 특정 주제는 사회복지사가 계획하고 있는 집단에서 다루어야 할 욕구에 대한 단서를 제공한다."고 설명하고 있다.

잠재적 성원들에 대한 사정에서 또한 고려되어야 할 것은 잠재적 성원들의 사회·정서적 능력이다. 이에 대해 김혜란 외(2006)는 "클라이언트의 현실검증 능력, 의사소통 능력, 인식 능력, 타인과의 감정공유 능력 등은 클라이언트가 집단으로부터 도움을 얻을 수 있는 정도에 영향을 미친다. 코리(Corey, 1999)는 집단에 적합하지 않는 사람으로서 극도의 위기상태에 있는 사람, 자살 가능성이 있는 사람, 아주 의심이 많은 사람, 타인을 지배하려는 욕구를 가진 사람, 적대적이고 공격적인 사람, 매우 자기중심적인 사람, 자아가 약한 사람 등을 들고 있다. 모든 집단으로부터 어떤 종류의 사람이 제외되어야 한다고 범주화하기는 어려우며 결정은 개별 집단별로 이루어져야 할 것이다."라고 설명하고 있다.

② 집단계획단계의 집단의 목적 설정

집단의 목적은 구성하고자 하는 집단의 지향점이고, 도달하고자 하는 지점이다. 집단이나 성원들이 나아가야 할 방향을 제시하는 것으로, 잠재적 성원들의 욕구나 기대 등이 반영되고, 사회복지사의 집단에 대한 가정이나 기대·목표, 기관의 목표·기능·승인 등을 고려하여 결정된다.

집단의 목적은 집단이 집합적으로 추구해야 할 목표와 개별성원들이 집단참여를 통해 얻고자 하는 희망, 기대, 목표 모두를 포괄해야 한다. 잠재적인 집단성원들의 공통 욕구가 파악되고 그것이 집단구성의 근거로 활용될 때, 개별성원의 목표는 집단의 목적과 연관될 가능성이 크다. 개별성원의 목표와 집단목표가 일치할수록 집단성원들은 집단목표에 찬성하여 자신들의 자원이나 에너지를 기꺼이 투여하게 된다.

사전 집단 계획과정에서 사회복지사는 집단의 목적을 임시로 설정하게 되는 것이고, 이후 집단지도자와 집단성원들의 토론을 통해 타협, 수정될 수 있다. 계획과정에서 사회복지사는 목적에 관해 개방성과 유연성을 가지고, 잠재적인 성원들에게 알려줌으로써 집단의 목적에 대한 자신들의 생각을 표현할 수 있도록 자극하고, 자신들의 목표와 일치하는지에 대한 생각을 표현할 수 있도록 유도할 필요가 있다(Northen & Kurland, 노충래 역, 2006).

집단이 클라이언트에게 도움이 될지를 잠재적 집단성원들이 결정할 수 있도록 집단모임의 이유, 집단활동의 내용, 참여자들에게 요구되는 기대 등을 포함한 집단목적에 대한 **간단한 진술이 필요**하다. 목표를 진술할 때는 집단성원들이 이해하기 쉽게 명확하고 간단하게 서술해야 한다는 것이다.

(2) 집단의 구성

집단의 구성은 집단을 어떻게 구성할 것인가에 대한 것이다. 모든 잠재적 성원들이 특정 집단의 구성원이 되기에 적합한 것은 아니다. 집단의 구성이 잘못되면 그 집단은 오래가기 어렵고, 응집력이 떨어져 소기의 목적을 달성하기 어려워진다. 어떤 사람들을 포함 혹은 배제할 것인가, 동질적 구성 혹은 이질적 구성을 할 것인가, 구성을 개방적으로 할 것인가 혹은 폐쇄적으로 할 것인가, 그 규모를 어느 정도로 가져갈 것인가 등을 포함한다.

무엇보다도 집단의 구성에 있어 가장 중요한 요소는 집단의 목적이다. 잠재적 성원들의 공통적인 욕구에서 집단의 목적이 설정될 것이고, 이 목적에 따라 집단구성이 결정될 수 있는 것이다. 또한 잠재적 성원이 사회복지사가 집단이 직면한 과제나 관심사라고 생각하고 있는 것을 공유하고 있는지에 따라 결정될 필요가 있다. 집단과업에 대한 지각이 같으면 집단결속력이 생기고, 집단 기능에 대한 성원의 만족도도 증가하며, 사회복지사가 집단의 목적을 달성하는 데 장애요인이나 저항을 극복하는 데 많은 시간을 할애하지 않아도 된다(김혜란 외, 2006).

① 동질성과 이질성

집단을 구성하는 데 일반적으로 논의되는 것은 성원들 간의 동질성과 이질성의 요소를 어느 정도로 어떻게 가져갈 것인가이다. 동질성과 이질성은 집단구성원들의 기술적 특성(descriptive characteristics)과 행동적 특성 혹은 문화적 특성 등이 비슷한 사람들로 구성할 것인가, 이러한 특성에 있어 이질적인 사람들로 구성할 것인가이다.

기술적 특성이란 사람들을 기술하는 것으로, 예를 들어 연령, 성, 인종, 국적, 교육, 직업, 결혼 여부, 기타 사회경제적 지위 등을 뜻하고, 이 중 인종, 사회계층, 종교 등과 같은 요인들은 문화적 특성으로 볼 수 있다. 행동적 특성이란 개인이 행동하는 방식이나 행동하도록 기대되는 것을 의미하는데, 예를 들어 규칙을 따르거나 충동적이거나 수줍어하거나 공격적인 행동 등을 의미한다. 집단성원의 다양한 목표와 기술적 특성 가운데 일부가 동질적이면 성원들 간에 친밀함과 대인관계의 매력이 있게 되어, 결국 상호 수용과 지지로 이어지게 되고, 집단의 결속력을 높여준다.[2] 동시에 대처유형과 사회성 기술 등과 같은 행동적 특성이 이질적이면 집단

2) 그렇지만 너무 동질적인 집단은 성원들이 서로를 잘 이해하고 있다고 생각하기 때문에 서로를 자극하거나 반론을 제기하지 않아 침체되는 경향이 있다.

의 생명력을 확보할 수 있는 자극을 제공한다. 따라서 이러한 차이점으로 인해 사람들은 다양한 선택조건과 대안을 인식할 수 있게 된다(Northen & Kurland, 노충래 역, 2006).[3)]

〈표 7-1〉 동질적 구성과 이질적 구성의 장 · 단점

동질적 집단	장점	의사소통 촉진, 상호관계 증진, 집단결속력이 높으므로 집단활동에 빨리 집중
	단점	다양성이 적어 토의 문제에 대한 성원들의 흥미가 낮고, 활동수준 피상적
이질적 집단	장점	다양한 관점과 경험을 가짐으로써 문제해결을 위한 적극적 시도 가능성
	단점	방어와 저항으로 초기에 성원탈락 가능성, 하위집단 형성

집단이 잘 유지되기 위해서는 어느 정도는 동질적이면서도 또한 어느 정도는 이질적이어야 한다. 동질성과 이질성이 적절히 균형을 유지해야 한다는 것이다. 여기에 가장 일반적으로 받아들여진 원칙이 있다면, 레들(F. Redl, 1953)이 지적한 '**최적 거리의 법칙**(the law of optimum distance)'일 것이다. 집단은 집단의 안정성을 보장할 만큼 동질적이면서 집단의 생명력을 보장할 만큼 이질적이어야 한다는 것이고, 이 원칙은 집단의 주요 역동성이 집단성원 간의 상호지지와 상호원조라는 전제에 근거한 것이다(Northen & Kurland, 노충래 역, 2006).

② 개방형 집단과 폐쇄형 집단

집단구성에 있어 또 다른 고려사항은 개방형 집단을 유지할 것인가, 폐쇄형 집단을 구성할 것인가이다. 개방형 집단은 집단이 진행되는 과정에서 신입성원을 계속 허용하는 경우이고, 폐쇄형 집단은 신입성원을 허용하지 않는 경우이다. 개방집단의

3) 그렇지만 너무 이질적이면 성원들이 관계를 맺기 어렵고, 그들의 문제를 표출하고 유대를 형성하기에 어려움을 가진다. 특히 초기에 많은 저항이나 방어가 있기 쉽고, 이로 인하여 성원들이 탈락할 수도 있다.

호저의 원칙(porcupine principle)

이 집단구성 원칙은 성원들의 유사성과 상이성 사이에 균형이 있어야 한다는 것을 의미한다. 눈보라 치는 동안에 숲 속에 있는 호저(por-cupine : 가시 있는 돼지, porcupine, 고슴도치와 같이 가시가 있는 설치동물)처럼 그들은 체온을 유지할 만큼 서로 밀착하여야 하지만, 서로 찔려 죽을 정도로 밀착해서는 안 되는 것이다. 집단성원들은 유사성을 지니고 있어야 한다. 그러나 성원 간에 너무 많은 유사성이 있으면 그 집단은 유지될 수 없을 것이다. 한편 집단성원들이 너무 이질적일 경우에도 집단은 본래의 기능을 하지 못하게 될 것이다(Reid, 1997 ; 김혜란 외, 2006 재인용).

(쥐목 호저과)

- 허리와 옆구리, 등 쪽이 크고 단단하고 날카로운 가시로 덮여 있는 호저는 포큐파인 또는 산미치광이라 불린다. 설치류 중에서는 몸집이 가장 크고 빠르지도 않지만, 이 가시 때문에 육식 동물들도 쉽게 호저를 잡아먹지 못한다. 가시는 최대 50cm나 되고, 빠져도 털처럼 다시 나기 때문이다.
- 호저는 적에게 위협을 받으면 몸을 뒤로 돌려 꼬리의 큰 가시들을 흔들며 가까이 오지 못하도록 경고하는데, 꼬리의 가시는 속이 비어 있어서 흔들면 소리가 난다. 그래도 적이 물러서지 않으면 적의 얼굴과 몸 쪽으로 다가가 꼬리를 흔들어 가시를 잔뜩 박는다. 가시는 날카롭고 뾰족할 뿐 아니라 낚싯바늘의 끝처럼 끝이 갈고리 모양으로 구부러져 있어서, 한번 박히면 뽑아내기 힘들다.

노아의 방주 원칙(Noah's ark principle)

노아는 방주에 태울 동물들을 선택할 때 모든 종류의 동물을 최소한 각 두 마리씩 선택했다고 기록되어 있다. 말하자면, 이 원칙은 사회복지사가 집단을 구성할 때 특정의 인종, 성 또는 생활 스타일 등의 특성을 가진 한 사람만을 선택하지 않도록 유의해야 한다는 것이다(Reid, 1997 ; 김혜란 외, 2006 재인용). 예를 들면, 남성과 여성으로 구성되는 집단을 운영하고자 하는 경우에는 최소한 두 사람의 남성과 두 사람의 여성이 있어야 한다는 것이다.

장점은 새로운 구성원의 유입으로 새로운 자극이 있게 됨으로써, 집단과정에 활력을 불어넣을 수 있다는 것이다. 그렇지만, 집단활동을 지속적으로 유지해 나가는 데 방해가 될 수도 있다. 새로운 집단성원이 적응할 수 있도록 집중하다 보면 집단 전체의 응집력이 떨어진다든지, 집단과정을 반복해야 하는 경우도 있기 때문이다.

폐쇄형 집단은 성원들 간의 응집력을 유지할 수 있고, 성원들 간의 신뢰와 자기표출에 어려움이 적어 집단의 안정성은 확보되지만 상호작용이 고정되고, 고인 물처럼 되어 상호작용의 활력이 떨어질 가능성이 있고, 많은 수의 집단성원들이 조기에 탈락할 경우 집단을 유지하기 힘든 경우도 발생할 수 있다.

③ 집단의 규모(크기)

집단의 크기는 집단의 유형이나 목적에 따라 달라질 수 있다. 일반적으로 치료집단의 경우는 규모가 작고, 교육집단의 경우는 보다 많은 수의 성원을 포함한다. 집단은 집단구성원 간의 상호작용 및 관계 더 나아가 집단역동을 바탕으로 하고 있기 때문에 기본적으로 많은 인원을 포함하는 것은 선호되지 않는 경향이 있다. 일반적으로 7~8명 정도가 소집단활동에서는 직접적인 상호작용이 일어날 수 있는 이상적인 수로 인정하고 있다.

집단이 작을수록 성원들 간의 관계가 더욱 친밀해질 수 있고, 각 성원이 집단에 더 깊이 관여할 수 있어 집단이 개별성원에 주는 영향력이 더욱 클 수 있다. 집단의 목표를 수정하거나 집단성원의 변화하는 욕구를 충족시키는 데 있어 보다 유연할 수 있다. 하지만 집단이 너무 작으면 상호작용이 다양하지 못하고, 적절한 자극을 제공할 수 없는 결과를 초래하여 성원들의 긍정적인 변화를 촉진할 수 있는 역동적인 힘이 적어질 수 있다. 또한 중도에 빠지는 사람이 생길 경우 집단활동이 어려워질 수 있고, 각 성원들이 집단참여에 대한 압력이 커서 오히려 집단활동에 역효과를 낼 수도 있다.

집단의 규모가 커짐에 따라 집단성원들 간의 친밀감 형성이 어려울 수 있다. 각 성원들이 상호작용해야 할 다른 성원들이 더 많아지고, 익명성이 증가할 수 있어 직접적인 상호작용에 다수의 문제가 생길 수 있다. 하위집단들도 생기게 된다. 대집단에서 상호작용을 높이고 친밀감을 형성하기 위해서는 소집단으로 나누거나 짝을 지어 활동하는 방법을 활용할 수 있다(최선화, 2012).

(3) 집단의 구조

집단의 구조(structure)는 집단 진행을 원활히 하기 위해서 사회복지사가 사전에 계획해야 할 집단활동 기간, 집단활동 길이와 횟수, 모임장소 등을 말한다.

① 집단의 활동기간

계획하는 집단의 활동기간은 집단의 목적과 집단이 충족하고자 하는 욕구와 관련된다. 단기간 동안 존재할 집단에 자신들이 속해 있다는 사실을 알게 되면, 집단성원들은 보다 빠르게 움직이고 대인관계 형성에 노력하기보다는 집단의 내용에 집중한다. 반면 집단성원들이 오랜 기간 함께 할 집단에서는 다른 성원 및 사회복지사와의 관계와 집단의 전통 및 규범에 보다 많은 시간을 보내는 경향이 있다. 집단의 목적이 사회관계 및 사회적 능력의 효과적인 기능을 개발하거나 회복시키는 것이라면 이상적으로는 장기집단이 요구된다. 그럼에도 불구하고 일상적으로 1회에서 12회로 구성된 단기집단도 본질적으로 보다 제한된 다양한 욕구와 목적을 성취하는 데 매우 효과적이다. 단기집단은 성원들이 새로운 역할이나 상황에 대해 준비할 수 있도록 도울 때 활용될 수 있다(Northen & Kurland, 노충래 역, 2006).

집단활동 기간과 관련해서는 기간을 미리 정하느냐 여부도 포함된다. 집단활동 기간을 미리 정해둘 수도 있고, 미리 정하지 않고 상황의 변화나 목표달성의 정도에 따라 이후에 결정할 수도 있다. 미리 활동기간을 정한다면, 목표를 달성하기 위해 집단지도자 및 참여성원들이 적극적으로 노력하는 면이 있어 효율적일 수 있지만, 목표달성에 대한 부담감이나 압박감을 견뎌야 하는 부담도 있다. 시간제약을 두지 않게 되면 문제를 깊이 다룰 수 있는 시간적 여유를 가질 수 있으나 집단활동이 비효율적이거나 구성원들이 집단에 의존하게 된다는 문제점이 발생하기도 한다(최선화, 2012).

② 집단의 모임빈도와 소요시간

집단이 어느 정도 자주 모일 것인가는 집단의 사전계획에서 고려되어야 할 또 다른 영역이다. 집단사회사업에서 보편적인 모임빈도는 일주일에 한 번이고, 평균적인 모임소요시간(length)은 1~2시간이다. 한 시간보다 짧으면 제기된 문제를 토론하기에 충분하지 못하고 2시간 이상이 되면 지겨움을 느껴 집중하지 못한다. 집단모임의 빈도와 소요시간을 정할 때 성원들의 주의집중능력을 고려해야 한다. 예를 들어 아동이나 제한적인 기능을 가지고 있는 성인들에게 한 시간 이상 지속되는 집단모임은 적절하지 않을 수 있으며, 오히려 일주일에 두 번 30분씩 나누어 모임을 가지는 것이 바람직할 수도 있다(Reid, 1997 ; 김혜란 외, 2006 재인용).

③ 모임시간과 모임장소, 모임공간

집단의 모임시간(time)은 성원들의 출석에 상당한 영향을 미칠 수 있다. 집단성원들이 참여할 수 있는 적절한 시간대를 설정할 필요가 있고, 주부들 집단인 경우는 가족들이 모두 출근한 후 또는 퇴근하기 이전이 좋을 것이다. 집단성원들의 일상적인 과업이나 책임을 고려해 집단중심으로 모임시간을 설정할 필요가 있다.

모임장소는 대개 사회복지기관이 될 것이다. 그렇지만, 집단성원들의 편의성과 접근성을 고려할 필요가 있다. 때로는 집단성원들의 특이한 정서들도 있을 수 있다. 다른 사람의 집에 가는 것을 힘들어한다든지, 특정 장소에 대한 불안감이 있는 경우도 있을 수 있다.

모임공간은 공간의 규모나 배치 등의 물리적 환경을 의미한다. 집단토의 참여와 친밀한 관계 촉진하기에 이상적인 공간은 조용하면서 필요한 활동을 할 수 있을 만큼 충분히 크며, 집단성원들이 서로 쉽게 보면서 상대방의 말을 들을 수 있을 정도의 거리 내에 의자를 자연스럽게 둥글게 배치해 놓는 것이다. 둥글게 배치하는 것은 친밀함을 나타내는 상징이다. 사회복지사는 물리적 환경이 집단성원들에게 주는 영향을 고려할 필요가 있으며, 적절한 환경을 계획하기 위해 자신들이 할 수 있는 일을 해야 하고 유용 가능한 것을 최대한 활용해야 한다. 열악한 물리적 시설 내에서도 사회복지사는 일관성 있고 지지적이며 신뢰할 만한 물리적 분위기를 연출하고 유지하는 것이 필요하다(Northen & Kurland, 노충래 역, 2006).

2) 집단실천의 초기단계

집단실천의 초기단계는 선정된 성원들이 최초로 모임에 출석하여 성원들끼리 대면함으로써 시작된다. 이 단계에서 집단성원들은 낯선 사람들과 새로운 환경에 직면하여 상당한 불안감과 불신감, 두려움, 저항감을 나타낸다. 뭔가 문제가 있어 집단에 참여하게 되었다는 스스로의 인식들이 작용하여 다른 사람들이 어떻게 생각할까 등의 불안감을 나타내면서 다른 성원들을 의식하고, 자신을 드러내야 한다는 점도 두렵게 작용한다. 따라서 새로운 사람과 접촉하기보다는 안면이 있는 사회복지사와만 의사소통하는 모습을 보이게 된다. 다른 성원들과도 의사소통을 하지만 다소 피상적인 모습을 유지한다. 집단 내에서도 의사소통과정에서 피상적인 대답을 하는 등의 모습을 보이게 된다. 집단성원들과 집단전체에 대해 어느 정도 거리감을 보이게 된다. 또한 집단에서 도움을 받을 수 있을지, 자신의 문제를 해결할 수 있을지에 대한 의구심도 갖게 된다.

불안과 더불어 초기단계에 흔히 접할 수 있는 집단성원의 특성은 저항이다. 특히 비자발적 집단성원일 경우 저항의 강도는 더욱 심할 수 있다. **저항[4]은 참여하기를 거절하거나, 직접적으로 적대감을 나타내거나, 집단에 협조하지 않으려는 것을 의미한다.** 집단과 일정한 거리를 두고 떨어져 앉는다든지, 전혀 집단에 무관심한 모습을 보인다든지, 다른 행동을 한다든지 하는 모습으로 나타난다.

그러면서도 집단성원들은 다른 성원들을 탐색하기도 한다. 신중한 태도를 가지고, 피상적인 내용을 중심으로 대화를 가지면서도 이 과정에서 이야기가 통한다고 인식하든지, 어떤 공통점을 발견하게 되면 서로에 대한 관심이 증가한다. 이 과정에서 성원들은 끼리끼리 모이게 되고, 하위집단을 형성하기도 한다. 이러한 초기단계 집단의 모습을 윤현숙 외(2001)는 "접근과 회피가 공존", "성원들끼리의 평가·서열화·투쟁", "하위집단의 등장과 형성"으로 설명한다.

초기단계 집단전체의 특성은 지도자중심의 의사소통, 성원들 간에는 조심스럽게 움직이면서 서로를 탐색하고, 어느 한 성원이 자신을 드러내 보이면 이 성원에게 모

4) 저항은 무언가를 피하거나 대항해 싸우는 행위를 말한다.

든 것이 집중되기도 한다. 집단성원 간의 상호작용 및 신뢰관계가 형성되지 못한 분위기라 볼 수 있다.

(1) 초기단계 사회복지사의 역할과 과업

① 신뢰관계(신뢰감) 형성 노력

초기단계에는 집단성원들이 다양한 원인에 기인한 불안감이 크고, 상호작용 및 신뢰관계가 아직 형성되지 않았기 때문에 사회복지사는 집단성원들 간의 라포형성에 주력해, 불안감과 긴장감을 해소해 주며 구성원들 간의 친밀감을 형성할 수 있도록 도와주어야 한다. 초기단계의 가장 뚜렷한 특징은 집단성원들 간 그리고 집단성원들과 사회복지사 간의 신뢰감 형성이다.

흔히 성원들 간의 초기의 긴장을 풀고 서로 간에 편안함을 나눌 수 있도록 신체적 접촉을 통해 서로 간의 간격을 없애는 활동을 한다든지, 서로를 간단하게 소개하고 별칭을 만들고 이름을 외우는 놀이를 하는 등 **'얼음깨기'**를 함으로써 구성원들 간에 개방과 탐색으로 신뢰를 쌓아나가는 분위기를 만들어갈 수 있다. 또한 전체 집단의 분위기를 지지적인 분위기로 만들어가는 노력이 중요하다. 집단 초기에는 불안과 긴장감을 가지며, 어색해하는 것은 자연스러운 일이라는 것을 이야기해 줌으로써 자신이 느끼는 감정이 보편적이라는 사실을 인식시키고, 집단분위기를 **지지적인 분위기로 만들어 가야 한다.** 사회복지사가 집단성원들이 하는 말을 비심판적으로 경청하고 집단성원 개개인의 경험을 존중하는 자세를 보이면서 있는 그대로 수용하는 모습으로 보임으로써 전체적인 분위기를 지지적인 분위기로 가져갈 수 있을 것이다.[5)] 집단구성원들 간에 **공통성을 찾아 성원들에게 인식할 수 있도록** 해 서로 간에 익숙해질 수 있도록 도울 필요가 있다. 집단성원들의 불안을 감소시키고 서로 친밀감을 형성할 수 있도록 사회복지사를 중심으로 하는 의사소통이나 상호작용에서 **구**

5) 엄명용 외(2009)에서는 "사회복지사가 집단성원들에게 보이는 태도를 통해 집단성원들을 가르칠 수 있다. 사회복지사가 집단 내에서 보이는 태도나 행동은 집단성원들이 서로를 신뢰하며 건설적이고 생산적인 방법으로 상호작용하는 방식을 가르칠 수 있는 가장 강력한 힘이 될 수 있다."고 설명하고 있다.

성원 간에 서로 소통하고 상호작용할 수 있도록 장려해야 한다. 개방적이고 솔직한 의사소통을 촉진시키며, **집단과정을 민주적**으로 하여 신뢰할 수 있는 분위기를 확립하도록 해야 한다.

초기단계에서 라포를 수립하기 위한 기술은 다음과 같다(윤현숙 외, 2001).

- 일상적 대화(예 : 날씨, 뉴스거리 등)로 친밀감을 느끼게 한다.
- 자신에 대한 소개와 집단목적에 대한 공식적 입장을 밝힌다. 집단지도자는 도움을 줄 수 있는 지식이 풍부하고 이해력 있는 사람이라고 알린다.
- 집단성원들이 집단 내에서 문제를 충분히 의사소통하기에 안전하고 수용적이라고 느낄 수 있도록 비위협적 분위기를 수립한다.
- 집단성원을 평등한 관계에서 보아야 한다.
- 성원들과 공유된 어휘를 사용해야 한다. 이는 구성원과 똑같은 속어나 억양을 가져야 하는 것을 의미하는 것은 아니다. 성원들과 눈높이를 맞추어 이해할 수 있고 자존심을 침해하지 않는 언어를 사용해야 한다는 것이다.
- 이름의 기억은 관심의 표현이므로 가능한 한 빨리 성원들의 이름을 기억한다.
- 집단성원이 한 말에 대해 비밀을 유지한다.

코레이(Corey et al., 김진숙 외 역, 2012)는 신뢰할 수 있는 분위기를 유도하는 태도와 행위로 지금－여기 초점(그때－거기 초점이 아닌), 주의집중과 경청, 비언어적 메시지의 이해, 공감, 진실성, 자기개방,[6] 존중, 돌보는 태도로 하는 직면, 신뢰의 유지[7] 등을 들었다.

② 집단의 목적에 대한 설명과 피드백, 개별성원들의 목표 설정

사회복지사와 집단성원 사이의 사전 면접을 통해 집단목적에 대해 이야기하기 때

6) 집단지도자가 집단 안에서 일어나고 있는 것과 관련한 자신의 생각과 느낌을 드러냄으로써 집단원들이 스스로에 대해 말하도록 초대할 수 있다. 지도자가 진실한 태도로 적절하게 자신을 개방하고 자신을 숨기지 않는다면 나머지 집단원들에게 자신들의 문제를 개방하는 것을 촉진할 수 있다.

7) 신뢰는 집단의 초기단계에 성취해야 할 주요 과제이지만, 집단이 지속되는 동안 계속되지는 않는다. 집단원들은 지속적으로 신뢰의 수준을 시험한다.

문에 대략적인 집단목적은 알고 있지만, 첫 모임에서 집단성원들에게 이를 명확히 설명할 필요가 있고, 피드백을 받을 필요가 있다. 집단의 목적을 집단구성원 모두가 공유하도록 도와야 한다. 또한 지도자가 설정한 목적과 성원들이 기대하는 목적이 다를 경우 토의를 통해 수정할 수 있어야 한다.

또한 개별성원들의 개별적인 목표 설정이 필요하다. 성원들이 자신의 관심사나 기대를 표현하도록 하고, 집단활동을 통해 성취할 수 있는 구체적인 목표와 목표달성을 위한 단계들이 구체화될 수 있도록 해야 한다. 예를 들어 '자아존중감 향상'이라는 집단목적에 대해 개별성원은 '내 성격의 긍정적인 면과 부정적인 면을 파악한다'는 개별목표와 '내 성격의 자랑거리 50개를 파악해 낸다'는 하위목표를 설정할 수 있을 것이다.

③ 집단성원의 역할 설명

집단목적과 개별성원들의 목표를 달성하기 위해서 집단성원들이 어떠한 역할을 해야 하는지, 집단 내에서 무엇을 해야 하는지를 설명해야 한다. 집단성원들은 집단 내에서 자신들에게 기대되는 것과 관련하여 상당한 불확실감과 불안을 가질 수 있다. 특히, 집단경험이 적은 성원들일 경우 자신이 집단과정에서 어떻게 해야 하는지에 대해 의문을 크게 가질 수 있다. 이러한 의구심을 가진다면 집단역동을 일으키는 데 있어 문제가 생길 수 있고, 이탈의 가능성도 있게 된다. 집단성원들의 역할행동을 설명하면서 일반적인 집단규칙을 함께 설명할 수도 있을 것이다. 다음은 집단성원의 역할을 설명해 주는 예이다(Cournoyer, 김인숙 · 김용석 역, 2006).

> "우리 모두는 삶의 어느 지점에서 문제에 직면하기 마련입니다. 그것은 인간 삶의 한 부분이라고 봅니다. 이러한 문제들에 대해 비슷한 처지의 다른 사람들과 함께 얘기를 나누는 것은 문제해결에 도움이 됩니다. 오늘의 집단은 여러분에게 여러분의 문제와 관심사는 물론 여러분의 꿈과 희망을 다른 사람과 나눌 수 있는 기회를 제공하려는 것입니다. 물론 여러분이 가슴속 깊이 간직하고자 하는 것들을 얘기하라는 것은 아니고, 집단성원들이 서로에 대해 자신들을 표현하고 다른 사람이 얘기하는 것을 주의 깊게 경청하고 어떻게 하는 것이 더 나은지에 대해 제안을 제시해 주길 바라는 것입니다. 모든 집단성원들은 비밀보장의 원칙을 따라야 합니다. 이는 집단 안에서 얘기된 모든 것에 해당합니다. 집단에서 논의한 것을 밖에서 얘기해서는 안 됩니다."

④ 집단 규칙 설정

초기단계에 적용할 수 있는 사회복지실천기술 중의 하나가 집단규칙들을 세우고 이를 집단성원들에게 설명해 주는 것이다. 집단규칙은 집단성원들의 행동을 규제하는 메커니즘이다. 따라서 집단성원들과 함께 논의하고 결정해야 한다. 집단성원들의 출석과 관련한 사항, 모임 중 흡연이나 음식물을 먹는 행위에 관한 사항, 토의과정에서 어떤 자세를 취할 것인지에 대한 사항, 집단 밖에서 집단성원들과 어울리는 것에 대한 사항 등과 관련된 규칙을 집단성원들과 함께 결정해야 한다.[8)] 또한 집단성원들과의 관계과정에 대한 사항, 지도자와의 관계에 대한 사항 등도 포함할 수 있다. 성공적인 집단을 운영하는 데 필요한 규칙은 다음과 같다(엄명용 외, 2009).

- 다른 성원이 이야기하는 동안 경청하기
- 집단토의를 독점하지 않기
- 다른 성원들의 생각과 감정을 존중하기
- 진실하고 솔직하게 다른 성원들의 생각과 감정에 대해 이야기하기
- 서로 신뢰하고 협력하기
- 집단 내에서 논의된 내용에 대해 비밀 보장하기

⑤ 집단성원의 불안 및 저항 다루기

집단의 초기단계에서 성원들이 불안해하고 저항하는 것은 극히 자연스러운 현상이다. 익숙하지 않은 사람들과 상황(상황의 애매모호함) 내에서 무엇을 해야 할지, 무엇을 이야기해야 할지 혼란스러워 한다. 또한 함께 참가한 다른 사람들은 나를 어떻게 생각할까, 문제 있는 사람으로 생각하지는 않을까, 나의 실제적인 모습을 모두 드러내 보여야 하나, 보인다면 안전할까, 나의 문제를 받아들이고 이해할까 등 내부・외

8) 헵워스 외(Hepworth et al., 허남순 외 역, 2004)는 집단의 지침 만들기에 대해 집단형식, 집단의 사결정, 원조제공역할(help giving role : 주의 깊게 들어주고 비판을 삼가고 지각을 명확히 하며 요약하고, 간략하게 말하고 그 문제에 계속해서 집중하고 강점과 성장을 지적해 주는 것과 같은 행동)과 원조추구역할(help-seeking role : 진실하게 감정을 공유하고 피드백에 개방적이며, 원조를 청하는 행동), 방문객의 참석 가능 여부, 새로운 성원, 사회복지사와의 개별접촉, 대청소, 기록, 불경스런 언어적 표현, 출석률, 음식물 섭취・음주・흡연, 프로그램(행사나 활동 등) 활용 등을 포함할 것을 설명하였다.

부적인 요소들에 기인한 다양한 불안과 두려움을 가진다. 치료집단에서 집단구성원들이 공통적으로 경험하는 두려움은 자기개방에 대한 두려움, 노출됨과 취약한 상태에 처할 것에 대한 두려움, 거절에 대한 두려움, 오해받거나 판단될 것에 대한 두려움, 도전받거나 소외될 것 같은 두려움, 통제감을 잃을 것에 대한 두려움 등을 포함한다. 나아가 집단에 몰두하기보다는 참여할까 말까 주저하는 태도, 의심하는 태도(의구심)를 보이고, 여기서 무엇을 얻어갈 수 있을까 등을 생각하면서 조용히 뒤로 물러나 앉아 관망하며 무언가 일어나기를 기다리기도 한다(Corey et al., 김진숙 외 역, 2012).

집단구성원들은 종종 두려움과 싸우고 불편한 상황을 다루기 위해 오랫동안 사용해왔던 방어기제에 의지한다. 두려우면 회피하게 되고, 저항적 행동, 방어적 행동 등 여러 가지 방법으로 이러한 불안을 표현한다. 저항은 불안으로부터 우리 자신을 보호하기 위해 우리가 시도하는 하나의 방법으로 간주된다.[9] 방어적 스타일은 갈등, 거리두기, 불신 또는 주의전환 등과 같은 다양한 형태로 나타난다. 이러한 저항에 대해 집단사회복지사는 집단성원들의 심리 내적 과정과 방어에 대해 존중하고, 인내해야 한다. 그리고 탐색하려는 노력을 보여야 할 것이다. 집단성원들은 그들이 저항하는 현실적인 이유를 가지고 있는 경우가 많다. 집단사회복지사들이 저항적 행동을 이해·존중하고 탐색하려는 의지를 표현한다면 집단은 더욱더 순조롭게 진행될 것이다.

집단성원이 보이는 저항은 사회복지사의 태도와도 관계가 있다. 예를 들어 사회복지사가 집단을 위한 준비를 소홀히 하였다거나 혹은 집단성원들을 대하는 사회복지사의 태도가 공격적이거나 심판적이라면 대부분의 성원들은 사회복지사를 신뢰하지 못할 뿐 아니라 저항할 수도 있다. 따라서 사회복지사가 세션을 철저하게 준비하고 집단 내에서의 자신의 행동에 관해 주의하는 것이 집단성원의 저항을 줄이는 좋은 방법 중의 하나다(엄명용 외, 2009).

집단의 초기단계는 대체로 집단을 계획하고 조직하며 소집하는 것과 관련된다.

9) 정신분석학적 관점에서 저항은 개인이 예전부터 억압되거나 거부되었던 위협적인 일을 의식상태로 가져오는 것에 대한 거부로 정의된다(Corey et al., 김진숙 외 역, 2012).

집단의 초기단계에는 집단감정이 출현한다. 그러나 집단감정이 평탄하게 나타나지는 않는다. 예를 들어 성원들은 자신의 자율성을 유지하면서 집단의 성원이 되고자 하거나 집단압력에 저항을 나타낸다. 초기단계가 진전되고 집단의 규범과 규칙이 만들어지면서 성원들은 집단 내에서 자신이 맡을 역할을 모색하고 시험한다. 이때 갈등이 발생할 수도 있다(김혜란 외, 2006). 갈등은 대체로 중기단계에서 가장 많이 발생하지만, 집단의 어느 단계에서라도 발생할 수 있다. 집단의 초기단계에 발생하는 갈등은 집단응집력의 발달에 치명적이다. 초기단계의 갈등은 흔히 집단 안에서 존재하는 다양성에 주의하지 않기 때문에 일어날 수 있다. 나이, 성별, 언어, 사회경제적 지위, 장애, 학식, 문화적 배경 등의 다름에 기인하는 경우가 많다.

집단성원들의 저항과 갈등 상황에 대해 민감하게 알아차리고, 집단과정에서는 저항이나 갈등이 자연스러운 현상이라는 것을 설명하고, 이를 함께 이야기할 수 있는 상황을 만들어가는 것도 중요하다.

(2) 초기단계의 집단과정 사정

사회복지실천에서 사정은 클라이언트체계에 대해 정보를 수집하고, 수집한 자료를 조직화 또는 의미화해서 클라이언트의 문제와 강점(해결의 방향 등) 등을 판단하는 것이다. 사정은 지속적인 과정이다. 집단을 대상으로 한 사회복지실천에서도 집단의 목표와 개인의 목표를 충분히 달성하기 위해 사정은 지속적으로 이루어져야 하고, 전체집단에 대한 사정과 집단 내에서 활동하고 있는 개인에 대한 사정, 나아가 집단 환경에 대한 사정을 포함한다. 성원들의 행동특성이나 기능을 파악하고, 집단 내에서 일어나는 상호작용에 대해 깊이 관찰하고, 이해하고, 변화시켜 나가야 한다.

집단의 목표를 달성하기 위해서는 의도한 과정대로 진행되어야 하고, 개별성원들의 행위 및 상호작용이 집단의 의도와 목표에 적합해야 하고, 집단 전체의 상호작용의 모습이 응집력이나 집단역동을 일으키기에 충분히 적절해야 한다. 개별성원들과 전체집단의 상호작용과정을 잘 관찰하여 정보를 수집하고, 수집된 정보에 기반하여 개개인들의 행위가 개별목표달성에 충분히 정(+)적으로 작용하고 있는가, 그리고 집단 전체의 상호작용과정은 집단목표달성에 충분히 정(+)적으로 작용하고 있는가를 판단해야 한다. 집단과정에서 개별성원과 집단 전체를 사정해보아야 한다는 것이다.

① 개별성원에 대한 사정

집단과정에서 개별성원들의 행동이나 기능들에 대해 사정하는 것은 개별성원들이 나타내는 대인관계적 내지는 상호작용적인 문제를 판단해내는 것[10]이기도 하지만, 집단역동이나 응집력을 일으키는 데 개별성원들이 어떻게 작용하고 있는가, 개별성원들의 행동이나 기능들이 집단과정에 기능적인가 혹은 비기능적인가를 판단하기 위한 것이기도 하다. 개별성원들의 행동이나 기능들이 집단 전체의 목적달성에 비기능적으로 작용한다면 개별성원들이 이를 인식하고, 수정할 수 있도록 해야 한다. 다음은 기능적인 행동과 비기능적인 행동들이다(Hepworth et al., 허남순 외 역, 2004).

가. 기능적 행동들

- 집단성원이나 또는 중요하다고 생각하는 사람들을 좋아한다고 표현하는 것
- 조직적인 또는 리더십 능력을 나타내는 것
- 자기 자신을 명확히 표현하는 것
- 다른 사람들을 지지하고 협력하는 것
- 집단이 목적을 성취할 수 있도록 돕고 거기에 계속해서 집중할 수 있도록 돕는 것
- 감정을 공개적으로 그리고 적절하게 표현하는 것
- 다른 사람이 말한 것을 정확하게 인지하고 이해했다는 것을 전달하는 것
- 공개적이고 적극적으로 건설적인 피드백에 대해 반응하는 것
- 집단이 설정한 지침에 따라 활동하는 것
- 행동에 대해 책임감을 갖는 것
- 자신을 바꾸려는 시도를 감행하고 노력하는 것

10) 집단에 참여하는 성원들 대부분은 대인관계에서 그들 자신과 타인에게 스트레스를 야기하는 행동상의 비기능적인 측면을 가지고 있다. 물론 대인관계적 문제 사정을 위해서는 표준화된 척도들(우울증 척도, 자존감 척도 등), 성원의 자기관찰(자기모니터링, 일지 등)을 사용할 수도 있다.

- 다른 사람의 의견을 고려하고 그들을 의사결정에 포함시키는 것
- 토론에 참여하고 다른 사람들도 참여할 수 있도록 돕는 것
- 다른 사람에게 강점과 성장에 대한 긍정적인 피드백을 주는 것
- 자신의 강점을 발전시키고 성장해 나가는 것
- 집단과정을 촉진시키도록 유머를 사용하는 것
- 다른 사람들을 비언어적인 방법으로 지지하는 것

나. 비기능적 행동들

- 다른 사람의 말을 중단시키거나 대변하고 다른 사람들의 생각을 무시하는 것
- 달래면서 보호하는 것(회유하기), 생색내기
- 과소평가하고 비판하고 빈정대는 것
- 논쟁하고 비난하고 공격하고 욕하는 것
- 말로 집단에 주어진 시간을 지배하는 것
- 비언어적인 방법으로 혐오감이나 반대의사를 표현하는 것
- 너무 많이 이야기하거나 너무 시끄럽게 굴거나 속삭이는 것
- 모임에서 벗어나 있거나 방관자 역할을 취하거나, 무시하고 무관심을 보이는 것
- 주제에서 벗어나는 이야기 또는 관계없는 이야기들을 하는 것
- 주의를 분산시키는 신체적 움직임
- 신체적으로 공격적이거나 야단법석 떠는 것
- 다른 사람을 놀리거나 흉내 내는 것 또는 조롱하는 것
- 다른 사람들과 연합하여 해로운 하위집단을 형성하는 것
- 다른 사람을 분석하거나 판단을 하는 것(예 : "나는 당신문제가 뭔지 알고 있다")
- 자신에 집중하기를 피하거나 개인의 문제에 대한 적절한 관심과 감정들을 억누르는 것

헵워스 외(Hepworth et al., 허남순 외 역, 2004)는 이러한 개별성원들의 행동과 기능들을 사정함에 있어 개인과 집단의 기능증진을 방해하는 행동패턴과 패턴화된

상호작용, 그러한 상호작용을 지배하는 규칙(인식패턴)을 파악해 내고, 이러한 행동패턴을 개별성원들이 인식하고, 행동을 변화시키도록 도와주어야 한다는 점을 강조한다. 또한 이러한 행동패턴과 인식패턴을 사정해 내기 위해 집단성원들의 **행동 프로파일**을 만들기를 권하고, **인식주제나 패턴들을 기록**하기를 권한다. 그리고 사회복지사는 "언제 그 일이 일어났고 당신은 스스로에게 뭐라고 말했습니까?" "그러한 상황에서 당신이 남들에 대해 내린 결론은 무엇입니까?" 또는 "그 일이 일어날 때 당신을 우울하게 만드는 데 사용하는, 스스로에게 하는 이야기(self-talk)는 어떤 것입니까?" 등과 같은 질문들을 함으로써 성원들이 인식패턴을 확인하는 데 도움을 줄 수 있어야 한다는 점을 강조한다.

〈표 7-2〉 집단성원의 행동 프로파일의 예

이름	특징	기능적 행동	비기능적 행동
A씨	35세, 남, 1년 전 이혼, 딸(1)과 거주	토론에 참여, 자부심 강함, 명확하게 자신의 이야기 전달	토론을 주도, 타인의 말이 마음에 들지 않으면 표정으로 나타남
B씨	45세, 여, 우울감, 미혼	집단에 오는 것 불편해함	늘 조용, 억지로 답함, 집단으로부터 약간 떨어져 앉음
:	:	:	:

② 선제십난에 내한 사정

사회복지사는 집단초기단계뿐 아니라 지속적으로 전체집단에서 나타나는 양상에 대해 관찰하고, 사정할 필요가 있다. 선제십난행동양식, 집단 내부의 하위집단, 정해진 집단의 규범이 전체집단에 도움이 되는지 여부 등을 판단해보아야 한다.

집단행동양식에 대한 사정은 집단 전체의 상호작용이 성원들 간에 지지적인가, 집단은 목표를 달성하는 데 건설적인 방향으로 나가고 있는가, 집단 내 권력이나 자원을 일부성원이 독점하고 있는가 아니면 공유되고 있는가, 집단 내 의사결정은 민주적인 방식으로 이루어지고 있는가 등을 포함한다(김혜란 외, 2006). 또한 헵워스 외(Hepworth et al., 허남순 외 역, 2004)는 '패턴화된 집단행동 확인하기'를 포함시키고 있다.

가. 기능적 집단행동들

- 다른 사람들의 말을 주의 깊게 듣고 공평하게 들어준다.
- 다른 성원의 강점과 성장에 대해 인정하고 피드백을 준다.
- 각 개인의 독특함을 인정하고 다양하고 상호보완적인 방식의 참여를 격려한다.
- 차례로 이야기한다. 문제에 대한 자신의 감정과 입장을 쉽게 나타내고, '나'중심의 메시지를 이용한다.
- 다른 사람들의 욕구와 감정에 민감하며 기꺼이 정서적 지지를 해준다. 또한 남들에 대한 걱정을 표현한다.
- 집단은 계속해서 과업을 완수하고, 집단의 임무를 떠맡고, 집단의 기능을 손상시키는 문제들을 해결해나가면서 열심히 활동한다.

나. 문제가 되는 집단행동들

- 피상적인 수준에서 이야기하고 자신들의 감정과 견해를 드러내는 것에 대해 조심스러워한다.
- 다른 사람들에 대해 평가적으로 반응하고 비판적이다. 다른 사람의 공헌을 인정하려 하지도 않고, 들으려 하지도 않는다.
- 부정적인 것에 초점을 맞추고 다른 사람들의 긍정적인 행동을 인정하려 하지 않는다.
- 과거의 업적과 경험에만 마음을 두고 집단목적에서 벗어나는 이슈에 대해 이야기한다. 또한 그들 자신보다는 남에게 초점을 맞춘다.
- 집단지침과 맞지 않는 행동들을 보인다. 지금 여기에 대해 이야기하기를 거부하고, 개인문제나 집단문제에 대해 이야기하지 않고, 물건을 만지작거리거나 종이를 뭉쳐 던지는 것과 같이 주의를 산만하게 하는 행동 등이 나타나고 있다.

집단 내부의 하위집단을 확인하고 또 그 집단이 전체집단에 미치는 영향에 대해서도 사정해야 한다. 하위집단은 형성 그 자체만으로는 전체집단에 해로운 것은 아니다. 집단의 성원들은 하위집단으로부터 더 많은 지지를 받기도 하고 친밀감을 발전시키기도 한다. 그러나 하위집단이 집단 내 타 성원과 밀접한 관계를 허용하지 않는 배타적인 집단이 되거나 전체집단의 목표를 방해하는 경우에는 해가 될 수 있다.

또한 집단사회복지사는 집단의 규범을 확인하고, 그 규범들이 개별성원과 집단 전체에 도움이 되는지 또는 해가 되는지를 판단해야 하고, 필요하다면 집단규범의 변화를 위한 긍정적인 분위기를 만들어야 한다(김혜란 외, 2006).

③ 집단 사정 도구

일반적으로 집단을 운영하는 사회복지사는 집단의 과정과 기능을 사정하기 위해서 자신의 주관적 관찰에 의존한다. 사회복지사의 주관적 관찰에 덧붙여 구조화되고 객관적인 방법으로 집단을 사정하는 것도 필요하다. 경험이 풍부하지 못한 사회복지사들의 경우 집단사정에 어려움을 가지기도 한다. 사회복지사는 실천현장에서 다양한 집단을 만나게 되는데, 다양한 집단들을 효과적으로 사정할 수 있는 완벽한 방법이란 존재하지 않는다. 실천현장에서 가장 많이 사용되는 객관적이고 구조화된 방법으로 상호작용차트, 소시오메트리 등을 사용할 수 있다.

상호작용차트는 집단성원들 간의 상호작용 또는 집단성원과 사회복지사 간의 상호작용의 빈도를 기록하는 것이다(엄명용 외, 2009). 집단성원들 각각의 상호작용의 빈도를 객관적으로 측정해 봄으로써 각 개인들의 소속감, 비기능적인 행동, 개인들의 상호작용 참여도 등을 관찰해 낼 수 있을 것이고, 집단의 응집력 등을 파악해 볼 수 있다.

다음으로 집단을 사정하기 위해 **소시오메트리**(사회(도) 측정학(법), sociometry, sociometric method)를 활용할 수 있다. 소시오메트리는 사회적 선호도를 측정(Toseland & Rivas, 2001)하는 것으로서 집단성원들이 서로 간의 관계에 대해 인식하고 있는 정도를 사정하는 방법이다(엄명용 외, 2009). 집단성원 각 개인들이 다른 집단성원들에 의해서 어떻게 인식되고 받아들여지고 있는가를 평가하는 데 사용되는 여러 방법들, 인간

관계나 집단의 구조 및 동태를 경험적으로 기술·측정하는 이론과 방법을 총칭하는 말이다. 즉 집단 내의 구성원들 사이에 서로 좋아하거나 싫어하는 감정을 포착하여 분석함으로써 집단의 구조, 인간관계, 집단구성원의 사기, 집단의 응집력 등을 측정하는 기법이다.

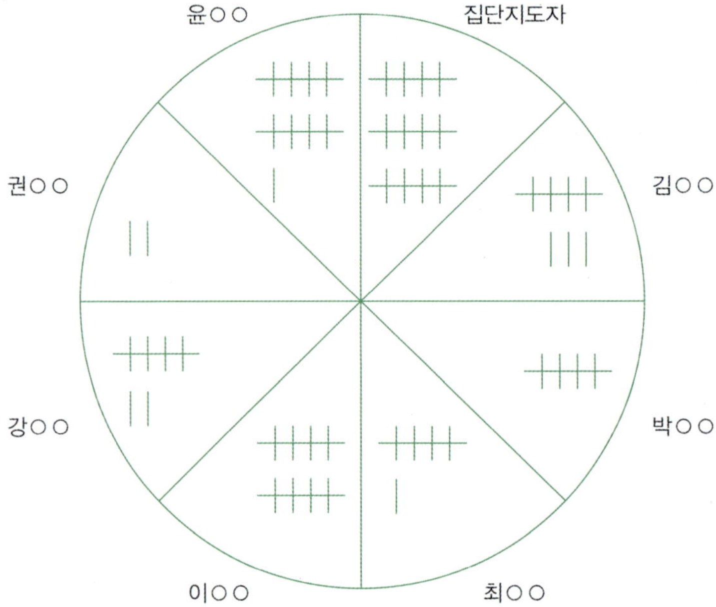

출처: Toseland & Rivas(2005: 240).

[그림 7-1] 집단상호작용 빈도 기록표

사회측정 연구에서 주로 사용되는 도구는 **소시오그램**(사회도, sociogram)이다. 소시오그램은 모레노(J. Moreno)[11]와 제닝스(Jennings)가 개발한 것으로 상징을 사용해서 집단 내 성원 간 개인적 수용과 거부, 집단 내의 대인관계를 표현한 그림이다. 집단

11) 야콥 모레노(Jacob Levy Moreno, 1892~1974, 루마니아 출생)는 미국의 정신병리학자, 소시오메트리, 사이코드라마(심리극) 및 이에 입각한 집단치료의 창시자이다. 「Who shall survive?, 1953: 누가 살아남을 것인가?」는 인간관계에 관한 사회측정법을 구체화한 것이며, 심리극을 구성해 간 배경이 된다.

성원 간 선호도와 무관심, 배척하는 정도와 유형을 파악할 수 있고, 하위집단형성 여부, 소외된 성원 여부, 결속의 정도(응집력) 등을 파악할 수 있다. 소시오그램은 집단

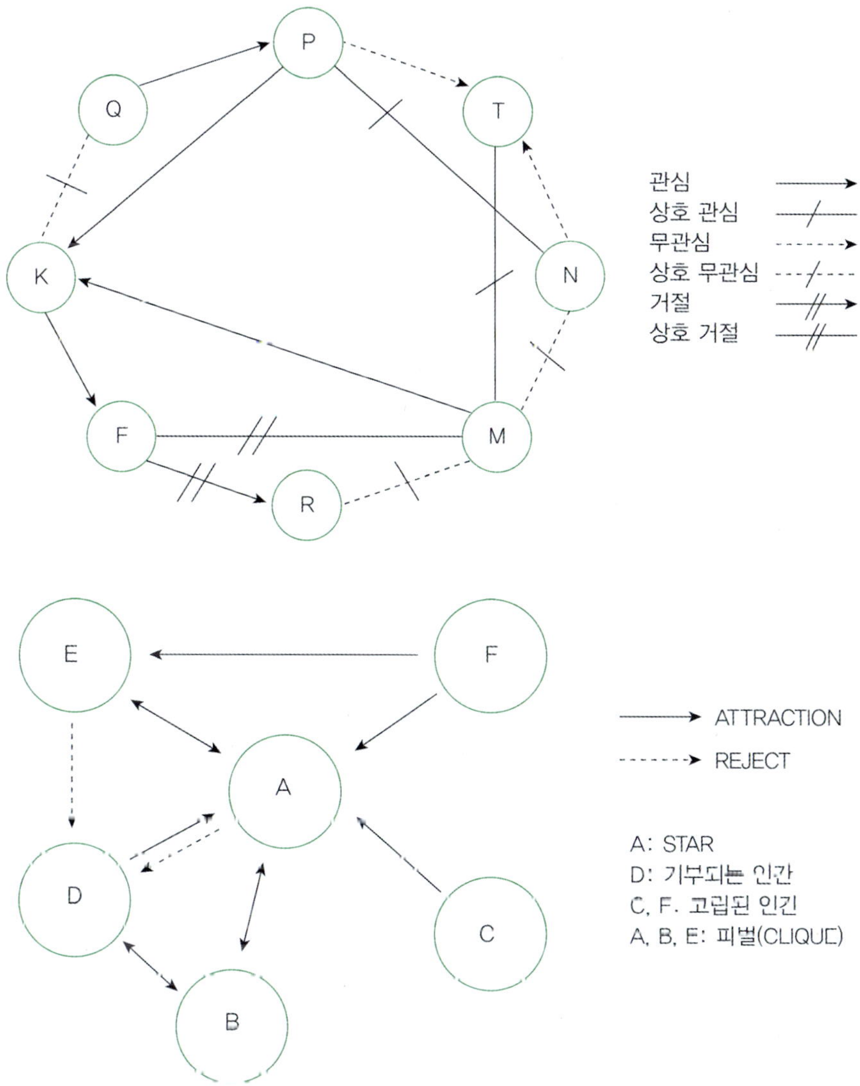

출처 : Toseland & Livas(2005 : 242).

[그림 7-2] 소시오그램

성원들 간의 관계를 선을 통해서 표현하는 것인데, 실선은 호감(우호적)을 갖는 관계, 점선은 무관심한(소원한) 관계, 끊어진 선은 불편한 관계(거부)를 의미하고, 화살표는 호감의 방향을 의미하며 화살표가 없는 선은 상호관계를 의미한다.

소시오그램은 집단 초기에 발생하는 일시적인 결속을 그림으로 나타내어 성원들 간의 관계를 언제 어디서 개입하고, 수정하고, 강화하고 또는 교정할지를 결정하는데 매우 중요하다. 또한 소시오그램은 독창적으로 그리면 좋다. 유인과 반감 혹은 관계의 강도 등을 보여주기 위해서 또는 정서적인 밀착과 거리를 나타내기 위해 성원들을 좀 더 가깝게 또는 좀 더 멀리 떨어뜨릴 수도 있고, 서로 다른 색들을 사용할 수도 있다(Hepworth et al., 허남순 외 역, 2004). 또한 다양한 시점에서 작성될 수 있고, 작성된 집단의 소시오그램을 비교해 보면 집단성원들 간의 안정성과 변화를 살펴볼 수 있다.

3) 집단실천의 중기단계

집단의 중기단계는 본격적인 집단활동으로 집단의 목적과 목표를 이루어나가는 단계이고, 여러 과제를 수행함으로써 집단이 목표를 이루어가는 단계인 것이다. 이 단계에서 집단성원들의 초기 갈등이나 저항 등이 존속하기도 하지만, 점차 집단의 신뢰감(집단성원과 사회복지사에 대한 신뢰감)과 응집력이 강화되고, 집단에 대한 소속감이 증가한다. 집단성원들이 개별적인 문제를 집단에서 말하게 되고, 각 성원들이 서로를 수용하게 되고, 성원들끼리 상호 원조하는 모습을 보이게 된다. 집단성원들이 집단과 동일시하는 경향이 높아지고, 자유로운 의사소통이 활발해진다. 상호작용이 활발해지고 집단성원들의 대인관계기술이 향상된다. 집단성원 각자의 독특성을 인정하고, 집단 내에서의 자신들의 지위와 역할을 모색함으로써 집단에 기여하고자 하는 모습을 나타낸다. 집단성원의 지위, 위계질서, 역할, 리더가 형성된다.

중기단계에서 사회복지사는 경우에 따라서 나타날 수 있는 집단 내 갈등이나 저항을 다룰 수 있어야 하고, 집단응집력을 유지할 수 있도록 해야 한다. 또한 집단의 자유로운 의사소통과정을 포함한 집단과정을 촉진하고, 전문적 지식과 기술을 활용하여 집단의 변화 및 개인의 변화를 이끌어낼 수 있어야 한다.

(1) 중기단계 사회복지사의 역할과 과업

① 성원의 참여 독려와 권한 부여

중기단계는 회합이 무르익는 단계이기 때문에 집단 내 상호작용도 좋고, 갈등과 저항도 비교적 적어서 응집력도 좋은 상태이다. 따라서 집단사회복지사는 최대한 성원들이 분리되지 않고 모든 성원들이 집단과정에 참여하게 하고, 이를 통해 개인의 목적과 집단의 목적을 성취할 수 있도록 돕는 것이 필요하다. 이 과정에서 가장 중요한 것은 개별성원들의 적극적 참여이고, 사회복지사는 개별성원들의 참여를 독려할 필요가 있다. 개별성원들이 스스로 자신에 대한 믿음을 가질 수 있도록 해야 하고, 과거의 성취경험이나 자신의 능력에 대한 믿음을 가질 수 있도록 도와야 한다. 또한 목표달성과정에서 여러 가지 어려움이나 장애물이 있을 수 있다는 점을 인식시키고 포기하지 않도록 용기를 북돋아주어야 한다. 집단활동과정에서 목표를 달성하는 것은 각 성원들의 태도와 행동에 달려 있다는 점을 주지시키고, 성원들의 상호 원조에 대해 충분히 칭찬하고, 새로운 행동과 활동을 집단 내에서 시도해 보도록 격려해야 할 것이다. 이를 **개별성원의 참여 독려와 권한 부여 활동**이라고 한다.

② 집단의 구조화

구조화란 성원들이 바람직한 방향으로 변화해 가도록 원조하기 위하여 계획적이고 체계적이며 시간 제한적인 개입을 한다는 것을 의미한다. 구조화를 위한 활동으로는 각 회합이 정시에 시작하고 끝난다는 사실을 성원들이 알게 하거나 이번 회합에서 다룰 것이 무엇인지를 명확히 하는 것이다. 또한 집단의 의사소통 및 상호작용의 유형을 설정하여 모든 성원이 참여할 수 있는 기회를 부여하도록 토론과정을 구조화할 수 있다. 자신의 삶의 문제에 대해서 서로 좀 더 쉽게 이야기하도록 하기 위해 둘씩 이야기하기, 돌아가며 이야기하기, 개방형 질문하기 등의 방법을 사용할 수 있다. 일련의 주제를 가지고 구조화할 수도 있다. 효과적인 양육기술을 위한 집단에서는 경청하기, 한계 정하기, 존중하는 법 배우기, 벌주지 않고 훈육하기 같은 주제로 회기가 구성될 수 있다.

구조화는 집단원들이 어떻게 행동해야 할지 모르고 불안해할 때 특히 중요하다. 집단형성에 유용하다. 무엇을 해야 할지를 일률적으로 규정함으로써 집단형성에 유용하지만, 너무 많은 구조화와 지시는 활동을 억제하고, 지도자에 대한 의존적인 태도와 행동을 부추길 수 있다. 구조화를 하되 집단원 간의 자율적 기능을 촉진하는 방향으로 집단을 구조화해야 한다.

구조화의 장점은 집단의 목적성취를 촉진시키며, 집단사회복지사가 계획적이고 체계적으로 개입을 할 수 있고, 성원 간의 토론과 지지를 촉진하며, 자원을 활용할 수 있도록 한다는 점이다. 집단구조화가 필요한 정도는 집단에 따라 다르지만, 일반적으로 상호지지집단은 낮은 수준의 구조화가 효과적이며, 치료집단과 성장집단은 높은 수준의 구조화를 요구한다(김혜란 외, 2006).

③ 성원의 목적성취 원조

성원의 목적성취를 위해 사회복지사가 원조해야 하는데, 개별성원차원과 전체집단차원, 집단환경차원에서 개입하여 원조할 수 있다. **개별성원차원에서는 개인의 인지, 행동, 정서의 변화 및 개인 환경의 변화를 위한 개입이 될 것이다.** 인지적 측면에서 비합리적 사고나 신념, 관련된 감정 상태를 변화시킬 수 있도록 그러한 사고나 신념을 인식하게 하고, 변화시킬 수 있도록 인지적 재정의나 패배적인 자기진술(self-talk)을 긍정적인 것으로 변화시키는 경험을 제공함으로써 개입할 수 있을 것이다. 또한 개인행동의 변화 특히 집단 내에서 대인관계 기술을 학습할 수 있도록 도와줄 수 있다. 다른 성원들의 행동을 관찰할 수 있도록 한다든지, 역할연습을 통해 특정 행동을 학습할 수 있도록 한다든지, 사회기술훈련(social skills training) 프로그램을 실시할 수 있을 것이다. 개인환경적 수준에서의 개입은 성원이 필요로 하는 구체적인 자원을 연결해 주며, 성원의 사회적 관계망 확대를 원조하고, 성원의 행동변화를 방해하는 물리적 환경을 수정할 수 있도록 원조하는 것 등이 있다.

전체집단차원에서는 모든 성원들의 의사소통 및 상호작용에의 참여기회를 넓히고, 흥미 있는 프로그램 활동을 포함시킴으로써 집단의 매력을 증진시킬 수 있을 것이다. 집단 내에서 자유롭게 이야기할 수 있고, 상호작용할 수 있도록 하는 분위기를 조성하고, 집단구성원 모두가 공통적으로 가지고 있는 신념체계에 도전하거나 논의하는 집단문화를 만들어갈 수도 있을 것이다. **집단환경에 대한 개입**으로는 집단을 운영·후원하고 있는 기관의 지원이 더욱 확대될 수 있도록 하고, 집단운영과 관련된 기관 간 관계망을 확대해 집단구성원들의 목적성취나 집단 전체의 목적성취에 긍정적으로 작용할 수 있도록 할 수 있을 것이다. 또한 집단의 환경변화에 초점을 두는 개입은 집단 내에서의 활동을 넘어서서 사회행동이나 옹호 등의 활동과 함께 지역사회에 대한 개입으로 연결되기도 한다.

④ 저항적인 성원의 독려(이신영·박선영, 2012)

성원들이 집단에 불참석하거나 또는 참석하더라도 저항하는 경우 그 이유를 알아내고 변화를 유도한다. 저항적인 성원은 자신의 문제를 처리할 수 있는 능력이 없다고 여겨지는 것에 대한 수치심이나 분노를 가질 수 있다. 또한 자신을 실패자, 무능력자로 인식하여 문제를 부정할 수 있다.

저항적인 성원들을 변화시키기 위해 필요한 사항은 다음과 같다(Toseland & Rivas, 2005).

첫째, 성원들은 집단에의 참여를 거절할 권리를 가지고 있음을 인정한다. 그러나 성원들에게 거절의 결과를 지적해주며, 참여 시에는 규칙에 대해 명백히 밝혀준다.

둘째, 자신의 문제를 자유롭게 표현할 수 있도록 비심판적 태도, 수용, 감정이입적 의사소통, 인내, 열정, 유머 감각을 보여준다. 성원들이 의견을 표현함에 따라 동기를 평가하고 집단이 어떻게 도와줄 수 있는지 명료화한다.

셋째, 진실하고 직접적인 의사소통방식이 좋으나, 때로 역설적 방법도 도움이 된다.

넷째, 분노를 표현하게 하고 감정을 발산하게 한다.

다섯째, 저항 밑에 깔려 있는 감정이나 생각을 발견한다.

(2) 중기단계에서 필요한 실천기술

중기단계에서 필요한 실천기술은 사회복지사의 역할과 과제에서 언급된 바와 크게 다르지 않고 중복된다. 일반적으로 중기단계에서 필요한 실천기술로서 응집력을 유지하고 높이기 위한 기술, 집단과정을 촉진하는 기술, 변화를 이끌어 내는 기술 등이 언급되고 있다. 집단과정을 촉진하는 기술로 코레이(Corey, 1995)는 자기노출, 직면, 피드백을 적절히 사용할 것을 권유한다. 자기노출과 직면, 피드백기술의 내용은 개인을 대상으로 한 개입기술에서와 동일하다. 변화를 이끌어 내는 기술은 사회복지사의 역할과 과제에서 언급한 바 있다.

윤현숙 외(2001)는 다른 측면에서 집단을 이끄는 기술,[12] 지지기술, 집단유지에 도움이 되는 프로그램 사용 기술 등으로 설명한다. 이와는 다소 차이가 있지만, 토스랜드와 리바스(Toseland & Rivas, 1995 ; 김혜란 외, 2006 재인용)는 중기단계뿐 아니라 집단 실천의 모든 단계에서 활용할 수 있는 기술로 집단과정 촉진기술, 자료수집 및 사정기술, 행동기술 등을 언급한 바 있다(〈표 7-3〉 참조).

〈표 7-3〉 집단사회복지사의 기술범주

집단과정 촉진기술	자료수집 및 사정기술	행동기술
• 집단성원 참여촉진 • 주의집중 • 표현기술 • 집단의사소통의 초점유지 • 집단과정의 명료화 • 상호작용 내용의 명료화 • 집단 상호작용의 지도	• 사고, 감정, 행동의 확인 및 묘사 • 정보의 요청, 질문 및 탐색 • 정보의 요약과 세분화 • 사고, 감정, 행동의 통합 • 정보의 분석	• 집단성원의 지지 • 재구조화 및 재정의 • 성원 간 의사소통의 연계 • 지시 • 조언, 제안, 교육 • 자원제공 • 모델링, 역할연습, 예행연습 및 지도 • 직면 • 갈등해결

12) 집단을 통제・관리하는 기술뿐 아니라 충고・조언・상담하는 기술을 포함하고, 집단성원들이 사회복지사로부터 집단으로 관심을 집중할 수 있도록 계속 격려하고, 참가자 전원이 집단토의에 참여할 수 있도록 지도하며, 의사결정에서도 다수결로 결정하는 원조를 포함한다.

① 갈등해결 기술

먼저, 집단실천의 중기단계에서 필요한 실천기술은 경우에 따라 나타날 수 있는 집단성원들 간 갈등이나 하위집단 간 갈등들을 적절히 다루어 집단이 보다 성장할 수 있도록 하는 것이다. 집단 내 갈등을 해결하기 위한 활동은 집단응집력을 높이기 위해서 필수적으로 요구된다.

집단 내에서 갈등이 일어나는 것은 자연스러운 현상이라는 사실을 받아들이며 갈등을 피할 것이 아니라 관리해 나가야 한다. 개별성원들 각각의 관점은 집단활동에 기여하는 바가 크다는 사실을 받아들이며 존중되어야 한다. 그러므로 의견의 차이는 공개적으로 논의되고 협의되어야 한다(최선화, 2012). 갈등해결에 도움이 되는 기법은 다음과 같다(한인영, 2006).

첫째, 갈등을 한 사람의 문제가 아니라 집단의 문제로 규정한다.

둘째, 모든 관점을 경청하고 그들의 차이점뿐 아니라 유사점도 찾도록 한다.

셋째, 모든 관점이 충분히 이해되도록 설명을 요구한다.

넷째, 한쪽은 이기고 다른 쪽은 지는(승-패) 해결책을 피한다.

다섯째, 갈등이 존재하게 되는 계기를 무시하지 말고 그것을 찾도록 한다.

여섯째, 경쟁적인 분위기보다는 협동적인 분위기를 갖도록 한다.

토스랜드와 리바스(Toseland & Rivas, 1995 ; 김혜란 외, 2006 재인용)는 행동기술에서 갈등해결 기술을 언급했다. "집단성원들 사이의 갈등은 물론 집단 밖 사회체계나 개인들과의 갈등해결을 도와주는 기술은 행동기술 중 가장 중요한 기술의 하나이다. 집단 상황에서 갈등은 피할 수 없지만, 사회복지사는 갈등이 적대적 논쟁으로 발진하기 전에 불일치를 해소하고 불필요한 갈등을 피할 수 있도록 도와주어야 한다. 이를 위해 사회복지사는 집단의 규칙을 개발하고 유지하도록 원조해야 하고, 갈등을 완화하기 위해 조정, 협상, 중재 기술을 사용할 수 있다. 때로 집단 밖의 다른 인물을 직접 만난다거나, 더 큰 사회와의 조정·중재·협상 등의 기술을 사용해야 하고, 동원이나 사회행동기술이 사용되어야 하는 경우도 있다."고 설명하고 있다.

② 집단응집력 유지 및 향상 기술

코레이 외(Corey at al., 김진숙 외 역, 2012)는 집단응집력에 대해 다음과 같이 표현한다.

> "집단응집력(group cohesion)은 집단 내에서 함께하는 느낌 또는 공동체라는 느낌을 의미한다. 응집력이 있는 집단은 집단원이 집단 내에 존재하는 것에 대한 보상이 주어지고 집단원이 소속감이나 유대감을 나누는 집단을 의미한다. 집단 초기에 집단원은 진정한 의미의 공동체감을 형성하기에 충분할 정도로 다른 집단원을 잘 알지 못하므로 집단원이 서로 처음 만났을 때에는 어느 정도의 어색한 느낌이 든다. 집단원은 자신에 대해 이야기하지만 그들은 공식적으로 보여줄 수 있는 측면의 자기에 대해서만 이야기하지 그들의 개인적인 측면을 드러내지 않는다. 그러므로 진정한 의미의 응집력은 대체로 집단에서 갈등을 경험하고 고통을 나누며 의미 있는 정도의 위험을 감수하기로 마음먹은 이후에 형성된다. 그러나 응집력의 토대는 집단 초기 단계에서 형성되기 시작할 수 있다. 초기 단계의 응집력을 보여주는 지표로는 집단원끼리의 협력관계, 집단에 출석하고 제시간에 참여하려는 의지, 신뢰가 부족하거나 신뢰하기 두려워하는 마음에 대해 이야기를 꺼내는 것을 포함해서 집단을 좀 더 안전한 장소로 만들려는 노력, 다른 사람의 이야기를 듣고 그들을 있는 그대로 수용하려고 하는 태도에서 드러나는 지지와 돌봄, 집단의 상호작용 중에 지금-여기에 초점을 맞추어 다른 사람에 대해 반응하고 그들에 대한 지각을 표현하려는 의지 등이 있다. 진정한 응집력은 자동으로 도달하게 되는 고정된 지점이 아니라 집단원이 다른 집단원과 함께 위험을 감수하면서 점점 다져지는 지속적인 과정이다."

다음은 집단응집력을 촉진하는 데 도움이 될 만한 몇 가지 방식들이다(Corey et al., 김진숙 외 역, 2012).

- 집단원이 그들 자신에게 중요한 측면을 서로 나눈다면, 그들은 위험을 감수하고 집단응집력을 높일 수 있는 방법을 알게 된다. 지도자는 모범을 보임으로써

(예 : 현재 집단 안에서 발생하는 일에 대한 자신의 반응을 집단원과 나눔으로써) 위험을 감수하는 행동을 촉진할 수 있다.

- 집단목표와 개인의 목표는 집단원과 지도자가 협력하여 세울 수 있다. 집단이 분명하게 목표를 세우지 못하면 집단 내에서 상호 반목이 생길 수 있으므로 결과적으로는 집단의 분열을 초래한다.
- 응집력은 모든 집단원들이 적극적으로 참여하도록 초대함으로써 높일 수 있다. 말이 없거나 물러나 있는 집단원들에게 그들이 집단 안에서 느끼는 감정에 대해 표현하도록 초대한다.
- 응집력은 지도자 역할을 다른 집단원들과 함께 공유할 때 형성될 수 있다. 독재적인 집단은 모든 것이 지도자에 의하여 결정된다. 그러나 협조적인 집단에서는 탐색주제에 대해 집단원이 결정하도록 격려되고, 지도자와 집단원들 간의 상호작용을 촉진하기보다는 집단원과 집단원들 간의 상호작용을 증진시킨다. 집단원끼리의 상호작용은 피드백주기, 공유하기, 상호작용에 가능한 한 많은 집단원을 참여시키기 등에 의해 활성화될 수 있다.
- 집단에서 갈등은 불가피하다. 갈등이 일어났을 때는 집단원들이 갈등의 원인을 인식하고 공개적으로 다루어야 한다. 집단 상호 간에 긴장감이 감돌 때 정직하고 수용하는 방식으로 갈등을 다루는 것은 집단의 힘을 강화시킨다.
- 집단응집력은 집단의 매력도와 관련되어 있다. 집단분위기가 우호적이거나, 집단원들이 존중받는 느낌을 받는다거나, 관심 있는 주제들이 잘 다루어진다고 느낄 때 집단에 대한 매력도가 높아질 수 있다.
- 집단원은 집단 내에서 일어나는 것들에 대한 자신의 생각과 감정 그리고 반응들을 노출하도록 촉진된다. 긍정적이고 부정적인 반응 모두 표현될 수 있다. 만약 이것이 잘 이루어진다면 집단의 소속감을 발전시킬 수 있는 정직한 반응들이 집단 안에서 일어날 수 있다.

덧붙여 중기단계에서는 집단원들이 서로의 공통점을 볼 수 있게 되며, 자신들이 안고 있는 문제들이 너무도 비슷하다는 사실에 놀라게 된다. 50대 초반의 한 여인이

20대 초반의 청년과 마찬가지로 자기도 부모의 인정을 받으려 애쓰고 있다는 사실을 깨닫게 된다. 상처입고 실망하게 되는 상황은 사람마다, 문화마다 다를 테지만 그로 인해 느끼는 감정에는 공통적인 특징이 있다. 집단원들이 일상적인 사사로운 사건을 이야기하는 대신 이런 보편적인 주제에 대해 좀 더 진지한 토론을 나눈다면 집단의 응집력은 최고조에 이른다. 지도자는 집단원들에게 공동으로 나타나는 문제나 감정, 욕구에 중점을 둠으로써 응집력을 높이도록 도울 수 있다. 집단원들의 응집력과 신뢰를 높이는 공통의 주제에는 다음과 같은 것들이 있다. ① 거부당하는 것에 대한 두려움, ② 외로움과 버림받은 기분, ③ 열등감과 타인의 기대를 저버리는 일, ④ 고통스런 추억, ⑤ 자신이 한 일과 하지 못한 일에 대한 죄책감 및 후회, ⑥ 가장 큰 적(敵)은 자신의 마음속에 있다는 깨달음, ⑦ 가까워지고 싶은 욕구와 동시에 가까워지는 것에 대한 두려움, ⑧ 성적 정체성과 성행위에 대한 감정, ⑨ 부모와의 풀리지 않는 문제 등이다(Corey et al., 김지숙 외 역, 2012).

4) 집단실천의 종결단계

종결단계는 보통 10회기 집단을 기준으로 한다면, 9~10회기에 해당된다. 종결이 가까워지면 집단성원들은 목표를 달성했는지, 얼마나 변화되었는지를 스스로 점검하게 되고, 집단성원 간의 애착 때문에 지속적인 관계를 유지하려는 노력을 하게 된다.

종결은 보통 2~3회기 전부터 다루어지고 준비되어야 한다. 그렇지 않고 갑작스런 종결은 당혹감과 배신감을 유발할 수 있다. 미리부터 언제쯤 종결할 것이라는 것을 알리고 어떻게 마무리 할 것인가를 논의함으로써 종결을 대비해 나갈 수 있다. 부득이한 사정으로 인해 갑작스러운 종결을 할 수밖에 없는 상황에서는 그 이유를 충분히 설명하고 후속조치를 해주며 구성원들의 감정을 함께 다루고 수용할 수 있게 해야 한다. 집단경험을 유지하는 것에 대한 토의와 함께 종결 후에 대한 대비와 계획을 함께 탐색해 나간다(최선화, 2012).

집단실천의 종결은 대체로 성공적인 종결인 경우가 많다. 성공적인 종결은 초기에 정해진 시간이 되었고, 설정된 목적과 목표를 충분히 달성한 경우의 종결을 의미한다. 성공적인 종결이 이루어지는 경우 집단성원들은 만족감과 성취감 등을 가지게 되고, 희망감을 가질 것이다.

성공적이지 못한 종결은 여러 경우가 있겠지만, 집단성원의 중도탈락이 많아 집단을 더 이상 운영하지 못하는 경우, 집단사회복지사의 이직이나 다른 이유로 그 집단의 진행을 그만두어야 하는 경우, 기관에서 필요한 자원을 충분히 제공하지 못하거나 집단성원 간의 심각한 갈등으로 인한 조기종결의 경우, 집단의 목표나 개인의 목표를 충분히 달성하지 못한 채 회기가 끝남으로 해서 종결하는 경우 등 다양할 것이다. 집단성원의 목표가 달성되지 않은 경우의 종결에서는 집단성원들이 분노, 좌절, 실망, 절망, 죄의식, 희생양, 비난, 무관심 등의 다양한 반응을 보일 수 있다.

성공적이든, 성공적이지 못한 종결이든 집단 종결은 집단의 시작 이상으로 중요하므로 **종결과정을 적절하게 다룰 필요가 있다.** 특히 집단성원의 목표가 달성되지 못한 경우의 종결인 경우라 하더라도 종결과정을 소홀히 다루어서는 곤란하다. 우선 목적이 달성되지 못한 이유와 대안을 탐색해보고 집단성원의 정서적 반응들을 고려해야 하며, 집단성원들은 해결되지 않은 문제를 다룰 시간을 가져야 한다 (Zastrow, 2010 : 213).

종결단계는 집단지도자와 성원 모두에게 가장 강한 정서적 경험의 시기이며, 그 동안의 집단경험을 통합하여 완결하는 아주 중요한 시기이다. 집단지도자와 집단성원들은 집단을 끝내는 것에 대한 강한 아쉬움을 경험한다. 집단성원들에 따라 그동안 이룬 성과를 부인 혹은 묵살하거나 종결날짜를 망각하는 식의 반응을 할 수 있다. 집단지도자는 집단에서 성취한 것을 집단성원들이 유지하도록 도와야 한다. 또한 섭섭하더라도 집단 및 지도자와 이별할 수 있도록, 그리고 집단 없이 살아갈 자신의 미래를 위한 계획을 세우도록 도와야 한다. 이때 일부 집단성원들은 종종 과거의 상실경험에서 느꼈던 것을 재경험하기도 한다. 집단에서의 종결과정을 잘 다룸으로써 앞으로 인생에서 당면할 수많은 상실과 이별경험에서 보다 적응적으로 대처할 수 있는 역량을 갖도록 도와야 하고, 종결이 갖는 가치를 인정하고 개인과 집단의 경험에 의미를 부여하며, 전환을 위한 준비를 할 수 있는 능력을 증진하는 계기가 되도록 도와야 한다(이영호, 2011).

한편 집단성원들이 여러 가지 이유에서 집단을 연장하자고 할 수도 있는데, 집단사회복지사는 정해진 회기제한을 지키는 것이 좋다. 사후관리모임(추수집단이라고도 함) 기회가 있고, 시간이 경과한 후 필요하면 다시 집단구성을 할 수도 있으며, 집단사회복지사에게 언제든지 연락할 수 있고 다시 만날 기회는 얼마든지 있다고 설득해야 한다.

(1) 종결단계 사회복지사의 역할과 과업

① 종결감정 다루기

종결단계는 집단지도자와 성원 모두에게 강한 정서적 경험의 시기이다. 이 단계에서는 집단경험 결과에 만족한 집단성원도 있고, 좌절하는 집단성원도 있을 수 있다. 만족한 성원이든 좌절하는 성원이든 다소 정도는 달리하겠지만 강한 상실감을 경험하게 되고, 분리에 따른 두려움과 불안, 자신감 결여, 사회복지사에 대한 불신감 및 원망감 등을 경험하게 된다. 집단에 대해 정서적으로 친밀했고 기여를 많이 했던 성원들, 집단에 보다 많이 의존적이었던 성원들은 더욱 많이 느낄 것이다.

집단성원들은 종결에 따른 부정적 정서를 여러 가지 형태로 표현한다. ⓐ 종결을 인정하지 않고 계속 집단에 남으려는 성원도 있을 수 있다(부정). ⓑ 직접적·간접적으로 분노를 표출하는 경우도 있다. ⓒ 집단종료에 대한 슬픔을 자제하기 위해 집단이 끝나기 전에 집단을 떠나버리거나 적의를 보이기도 한다. ⓓ 어떤 집단원들은 좀 더 쉽게 집단을 떠나기 위해 스스로 거리를 두거나 문제가 많은 것으로 행동하기도 한다. 많은 사람들은 좋지 않은 이별의 경험을 가지고 있고, 좋지 않은 이별의 방식을 가지고 있다.

집단사회복지사는 분리에 따른 부정적인 종결감정들을 적절히 다룰 수 있어야 한다. 그럼으로써 보다 더 새롭고 더 나은 방법으로 관계를 가지는 방법을 배울 수 있는 기회를 제공해 주어야 한다. 부정적인 종결감정을 줄이기 위해서는 적절한 시기에 종결문제를 드러내어 집단원들을 준비시키고, 집단원들과 함께 종결을 계획하고, 종결감정에 대해 이야기할 수 있어야 한다. 또한 집단원들로 하여금 자신의 종결감정 즉 종결 이후 불확실성에 대한 두려움과 불안감, 상실감, 미래에 구체적으로 나타날 수 있는 일이나 문제에 대한 생각 등을 솔직하게 표현할 수 있는 자연스러운 기회를 제공하는 것이 필요하다(지도자가 먼저 집단성원들과의 관계를 종결함에 따라 느끼는 감정을 적극 개방한다면, 집단성원들도 자연스럽게 표현하는 데 도움이 된다). 집단이 끝나는 것에 대한 집단원들의 경험이나 어려움을 표현하게 함으로써 점검해 보는 기회를 갖는 것이다. 집단사회복지사는 이러한 감정에 감정이입적 반응을 충분히 표현하고, 인정, 수용하는 자세를 보이는 것이 중요하다.

또한 이 시기에 집단사회복지사가 해야 할 중요한 일은 집단원들에게 현재 그들이 느끼는 일체감은 집단활동을 열심히 한 결과라는 사실을 다시금 상기시키는 것이다. 그들은 친밀한 관계가 우연히 이루어진 것이 아니라는 것을 깨달아야 한다. 그것은 우연이 아니라 개인적 갈등과 씨름하고 끝까지 작업한 결과인 것이다. 집단과정에서 성공적인 적응과 변화목표달성에 대한 성취감을 고취시키고, 집단성원들의 자원과 강점에 대한 접근을 함께 해줌으로써 자기효능감이 회복될 수 있도록 해야 할 것이다.

② 집단경험의 통합 · 정리

집단의 종결단계에서 집단지도자는 집단성원 모두가 집단에서의 경험과 집단경험을 통해 새롭게 배운 것에 대해 구체적으로 검토할 수 있게 도와주어야 한다. 집단에서의 주요경험, 집단경험을 통해 얻은 점(배운 점, 교훈), 어떻게 변화하게 되었는지, 변화의 계기가 되었던 일, 앞으로의 삶에 영향을 줄 만한 집단경험 혹은 활동, 목표달성 여부와 과정 등에 대해 질문함으로써 집단구성원이 자신이 배운 것을 구체적으로 알고 이를 실제로 활용할 수 있게 도울 수 있다. 이런 활동은 집단성원들로 하여금 성취감을 맛보게 할 수 있고, 이후 생활에서의 자신감을 고취시킬 수 있는 계기가 될 수 있을 것이다.

③ 변화노력의 유지 및 일반화

집단지도자는 집단성원들이 집단과정에서 성취한 변화나 변화의 실마리를 계속 유지하고, 구체적인 변화를 성원의 주요한 생활영역으로까지 일반화할 수 있도록 도와야 한다. 집단은 끝이 아니고 새로운 시작이라는 점(새로운 시작을 위한 준비과정), 집단은 각자가 설정한 목표를 달성하기 위한 수단이고 궁극적인 목적은 변화노력을 유지하고 일반화할 수 있어야 한다는 점을 반복해서 강조해야 한다. 변화노력을 유지하고 일반화할 수 있도록 하는 다양한 방법들을 함께 토론함으로써 집단성원들을 격려해야 한다.

변화노력을 유지하고 일반화하는 것을 돕기 위해 변화된 부분을 함께 이야기하고, 새로운 행동을 실습해 볼 기회를 갖는다든지, 새로운 행동을 각자 집단의 외부에서 실습해 보거나 지속적으로 실천할 수 있도록 과제를 부과하거나 실행계약을 맺는 방법을 활용할 수 있다. 즉 집단의 최종회기에 집단원들이 앞으로 실천할 목록에 대해 서술하고, 계약서를 작성한다(강진령, 2012).[13] 더 나아가 심리극에서 종종 사용되는 미래투사기법을 활용할 수도 있다. 집단원들로 하여금 스스로를 미래에 투사해 볼 수 있도록 한다. 즉 앞으로 6개월 혹은 1년 후에 만들고 싶은 변화를 생각해 보도록 요청하고, 미래의 지정된 시간에 집단원들이 한데 모인다는 가정을 하고, 그때 무슨 말을 하고 싶을지를 말해보도록 요청한다(Corey et al., 김진숙 외 역, 2012).

④ 피드백 주고받기

집단성원들은 집단모임 때마다 자신들의 감정과 생각 등을 주고받아 왔지만, 종결단계에서 집단성원들이 서로 최종적인 피드백을 주고받는 것은 매우 의미 있는 활동이다. 최종 피드백(final feedback)이란 집단원들이 그동안의 집단경험을 통해 어

13) 앞으로의 다짐을 쓰게 하고, 집단원들이 동의하면 자신이 쓴 것을 큰 소리로 읽게 하여 다른 사람들이 그에 대한 구체적 제안을 할 수 있도록 한다. 또한 다짐에 대한 과제를 부여할 수도 있다. 예를 들어 집단 내에서 어느 한 사람에게 다짐 내용의 진척 상황을 보고하게 할 수 있을 것이다.

떻게 변화되었는지 각자 다른 집단원들에게 말해 주는 것을 말한다. 최종 피드백은 진솔하면서도 구체적으로 진술되어야 한다. 이때 집단원들이 보편적인 피드백을, 감상적인 표현을 하는 경향이 있다. "나는 당신이 정말 좋아요", "당신과 친해진 것 같아요", "당신은 대단한 사람이에요", "당신을 결코 잊지 못할 거예요" 등과 같은 피드백은 추상적이고 모호해서는 별로 유용하지 않다. 그런 피드백은 기억에 남지 않을 뿐더러 남들이 자신을 어떻게 보는지 파악하는 데 별로 도움이 되지 않기 때문이다.

- "당신에게 내가 바라는 것은…"
- "내가 당신에게 한 가지 줄 게 있다면 그것은…"과 같이 피드백을 구체적으로 주고받을 수 있도록 지침을 제공할 필요가 있다(강진령, 2012 ; Corey et al., 김진숙 외 역, 2012).

예 한주 씨가 아무 말 없이 근엄한 자세로 앉아 있을 때는 말을 걸기조차 어려운데, 얼굴에 미소를 지을 때는 훨씬 더 매력적이고, 어떨 때는 귀엽기까지 해서 다른 집단원들도 전보다 더 관심을 보이는 것 같아요.

그리고 최종 피드백과정에서는 가급적 부정적이고 비판적인 피드백을 하지 않도록 하고, 집단원들이 이전 단계에서 말하지 않았던 것을 꺼내지 않도록 지도할 필요가 있다. 집단원들이 다른 집단원들에 대해 가슴에 담아두었던 부정적 생각을 풀어놓는 것은 바람직하지 않다.

⑤ 이후 과정에 대한 계획 및 의뢰

집단이 종결된 후에 성원의 욕구가 충족되지 않거나 성취하고 싶은 다른 목적이 있어서 부가적인 서비스를 필요로 하는 경우가 있다. 집단성원들이 부가적으로 집단모임을 가지는 것을 희망할 경우 재계약할 수 있으며, 집단지도자의 지도 없이 성원들끼리 자조모임을 만들도록 격려할 수도 있다. 또한 성원들이 새로운 위기상황 또는 문제의 재발 등으로 서비스를 필요로 할 때 부가적인 서비스를 받을 수 있는 방법에 대해 설명해 주어야 한다(김혜란 외, 2006).

부가적인 서비스나 자원이 필요한 경우 같은 기관 내 타 부서나 타 기관으로 성원을 연결시켜 주는 것도 필요하다. 의뢰는 성원과 집단사회복지사가 모두 동의한 경우에만 이루어져야 한다. 성원을 다른 기관에 의뢰하는 경우는 개별실천에서와 같이 의뢰되는 곳에 관한 기본정보를 공유하고 가급적 동행하는 것이 좋고, 이후 서비스를 잘 받고 있는지에 대한 모니터링도 해야 한다.

⑥ 사후관리모임의 계획과 평가

사후관리모임은 집단이 끝난 이후 매우 중요한 평가도구가 될 수 있고, 종결단계의 부정적인 정서를 어느 정도 다룰 수 있는 도구이기도 하다. 사후관리모임을 갖는다면 집단성원들이 자신들이 정한 목표를 얼마나 잘 지켰는지 모여서 평가할 것임을 알고 있기 때문에 더욱 열심히 변하려 할 수 있고, 시점을 두고 집단의 효과를 평가(집단의 성과평가)할 수 있다. 따라서 종결단계에 사후관리모임을 구체적으로 계획할 필요가 있다. 집단종결 후 과제수행을 포함한 일련의 경험들에 대해 이야기할 수 있는 사후관리모임을 위한 일시를 함께 결정할 필요가 있다.

집단활동의 평가는 과정평가와 결과평가로 나뉜다. 과정평가는 집단이 어떻게 진행되고 결속력, 규범, 역할, 의사소통 등의 속성이 어떤가에 초점을 두는 것으로, 평가방법으로는 성원들로부터 피드백을 얻거나 과정기록을 활용하는 것 등이 있다. 결과평가는 집단시작 시점에서 설정한 목표가 어느 정도 달성되었는가를 평가하는 것으로, 집단활동을 시작하기 전과 종결 후에 검사도구를 활용하여 비교할 수 있고 (단일사례설계), 집단성원들과 직접 인터뷰를 해서 평가할 수도 있다. 이 과정에서 만족도 설문, 주관식 질문지, 객관식 질문지(집단평가양식들), 경험보고서나 소감문 등을 활용할 수 있을 것이다.

⑦ 의례행위(이영호, 2012)

자격증서나 수료증을 주는 것, 종결파티(이별파티[14])와 같은 종결의식(의례행위,

14) 집단이 끝날 때 대부분 이별파티를 하게 된다. 기쁜 마음으로 종결을 하는 것은 좋지만, 집단에서의 최후의 경험은 즐거운 집단 경험만으로 끝나지 않기 때문에 집단에서의 긍정적・부정적 경험 모두를 솔직하게 평가하고 이 같은 경험을 앞으로의 생활에 어떻게 살려나갈 것인가를 고려해야 한다(김혜란 외, 2006).

ritual activity)을 통하여 성취에 대한 긍정적인 면을 강조하고 격려한다. 이는 집단성원으로 하여금 이별이나 부족함보다는 성취에 대한 긍정적인 의미부여를 하고 자신을 존중하도록 하는 데 의미가 있는 절차이기도 하다. 아동집단의 경우 이것의 의미가 더욱 크며, 가족이나 친구들을 초청하여 행사를 나누는 것도 좋다.

(2) 종결단계에서 필요한 실천기술 및 기법

집단에서 종결은 성원들의 새로운 출발과 연결된다. 종결단계에서는 집단의 종결에서부터 새로운 경험으로 성원들의 이행을 원조하는 기술이 필요하다(윤현숙 외, 2001). 이행을 원조하는 기술로는

① 집단에서 학습한 주된 내용을 분명히 한다.

② 집단 종결 이후에도 계속해서 각 성원들의 노력이 필요하다는 것을 분명히 한다. 집단 그 자체는 자신들의 변화를 도와주고, 계기를 마련해 준 하나의 도구에 불과하지, 중요한 것은 배운 것이 무엇인지, 어떻게 그렇게 될 수 있었는지, 그러한 통찰을 이후에 어떻게 할 것인지가 중요한 것이다. 따라서 집단에서의 한 번의 경험으로 당장 많은 부분이 달라질 것이라는 기대를 하지 않도록 도와야 하고, 변화는 천천히, 눈에 띄지 않게 일어난다는 사실, 그리고 집단에서 배운 점과 깨달은 점을 바탕으로 끊임없이 변화를 위해 노력해야 한다는 점을 강조해야 한다.

③ 새로운 경험과 지지체계로 이행할 수 있도록 원조한다. 집단성원이 다른 집단을 계속 필요로 할 경우 집단사회복지사는 새로운 집단으로 원활히 이행할 수 있도록 원조해야 한다.

집단의 종결은 집단경험을 통한 성과를 잘 유지하도록 이를 강화하는 것이 중요하므로 이때 활용할 수 있는 활동기법을 소개하면 다음과 같다(이윤주 외, 2004).

활동명 : 최상급 표현

1. **목적** : 긍정적으로 집단을 종결하기
2. **준비물** : 모든 집단원의 이름이 적힌 종이와 필기구
3. **방법**
   - 집단을 종결하고자 하는 마지막 회기에 집단성원들에게 자신을 포함한 모든 집단원의 이름이 적힌 목록을 나누어준다.
   - 각 집단성원에게 집단경험을 하고 난 후 그 사람이 성취할 수 있어 보이는 긍정적인 행동을 '가장…할 것 같다'라는 최상급 표현을 사용하여 적어준다. 예컨대, '준수는 미루는 버릇을 가장 먼저 없앨 것 같다', '영미는 가장 먼저 학교를 졸업할 것 같다'라고 쓰도록 한다.
   - 모든 집단성원이 다 쓴 후에, 이름이 적혀 있는 성원에게 돌려준다.
   - 내용을 읽어보고 느낀 점과 생각한 바를 함께 이야기하고, 이에 대해 피드백한다.
   - 이와 같이 긍정적으로 확신을 주는 말과 집단으로부터 피드백을 받음으로써 종결을 맞는 것은 모든 집단성원에게 매우 긍정적인 효과를 가져올 수 있다.

* **응용** : 이러한 활동에서 '최상급 표현'을 변형해서 '긍정적이고 사적인 메시지'를 적게 하고, 이를 발표하게 하고, 피드백하는 형태로도 활동할 수 있다. 이때 긍정적인 메시지 내용은 상대가 받아들일 수 있는 정도의 긍정적인 태도, 외모, 성공, 그 밖의 특별한 메시지를 쓸 수 있다.

활동명 : 자신에게 편지쓰기

1. **목적** : 개인의 성격 중에서 긍정적인 것을 찾아 확인해 보기
2. **방법**
   - 자신의 긍정적인 특징 및 속성에 초점을 맞추어 편지를 쓰게 한다.
   - 이때 자신의 성공과 희망, 가능성에 대한 메시지를 적어보도록 한다.

CHAPTER 08 가족대상 사회복지실천의 이해

가족은 사회복지실천의 관심체계들 중 최고로 중요하다. 가족은 그 구성원들의 사회적·교육적·보건적 욕구를 포함하는 기본적인 욕구를 충족시키는 기능을 수행한다. 대부분의 경우 가족을 통해서 인격을 형성하고 생존에 필요한 기능을 배운다. 그리고 어린아이들은 사회적 책임감을 가지고 사회로 진출하도록 사회화된다. 더욱이 어린아이들은 가족을 통해서 기초적인 자부심, 소속감, 대인관계 기술 등을 발전시키거나 실패하는 것을 경험한다. 가족은 구성원들의 욕구 충족에 있어 가장 핵심적인 역할을 담당한다(Hepworth et al., 허남순 외 역, 2004). 또한 현대사회에서 개인이 가지는 문제는 대부분 가족에서 기인된다고 할 수 있을 정도로 현대사회에서의 가족은 여러 긍정적인 기능을 가지고 있는 반면 부정적인 양상을 포함하고 있다. 그러므로 사회복지사는 개별 가족들의 기능 양상을 사정하고, 개입하여 원조할 수 있어야 한다.

사회복지실천에서 가족은 한 개인을 이해하는 배경으로서의 환경이기도 하고, 개입실천단위이기도 하다. 개인을 대상으로 하는 실천에서 가족은 환경으로서, 개별클라이언트에게 스트레스를 주는 환경이고, 문제해결의 실마리를 제공해 주는 환경일 수 있다. 개인은 가족의 일원이고, 가족은 가족구성원인 개인에게 아주 강력한 영향력을 가지기 때문에 한 개인을 이해하고 돕기 위해서는 일차적 환경으로서 가족을 이해할 필요가 있다. 따라서 개별클라이언트의 문제사정을 명확히 하고, 개입에 대한 정확한 정보획득을 위해, 가족에 대한 사정이 이루어진다(개별개입을 위한 보충적 차원).

그렇지만, 다른 측면에서 가족이 여러 가지 이유(질병, 고용기회, 보건 등)로 빈곤하거나, 삶의 위기에 처했거나, 좋지 못한 생태환경[1]을 가져 전체 가족이나 개별구성

1) 친한 이웃 없이 범죄 가능성이 높은 지역에 사는 것은 생태적으로 위험하다.

원들이 발달적·정서적 욕구를 충족하지 못하고 일상의 사회적 기능수행에 어려움을 가진다면, 가족 전체를 개입단위로 해서 가족이 가진 문제나 욕구들을 해결해가는 노력을 해야 할 것이다. 이런 경우 가족이 실천의 개입단위인 것이다. **가족대상 사회복지실천(가족사회복지실천)이란 가족을 단위로 한 사회복지실천활동이고, 한 단위로서의 가족이 클라이언트체계이며, 가족 단위의 문제가 주요 실천대상이다.** 경우에 따라서는 개인의 문제를 해결하기 위한 가족 단위의 개입을 포함한다.

가족은 사회의 기본단위이고, 현대 산업사회의 급격한 변동에도 불구하고 여전히 그 중요성을 담보하고 있으며, 개인에 대한 영향력도 여전히 강력하다. 현대 산업사회의 급격한 변동과 함께 개인의 가치관 변화와 가족의 의미변화, 가족규모의 축소, 가족기능의 축소, 가족관계의 변화와 함께 이전보다 더욱 다양한 가족문제를 나타내고 있다. 이러한 가족의 다양한 문제로부터 가족구성원들인 개인들은 아주 강력한 영향을 받게 됨으로써 가족을 단위로 한 가족복지실천이 더욱 중요해지고 있다.

따라서 가족대상의 사회복지실천을 수행하는 사회복지사는 다양하게 변화된 가족을 한 단위로 보고, 가족(클라이언트)의 생태학적 환경과의 상호작용을 원활하게 함으로써 가족이 적절한 사회적 기능 및 일상의 기능을 수행할 수 있도록 도와야 할 것이다.

1. 가족대상 사회복지실천의 개요

사회복지실천에서 가족은 초기부터 지금까지 항상 중요한 주제였고, 실천에 있어서 가족관점 또는 가족의 중요성은 근대적인 사회복지실천의 초기부터 강조되었다. 초기부터 리치몬드(M. Richmond)는 가족관점을 주장했다.[2] 그렇지만, 사회복지실천의 역사에서 보면 1950년대와 1960년대에 특히 다중문제를 가진 가족에 초점을 맞

2) 가족사회사업의 실천은 우애방문의 시기와 사회사업전문직의 태동으로 시작되었다(Richmond, 1917 ; Collins et al., 이화여자대학교 사회복지연구회 역, 2001 재인용).

추게 되었다. 가족대상 사회복지실천은 가족사회사업, 가족복지(실천) 등으로 전문화되고 있다.

사회복지실천은 일반적으로 인간과 그들의 사회적 환경 간의 관계, 적절한 상호작용에 관심을 가진다. 개인(인간) 혹은 인간 내부적 요인(개인의 인성, 내적인 기능)에만 집중하는 것도, 환경적 요인에만 집중하는 것도 아니고, 인간과 환경 간의 상호 적응과정을 다룬다. 마찬가지로, **가족대상 실천은 가족구성원 각자에 국한하지도 않고, 가족생활의 성질에 영향을 미치는 보다 큰 환경체계에 제한되지도 않는다. 관심과 초점은 인간(가족구성원), 가족, 환경들 사이의 상호 교류인 것이다**. 가족을 사회와 분리되어 있는 존재로 보지 않고[3] **관심의 중심부에 가족을 두면서**[4](**가족중심접근, 가족초점**: family focus), 한 단위로서의 가족이 가지는 문제들 또는 개별 가족구성원들이 가지는 여러 가지 문제나 욕구에 집중하여 다양하게 원조함으로써 가족구성원 모두가 건강하고 만족할 수 있는 환경을 발전시킬 수 있도록 하고 이전보다 더 조화롭게 일상적인 기능을 할 수 있도록 하는 실천을 말한다. 여기에서 '관심의 중심부에 가족을 둔다'라는 의미는 모든 가족구성원들에게 주의를 기울이고, 가족구성원을 가족 단위에서 분리시켜 생각하지 않고, 전체 가족의 유지 및 기능 향상이라는 관점을 유지하면서 하나의 단위로서 가족을 존중한다는 것이다. 나아가 가족이 가지는 본질적인 기능을 인정하고, 이를 발달시킨다는 것을 말한다.

가족구성원 개인이나 두 사람 또는 전체 가족에게 구체적으로 문제를 해결해 주거나, 지원해 주는 것, 격리되고 억압된 가족구성원을 위해 정서적 지지를 제공하는

3) 가족은 어느 주어진 시간에 직장, 학교, 그리고 더 큰 체계와 상호작용하면서 영향을 받는다는 의미이다. 가족의 사회환경은 복잡하고 상호작용적이며 영향력이 크다. 가족과 그들의 사회적 맥락 간의 상호작용의 복잡성을 인식한다. 가족은 순전히 내부적 역동-가족 간의 관계구조-으로 인해 문제를 가지기도 하지만, 사회와의 관계 속에서도 많은 문제를 가지게 된다. 가족은 사회환경과의 끊임없는 상호작용과정에서 문제를 가지기도 하고, 문제를 해결하기도 하는 그런 존재이다.

4) 가족은 개인, 가족, 이웃 혹은 보다 큰 체계와 일하는 과정에서도 항상 관심의 중심부에 놓이는데, 이는 인간은 가장 가까운, 강력한 인간체계, 다시 말해 그들 가족의 맥락 속에서만 가장 잘 이해되고 원조될 수 있다고 보기 때문이다(Hartman & Laird, 1983 ; 성정현 외, 2005 재인용).

것 그리고 기술과 능력을 가르치는 것, 가족원이나 가족 전체를 위해 옹호하는 것, 직업훈련 또는 약물남용 문제와 같은 구체적인 서비스, 그리고 지역사회에서 이용할 수 있는 자원에 접근할 수 있도록 가족을 돕는 활동을 포함한다.[5)]

가족대상 실천은 가족이 잘 기능할 때 그 가족구성원들에게도 도움이 된다는 입장을 견지하고, 가족이 문제를 일으키는 곳이기도 하지만, 가족은 또한 해결책도 마련되고 수행될 수 있는 단위라는 기본관점을 가진다. 역기능 영역이 변화될 수만 있다면 가족원은 이후 욕구를 충족하기에 충분한 능력을 갖게 될 것이라는 가정에 근거하고 있고, 더 강한 가족, 더 건강한 개별가족원이 되게 한다는 입장인 것이다 (Richmond, 1917 ; Collins et al., 이화여자대학교 사회복지연구회 역, 2001 재인용).

2. 현대사회 가족의 변화

1) 가족개념의 변화

오늘날 가족의 개념은 혈연, 결혼, 입양 등으로 엮어지고 부부, 자녀로 이루어진 기본적 핵가족 구도에서 많이 변화되었다. 핵가족을 중심으로 하는 전통적인 가족에 대한 관점은 오늘날 더 이상 다양한 가족 형태의 삶을 반영해 주지 못한다. 비록 아직까지 상당한 가족이 이러한 전통적인 가족의 형태를 유지하고 있다 할지라도, 다른 다양한 형태의 가족 비율이 점차 증대되고 있는 것 또한 사실이다.

가족은 모든 문화, 모든 사회에서 발견되는 보편적인 사회제도이지만 사회와 문화에 따라, 사회경제적 변화에 따라 다양한 양상으로 나타나고 있다. 가족을 어떻게

5) 가족문제를 보다 거시적 관점에서 사회문제의 한 부분으로 보며 사회구조와의 관계 속에서 다룰 수도 있다. 거시적 관점에서는 가족을 둘러싼 사회구조와 사회체계변화에 초점을 둔다. 경제적 불평등, 고용기회, 의료기회 등 사회·경제적이고 문화·환경적인 외적요인들의 영향력을 고려하며 가족복지정책적 접근 지향, 빈곤상황에서 가족문제가 야기된다고 보고 가족을 보호하기 위해 외부사회환경 변화를 모색하고, 현대사회에서 가족기능 변화를 어떻게 정책적으로 보완할 것인가를 모색한다.

정의하느냐는 사회복지실천에서 상당히 중요한 부분이다. 가족을 어떻게 정의하느냐에 따라 가족에 대한 직접적 실천뿐 아니라 정책과 프로그램, 서비스의 자격기준을 정하는 데 영향을 미치기 때문이다(성정현 외, 2005). 적절한 개입을 계획하기 위해서는 클라이언트 집단을 정의할 수 있어야 한다.

가족은 "혈연, 결혼, 입양 등으로 관련된 둘 이상의 사람들로 구성된 집단으로 동일한 가구에서 함께 거주하는 사람들의 집단"(Barker, 1987)으로 규정될 수 있다. 이러한 정의는 전통적인 가족의 특성을 반영한 개념이다. 이 개념들은 공동의 주거공간을 가지고 상호권리와 의무를 가지며 자녀의 일차적 사회화를 책임지는 성원으로 구성되어 있는 핵가족을 전제하고 있다. 그렇지만 현대사회에 있어서는 가족유형이 보다 다양해짐으로써 '혈연, 혼인, 입양 등에 기반한 특수한 관계'와 '동일한 가구에서의 동거'를 전제로 할 수 없게 되었다. 헵워스 외(Hepworth et al., 허남순 외 역, 2004)는 "현대적 가족이란 둘 이상의 사람들이 유대와 친밀감으로 함께 지내는 것"이라고 개념화하는 것이 유용하다고 했고, NASW 가족분과위원회(1982)에서도 가족을 "그들 스스로 가족이라고 생각하고, 건강한 가족생활에 필수적인 의무, 기능, 책임을 수행하는 두 명 이상의 사람들"로 정의한 바 있다.

사회복지실천 영역에서는 과거와는 다른 관점에서 구조보다는 기능이나 관계의 질적인 측면에서 가족을 정의내리고 있다. 더 이상 핵가족을 전제로 한 가족의 정의를 계속 고수한다면, 그러한 형태와 일치하지 않는 현대사회의 다양한 가족생활을 비정상 또는 문제로 취급하게 되고, 역기능적인 가족이라는 편견을 갖기 쉽다. 가족을 대상으로 하는 사회복지실천에서도 이러한 개념의 변화를 수용할 수 있어야 한다.

2) 가족구조 및 기능의 변화

현대사회에서 가족은 그 구조면이나 기능면에서도 많이 변화하고 있다. 산업화 과정에서 핵가족화, 출산력 저하, 단독가구의 증가 등으로 현대가족에 있어서 핵가족이 보편적인 가족형태를 보이고 있지만, 현대가족은 이혼율 증가, 각종 사고 등의 증가로 인해 한부모가족, 조손가족, 재혼가족이 늘어나고 있고, 점차 가족구성 규모가 축소되는 경향을 보이고 있다. 이 밖에도 무자녀가족, 동거가족, 동성애가족, 독신가족·1인가족과 노인단독가족, 공동체가족, 다문화가족, 맞벌이가족, 원거리가족 등 다양한 형태의 가족[6]이 증가하는 모습을 보이고 있다.

또한 산업화 이전의 가족은 자녀의 출산과 양육기능, 생산과 소비의 경제적 기능, 교육기능, 사회화 기능, 가족성원의 보호와 부양기능 등 많은 기능을 수행하여 인간의 욕구와 문제는 가족을 통해 해결될 수 있었다. 그렇지만, 산업화 이후 여성 교육수준의 상승과 성평등 개념 확대, 부익부 빈익빈의 자본편재에 기인한 빈곤확대 등으로 인한 여성취업 및 사회참여활동이 많아지고, 이혼율이 증가함에 따라 가족이 가진 전통적인 기능들은 다른 제도로 이관되고, 가족의 기능이 대폭 축소·약화되기에 이르렀다. 기혼여성의 취업이 증가함에 따라 아동을 양육하고 노인과 장애인을 보호하는 가족의 기능이 약화되고 있다. 소위 가족의 본질적 기능만 남기고 비본질적인 기능들은 모두 다른 제도로 이관되어 가족의 기능은 더욱 약화되고 있다.

더불어 시대와 사회변화에 따라 가족의 기능은 그 중요성이나 내용 면에서 상당히 달라지고 있다. 개인의 사회화와 기본적 욕구 충족 면에서 가족의 영향력이 점차 약화되고 있다고는 할지라도, 가족은 개인에게 여전히 최대의 영향력을 행사하는 중요한 사회적 최소 단위임은 분명하고,[7] 특히 가족만이 제공할 수 있는 정서적 기능은 더욱 중요하게 부각되고 있는 것 또한 사실이다. 정서적 기능은 가족원 간에 서로 사랑하고 지지하며, 상호 정(情)을 느낌으로써 정서적인 안정을 제공하는 기능을 의미한다.

가족구조가 다양해짐에 따라 새로운 욕구나 문제들이 다양하게 나타나고, 가족기능이 축소·약화·변화됨에 따라 이제는 더 이상 개인의 다양한 욕구나 문제 또는

6) 공동체가족은 사람들이 가족처럼 집단적으로 모여 함께 살아가는 형태를 말하고, 성원들이 경제적 기능, 가사 및 아동양육 등의 역할을 공유한다. 원거리가족은 멀리 떨어져 사는 가족을 말하는데, 주말부부, 월말부부, 방학부부 등을 포함한다.

7) 자스트로(C. Zastrow, 2004)는 가족이 변화하고 있지만, 아직도 중요한 기능을 유지하고 있다고 지적하고, 인구교체(재생산)기능, 자녀양육기능, 새구성원의 사회화기능, 성행동의 규제기능, 애정의 원천으로서의 기능 등을 강조하고 있다(백종만 외 역, 2006).

가족이 가지는 문제들을 가족에 맡겨두어서는 어려운 상황에 직면하게 되었다. 가족문제에 사회나 국가의 개입을 필요로 하게 된 것이고, 다양한 가족복지서비스가 필요하게 되었다.

3) 가족생활주기의 변화

인간이 태어나서 특정한 발달단계를 거치며, 단계마다 발달과업이 있는 것처럼 가족(생활)에도 일정한 발달단계와 과업(Erickson의 인간성격발달 8단계와 단계별 과업, 위기를 가지는 것처럼)이 있다. 가족생활주기(family life cycle)는 시간이 경과함에 따라 가족 내의 발달적인 경향을 묘사하기 위해 일반적으로 사용되는 용어다(Carter & McGoldrick, 1999; 박내영, 2006 재인용). 시간이 경과함에 따라 변화하는 가족생활의 연속적 과정을 유형화한 것이 가족생활주기이다. 남녀가 결혼하면서 새로운 가족생활주기가 시작되고(가족의 형성), 부부가 늙어 사망하게 되면 이 주기가 끝난다.

현대사회에서 가족은 가족생활주기 면에서도 많은 변화를 나타내고 있다. 결혼연령의 상승, 혼인 감소와 이혼율 증가 및 재혼율 증가, 출산자녀 수의 감소, 평균수명의 연장(저출산과 고령화), 여성의 역할변화 등으로 자녀출산과 양육 시기는 짧아지고 자녀들이 독립하여 집을 떠나면서 오는 빈둥지 시기인 중년부모 시기가 빨라지고, 조기퇴직 및 평균수명의 연장으로 노년기 가족 시기가 점차 길어지고 있다. 노년기의 여가문제가 심각한 사회문제로 대두되고 있다. 또한 이혼가족과 재혼가족의 증가로 기존의 가족생활주기 단계 및 과업과는 다른 경험을 하는 가족이 증가하게 되었다. 다양한 가족생활주기에 대한 이해를 필요로 하게 되었다.

따라서 사회복지사는 가족생활주기 면에서의 변화와 그에 따른 발달과업을 잘 수행할 수 있도록 돕기 위해서 가족생활주기, 변화된 가족생활주기, 가족생활주기에 따른 발달과업, 가족생활주기에 적응하기 위해 가족이 어떻게 태도를 변화시키고 관계를 수정해야 하는지 이해할 필요가 있다.

4) 가족관계의 변화

가족 규모가 축소되고 가족의 기능이 변화됨에 따라 가족관계와 형태도 달라지고 있다. 가족의 아동에 대한 교육과 양육의 기능, 보호의 기능이 약화되고, 부모권위가 상실됨으로써 가족관계도 변화하는 모습을 보이는 것이다. 개인주의 가치관 확대, 가부장제의 쇠퇴, 여성의 경제활동참여가 증가하면서 부부의 성역할 가치관이 변화하고, 가족 내 여성의 지위와 역할이 달라지고 있으며, 부부관계·가족관계도 수직적 관계에서 점차 수평적·평등관계로 변화하고 있다. 그렇지만, 실생활에 있어서는 아직도 가치관의 혼돈(가부장제와 양성평등의 가치 혼재)이 있고, 가족성원 간 기대와 역할에 혼돈이 발생함에 따라 가족갈등, 이혼, 가족해체 등의 문제를 나타내고 있다. 이 밖에도 부모－자녀의 세대갈등, 노부모－성인자녀 관계의 갈등, 배우자폭력, 아동학대, 노인학대를 포함하는 가정폭력, 청소년 비행, 범죄, 약물중독 등의 일탈행동, 정신장애(정신분열, 우울증, 치매 등) 등 이전과는 다른 새로운 가족문제들이 발생하고 있다.

3. 가족을 바라보는 관점의 변화(성정현 외, 2005)

1) 가족을 문제의 원인으로 보는 관점

제2차 세계대전 이후 미국의 정신의학은 급진론적 환경론자들에 의해 주도되었는데, 이들은 성인의 정신장애는 가족환경에 근거하는 것으로 보았다. 정신분석이론에 훈련된 실천가들은 정신장애를 정신병리적 의사소통, 이중구속, 또는 유아기 동안 모(母)와 자녀 간의 불충분한 유대관계의 결과라고 주장했는데, 문제의 원인을 가족에서 찾으려는 경향이 두드러졌다. 1950년대 정신의학에서 분리되어 나온 운동으로서 가족치료도 동일한 맥락에서 볼 수 있다.

1960년대 들어서 더욱 발전하게 된 **가족치료**(family therapy)에서는 가족을 하나의 사회체계로 보고, 상호작용적 관점(개인의 행동은 가족 상호작용의 역동성을 반영한다)을 견지했다. 어느 한 부분의 변화는 체계의 다른 부분들과 나아가 전체 체계의 변화를 초래한다고 이해하며, 개인이 호소하는 문제나 증상은 가족의 역기능에 대한 표현으로서, 가족의 항상성을 유지하기 위해 가족성원들 중 한 사람에게서 나타나는 것이라는 입장을 취한다. 어떤 행동을 비정상적이라기보다는 필요에 의한 표현, 가족 내 문제점들로부터 벗어나기 위한 시도로 본다. 개인문제는 결함을 가진 가족체계의 표현이고, 가족 상호작용 패턴의 탓으로 돌린다. 치료의 목표는 궁극적으로 가족체계의 작용을 근본적으로 변화시키는 것(개인의 증상이나 문제보다는 가족 내 역동적인 갈등에 초점)에 있고, 의사소통은 그것이 언어적이든, 비언어적이든 가족체계에 관해 알 수 있는 중요한 수단이기 때문에 매우 중요하게 고려된다. 개별가족원에는 집중하지 않고, 가족단위가 변화의 표적이고, 가족의 역할과 관계를 재구조화하는 데 집중한다.

2) 가족을 자원으로 보는 관점

가족을 문제의 원인이 아니라 문제를 가진 가족구성원을 가장 잘 도울 수 있으며, 현재 돕고 있는 자원체계로 인식하면서부터, 가족이 보다 기능적으로 활동할 수 있도록 다양한 정보와 자원을 제공하는 지지집단 형성이 장려되었다. 가족들은 작든 크든 지지집단에의 참여를 통해 다양한 정보를 교환함으로써 가족구성원의 문제에 보다 잘 대처해 나갈 수 있는 능력을 발달시킬 수 있게 되었다.

3) 가족을 희생자로 보는 관점

1970년대 후반 서구에서는 탈시설화가 활발히 진행되기 시작하였다. 탈시설화 정책으로 지역사회와 가정으로 복귀한 정신장애인, 장애인, 아동, 노인들의 보호는 아무런 준비가 되어 있지 않은 가족에게로 떠넘겨지게 되었다. 가족들은 시시적 서비스가 충분히 마련되어 있지 못한 상황에서 이들을 돌보게 됨에 따라 부담과 긴장을 더욱 많이 경험하였고, 이후부터 실천분야나 학계에서는 가족이 받는 스트레스와 부담에 관한 논의가 급증하였다. 가족이 문제의 원인이나 자원체계가 아닌 클라이언트와 더불어 또 다른 희생자, 즉 숨겨진 희생자로 파악되기 시작함에 따라 클라이언트를 위한 서비스나 치료와는 별도로 가족을 위한 다양한 서비스가 마련되기 시작하였다.

4) 가족을 전문가의 파트너, 협력자로 보는 관점

사회복지실천의 역사는 대부분 문제, 결핍, 병리에 초점을 두는 경향이 있었다. 문제에 초점을 두는 관점은 문제를 규정하고 평가하는 데 많은 비중을 둔다. 가족에 대한 접근 또한 가족구성원의 문제를 가족 역기능의 한 증상으로 간주해왔다. 그러나 1990년대부터 개인의 강점에 초점을 두는 접근은 가족을 보는 관점에도 영향을 미쳤다. 강점관점에서 볼 때, 가족은 자신의 생활, 강점, 자원, 능력에 있어서 전문가이다. 그들은 그들이 필요로 하고 원하는 것이 무엇인지를 가장 잘 안다. 또한 가족 주변환경에 대해서도 잘 알고 있다. 그리고 가족은 오랫동안 역경을 극복하고 도전을 이기기 위해 누적해 온 기술, 능력, 지식, 통찰력 등을 갖고 있다. 이러한 강점과 레질리언스(resilience)에 초점을 둔 실천은 사회복지사와 가족 간의 협력관계를 중요시한다. 협력관계는 상황에 대한 정의, 기대되는 결과, 목적 달성을 위한 방법 등에 있어 가족과 함께 의견을 공유하는 것에서 시작된다. 사회복지사와 가족은 문제, 목표, 전략을 정의하는 데 협력적 관계를 형성하고, 사회복지사는 가족을 대등한 동반자, 시민으로서 간주한다.

4. 가족의 기본속성

가족을 단위로 한 사회복지실천을 행하기 위해서는 가족에 대한 이해가 필요하다. 가족이 어떤 속성을 갖고 있고 어떤 기능을 수행하고 있든지 상관없이 모든 가족은 공통적으로 2가지 차원의 속성에 영향을 받아 형성, 유지된다(엄명용 외, 2009; 김혜란 외, 2006). **하나는 시간적 차원이고 다른 하나는 공간적 차원이다.** 먼저 시간적 차원에서 가족은 역사성을 띠고 있다. 가족의 역사성이란 현재 우리가 속해 있는 가족은 여러 세대를 거쳐 아버지쪽과 어머니쪽 가족의 특성이 전해 내려오면서 통합과 조정의 과정을 거쳐 형성된 결과물이라는 것이다. 예를 들어 두 세대만 거슬러 올라가 보면 현재 우리가 생활하고 있는 가족의 관계 양상 속에는 할아버지가 성장한 원가족과 할머니가 성장한 원가족에서의 가족관계 특성들이 할아버지, 할머니 가정에 융합되어 아버지가 성장할 당시 가정 분위기를 형성했다. 마찬가지로 외할아버지, 외할머니의 원가족 분위기가 외할아버지, 외할머니의 가정에 투입됐고, 어머니는 이러한 분위기에 영향을 받고 성장한 것이다. 이후 상이한 혹은 유사한 가정 분위기 속에서 성장한 아버지와 어머니는 각자 가정의 가족관계 양상의 특성들을 가지고 와 오늘 우리가 생활하고 있는 가정의 분위기를 만들었다고 볼 수 있다. **가족을 시간적 관점에서 이해한다는 것은 가족은 생애주기(발달주기)에 따라 계속 변화할 뿐 아니라 가족의 문화, 가치, 관계유형 등이 세대 간에 전승된다는 점을 이해하는 것이다.**

하지만 가족의 속성은 이러한 역사성에 의해서만 영향을 받아 형성되는 것은 아니다. 동시대에 함께 존재하는 가족을 둘러싼 각종 환경과의 교류를 통해 가족의 속성이 변화될 수 있다. 이것을 가족의 공간성이라고 말할 수 있다. **가족의 공간성이란 가족이 진공상태에서 존재하는 것이 아니라 주변환경과 끊임없는 교류를 하면서 생존, 적응해가고 있음을 의미한다.** 권위적이고 경직된 가족관계 양상에 영향을 받고 성장한 아버지라 할지라도 애정 중심적이고 비권위적인 이웃 가정과 전반적인 사회분위기 속에서 생활해 가면서 자신의 가족관계 양상에 변화를 가져올 수 있을 것이다. **가족을 공간적 관점에서 이해한다는 것은 가족을 하나의 사회체계로 이해하는 것이다.** 즉 가족은 개별성원들로 이루어진 상위체계임과 동시에 확대가족, 지역사회, 문화 등과 지속적으로 상호작용하는 하위체계로 이해하는 것이다. 이렇게 볼 때 가족은 역사성과 공간성을 동시에 띠고 있다고 볼 수 있다.

가족이 가지고 있는 기본적 속성에 대해 골든버그 부부(Goldenberg & Goldenberg,

2000 ; 엄명용 외, 2009 재인용)는 다음과 같이 설명하였다.

첫째, 가족은 특정한 목적달성을 위해 인위적으로 형성된 집단이 아니라 자연스럽게 형성된 사회집단이다. 따라서 가족의 목적과 기능은 가족들이 생활해 나가는 가운데 가족성원들 간의 상호교류, 타협, 조정의 결과로 자연스럽게 형성된 것이라고 볼 수 있다.

둘째, 가족은 생활해 가는 가운데 일련의 생활유형 또는 규칙을 발전시키게 된다. 이러한 생활규칙은 대부분 분명하지 않아 가족원도 모르고 지내는 경우가 많다. 이것을 우리는 가족의 생활방식, 가족관계 양상, 가족관습 등으로 부를 수 있다.

셋째, 가족의 각 구성원들에게는 나름대로 할당되고 부여된 역할들이 있다. 이러한 역할의 종류와 특성들은 가족이 성장해 가면서 가족 내부 상황 또는 가족 외부 환경의 영향에 따라 생성, 소멸, 분화 또는 변화될 수 있다. 경제적 부양의 책임, 가사 운영의 책임, 자녀교육의 책임, 가족 내 감정조절의 책임 등이 각 가족구성원들에게 분담될 수 있다. 이에 따라 가족성원들의 상호작용이 이루어진다.

넷째, 가족은 나름대로의 권력구조를 가지고 있다. 어느 가정에서는 아버지가, 다른 가정에서는 어머니가, 또 다른 가정에서는 할아버지 또는 할머니가 상대적으로 강한 의사결정권과 가정의 통솔권을 갖고 있을 수 있다. 자녀가 장성한 뒤에는 자녀 중 누군가가 상대적으로 강한 권력을 갖게 될 수도 있다.

다섯째, 가족은 공공연하거나 은밀하면서 복잡한 형태의 의사소통 형태를 가지고 있다. 이러한 특성은 두 번째 항목에서 설명한 가족의 생활유형 또는 규칙과 겹치는 부분이다. 가족의 생활유형 중 의사소통 유형만을 놓고 볼 때 가족에게는 그 나름대로의 의사소통 유형이나 특성이 나타난다. 언어적 표현이 매우 발달한 가족이 있는가 하면, 비언어적 의사소통이 지배적인 가족도 있다. 감정표현이 풍부하고 세심한 가족이 있는가 하면, 감정의 표현이 극도로 억제되는 가족도 있다.

여섯째, 가족은 나름대로 문제를 해결하고 타협·협상하는 방법을 가지고 있다. 가족은 문제에 직면했을 때, 그 문제를 해결하는 나름대로의 방식을 가지고 있다. 차분한 대화로 가족원의 의견을 수렴하여 이성적으로 해결하는 가족이 있는가 하면, 감정적인 면이 강하게 드러나면서 감성에 의해 충동적으로 해결하는 가족도 있다.

가장을 중심으로 권위적 의사결정에 의해 문제가 해결되는 가정이 있을 수 있는 반면, 민주적 의사결정 방식에 의해 문제가 해결되는 가정도 있다.

일곱째, 가족은 역사, 세상에 대한 관점, 목적의식 등을 공유하고 있다. 이것은 가족의 세상에 대한 인식이라고 불릴 수 있다. 세상을 살 만한 곳, 믿을 만한 곳, 희망과 포부를 가지고 한번 도전해 볼 만한 흥미진진한 곳으로 바라보는 가정이 있는가 하면, 세상은 못 믿을 곳, 불안한 곳, 미움 · 다툼 · 시기 · 질투가 가득한 곳으로 생각하는 가정도 있을 수 있다. 이런 인식은 가족원 사이에 공유된다는 것이다.

여덟째, 한번 구성원은 영원한 구성원으로 남아 있다. 가족은 이혼, 사망, 별거, 유기 등에 관계없이 한번 가족원이면 영원히 가족원으로 남아 있다. 가족관계가 법적으로 정리될 수는 있어도 그 외의 측면에서는 각 개인의 생각, 정서, 감정, 행동 등에 끊임없이 영향을 미치는 존재가 바로 가족이다. 가족원 중 한 명이 의도적으로 다른 가족원과 멀리 떨어져 생활한다고 하더라도 그 영향력은 여전하다. 가족성원은 서로 강력하고 영속적이며, 정서적으로 결합되어 있다는 것이다.

가족이 가지고 있는 기본적 속성은 가족의 특성을 이해하는 기초 토대가 될 뿐 아니라 가족의 기능과 가족이 가질 수 있는 욕구나 문제들을 이해하는 데 도움이 된다.

5. 가족체계에 대한 주요 가설

가족은 사회체계의 한 유형이다. 가족은 상호의존적이며 상호작용하는 가족성원 개개인들(부분들)로 이루어진 전체이다. 살아 있는 생명체로서의 유기체와 같은 성질을 갖는다. 또한 가족은 주변환경과 상호작용을 통해 필요한 자원과 지지를 확보하는 생태체계이다. 가족은 가족성원 개개인들로 구성된 전체이며, 지역사회를 구성하고 이에 적응하는 부분으로서의 체계이다.

가족성원은 상호의존하는 관계에 있으므로 한 사람의 행동이 다른 가족에게 영향을 미치며, 이는 반복적인 상호작용 행동으로 유형화된다. 체계로서의 통합성을 유지하는 한편 경계를 형성하여 외부체계와 구분되기도 한다. 가족의 상위체계는 확대가족, 지역사회 등이 있고, 하위체계는 부부체계, 부모자녀체계, 형제자매체계 등이 있다. 이 모든 체계들은 서로 상호작용하면서 에너지를 교환한다. 따라서 가족을 대상으로 하는 실천에서는 가족성원 개개인에 초점을 맞추기보다는 전체로서의 가족에 중점을 둔다. 따라서 가족체계 개념의 핵심요소들을 이해하는 것이 중요하다. 콜린스 외(Collins et al., 이화여자대학교 사회복지연구회 역, 2001)는 가족체계에 대한 주요 가설들로 6가지를 설명하였다.

① 전체로서의 가족은 각 부분의 합 이상이다.
② 가족은 변화와 안정성의 균형을 맞추려고 노력한다.
③ 한 가족구성원의 변화는 모든 가족원에게 영향을 미친다.
④ 가족원의 행동은 순환적 인과관계로 가장 잘 설명된다.
⑤ 가족은 보다 큰 사회체계에 속하며 많은 하위체계를 포함한다.
⑥ 가족은 기존의 규칙에 따라 움직인다.

1) 전체로서의 가족은 각 부분의 합 이상이다

가족은 체계로서, 상호의존적이며 상호작용하는 개별가족성원들로 이루어진 전체이지만, 전체(한 체계의 구성 부분들이 일정한 유형으로 합쳐질 때)는 단순한 부분의 합 이상의 성질을 갖는다. 하나의 사회체계로서의 가족은 각 가족원의 개인적인 특성의 합보다 크다는 것이고, 상호작용을 통해 부분의 합 이상의 그 무엇을 만들어 낸다는 의미이다. 총체적 성질을 가진다는 것이다. 따라서 각 개인들의 행동을 이해하기 위해서는 가족원들과의 상호작용 속에서 관찰해야 한다는 것이고, 가족 상호작용을 관찰함으로써 각자의 행동을 보다 더 잘 이해할 수 있게 된다는 것이다.

하나의 체계가 각 부분의 합 이상일 수 있음을 보여주는 좋은 예는 각각의 음이 모여서 하나의 선율을 만들어 나가는 과정에서 찾을 수 있다. 분리해서 보면 하나의 음은 아무 것도 아니지만 함께 모이면 멜로디를 만들어 낸다. 개별적인 음을 합치면 기존의 음과는 성격이 전혀 다른 소리가 창조되는 것이다.

2) 가족은 변화와 안정성의 균형을 맞추려고 노력한다

체계는 외부환경의 변화에 대해 항상성을 가진다. 현재의 상태를 유지하기 위해 애쓰는 것을 '항상성(homeostasis)'이라고 한다. 항상성은 어떠한 행동을 허용할 것인가를 결정하는 가족규칙을 통해 공고해진다. 안정된 온도를 유지하기 위해 집에서 난방장치나 에어컨을 작동시키는 것처럼, 항상성은 가족 내의 지속적인 균형을 유지하기 위해 작용한다.

종종 가족들은 현재의 상태를 유지하기 위해 노력한다. 그렇지만, 가족은 계속해서 성장하도록 압력을 받고, 변화하는 외부환경과 가족원들의 성장 욕구(evolving needs)에 반응하여 발전한다. 그 과정에서 **안정과 변화라는 서로 상반된 욕구 사이에서 균형**(equilibrium)**을 찾기 위해 노력한다.** 가족은 변화를 요구하는 상황(위기 상황)에서 안정을 유지하기 위해 필요한 행동이 무엇인지에 따라 변화한다. 역설적으로 가족은 안정을 유지하기 위해서 계속해서 적응하고 변화해야 한다. 안정이 위기에 처할 때, 가족패턴은 무너지며, 예측을 할 수 없고 스트레스가 많은 생활을 하게 된다.

가족의 최초 반응은 눈앞에 닥친 변화를 부인하고 거부하면서 저항하게 마련이지만 가족체계는 질서에 대한 욕구와 변화에 대한 열망 사이에서 균형을 유지하기 위해 노력한다. 위기 상황으로 가족들이 변화와 적응에 대한 압력을 느끼게 되면, 새로운 가족기능을 수행하기 위해 새로운 행동패턴을 만들게 되고, 이어서 새로운 수정된 가족균형 상태로 이어지게 된다. 그렇지만, 가족체계는 항상성을 가지고 있기 때문에 위기 상황 이후에는 "정상적인" 기능수행으로 되돌아가려는 경향이 있는데, 사회복지사가 이러한 점을 알고 있다면 불안정한 기간 동안 가족이 이차적[8)]이고, 지속적인 변화를 만들어 내도록 도울 수 있다. 상호작용 패턴을 재조직하고 이러한 패턴을 조절하는 새로운 규칙을 만들어 냄으로써 가족이 새로운 균형상태를 유지하게 하는 것이다. 이러한 방식으로, 가족은 과거에 선호했던 균형상태를 포기하게 될

---

8) 가족 내에서 일어날 수 있는 변화도 두 가지 유형으로 분류할 수 있다. 일차적 변화(first-order change)와 이차적 변화(second-order change)가 그것이다. 일차적 변화는 가족 중 한 명의 행동이 변화할 때 일어나는데, 이 경우 가족을 지배하는 규칙에는 변화가 없다. 이차적 변화의 경우 규칙이 바뀌게 된다. 이차적 변화는 좀 더 지속적인 가족변화를 초래한다.

것이다. 가족의 이전의 항상성을 새로운 항상성으로 변화할 수 있도록 해야 한다는 것이다.

3) 한 가족원의 변화는 가족성원 전체에 영향을 미친다

사회체계로서의 가족을 이해하기 위해서는 가족 중 한 구성원의 변화가 다른 모든 구성원에게 영향을 미친다는 것을 알아야 한다. 이러한 점을 알고 있어야 한 명의 가족원이 변화를 시도할 때 그 가족이 보이는 반응을 이해할 수 있고, 또한 사회복지사가 가족을 변화시키려고 할 때 가족이 보이는 반응을 이해할 수 있다.

만약 한 명의 가족원이 다르게 행동하기 시작한다면, 다른 구성원들은 가족을 균형상태로 유지하기 위해 이러한 변화를 저지시키려고 할 것이지만, 다르게 행동하는 가족원이 성공적으로 변화한다면, 이러한 변화는 결국 가족성원 전체에 영향을 미치고, 가족체계는 한 가족성원의 변화된 행동에 반응하여 적응한다는 것이다.

4) 가족성원의 행동은 순환적 인과관계로 가장 잘 설명할 수 있다

가족이 기능하는 방법은 예측이 가능하고, 유형화되어 있다. 따라서 사회복지사는 가족원 사이의 의사소통 패턴에 주의를 기울일 필요가 있다. 한 가족 내의 의사소통 패턴은 기본적으로 상호 호혜적이며 상호 강화적이다.

단선론적인 인과관계는 한 사건이 다른 사건의 원인이라고 생각하는 과정으로 서술된다. 행동문제에 대한 단선적인 설명은 관계, 역사 그리고 진행 중인 의사소통 패턴을 설명하지 못한다. 개별문제에 대한 단선론적인 설명은 문제를 개인 탓으로만 돌린다. 반면, 순환적 인과관계는 유형화된 가족 관계 내에서 현재 진행되고 있는 상호작용 패턴을 설명한다. 따라서 사회복지사는 가족구성원 사이의 상호작용적 순환패턴을 잘 살펴야 한다. 순환적 인과관계는 사건 B가 사건 A에 영향을 미치고, 다음에 사건 A는 사건 B에 영향을 미치는 상황을 설명한다. 시간이 지남에 따라 가족구성원들 사이의 상호작용패턴은 매우 반복적이 될 수 있다.

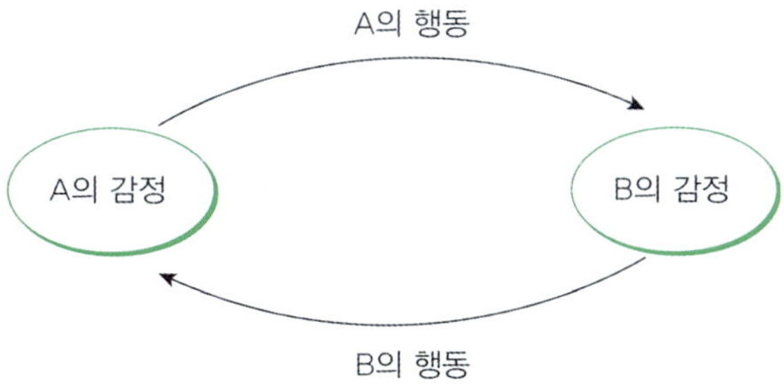

A는 부모 혹은 배우자일 수 있다.
B는 자녀 혹은 다른 배우자일 수 있다.

순환적 인과성(circular causality)에 따르면 가족이 가진 문제를 해결하기 위해서는 문제의 원인 혹은 근원보다는 문제를 유지하는 가족의 상호작용에 초점을 둘 필요가 있다. 즉 가족이 변화하기 위해서는 누가 문제를 시작했는지 혹은 누구에게 문제의 책임이 있는지를 가려내는 것보다는 어떻게 현재 이루어지고 있는 역기능적인 상호작용 패턴을 변화시킬 수 있는지에 초점을 둘 필요가 있다. 또한 가족 내 한 성원의 변화는 다른 성원들과 가족 전체에 영향을 미치며, 이런 영향은 다시 변화를 가져온 성원에게 순환적으로 영향을 미치기 때문에, 가족의 변화를 위해 반드시 근원이 되는 성원의 변화를 시도해야 하기보다는 다른 성원들이 변화함에 따라 문제의 근원이 되는 성원과 가족 전체가 변화할 수 있다(김혜란 외, 2006).

5) 가족은 보다 큰 사회체계에 속하며 많은 하위체계로 이루어져 있다

모든 체계들은 다양한 하위체계들로 구성된다. 가족은 보다 넓은 가족체계 내에서 각 개인들의 집단으로 구성된다. 부부하위체계, 부모하위체계, 자녀하위체계는 모두 가족하위체계의 예들이다. 하위체계들은 한 개인에서도 확인될 수 있는데, 신체, 인지, 정서적 하위체계들이 그 예이다. 가족하위체계는 성(gender), 연령, 힘 등 몇 가지 변수에 따라 형성된다. 일반적으로 부부하위체계(부모)는 가족에게 가장 많은 영향력을 미치는 하위체계이다. 가족이 속해 있는 보다 큰 체계에는 확대가족,

도시, 이웃, 레크리에이션 조직, 교회 등이 있다. 이러한 체계들은 국가나 국가연합과 같은 보다 더 큰 체계의 일부분이다.

모든 체계는 다른 체계들과 구분되는 관념적인 구분선으로서의 경계를 가진다. 경계는 가족에 포함되는 사람과 포함되지 않는 사람을 결정한다. 경계에 따라서 가족 내의 하위체계에 속하는 사람 또한 결정된다. 원칙적으로 가족의 경계는 투과성이 있어서 외부 정보나 자원이 가족 안으로 자유롭게 들어가고 또 나갈 수 있어야 한다. 건강한 가족은 필요한 경우 새로운 생각과 개념, 자원을 융합시킬 수 있는 명확하고 융통성 있는 경계를 가지더라도, 나름의 주체성과 목적의식을 유지한다.

가족 내 하위체계들에 있어서도 경계가 너무 뚜렷해서 정서적으로 서로 차단되는 경우, 하위체계들 간 관계는 '소원해지거나(disengaged family, 분리가족)' 느슨해진다. 이는 무관심으로 종종 표출된다. 반대로 가족구성원 간의 경계가 너무 개방되어 있거나 '밀착되면(enmeshed family, 밀착가족)' 구성원 각 개인의 본래의 모습은 약화되고 개인으로서 자율적으로 활동할 때 방해가 된다. 밀착된 관계는 가족구성원들이 서로 너무 연관되어 있는 경우에 발생한다. 관계가 소원하거나 밀착된 경우 모두 가족의 기능수행에 결함이 있음을 나타낸다. 가족하위체계와 개인 간의 경계 또한 비슷한 기능을 한다.

가족은 외부세계와의 융통성 있고 분명한 경계뿐 아니라 확고한 세대 간의 경계를 구성해야 한다. 부모하위체계와 형제자매 하위체계 간의 경계는 분명해야 한다. 적절한 발달과 사회적으로 인정된 기능들을 토대로 역할 분화를 고려해야 한다. 부부는 육아에 있어서는 파트너가 되어야 한다. 자녀들이 한 부모와만 관계를 맺고 있다면 역기능적인 세대 간 경계가 존재하게 된다. 경직되거나 지나치게 폐쇄적인 경계를 지닌 가족의 경우, 가족원들은 외부세계에 참여하는 것에 제한을 받으므로 외부자원과 접할 때 어려움을 겪게 된다. 반대로 모호한 범위를 가진 가족도 외부세계와 적절한 관계를 이루지 못하게 된다. 가족의 요구가 아닌 개인의 요구에 따라 가족원들에게 미칠 영향에 상관없이 누구든지 가족 내로 들어오거나 나갈 수 있다.

가족 외부의 의미 있는 사람들과의 관계는 정서적으로 지원 받을 수 있는 중요한 자원이 된다. 가족의 사회적 지지의 특성을 평가할 때 상호 호혜성(reciprocity), 밀도(density), 복잡성(complexity), 흡족성(sufficiency), 정서적 분위기(emotional climate), 피드백 특성(feedback characteristics) 등을 살피는 것도 유용하다.[9)]

6) 가족은 기존규칙에 따라 움직인다

가족은 규칙에 따라 가족에서 허용되는 것과 금지되는 것을 결정한다. 또한 서로에 대한 가족원들의 행동을 통제한다. 대부분 가족규칙은 문서화되어 있지는 않다. 따라서 가족의 상호양식을 이해하여 가족 내에 함축되어 있는 규칙을 파악할 수 있어야 한다. 가족규칙은 가족 내에서 허용되는 것이 무엇인지를 알게 해 주며, 가족 내에서 받아들일 수 있거나 없는 행동 양식을 설명한다.

가족규칙은 가족의 자동온도조절기 역할을 한다(항상성 유지기능). 따라서 가족은 가족규칙에 따라 가족 환경을 편안하게 유지시킨다. 자녀들을 어떻게 양육할 것이며, 누가 세탁을 하며, 누가 생활비를 벌며, 돈은 어떻게 사용할 것인지 등과 같은 것을 기초로 정해진다. 사회복지사는 가족의 규칙을 이해함으로써 가족원들이 서로의 관계를 어떻게 파악하고 있는지를 알게 된다.

가족규칙은 성별, 나이, 문화적으로 관련된 기대치 등과 관련된 다양한 메커니즘을 통해서 이루어진다. 일단 분명하고 명확하기만 하면 규칙을 바꾸는 것도 가능하다. 사회복지사는 가족구성원들에게는 규칙을 바꾸는 방법뿐 아니라 규칙을 해석하는 방법을 결정하는 "**규칙에 대한 규칙**(rules about rules)"이 있다는 것 역시 인식해야 한다.

9) **밀도**는 가족구성원이 다른 사람들과 맺는 관계의 수와 관련된다. **복잡성**은 개인과 가족의 다양한 요구에 부응하는 사회지지망의 용량을 말한다. **흡족성**은 지지가 가족과 개인의 요구와 수요에 부합할 수 있을 때를 말한다. **정서적 분위기**는 가족 외의 다른 사람들과의 관계의 특성과 관련되며 반감을 주는 관계보다는 보호하고 지지하는 관계가 바람직하다. **피드백 특성**은 지지망에 속해 있는 사람들이 제공하는 정보 유형과 관련된다. 피드백은 분명하고, 솔직하며, 공정해야 한다.

6. 가족생활주기에 대한 이해

모든 가족은 공통적으로 시간적 차원과 공간적 차원의 속성에 영향을 받아 형성, 유지된다. 가족은 생애주기(발달주기 혹은 생활주기)에 따라 계속 변화할 뿐 아니라 주변환경과 끊임없는 교류를 통해 적응·변화해 간다. 사회복지사는 가족이 어떻게 기능하고 있는지 사정하고, 가족이 무엇을 필요로 하는지 규명할 수 있어야만 한다. 여기에서는 가족체계이론을 토대로 가족생활에서 발생하는 예측 가능한 위기를 이해하는 중요한 이론적 틀인 가족생활주기관점을 이야기하고자 한다. 가족생활주기관점은 가족발달의 특정 단계에서 일어나는 문제를 규명하는 데 도움이 된다.

가족생활주기(family life cycle)는 인간의 생애주기와 마찬가지로 가족생활에도 탄생에서 소멸까지의 일련의 과정에 단계가 있고, 이들 단계마다 발달시켜야 할 과업이 있다는 것을 전제로 한다. 일반적으로 가족은 결혼, 첫 자녀의 출생 혹은 부모의 은퇴와 같은 출발점 혹은 전환사건에 의해 특징 지어지는 유사한 발달과정을 통해서 발전해 나간다. 각 단계에서 가족은 고유한 발달 이슈, 과업, 그리고 해결해야 할 잠재적인 위기에 직면하게 된다. 생활주기의 전환기는 가족스트레스를 증대시키고, 가족체계가 적응할 것을 요구한다. 가족은 형성, 성장, 확대, 축소의 과정을 겪으면서, 각 주기마다 구성원들의 성장과 변화에 적응하기 위해 재조직(가족구조와 기능의 변화)되어야 한다.

많은 가족들은 위기에 나름의 방식으로 반응하지만, 그렇지 못한 가족들 즉 경제적, 사회적으로 제약을 갖고 있는 가족들은 생활주기를 거쳐감에 따라 더 많은 혼란을 경험하게 된다. 가족발달의 각 단계는 가족이 새로운 과업에 직면하여 새로운 적응기술을 배우는 것을 요구하는 동시에 가족은 역기능의 새로운 위험을 맞게 된다는 것이다(박태영, 2006). 이러한 각 발달단계의 위험(위기) 상황에서 가족구성원의 지위와 기능, 관계 등이 변화해야만 가족이 잘 기능하게 되는데, 가족생활주기의 한 단계에서 다른 단계로 원활하게 발전해 나가는 가족(특히 경제적, 사회적으로 제약을 갖고 있는 가족들)은 그리 많지 않으며, 특히 청소년기와 같은 가족단계에서 문제가 발생할 가능성이 높은 것 또한 사실이다(Collins et al., 이화여자대학교 사회복지연구회 역, 2001). 가족생활주기상의 이러한 위기가 가족문제의 근원이 될 수 있다. 많은 가족들은 생활주기가 변할 때 흔히 문제를 경험하게 된다는 것이다.

가족생활주기에 관심을 기울이는 것은 가족형성에서부터 시작되는 가족생활을 전 생애적 관점으로 전망해 봄으로써 각 발달 단계에 이루어야 될 과업, 각 단계에서의 가족들의 기대와 욕구, 잠재되어 있는 문제점, 강점(가족의 역동성과 문제점을 이해할 수 있는 단서 제공) 등을 알 수 있고, 예측과 계획이 가능하여 계획적 가족생활을 운영할 수 있는 자료를 제공해주기도 하는 중요한 의의가 있다. 또한 가족생활을 시간적 차원에서 연구하는 데 중요한 기준이 되기도 한다. 가족생활주기는 가족 변화의 시점이 언제이며, 각 시점별 경험하는 사건들은 무엇이며, 그 원인은 어디에 있으며, 이들 사건에 대해 가족원은 어떻게 대처해 나가는가 등에 관심을 가진다.

가족생활주기의 단계를 구분 짓는 기준은 연구자마다 다를 수 있으나 실제로 가장 많이 활용되는 기준은 자녀의 출산, 첫 자녀와 막내 자녀의 연령, 첫 자녀와 막내 자녀의 출가나 결혼, 은퇴시기 그리고 배우자의 사망 등이다(유영주 외, 2004). 가족생활주기는 별거와 이혼, 재혼, 부모의 사망, 자녀의 유무, 그리고 사회경제적 환경 등의 요인들에 의해서도 영향을 받는다.

가족의 생활주기는 가족유형(예 : 다세대가족, 한부모가족, 재혼가족 등)에 따라 혹은 사회 문화적 차이에 따라 달라질 수 있다. 가족생활주기의 보편적인 기준이 되는 것은 없다고 보는 것이 타당할 것이다. 한부모가족, 동성부부, 재혼가족 등 가족이 다양한 형태를 취할 뿐 아니라 다양한 종교적·문화적·인종적 집단은 다양한 단계의 다른 규범을 가지기도 하기 때문이다. 그렇지만, 오늘날 가족대상 실천에서 가장 보편적으로 활용하고 있는 **카터와 맥골드릭**(Carter & McGoldrick, 1988 ; Nichols, 김영애 외 역, 2011 재인용)**의 6단계 가족생활주기**를 살펴보고자 한다.

카터와 맥골드릭은 3세대 이상의 가족을 가족생활주기 6단계로 나누어 설명하였다. 이 6단계는 **결혼전기, 결혼적응기, 자녀아동기, 자녀청소년기, 자녀독립기, 노년기**로 구분된다. 가족발달과정의 한 단계에서 다음 단계로 넘어가는 전환점에서 가족의 스트레스가 가장 심하고, 가족생활주기의 진행이 방해를 받거나 궤도에서 벗어날 때 증상이 발생한다고 보았다(정문자 외, 2012). 가족들이 경험하는 많은 문제들이 가족생활주기의 변화에 적응하지 못하는 데서 발생한다는 것이다.

카터와 맥골드릭은 단계변화에 따라 가족 내에 존재하는 불안의 흐름이 "수직적" 및 "수평적" 스트레스(긴장) 요인 모두에 관련된다고 믿는다. 수직적 스트레스 요인들은 세대들을 통하여 전해져 내려오는 관계와 기능의 유형에 대한 것으로, 가족태도, 가풍, 가족신화, 규칙, 금기사항, 조부모로부터 부모와 자녀에게 내려오는 가족문제 등을 들 수 있다. 수평적 스트레스 요인들은 시간이 지남에 따라 가족이 겪는 불안을 야기시키는 사건들과 생활주기의 변화·전환에 따라 발생하는 긴장을 포함한다. 예를 들어 자녀를 낳아 자녀아동기에 접어든 가족은 생활주기의 전환으로 스트레스를 경험하게 되는데, 양육으로 인한 부부갈등이 한 예가 될 수 있다. 이때 부부간에 누가 양육을 하며, 어떻게 하느냐에 대한 의견이나 가치관이 다르다면 이것이 곧 수평적 긴장으로 작용하여 스트레스는 증가할 수 있다. 수직적 긴장이나 수평적 긴장이 가족 내에서 잘 해소되지 못하면 가족 갈등이 생기는데 이 두 긴장이 교차되는 시점은 가족이 견디기 어려울 정도로 치명적일 수 있다는 것이다(박태영, 2006 ; 정문자 외, 2012).

카터와 맥골드릭의 가족생활주기 6단계와 가족생활주기별 발달과제는 〈표 8-1〉에 제시되어 있다. 그들은 가족생활주기의 시작을 결혼전기로 하였는데, **결혼전기에 원가족과 분화가 잘 되고, 본인과 맞는 배우자를 만나면 그 외의 가족생활주기에 적응을 잘할 수 있고,** 발달과업을 잘 수행할 수 있다고 보았기 때문이다. 즉 다른 생활주기에 잘 적응하기 위해 가장 기본적으로 해야 할 과업이 결혼전기에 시작되므로 이 시기가 중요하다(정문자 외, 2012). 이들의 가족생활주기 6단계는 한국사회에 많은 시사점을 던져준다. 박태영(2006)의 연구를 통해 그 시사점을 살펴보고자 한다.[10)]

1) 집을 떠남-독립된 젊은 성인 단계-결혼전기

이 시기는 아직 결혼하지 않은 자녀가 자신의 생성가족을 이루기 전까지의 기간을 말하는데, 이 단계에서는 특히 젊은 성인의 자기분화가 중요하다. 이 단계에서

10) 이후 설명들은 박태영(2006)의 내용을 발췌한 것이다.

젊은 성인이 자신의 원가족과 정서적으로 분화를 잘하면 할수록 가족생활주기를 통한 세대 전환적 긴장을 더 줄일 수 있다. 이 단계에서 원가족과 분화를 하지 못한 젊은 성인이 배우자를 선택하는 데 있어서 자신의 원가족에게 만족을 주기 위하여 결혼을 하면 이 경우의 신혼부부는 자신들만의 부부하위체계를 형성하기 힘들게 된다(Carter & McGoldrick, 1988).

한국의 많은 부모들은 자녀들을 성인으로 대하려는 준비가 되어 있지 않아, 부모 자체가 자아분화가 되어 있지 않은 경우가 많다. 또한 한국 남자들은 효의식과 부양의식이 높아 한국의 젊은이들은 일생 동안 원가족에서 벗어나지 못하고, 가족을 떠나 경제적인 독립을 하여도 원가족과 심리적인 관계를 밀접하게 유지한다(김유숙, 1998).

그리고 우리나라는 집단주의 문화와 가치를 중시하고 인간관계에서 체면, 충성, 효도를 중시하는 경향, 수평적인 관계보다는 수직적 관계에 익숙하여 독립적인 자신을 유지하기 힘들다. 그래서 우리 문화에서는 어머니와 자녀 간의 관계가 매우 밀착된 관계를 유지하는 경향이 있고, 한국의 가정 내에서는 개인의 권리와 관심보다는 가족의 결속을 더 중요한 것으로 강조하고, 다른 사람과 조화를 이루어 나가는 것을 미덕이라고 생각함으로써 다른 사람의 의견이 자신의 의견과 다를 경우에 자신의 의견을 버리고 다른 사람의 의견을 수용하는 것을 바람직하게 여긴다.

이 단계에서는 자녀인 젊은 성인 또는 부모들이 모두 성인으로서, 그들의 관계가 덜 위계적인 형태로 변해야 하는 요구를 인정하는 데에 문제의 초점이 맞춰지게 된다. 젊은 성인들은 자신을 희생하면서까지 부모의 기대나 소망에 따를 필요가 없다. 따라서 이 단계에서는 젊은 성인들로 하여금 체계 내에서 자신들의 지위변화를 성취하는 새로운 방법으로 부모들과 다시 관계를 맺도록 돕는 것, 부모들로 하여금 젊은 성인 자녀들의 새로운 지위변화를 인정하고 자녀들과 그러한 관계를 맺을 수 있도록 도움을 주는 것이 필요하다.

2) 결혼으로 가족을 이룸-신혼부부단계

이 단계에서는 "결혼이 의미하는 것은 서로 다른 두 개의 전체 체계의 변화이며, 제3의 하위체계를 형성하는 것을 의미한다(Carter & McGoldrick, 1988)"는 사실을 중요하게 생각해야 하는 시기이다. 각각의 배우자가족으로부터 분화하고 새로운 결집력 있는 부부 단위로 전환하도록 해야 하며, 이 과정에서 부부간의 협력과 협상, 조정의 과정이 중요하다.

이 단계에서 보웬(Bowen, 1978)은 배우자와 융합하려는 일반적인 경향은 원가족으로부터 불완전하게 분화했기 때문이라고 하였다. 즉 부부는 자기 부모와 해결하지 못한 관계의 일부를 배우자로부터 이루려 한다는 것이다. 각자의 자기와 상대방을 있는 그대로 수용하지 못하고, 서로의 차이와 독특성을 인정하지 않는 것으로, 이후에 왜곡된 의사소통을 하게 된다. 특히, 한국문화에서 이 단계의 성인자녀들은 원가족으로부터의 물리적·정서적 분리를 이루지 못하고, 가계를 계승한다는 시각이 만연해 있고, 원가족과의 관계변화를 원하지 않는다(효의식의 작용). 또한 아들이 결혼하게 되면 어머니는 아들의 결혼생활에 간섭할 권리가 있다고 생각한다. 결혼한 아들과 어머니의 정서적인 미분리로 고부간 심각한 문제가 발생하게 된다. 따라서 이 단계에 있는 성인들의 경우 부부갈등이 문제일 수도 있지만, 기저에는 원가족과의 분리문제가 자리하고 있다는 점을 인식할 필요가 있다.

3) 어린 자녀를 둔 단계

이 단계에서는 이제 한 세대 위로 변화했다는 점과 젊은 세대를 돌보는 세대가 되었다는 것을 인정해야 한다. 이를 받아들이지 못하면 자녀들에 대한 부모로서의 행동을 할 수 없거나 거부하고 또는 책임을 배우자에게 전가하게 된다. 또한 이 단계에서 돌보는 세대가 되었다고 해서 지나치게 '자녀'나 '직업'을 강조하게 되면, 부부관계가 소홀해질 수 있다. 자녀와의 경계를 두고, 부부간의 친밀감을 유지할 수 있도록 해야 하고, 부부가 협력해서 양육능력을 더 잘 발달시켜야 한다. 부모로서 자녀에게 요구되는 권위를 행사할 수 있어야 하며, 자녀가 발달해감에 따라 부모에게 자신들을 표현할 수 있도록 허락해야 한다.

일반적으로 전통적인 가족은 자녀에 대해 어머니에게 과도하게 책임을 지우고, 아버지는 책임지지 않는 역기능적인 태도를 장려하기도 한다. 또한 원가족의 지나친 간섭과 과잉보호 속에서 자라난 부부(자아분화가 덜 됨)는 이기적이며 자기중심적인 성향을 보이고 어린아이 보살피기를 단념하거나 자신의 뜻대로 되지 않으면 학대하는 경우도 있다(이옥주 외, 1996). 부모가 자녀들이 충분히 독립성과 자발성을 가지고 살아갈 수 있도록 할 때 그들은 사회의 요구에 더 잘 적응할 수 있을 것이다. 이 단계에서는 부모가 자녀와의 세대경계를 분명히 할 수 있도록 도와야 하고, 성인들이 부모로서의 새로운 신분의 변화를 편안하게 받아들이고 부부의 관계와 다른 가족과의 관계에 효과적으로 적응할 수 있도록 도와야 한다.

4) 사춘기 청소년 자녀를 둔 단계

이 시기는 세대 간의 가족관계에 전체적인 변화가 나타나는 때이다. 즉 청소년은 신체적으로 성숙하고, 부모세대는 중년기에 접어들며, 조부모세대는 고령화로 인해 여러 문제에 직면하게 된다.

자녀가 아동기와 성인기 사이의 사춘기가 되면 가족은 어린 자녀를 양육하고 보호하던 역할에서 벗어나 성인의 주된 역할이 되는 책임감을 가질 수 있도록 가족의 구조와 조직을 변화시켜야 한다. 부모-자녀의 구조적인 유형이 자녀의 성장에 알맞은 형태로 변화해야만 한다. 또한 부모가 자녀를 이전 단계의 관점으로 보고 모든 면을 통제하려고 하면 가족은 생활주기의 궤도에서 벗어나고 가족문제에 부딪히게 된다.

사춘기 자녀 단계에서 나타나는 가족문제는 크게 두 가지 경우로 볼 수 있는데, 첫째, 사춘기 자녀이 부모가 더 이상 성공적으로 될 수 없음에도 불구하고, 자신이 원하는 것을 자녀에게 하도록 요구하는 경우이다. 둘째, 부모가 자녀가 원하는 것은 무엇이든지 허용하거나 자녀에게 필요한 권위는 전혀 행사하려 하지 않는 경우이다. 이 경우 자녀는 지나치게 독립적이 되어 성인처럼 행동하거나, 미성숙하게 되어 독립적으로 기능하며 발달적으로 진전할 수 없게 된다. 이 단계의 가족은 어린 자녀를 둔 가족과는 질적으로 다른 경계를 수립해야 한다. 부모와 자녀와의 경계는 침투 가능하고 융통성이 있어야만 한다.

사춘기 자녀 단계에서 조부모와 관련하여 여러 문제에 봉착하게 된다. 조부모가 노화하여 허약해지면서 동거문제나 간병문제 등에 노출될 수 있다. 그리고 이 단계에서 중년의 부부는 개인적인 경력을 추구하면서 '결혼생활의 불만족을 가진 중년의 위기'를 맞을 수 있다. 부모와 사춘기 자녀의 불평에만 문제의 초점을 둘 것이 아니라 부부생활의 진전을 가져올 수 있도록 도와주어야 한다.

5) 자녀가 집을 떠나는 단계

이 시기에 자녀는 부모의 품으로부터 떠나 독립된 사람으로서 자율성을 확립하고, 부모는 자녀를 출가시키고 은퇴단계에 놓이게 된다. 대체로 40대 중반부터 60대 중반 사이이다. 가족생활주기에 있어서 가장 새롭고 가장 긴 단계이고, 가장 문제가 많은 단계이다.

이 시기는 가족성원들이 가정에 '들어오고 나가고'가 많다. 성장한 자녀가 집을 떠나는 것에서 자녀의 배우자와 자녀들이 유입된다. 더 나이 든 부모들(조부모)은 아프거나 사망하는 때이기도 하다. 이 단계에서 부모들은 자신들의 신분변화(조부모)를 준비해야 하고, 자녀에 대한 부모로서의 책임감이 더 이상 요구되지 않는 시기로, 부부관계의 재구조화가 필요한 시기이다. 이 시기에는 부부들의 선택의 폭을 확장시키는 데 초점을 맞추고, 자신들의 삶과 관계를 재결정하는 것을 도울 수 있어야 한다.

6) 노년기 단계

이 단계에서 성공적인 전환을 위해서 가족이 다루어야 할 문제는 은퇴, 배우자 상실, 조부모 역할, 질환과 신체적인 쇠퇴 및 의존성 등이다. 은퇴에 대한 적응, 은퇴 이후 은퇴한 배우자의 가정 내 합류, 은퇴가 가져오는 재정적인 불안감이나 재정적 의존에 대한 염려 등이 주요 과업이 된다. 또한 주변의 친구나 친척들의 죽음에 대한 상실감을 경험하는 단계로서 특히 배우자 상실에 대한 적응이 가장 힘든 과업이 될 수 있다.

노년세대는 자신의 세력이 약화된 것과 제한된 것에 대하여 현실적으로 수용해야 하며 필요에 따라서는 다른 가족성원에게 의존할 수 있도록 자신을 허용해야 한다. 이 단계에서는 피할 수 없는 일들에 대한 수용, 상실을 최소화하며 수용하는 것, 부부가 상호 도움이 되는 역할을 할 수 있도록 돕는 것, 배우자가 먼저 사망한 경우 다른 가족과의 관계를 재조정하는 것 등을 통해 원조할 수 있다(정문자 · 김연희, 2000).

〈표 8-1〉 가족생활주기의 단계

가족생활주기 단계	전환기의 정서적 과제	발달을 위해 필요한 가족체계의 변화
집을 떠남: 독립된 젊은 성인단계-결혼 전기	자신에 대한 정서적 · 경제적 책임을 받아들임	• 원가족과의 관계에서 자아분화 • 친밀한 동료관계발전 • 일과 경제적 독립 측면에서 자신 확립
결혼으로 가족 이룸-신혼부부단계	새로운 체계에 대한 헌신	• 부부체계의 형성 • 배우자가 포함되도록 확대가족, 친구와의 관계 재정비
어린 자녀를 둔 단계-자녀 아동기	체계 내에 새로운 가족성원 수용	• 부부체계에 자녀를 위한 공간 만들기 • 부모역할 받아들이기(자녀양육, 경제, 가사일에 공동참여) • 부모, 조부모 역할이 포함되도록 확대가족과의 관계 형성
사춘기 청소년 자녀를 둔 단계-자녀 청소년기	자녀의 독립과 조부모의 허약함을 고려한 가족경계의 융통성 증가	• 사춘기 자녀가 가족체계에 출입이 자유롭도록 부모-자녀관계 변화 • 중년기 부부생활과 직업문제에 재초점화 • 노인 세대를 돌보기 위한 변화 시작

가족생활주기 단계	전환기의 정서적 과제	발달을 위해 필요한 가족체계의 변화
자녀가 집을 떠나는 단계(자녀를 떠나보내기) – 자녀 독립기	가족체계로부터 가족성원들이 나가고 들어오는 것 수용	• 두 사람만의 부부체계로서의 재협상 • 성인 자녀와의 관계를 성인 대 성인의 관계로 발전 • 사돈과 며느리, 사위, 손자녀가 포함되도록 관계 재정비 • 부모(조부모)의 무기력과 죽음에 대처
노년기 단계	세대 간의 역할변화 수용	• 신체적 쇠퇴에 직면하면서 자신과 부부의 기능과 관심 유지 • 다음 세대가 중추적 역할을 하도록 지지 • 노인의 지혜와 경험 존중: 지나치게 관여하지 않으면서 노인 세대 지지 • 배우자, 형제, 친구의 죽음에 대처하면서 자신의 죽음 준비, 삶을 되돌아보고 통합

출처: Carter & McGoldrick(1988); 박태영(2006); 정문자 외(2012) 재인용.

CHAPTER 09 가족대상 사회복지실천기술

가족 단위의 사회복지실천과정은 크게 초기단계, 중기(개입)단계, 종결단계로 나눌 수 있다. 실천의 초기단계에는 초기면접이 이루어지고, 사정, 계획이 이루어지고, 중기 개입단계에서는 계획된 사항을 진행하게 된다. 종결단계에서는 실천의 평가와 종결이 이루어진다. 이 장에서는 가족을 대상으로 이루어지는 사회복지실천과정에서 활용되는 기술들을 살펴본다.

1. 가족대상 실천의 초기단계 실천기술

가족과 함께하는 사회복지실천의 초기단계에서는 초기면접과 사정, 계획이 이루어진다. 초기면접에서는 사회복지사와 가족 간의 관계를 형성하는 것과 가족의 문제 및 욕구를 정의하기 위해 가족의 인식을 파악하고 반영하는 것이 주요 과제가 된다. 사정과정에서는 가족이 제시하는 문제 및 욕구와 관련된 자료를 수집하고, 문제 및 욕구를 해결할 수 있는 자원에 대한 정보를 수집하여 해석하는 전문적 판단과정을 수행하게 된다. 그리고 계획단계에서는 사정과정에서 파악된 내용에 기초해 가족과 함께 실행 목표를 설정하고, 목표 달성을 위한 전략을 수립하며, 실행을 위한 구체적 사항을 가족과 협의하고 계약하는 활동을 수행하게 된다(신성자 외, 2012). 따라서 초기단계에서 필요한 기술은 다양할 수 있지만, 가족과 관계를 형성하고 가족을 면접하는 기술, 생태도나 가계도 등을 작성하고 분석함으로써 가족의 욕구와 문제를 분석해 내는 기술 등 사정 관련 기술들을 포함한다.

1) 초기면접-가족과의 관계형성

가족을 대상으로 하는 사회복지실천에서 가족과의 초기면접은 매우 중요하다. 가족구성원들과의 긍정적인 관계형성의 기반이 되고, 가족구성원들이 이후 과정에 참여하는 데 큰 영향을 미치며, 이후의 과정에 질적으로 영향을 미치기 때문이다. 가족을 대상으로 하는 사회복지실천에서 가족과의 초기면접은 가족구성원 개인 또는 일부, 전부와 이루어질 수 있다.

가족대상 실천에서도 일반사회복지실천에서와 같이 초기면접에서 특히 가족과의 관계형성 내지 신뢰관계형성(rapport)은 대단히 중요하다. 특히 가족대상 실천에서의 핵심은 사회복지사와 가족의 관계성에 있다. 관계성은 개입을 실행하는 도구이며, 그 도구를 통해 가족에게 도움을 줄 수 있다. 관계성은 개입 효과에서 30% 이상 영향을 미친다(Miller et al., 1995 ; Collins et al., 이화여자대학교 사회복지연구회 역, 2001 재인용).

사회복지실천의 초기단계에서 사회복지사와 가족은 신뢰관계를 형성할 수 있어야 하는데, 이를 위해 가족과 합류(joining)할 수 있어야 한다. 합류란 가족을 수용하고 가족에게 적응하며 가족의 신뢰를 얻는 것을 의미한다(김혜란 외, 2006). 소위 가족의 세계 속으로 들어간다는 것이다. 가족과 합류하기 위해서는 기본적으로 그들에 대한 관심과 지지, 경청하고 공감하는 기본적인 관계는 물론이고, 가족규칙을 존중해 주는 것이 중요하다. 또 위협받는 성원을 지지하거나 강점을 강조하여 가족을 수용하고 있음을 전할 수 있다. 또한 가족들이 사용하는 단어들을 관찰하여 가족의 언어 패턴에 맞게 단어를 사용해야 하고, 가족이 대화하는 방식을 따라 대화하며, 가족 간의 호칭을 신중하게 고려해 사용해야 할 것이다. 또한 가족의 문화를 배울 필요가 있고, 그 문화맥락에서 가족들이 어떻게 행동하는지, 어떤 태도를 갖는지 파악해야 한다(Collins et al., 이화여자대학교 사회복지연구회 역, 2001).

특히 초기단계에 가족과 신뢰관계를 형성하기 위해서는 가족원의 욕구에 관심을 갖고 있으며, 어려움에 처해 있는 가족원들에게 기꺼이 도움을 주려고 한다는 것을 전달함으로써 가능할 것이고, 가족과 사회복지사 사이, 가족원들 사이에서도 지지적인 분위기를 유지해 나가는 것이 중요하다. 가족 중 어느 한 가족원과 연합하는 것을 가급적 피해야 한다. 어렵지만 개인 가족원과의 연합을 피하고 중립적이어야 한다는 것이다. 가족의 구체적인 관심사나 어려움에 집중하여 관여할 필요가 있고, 가족의 사생활에 민감하다든지, 가족들이 간섭받는 느낌이 들지 않도록 해야 한다. 가족원의 개인생활에 대해 많은 시간을 할애하면 가족원과 관계를 발전시키는 데에 어려움이 있게 된다. 그렇지만, 가족이 개인적인 일에 대해 이야기하려고 하면 사회복지사는 주의 깊게 듣고, 지지적으로 반응해야 한다(Collins et al., 이화여자대학교 사회복지연구회 역, 2001).

〈표 9-1〉 가족과의 초기면접 구성

- 집단으로서의 가족과 연합하고 개별가족성원과 개인적인 관계를 수립하라.
- 기대를 분명히 하고 원조과정에 대한 주저함을 탐구하라.
- 원조과정의 본질과 역할을 분명히 하라.
- 원조과정의 참여에 대한 선택을 분명히 하라.[1)]
- 문제에 대한 가족의 인식을 이끌어 내라.
- 가족성원의 요구와 욕구를 확인하라.
- 문제를 가족문제로 정의하고, 문제가족원이라고 지적된 사람에 대한 낙인을 떼어 내라.
- 가족성원 개인이나 가족의 강점을 강조하기 시작하라.
- 가족의 패턴화된 행동에 대한 정보를 이끌어 내는 질문을 하라.
- 반복되는 의사소통에 대한 가족성원의 관심을 끌어내고 그들이 의사소통의 패턴을 변화시키기 원하는지 토론하라.
- 가족성원이 다른 성원과 더 긍정적인 방법으로 관계 맺도록 돕기 시작하라.
- 무엇을 원하고(want) 무엇이 필요한지(needs)에 기초하여 조사한 후 가족과 개별성원의 목표를 세워라.
- 가족성원이 이후 회기에 참여하고 계약에 협의할 동기를 측정하라.
- 그 주간 달성할 과업에 대해 협의하라.
- 논의한 문제와 형성된 목표 과업 그리고 진선사항 등을 요약하면서 회기를 마무리하라.

1) 가족과의 만남이 대상가족의 욕구를 충족시킬 수 있을 것이라고 생각하는지, 만약 긍정적이라면 무엇을 논의하기를 원하는지를 명확히 하라는 것인데, 참여의지를 명확히 하라는 의미이다.

헵워스 외(Hepworth et al., 허남순 외 역, 2004)는 가족과의 초기면접을 계획하거나 평가하는 지침으로 '가족과의 초기면접 구성'을 제안하고 있다. 이는 가족과의 초기 면접 시에 이루어져야 하는 활동내용과 고려해야 할 사항을 세부적으로 잘 언급하고 있어 초기면접 운영을 안내하는 지침으로 활용하기에 적합하다. 그 내용은 〈표 9－1〉과 같다.

2) 사정

(1) 가족사정

가족대상 사회복지실천의 초기단계에서 이루어지는 사정은 가족사정이다. 가족사정은 첫 면접에서부터 시작되어 가족을 만나는 전 과정 동안에 지속적으로 이루어진다. **가족사정이란 가족을 하나의 단위로 보고 가족 내부의 역동이나 가족 외부와의 상호작용 양상을 파악하기 위한 자료를 수집·분석·종합하여 가족문제의 본질, 가족문제를 이겨나갈 수 있는 강점 및 자원을 파악하고, 이를 바탕으로 가족에 대한 개입을 계획하는 일련의 과정을 말한다.** 여기서의 가족은 하나의 생태체계다. 가족을 하나의 생태체계로 본다는 것은 가족원의 문제를 그 가족의 기능이나 역동과 관련하여 이해하는 것뿐만 아니라, 가족에게 영향을 미치는 환경체계와 관련하여 그 상호작용 양상을 이해하려는 관점을 의미한다(조흥식 외, 2010).

사정에는 무엇이 문제인지, 무엇이 문제를 일으키는지, 그 상황을 변화시키기 위해 누가 무엇을 할 수 있는지를 조사하는 것이 포함된다(Holman, 1983 ; Collins et al., 이화여자대학교 사회복지연구회 역, 2001 재인용). 가족을 사정할 때 사회복지사는 가족이 제시한 문제 및 욕구에 대한 초점을 유지하면서 가족 내부의 역동과 가족과 환경 간의 관계, 가족발달과정에 대한 사정을 통해 실천과정에서 역점을 두어야 할 변화영역과 활용 가능한 자원을 확인하고 목표 설정을 위한 기초자료를 얻을 수 있어야 할 것이다(장수미 외, 2010).

가족을 사정하는 목적은 가족의 욕구와 문제를 파악하고, 문제의 원인 및 영향요소, 가족의 강점과 자원을 활용함으로써 가족의 목표를 달성하도록 지원하기 위해서이다. 콜린스 외(Collins et al., 이화여자대학교 사회복지연구회 역, 2001)는 가족사정의 목적을 다음과 같이 설명했다.

첫째, 그 가족이 가족 단위로 작업하기에 적합한 가족인지를 결정하고 만약 그렇다면, 어떤 유형의 개입이 가장 적절하며, 구체적으로 어떤 변화가 필요한지를 결정하는 것

둘째, 현실적인 목표에 기초한 장·단기목표를 세우는 것

셋째, 가족이 변화를 위해 도움이 될 수 있는 환경과 지역사회자원뿐 아니라 가족의 강점과 자원을 확인하는 것

넷째, 개입 결과를 평가하기 위한 기초로 가족기능의 기초선을 이해하는 것

가족을 사정하는 것은 문제 발생의 원인인 가족 내·외의 역동성에 대해 탐색하고, 그것을 어떻게 해결할 것인가를 가족과 함께하는 것이다. 따라서 사정하는 동안 사회복지사는 정보에 근거한 개입을 결정짓기 위해 충분한 정보를 수집해야 한다. 단순히 가족들이 말하는 것만을 가지고는 충분한 사정이 이루어질 수 없기 때문이다. 가족들의 구두보고는 여러 가지 제한점을 가지고 있다. 거짓보고도 있을 수 있고, 나름의 관점들이 있을 수 있고, 잊을 수도 있을 것이다. 문제에 대해서 가족 각자들의 생각들을 파악해보는 것은 특히 중요하다. 또한 가족을 사정하는 데 있어서 모든 가족들이 비슷하고 또한 비슷하게 행동하기를 기대해서는 안 되고 그들의 다양성을 수용해야 할 것이다.

가족을 사정하는 데 있어 자료를 수집하기 위해 가족과의 면접(interview)과 관찰(observation), 가족사정 도구 등의 방법을 활용한다. 특히 가족대상 사회복지실천에 있어서 관찰은 가족을 이해하기 위해 필수적인 정보를 얻게 해 준다. 특히 비언어적 형태의 자료를 수집할 때 유용한 방법이고, 관찰을 통해 가족구조와 기능, 역할 수행, 관계를 비롯한 가족구성원들 간의 상호작용과 가족 특성을 알 수 있다. 가족원들은 가족사건과 역동에 대해 서로 다르게 진술할 수도 있다. 또는 언어적인 기술이

부족하거나 상황인식능력이 부족하여 제대로 진술할 수 없을 수도 있다. 따라서 그 가족의 생활 속에서 관찰을 통해서 알게 된 여러 가지 사실들을 통합하여 전체로서의 관점을 만들어 낼 수 있어야 한다. 특히 가정방문을 통해 가족이 지역사회 환경과 어떻게 관계하고 있으며, 환경적·물질적 자원에 대한 정보, 일상생활에서 가족원들이 어떻게 상호작용하는지를 관찰할 기회를 가지게 된다.

(2) 가족사정 내용

가족의 문제를 해결할 수 있도록 원조하는 구체적인 개입계획을 세우기 위해서는 가족에 대한 포괄적인 사정이 이루어져야 한다. 가족에 대한 사정은 네 가지 차원, 즉 가족이 제시하는 문제, 생태학적 사정, 세대 간 사정, 가족 내부에 대한 사정으로 이루어진다(Hartman & Laird, 1983 ; 김혜란 외, 2006 재인용). 덧붙이면, 자원과 강점에 대한 사정이 포함되어야 할 것이다. 가족사정의 내용을 구체적으로 살펴보면 다음과 같다.

첫째, 가족이 제시하는 문제에 대해 사정한다. 가족은 문제 혹은 욕구를 무엇으로 보는지, 가족 문제 혹은 욕구에 대해 가족성원들 사이에 차이가 있는지, 환경체계들은 가족의 문제를 무엇으로 보는지, 그러한 문제들의 지속기간과 가족이 그 문제를 어떻게 다루어 왔는지 등에 대해 탐색한다.

둘째, 생태학적 사정으로서 가족의 기본욕구[2]는 충족되고 있는지, 가족과 환경체계들 간의 경계는 어떠한지, 개별성원들과 환경체계들 간의 관계는 어떠한지, 환경체계들과의 관계에서 개별성원들 간의 차이가 있는지, 가족과 사회복지사 혹은 기관과의 관계는 어떠한지에 대해 탐색한다. 생태학적 사정에는 물리적·물질적 환경(생활환경)을 포함하고, 사회적 지지망 부분도 포함한다. 매슬로우(Maslow)의 욕구체계에 기반을 둔 포괄적인 생태사정은 사회관계에서 얻을 수 있는 정서적 지지와 다

2) 가족은 두 가지 욕구를 갖는다. 하나는 기본욕구이고, 다른 하나는 발달욕구이다. 의·식·주와 같은 기본욕구는 생존을 위해 충족되어야 한다. 발달욕구는 가족원들의 발달주기상의 변화에서 발생하는 스트레스에 의해 생겨난다. 청소년이 자신의 독립과 자율성을 위해 투쟁하는 것 같은 변화과정에서 갖게 되는 욕구를 말한다.

른 혜택뿐 아니라 의 · 식 · 주 및 의료보호 그리고 고용과 같은 구체적인 필요들을 판단해 볼 수 있도록 한다.

셋째, 세대 간 사정으로서 확대가족과 어떤 관계를 가지는지, 여러 세대에서 반복되는 가족의 유형, 관계, 태도, 문제, 규칙, 신화 등은 무엇인지, 이에 대한 가족들의 생각과 만족도 등에 대해 탐색한다. 이에는 가족생활주기와 관련된 부분들을 포함한다. 가족생활주기상에서 수직적 스트레스 요인과 수평적 스트레스 요인들은 무엇인지 판단해 보아야 한다는 것이다.

넷째, 가족 내부에 대한 사정으로서 가족의 구조와 기능, 의사소통, 가치, 신념체계 등에 대해 탐색한다. 가족의 구조와 기능과 관련하여 가족 내 하위체계가 적절한 기능을 수행하고 있는지, 하위체계 간 경계가 적절한지(밀착/분리) 등을 포함한다. 부부하위체계에서 부부가 서로에게 도움이 되는 만족스러운 관계를 가지는지, 서로에게 적응하는 동시에 자율성을 가지고 있는지를 평가한다. 부모하위체계에서는 부모가 적절한 부모기술을 가지고 있는지, 부모역할을 위해 필요한 사회 지지를 가지고 있는지, 자녀를 통제하고 지도하는 권위를 가지고 있는지를 점검한다. 부모-자녀 하위체계에서는 부모와 자녀의 관계가 좋은지, 자녀가 한쪽 부모를 배제한 채 다른 한쪽 부모와 지나치게 연합되어 있는지, 즉 삼각관계를 형성하고 있는지 등을 검토한다. 형제자매 하위체계에서는 형제자매 간의 관계가 갈등적 · 경쟁적 혹은 지지적인지, 형제자매 간 감정적 유대관계를 형성하고 있는지 등을 탐색한다.

가족 내부에 대한 또 다른 사정으로서 가족의 의사소통에 대해 탐색한다. 가족성원들은 의사소통에서 분명하고 일관성 있는 메시지를 주고받는지, 의사소통이 당사자들 간에 직접적으로 이루어지는지 혹은 간접적으로 이루어지는지, 애매모호한 메시지 혹은 이중구속 메시지가 있는지, 상호 공감이 이루어지는지, 성원들의 차이에 대해 이해하는지, 비난하는 의사소통을 하는지 등을 평가한다.

다섯째, 강점과 자원에 대한 사정은 가족 내부적인 부분과 가족 외부적인 부분, 이들 간의 상호작용에 대한 부분을 사정하면서 특히 가족의 문제를 해결하는 데 보탬이 될 수 있는 강점과 자원을 찾아내는 노력이 포함된다.

(3) 가족사정틀

존슨과 얀카(Johnson & Yanca, 2010 ; 장수미 외, 2010 재인용)는 가족 단위의 클라이언트 체계를 사정하는 틀로 '**가족 단위의 사회력 전개틀**'을 제안하고 있다. 이 가족사정틀은 '체계로서의 가족(가족의 구조, 기능, 발달)', '가족이 제시하는 관심사 및 욕구', '욕구를 충족시킴에 있어서 강점과 도전'으로 구성되어 있다. 이 가족사정틀은 가족 단위에서 사정되어야 하는 영역을 체계적으로 담고 있어 사정과정을 이끌어 가거나 사정내용을 기록하는 지침으로 유용하게 활용될 수 있을 것이다. 그 내용은 〈표 9-2〉와 같다.

〈표 9-2〉 **사회력 전개틀 : 가족**

Ⅰ. 일반적인 정보(기관의 필요에 따라 구성)
- A. 가족구성원의 이름과 생년월일, 사망일
- B. 결혼날짜, 이전 결혼날짜
- C. 종교, 인종, 문화적 배경
- D. 처음 접촉한 날짜, 의뢰자

Ⅱ. 체계로서의 가족(각 섹션에서 강점, 자원, 도전 기록)
- A. **가족구조**
  1. 가족체계 내에서 기능하고 있는 모든 사람들 신원확인, 확대가족성원들과 관계가 없더라도 체계의 일부로 기능한다면 포함
  2. 하위체계 : 부부, 부모, 형제, 부모-자녀 하위체계나 그 외 하위체계의 기능과 관계 기술
  3. 가족 결속력 : 가족이 그 체계, 경계, 관계를 유지하는 방법 기술. 가족구성원 사이의 연결과 분리의 이슈, 가족규칙과 규범, 정서적 분위기 포함
  4. 가족환경 : 가족성원들의 환경 설명
     1) 생활 상태
     2) 사회경제적 지위
     3) 확대가족 : 친척, 확대가족 내 중요한 사람들, 이 가족체계의 영향에서의 강점, 이로부터 비롯되는 자원・책임・영향력
     4) 지역사회나 이웃의 특징 및 그 가족과 지역사회나 이웃의 관계 : 가족에게 중요한 지역사회 조직과 기관, 이들과의 관계 특성 포함. 지역사회와 이웃자원 그리고 그 지역사회에서 가족을 위한 책임 및 영향력 기술

B. **가족기능**
  1. 의사소통패턴
  2. 의사결정패턴
  3. 역할수행
    1) 일과 집안일의 기준과 실천
    2) 부모 역할과 자녀양육의 기준과 실천
    3) 체계 구성원 지지 : 성장 격려, 돌봄, 관심
    4) 가족이 습관적으로 적응하고 대처하는 메커니즘
    5) 가족의 생태도 작성

C. **가족발달－역사**
  1. 뿌리, 문화집단과 이전 세대가 가족체계에 미친 영향
  2. 가족생애에 중요한 사건
  3. 가족생애발달단계
  4. 가계도 작성

Ⅲ. 관심사 및 욕구

A. 이 가족은 왜 기관에 왔는가? 어떤 서비스를 요구하는가?
B. 가족구성원 개인의 욕구
C. 가족 내 하위체계들의 욕구(특히 부부체계, 부모체계에 관심 필요)
D. 가족체계의 욕구 : 개별적 욕구와 하위체계들의 욕구가 어떻게 가족체계에 강한 영향을 미치는지를 고려. 체계로서의 가족에 영향을 주는 환경적 책임, 기대, 다양한 요인 고려. 가족체계의 욕구 충족 방해물 규명

Ⅳ. 욕구를 충족시킴에 있어 강점과 도전

A. 이 가족은 서비스가 제공된 결과로 무슨 일이 일어나기를 원하는가?
B. 서비스와 관련된 가족의 생각, 관심, 계획은 무엇인가?
C. 변화 혹은 서비스 이용에 대한 가족의 동기는 무엇인가?
D. 대처와 변화를 위한 가족의 역량은? 무엇이 영향을 줄 수 있는가?
E. 변화를 위한 가족의 자원은 무엇인가(특히 체계 내부)?
F. 이 가족의 변화를 지지할 수 있거나 경감시킬 수 있는 환경적 자원, 책임, 영향력은 무엇인가?
G. 변화와 관련된 가족체계의 동기, 역량, 기회에 영향을 줄 수 있는 다른 어떤 요인들이 있는가?
H. 이 가족에 대해 체계 및 환경의 현실적인 기대는 있는가?
I. 욕구충족과 관련하여 가족의 강점과 도전은 무엇인가?

(4) 가족사정도구

가족을 사정하는 데 사용될 수 있는 도구들은 가계도, 생태도, 사회적 관계망표, 가족사정 척도 등이 있다. 이러한 도구들은 내용적인 면에서 가족사정에 유용한 정보를 제공하기도 하지만 사정과정을 이끌어 가는 데 있어 면접과 관찰 과정을 촉진하는 도구로 기능한다. 가계도나 생태도를 가족들과 함께 작성하면서 가족들과 연합(joining)을 도모하고, 사정의 초기단계에서 이야기의 실마리를 풀어갈 수도 있다. 가족들로 하여금 새로운 자원이나 강점을 발견토록 하는 계기가 될 수도 있다.

① 가계도와 생태도

가계도(genogram)는 2~3세대에 걸친 가족성원들의 구성과 관계를 그림으로 나타낸 것을 말한다. 생태도(ecomap)는 사회적 지지망을 포함한 사회적 환경 내의 중요한 사람(기관)들과의 관계를 그림으로 나타낸 것을 말한다. [그림 9-1]은 가계도와 생태도의 상징들이다. 그리고 가계도와 생태도에는 짧게 사례에 대한 기록을 해 주는 것도 필요하다. 가계 내의 성원들의 연령과 직업, 건강상태 등을 표시하는 것을 말한다. 가계도와 생태도는 많은 분량의 가족에 대한 설명들을 1장의 가계도와 생태도 도표에 함축시키는 데 의미를 가지고 있기 때문이다. 가계도와 생태도에 포함될 수 있는 사례에 대한 짧은 기록들은 다양할 수 있지만, ⓐ 연령과 결혼 혹은 이혼시기, ⓑ 건강상태, 가계 내의 질병, ⓒ 직업과 고용, 책임성, ⓓ 취미, 레크리에이션 활동 등의 사회적 활동과 관심사, ⓔ 교회, 노조, 클럽 등의 공식적 연합회 활동 등을 포함시킬 수 있다.

생태도에는 가족과 상호작용하는 공식·비공식체계와 가족의 욕구를 충족시킬 수 있는 자원체계를 표시함으로써 가족 스트레스 원과 환경체계와의 관계에 대한 정보를 탐색하고, 가족을 돕기 위해 필요한 자원체계에 대한 새로운 개입계획을 세울 수 있는 초점을 제공한다. 생태도를 그리는 첫 단계는 가족으로 명명된 중심원 안에 이미 구성된 가계도를 놓는다(간략한 핵가족 중심의 가계도). 그리고 이 중심 밖에 가족성원들의 삶에 의미 있는 사람들, 기관들 또는 조직들을 원으로 표시하고, 중심원과 외부체계들의 관계의 성질을 선(점선, 두꺼운 선)과 화살표로 표시한다.

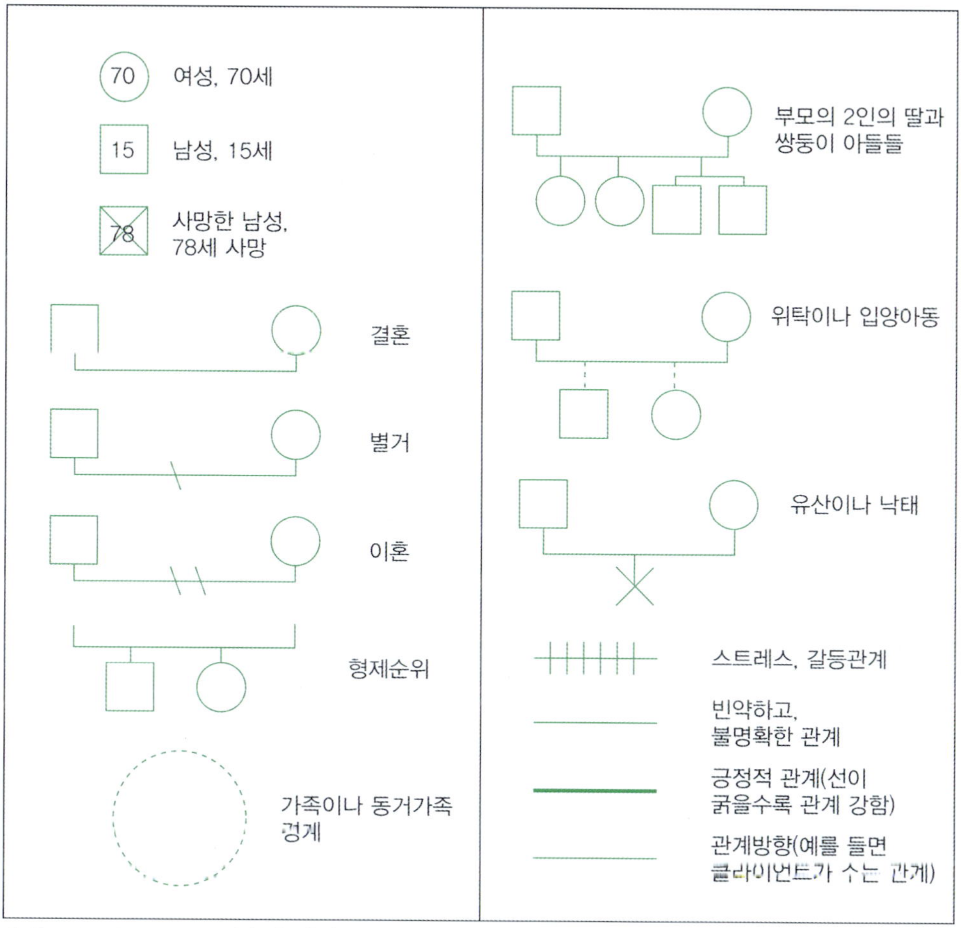

출처: Sheafor et al., 서울대 사회복지실천연구회 역(1999).

[그림 9-1] 생태도와 가계도의 상징들

② 사회적 관계망 표

사회적 지지망 내지 관계망 사정을 위해서 사회관계망 지도와 사회관계망 표를 사용한다. 사회관계망 지도를 그리게 함으로써 관계망을 함께 생각해 볼 수 있는 기회를 가질 수 있을 것이고, 사회관계망 표를 통해 관계의 질을 생각해 볼 수 있을 것이다.

[그림 9-2] 사회적 관계망 지도

우선 과거 몇 달 동안 지내 오면서 좋은 감정을 느끼게 한 사람이었든지, 나쁜 감정을 느끼게 한 사람이었든지 우리 삶에 영향을 미친 사람들을 각 부문별로 기입하게 한다([그림 9-2] 참조). 사회적 지지망 지도에 15명 이상이 기록되었다면, 상위 15명을 선택하여 그들이 가족에게 제공하는 사회적 지지 내지 관계 정도를 기입하도록 함으로써 비공식적·공식적 관계망 표를 작성해 볼 수 있고, 자원화를 계획할 수 있는 바탕이 형성될 수 있다.

〈표 9-3〉 사회적 관계망 표

구분		생활 영역	구체적 지원	정서적 지원	정보/충고	비판	원조의 방향	친밀성	접촉빈도	관계지속 기간
		1. 동거가족 2. 다른 가족 3. 직장/학교 4. 조직들 5. 다른 친구 6. 이웃 7. 전문가 8. 기타	1. 거의 없음 2. 간혹 있음 3. 항상 있음	1. 거의 없음 2. 간혹 있음 3. 항상 있음	1. 거의 없음 2. 간혹 있음 3. 항상 있음	1. 거의 없음 2. 간혹 있음 3. 항상 있음	1. 양방향 2. 당신이 그들에게 향함 3. 그들이 당신에게 향함	1. 친밀성 없음 2. 친밀한 정도 3. 매우 친밀	0. 보지 않음 1. 몇회/년 2. 매달 3. 주별 4. 매일	1. 1년 미만 2. 1년~5년 3. 5년 이상
이름	1									
	2									
	3									
	4									
	5									
	6									
	7									
	8									
	9									
	10									
	11									
	12									
	13									
	14									
	15									

2. 가족대상 실천의 중기 · 개입단계 실천기술

가족과 함께 하는 사회복지실천의 중기 · 개입단계는 초기단계에서 설정된 가족의 목표와 전략에 따라서 개입해 본격적으로 변화를 가져오는 단계이다. 개입은 크게 가족 내부의 관계 변화를 위한 개입이 있을 수 있고, 가족과 환경의 관계 개선을 위한 개입이 있을 수 있다.

1) 가족과 환경 간의 관계 개선을 위한 실천기술 : 환경적 개입

가족의 문제 및 욕구가 가족과 환경 사이에 원활한 상호작용의 부족이나 교류의 부조화와 관련이 있다면 그 관계를 개선하기 위한 실천을 해야 할 것이다. 가족과 환경 사이에 원활한 상호작용의 부족 또는 부조화라는 것은 가족 내부적으로 문제가 있어 가족 외부환경에 대해 도움을 요청하는 행위가 없다든지, 가족의 필요가 있는데도 환경에서 적절하게 서비스를 제공하지 못하고 있다든지 하는 경우가 대부분일 것이다. 헵워스 외(Hepworth et al., 허남순 외 역, 2004)는 부적절한 환경자원 때문에 어려움을 당하는 취약한 클라이언트 집단의 환경을 개선하기 위해서 가정환경자원을 보충하는 것, 지지체계 개발과 증진, 클라이언트를 다른 환경으로 옮기는 것, 지역사례관리 이용하기, 조직과 시설의 상호작용 강화, 기관환경 개선하기, 클라이언트의 역량강화, 새로운 자원 개발하기, 옹호와 사회행동 적용하기, 사회계획 · 지역사회조직 등을 들고 있다. 그리고 환경적 개입은 일반적으로 다른 개입과 병행해서 사용해야 한다는 점을 강조했다. 문제는 다차원적이고 다양한 체계와 하위체계 간에 상호 교류하는 것이기 때문에 환경에만 중점을 둔 개입은 개인의 장애를 무시하는, 문제의 한 측면만을 강조할 수 있다는 입장을 나타내었다.

환경으로부터 자원보충이 필요하다면 지역사회 환경자원과의 연결(연계)과 개발이, 서비스 누락과 중복이 있다면 서비스 조정이, 가족이 정당한 권리를 누리지 못한다면 가족옹호의 방법이 적용되어야 한다. 그 외 가족 지지망에 대한 개입과 필요에 따라 가족환경을 전환하는 실천을 할 수 있다.

(1) 지역사회 환경자원과의 연결 및 서비스 조정, 자원개발

가족의 문제 및 욕구가 부족한 자원의 보충과 관련된 것이라면 사회복지사는 지역사회 내의 사회복지기관 및 시설 또는 비공식적인 자원과 연결해야 하고, 서비스 중복이나 누락이 있다면 서비스를 조정하도록 해야 한다. 만약 가족의 필요에 상응하는 자원이나 서비스가 지역에 존재하지 않는다면, 공식적, 비공식적으로 자원을 개발할 수 있도록 해야 할 것이고, 지역의 여러 기관들에게 요구하는 노력을 해야 할 것이다.

(2) 가족옹호

가족옹호는 가족이 정당한 권리가 있음에도 불구하고 권리보장을 받지 못하는 경우 그 권리를 대신 또는 함께 주장할 수 있도록 하는 실천행위들을 말한다. 특히 어떤 가족에게 지역적 도움이 요구되는데, 그 지역의 사회복지시설 및 기관에 그러한 자원보충 서비스가 존재하지 않는다든지, 서비스나 프로그램이 존재하지 않는 경우, 적극적으로 옹호활동을 개진해야 할 것이다. 가족의 정당한 권리를 요구・대변함으로써 지역사회 조직의 변화를 가져오도록 하는 것이다. 가족옹호는 가족의 사회환경을 향상시키고 사회정의를 증진시키기 위한 필수적인 사회복지실천과정이다.

(3) 가족의 환경 변화 활동

가족의 욕구나 문제가 가족 혹은 가족성원과 환경 간 교류의 부조화에서 비롯되는 경우가 있다. 가족이나 가족성원이 환경의 지나친 요구로 어려움을 경험한다면 이 교류를 변화시켜 가족 내 스트레스를 감소시키고 가족체계의 균형을 회복시키는 것이 필요하다. 예를 들어 직장이나 학교의 요구가 가족성원의 생활에 많은 영향을 미치고 스트레스를 준다면 직장이나 학교의 요구들 조정할 필요가 있을 것이다. 또한 가족의 주거환경이 좋지 못해 주거환경을 변화시키든지, 이동시키든지 등의 활동도 이에 포함될 것이다.

2) 세대 간 / 가족 내부의 관계 변화를 위한 실천기술 : 가족치료적 개입

헵워스 외(Hepworth et al., 허남순 외 역, 2004)는 부부와 가족관계를 향상시키기 위해서는 긍정적인 피드백의 중요성을 알고, 수행할 수 있도록 돕는 것, 역기능적인 상호작용 수정, 오해와 왜곡된 인지 수정, 역기능적인 가족동맹(연합) 수정 등의 방법과 기술들에 대해 설명한 바 있다. 일반적으로 가족 내부의 관계변화를 위한 방법과 기술에 대해서는 가족치료모델에서 많은 내용을 제시하고 있다.

가족치료[3)]에서는 가족구성원이 가지는 개인문제는 혼자만의 문제가 아니라 결함을 가진 가족체계의 표현이라는 입장(개인의 문제는 가족 단위의 역기능에 연유), 개인의 행동은 가족 상호작용의 역동성을 반영한다는 입장, 가족 내의 성원들의 문제행동은 비정상적이라기보다는 필요에 의한 표현(필요에 의해 만들어진 정상적인 행동)이라는 입장을 취한다. 가족 내에서 발생하는 여러 가지 문제들은 가족 내의 역동을 변화시키고자 하는 하나의 경고음이라는 입장인 것이다.

따라서 가족치료에서는 가족문제에 대해 미시적으로 접근하여 가족구조, 가족기능, 가족관계, 가족생활주기 등에 초점을 맞춘다. 가족문제를 구조적 결손이나 역기능적인 가족관계, 가족발달 과업의 미완수 등으로 설명하며 해결책도 가족에 대한 심리·정서적인 원조에 초점을 두게 된다. 가족치료적 접근은 문제를 발생시키고 지속시키는 가족 간의 상호작용에서 벗어나서 새로운 상호작용형태로 바꾸어 줌으로써 가족문제를 해결, 치료하려는 입장이다. 보다 효과적으로 가족의 기능을 수행하기 위해 가족구성원의 역할과 구성원 간의 관계(가족의 상호작용 패턴)를 변화·재구조화하는 데 초점을 둔다.

가족치료에서는 가족을 하나의 체계로 보며 구성원들 간에 상호순환적으로 영

---

3) 가족대상 사회복지실천과정에서 가족치료가 행해져야 하는 시점은 여러 측면에서 볼 수 있다. 대체로는 가족이 처음 원조망에 들어올 때는 일반적인 가족대상 사회복지실천이 이루어지고, 나중에 가족치료로 유도될 수 있고, 일반적인 가족대상 사회복지실천이 가족치료기간 동안이나 가족치료 후에 개입하게 된다(Collins et al., 이화여자대학교 사회복지연구회 역, 2001).
가족치료는 가족대상 사회복지실천과정의 일부이고, 여타의 사회복지실천방법(예: 다양한 사회적 자원과 지원망 활용, 소득보조, 취업훈련, 공공근로와의 연계 등)이 가미된 형태로 융통성 있게 운용되어야 한다(최선화, 2012).

향을 미친다고 보는 체계론적 관점으로 접근한다. 가족구성원 개인과 전체 가족환경의 상호작용이라는 체계적 관점을 가진다. 가족대상 사회복지실천도 체계론적 입장에서 접근한다. 그렇지만, 가족치료는 하나의 가족, 외부환경과의 상호작용 및 관계를 설정하기보다는 외부환경(외부집단이나 조직, 지역사회 등)과 동떨어진 가족만 가정하는 경향을 가진다. 가족구성원 개인에 대한 환경으로서의 가족환경만을 전제한다.

가족치료에서는 가족문제를 구조적으로 보는 관점, 경험적 측면에서의 접근, 세대 간의 상호작용으로 보는 관점, 해결중심으로 보는 단기적 접근 등 다양하다. 그러나 가족을 대상으로 하는 실제적 개입에서는 특정한 접근방법 하나를 사용하기보다는 치료자의 특성에 따라 몇 가지 방법을 혼합해서 사용하고 있다(최선화, 2012). 여기서는 구조적 가족치료, 경험적 가족치료, 다세대 가족치료의 기본적 관점과 각 관점에서 활용되는 실천기술을 소개한다. 해결중심으로 보는 단기적 접근은 앞 장 사회복지실천모델에 따른 개입기술을 참고할 수 있다.

(1) 보웬(Bowen)의 다세대 가족치료에서의 실천기술

① 다세대 가족치료의 기본관점

가족은 삼각관계가 얽혀 있는 감정체계이고, 그럼으로써 다른 구성원에게 감정반사행동을 낭연히 하게 된다. 그렇지만 자아분화가 잘 이루어진 경우는 감정반사행동을 적게 한다는 것이다. 자아분화가 덜 된 사람일수록 감정반사행동에 의한 삼각관계현상을 만들거나 그것에 합류될 가능성이 높다. 자아분화 정도가 낮은 사람은 정서적 반응에 좌우되기 쉽고 낮은 수준의 스트레스에도 역기능적으로 반응하는 경향을 보인다.

자아분화는 정신 내적 측면(정신 내적 분화)과 외부관계적 측면(대인관계적 분화)을 모두 포함하는 개념이다. 정신 내적 측면에서 자아분화는 개인의 지적 측면과 정서적 측면의 분리, 즉 감정과 사고의 분리를 의미한다. 외부관계적 측면에서 자아분화는 한 개인이 타인과의 관계에서 확고한 자아개념(진짜 자아, solid self) 또는 일관된 신념을 갖고 타인과 분리되어 자주적·독립적 행동을 하는 정도, 즉 인간관계에서 자율성과 독립성을 말한다. 다른 사람들과의 관계로 인해 쉽게 변화하지 않는다는 것이다. 이에 반해 외부관계적 측면에서 자아분화가 덜 된 경우는 타인과의 관계에서 쉽게 목표를 바꾸고 다른 사람들의 말을 따르는 경향이라는 것이다(거짓 자아, pseudo self).

가족 내에 자아분화 정도가 낮은 구성원들이 존재할 경우, 그들을 중심으로 삼각관계가 형성될 수 있다. 부부 사이에 긴장과 갈등이 고조될 경우(감정적 불안정), 불안을 다른 가족구성원에게 투사해 삼각관계를 형성하게 된다는 것이다(다른 사람이나 요인을 끌어들여 긴장에서 벗어나려는 시도). 그리고 투사의 대상이 되는 사람(아이)은 분화수준이 낮은 상태로 성장하게 되고, 이 아이는 다시 부부관계에서 다음 세대와 삼각관계를 맺게 되는 세대 간 전이현상이 일어나게 된다. 삼각관계와 가족투사과정을 통해 다세대 간 전이가 이루어진다는 것이다. 그렇다면, 이런 경우는 가족구성원들의 자아분화 정도를 높이기 위한 개입(감정과 사고를 분리하여 중립적일 수 있도록)과 탈삼각화를 할 수 있도록 도와주어야 할 것이다.

② 다세대 가족치료에서 활용하는 실천기술

가. **3세대 가계도 활용** : 가족구성원과 사회복지사가 함께 원가족을 포함한 다세대 간 가계도를 그려 가면서 가족구성원 중 한 사람이 정서적으로 어느 한쪽에 지나치게 융합되어 있는지 혹은 극단적인 정서적 반응을 보이고 있는지를 가족구성원 스스로 확인하도록(삼각관계를 인식하도록) 한다. 그리고 개입과정을 통해 가족으로 하여금 삼각관계가 가족문제에 얼마나 크게 영향을 미치고 있는지를 깨닫게 하여 가족들이 자신들의 삼각관계에서 벗어날 수 있도록 하는 것이 중요하다.

나. **탈삼각화**(detriangulation) : 두 성원의 감정 영역에서 제3의 성원을 분리시키는 과정인데, 예를 들면, 어머니가 아들과 연합하여 아버지를 소외시키는 삼각관계에서 사회복지사는 어머니가 아버지에 대한 불평을 자녀에게 이야기할 때마다 아버지에게 직접 가서 이야기하도록 제안하여 자녀가 더 이상 어머니의 동조자가 되지 않도록 지시하는 것이다.

다. **단절** : 부모나 가족 간의 관계에서 과거에 해결되지 않은 정서적 문제를 멀리 이사를 가거나 연락을 하지 않고 가족관계를 끊어버림으로써 해결을 시도하는 것이다. 그래서 다른 나라로 이민을 가거나 부모가 중시하는 것을 부정하거나 거부하게 된다. 그러나 이러한 단절을 통해서는 분화를 이룰 수 없으며, 단절을 시도해서 멀리 떠나는 가족도 정서적으로는 집을 벗어나지 못하고 떠나지 못하는 가족만큼 의존적으로 남게 된다(최선화, 2012). 따라서 치료목표는 단절을 개선하도록 하는 것이 될 수 있다.

(2) 사티어(Satir)의 경험적 가족치료에서의 실천기술

① 경험적 가족치료의 기본관점

경험적 가족치료에서는 가족구성원들이 겪고 있는 현재의 문제에 대한 **적절한 경험**을 하게 함으로써 문제의 해결을 시도한다. 여기서 경험이란 가족구성원들이 가족과 함께하는 깊은 교류의 경험이다. 가족조각이나 role play 등을 통해 자신을 직접적으로 표현할 수 있는 기회를 제공함으로써 내면의 깊은 곳에 잠재해 있는 충족되지 못한 욕구, 기대를 표출케 하고, 상호작용을 파악하도록 하고, 자신이나 가족을 성찰(관계에 대한 감정 공유)하는 계기를 마련하고, '지금-여기'의 상호작용을 변화함으로써 가족이 성장하는 경험을 갖도록 한다는 것이다. **가족구성원들이 서로 깊이 있고 솔직한 교류를 경험할 때 가족은 변화하고 성장한다는 것이 경험주의적 관점의 핵심**이다. 따라서 가족구성원 간에 깊이 있고 의미 있는 교류를 통한 성장의 경험을 증가시키고자 한다.

경험적 가족치료는 인간이 갖는 잠재력에 대한 믿음과 그 잠재력을 실현함으로써 성장할 수 있도록 도울 수 있다는 신념에 기반해 있다. 인간은 성장하는 존재로 자아실현의 욕구를 충족시키는 과정에서 문제에 부딪히게 되는데, 건강한 가족은 문제와 함께 성장하지만, 문제가족의 경우는 그렇지 못하다는 것이다. 문제가족의 특성은 자아존중감(자기가치)이 낮고, 의사소통이 간접적이고 모호하며 정직하지 못하고, 가족규칙이 엄하고 비타협적이다(Satir, 1972 ; 최선화, 2012 재인용).[4] 가정 안에서 가족구성원들이 자신들의 감정과 생각을 솔직하고 자유롭게 표현할 수 없을 때 가족문제가 발생한다는 것이다. 다시 말해, 현재의 증상은 현재 의사소통의 역기능을 나타내는 비언어적인 메시지라고 보고 있다. 사티어는 의사소통이 자아존중감과 관련되어 있다고 본다.

자아존중감이 높은 사람은 자신과 다른 사람을 있는 그대로 수용할 수 있고, 정직하고 자신의 능력을 신뢰하며, 자신의 감정을 파악하여 직접적이고 분명한 의사소통(일치적 의사소통, 자아존중감과 효과적인 의사소통은 상호비례관계에 있다)을 하는 반면 자아존중감이 낮은 사람은 역기능적인 의사소통을 하고, 자신에 대한 비합리적 · 비현실적 · 경직된 · 비인간적인 규칙에 복종하며 비인간적인 삶을 살게 되고, 이러한 규칙은 자아존중감에 부정적인 영향을 미친다는 것이다.

따라서 치료자는 가족구성원들의 자기존중감을 계속 사정하고, 가족들이 사용하는 역기능적인 의사소통 유형을 인식토록 하며, 감정이나 생각을 일치적 의사소통 유형으로 전달할 수 있도록 유도할 필요가 있다. 가족규칙에 개입하여 합리적이고 융통성 있는 규칙을 가질 수 있도록 함으로써 구성원들의 자아존중감과 의사소통 유형이 향상되도록 한다는 입장이다(이영분 외, 2008).

② 경험적 가족치료에서의 주요 개념

가. **자아존중감**(self-esteem) : 자기에 대한 신뢰와 존중을 의미. 자아존중감이 높은 사람은 삶의 모든 측면을 존중하며 자신과 타인을 위해 건설적으로 에너지를

4) 사티어는 네 가지 영역에서 개인과 가족의 역기능을 임상과정에서 발견하였다. 자아존중감, 의사소통 및 대처유형, 가족규칙, 그리고 지역사회와의 연계이다. 우리 내면에는 항상 사랑받고 인정받으려는 욕구가 있고, 초기 부모와의 관계과정은 **자아존중감** 형성에 영향을 미치며, 자아존중감이 낮은 경우 **병리적 의사소통**을 하게 되고, 이는 또한 **자아존중감**에 영향을 미친다. 또한 부모들은 각자의 원가족에서 학습된 여러 규칙들을 가지고, 가족구성원 특히 자녀에 대한 기대를 **규칙**이라는 말을 사용하여 분명하거나 암시적인 방법으로 요구하게 되고, 자녀는 부모나 주위의 중요한 사람들의 이러한 기대에 맞게 반응하는 방법을 익히게 된다. 이 규칙들이 비합리적이고, 비현실적이며, 경직되어 있을 경우, 이것을 준수하는 성인 자녀의 성장에 방해물로 작용하게 되고, 자녀들의 자아존중감에 영향을 미치게 된다는 것이다. 사티어는 자아존중감을 인간의 기본욕구로 간주, 따라서 개인의 낮은 자아존중감을 회복시켜 자신의 가치를 인정하고, 보유하고 있는 장점과 자원을 발견하여 이를 활용하도록 함으로써 책임 있는 사람, 일치적 존재가 되도록 한다는 성장모델이다(정문자, 2003).

사용할 수 있다. 반면 자아존중감이 낮은 사람은 높은 불안을 경험하고 자신에 대해 불확실하며, 자신에 대한 타인의 생각에 과도하게 관심을 가진다.

자아존중감의 세 가지 요소는 자기, 타인, 그리고 상황이다. 자기란 자신에 대한 애착, 사랑, 신뢰, 존중을 통해 갖게 되는 자신에 대한 가치와 자신의 유일성을 말한다. 타인이란 다른 사람과의 관계에서 형성되어 다른 사람에 대해 느끼는 것으로 다른 사람과의 동질성과 이질성 그리고 상호작용에 대한 것을 말한다. 상황이란 주어진 여건과 맥락을 의미하는데, 주로 부모나 원가족 삼인군(어머니, 아버지, 아동)에서의 상황을 말한다. 이 요소 중 어느 한 부분이라도 온전하지 못하면 역기능적인 것이며, 개입의 목적은 이 세 부분이 보완되어 결과적으로 일치되는 것이다(정문자, 2003).

나. **생존유형** : 스트레스 상황에 대처하는 역기능적 의사소통 및 대처유형을 의미한다. 5가지 방식으로 구분된다.

- **회유형**(placating) : 생존의 위협이나 거절당한 느낌이 있을 때, 자신의 내적 감정이나 생각을 무시하고 타인의 비위에 맞추려고 한다. 갈등이나 다른 사람의 불편함에 자기 일처럼 상대방의 고통을 가볍게 해주려고 노력하며, 일이 잘못되면 책임이 자신에게 있다고 생각한다. 반면 자신을 스스로 돌보거나 다른 사람의 도움을 요청하지 못한다. 몸자세는 용서를 구하고 애걸하는 자세이고 자주 사용하는 언어는 '나는 가치가 없는 사람이야', '다 내 잘못이야', '나는 생각하지마', '당신이 없으면 나는 아무것도 아니야', '당신이 원하는 것이 뭐예요' 등이다. 이 유형은 타인과 상황은 포함시키지만 자신을 포함시키지 않아 자아존중감이 낮게 된다.
- **비난형**(blaming) : 회유형과 빈대로 자신을 보호하기 위해 다른 사람을 괴롭히거나 비난하고 환경을 탓한다. 타인을 무시하는 성향을 갖고 있어 타인의 말이나 행동을 비난하고 통제하며 명령한다. 외면적으로는 공격행동을 보이나, 내면적으로는 자신이 소외되어 있으며 외로운 실패자라고 느낀다. 몸자세는 상대에게 손가락질을 하고 소리치며 분노하는 표정이다. 자주 사용하는 언어는 '모두 네 탓이다, 제대로 하는 일이 없다'로 상대에게 책임을 전가한다. 이 유

형은 자신과 상황은 포함시키지만 다른 사람을 포함하지 않는다는 문제를 가진다. 비난형과 회유형은 짝을 이루며 비난하는 남편과 회유하는 부인인 경우가 많다. 둘 다 병리적 의사소통 유형으로 자아존중감이 낮은 의사소통 방법이다.

- **초이성형**(super-reasonable) : 자신과 타인 모두를 무시하고 상황만을 중시한다. 감정을 드러내지 않고 지나치게 이성적이고 주로 자료와 논리의 수준에서 기능한다. 비인간적이며 객관적이다. 완벽을 추구한다. 강박적 · 원칙론적 · 강제적인 성향을 갖는다. 이들이 사용하는 언어는 사람은 어떤 희생이 있어도 냉정하고 조용하고 침착해야 한다. 이들은 내면적으로는 유약하고 작은 실수도 용납하지 못하고, 쉽게 상처받고 소외감을 느낀다. 감정이 취약하므로 감정에서 상황으로 초점을 바꾸어버린다. 몸자세는 감정을 배제하고 상황만을 처리하는 컴퓨터처럼 냉정하고 딱딱하다. 팔짱 끼는 자세 등을 보인다.
- **산만형**(irrelevant) : 자신, 타인, 상황 모두를 무시한다. 초이성형과 대조적으로 말이 되지 않는 이야기를 하고, 매우 산만하고, 혼돈된 심리상태를 보인다. 스트레스를 주는 주제로부터 관심을 돌리고자 쉬지 않고 움직이며 주제로부터 관심을 분산시키고자 한다. 내적 경험으로는 아무도 나에게 관심이 없으며 자신이 설 자리가 없다고 생각한다. 몸자세는 엉뚱한 곳을 쳐다본다. 초이성형과 산만형은 짝을 이루기 쉽다. 초이성형에게는 산만형이 재미있게 보이며 산만형에게 초이성형은 안정감을 제공한다. 그러나 두 유형은 가까워지면 서로를 변화시키려 들며 상호작용에서 곧 어려움에 직면하게 된다.
- **일치형**(congruent) : 의사소통의 내용과 내면의 감정이 일치하는 유형이다. 자기, 타인, 상황을 자각하고 돌보는 자세로 반응하는 것이다. 내적 경험으로는 조화, 균형, 높은 수준의 자기 가치를 가지게 된다. 창조적이고 생동적 행동, 개성이 드러난다.

③ 경험적 가족치료에서 활용하는 실천기술

가. **가족조각**(sculpture) : 어느 시점을 선택하여 정서적인 가족관계를 언어를 사용하지 않고 신체적으로 상징화하여 사람이나 대상물들을 배열하는 비언어적인

기법이다(이영분 외, 2008). 아버지는 비난형(손가락질), 어머니는 회유형(용서를 비는 자세), 아들은 초이성형(꼿꼿한 냉담한 자세)의 의사소통을 하는 가족인 경우에 각자의 의사소통 유형을 몸의 자세로 표현하게 하고서 아버지의 비난하는 손가락을 내리게 하고, 어머니는 빌고 애걸하는 자세에서 일어서게 하며, 아들은 가족에게 정서적 관여를 하게 함으로써 가족이 일치형의 의사소통을 이루어 갈 수 있도록 돕는다(최선화, 2012).

나. **가족그림**(family drawing) : 가족성원들에게 자신이 느끼는 대로 자유롭게 가족에 대해 그림을 그리게 한 후 토의하는 기법이다. 가족초상화 그리기, 자화상 그리기, 동물가족화 그리기 등이 포함된다. 가족구성원 각자에게 가족초상화를 그리게 하고 그림 속의 구성원의 특성과 공통성, 차이성 등을 파악한다. 아버지가 엄하고 무섭게 느껴지는 아동은 아버지를 무서운 표정을 한 사람으로 나타내고, 잔소리가 많은 어머니는 입을 크게 그리는 경향이 있다. 자화상 그리기도 마찬가지로 스스로에 대한 이미지를 그리게 하는 것이다. 평소에 눈이 작다고 여기는 사람은 크고 아름다운 눈을 그리는 경우를 흔히 볼 수 있다. 동물가족화 그리기도 마찬가지로 가족성원들을 동물로 상징화해서 그리게 할 수 있을 것이다.

다. **재구성**(reframing) : 가족이나 가족성원의 행동이나 경험을 다른 관점으로, 더 긍정적인 시각으로 볼 수 있도록 돕는 기법을 말한다. 재명명(relabeling), 재정의(redefining)와 유사한 개념이다. 자녀 사생활에 대한 간섭문제로 부모－자녀 갈등이 심화된 경우, 부모의 간섭을 자녀에 대한 애정과 관심, 걱정으로 생각하게 하거나 자녀의 간섭 거부에 대해 발달과정에 따라 자율성을 확립해 나가는 과정으로 재구성함으로써 서로 부정적으로 대립하고 있는 상황을 완화시킬 수 있다(장수미 외, 2010).

라. **실연**(enactment), **역할연습**(role playing, **역할놀이**) : 실연은 가족의 상호작용 행동을 면담 상황에서 그대로 재현하게 하는 것이다. 예를 들어 자녀가 문제를 일으킬 때 부모가 어떻게 하는지 면담 상황에서 행동으로 해 보게 하는 것이다. 역할연습은 새로운 행동양식을 익히고 실행해 보기 위해 주로 활용하며, 가족 상황을 역할극으로 표현하도록 하고 역할 재현을 통해 가족 상황을 이

해하는 방법으로 활용된다. 또한 역할 바꾸기를 통해 다른 가족성원의 위치에서 상황을 경험해 봄으로써 다른 성원의 상황과 감정에 대한 이해를 높이는 데도 활용할 수 있다(장수미 외, 2010).

(3) 미누친(Minuchin)의 구조적 가족치료에서의 실천기술

① 구조적 가족치료의 기본관점

구조적 가족치료는 가족구조가 문제라는 입장이다. 여기서 가족구조는 가족 간에 상호작용이 지속적으로 일어나는 형태 즉 가족의 상호작용구조를 말한다. 병리적 상호작용은 잘못된 가족구조에서 나타나며 이러한 가족구조가 병리적 상호작용을 지속시킨다고 본다. 증상은 현재의 가족구조 불균형에서 비롯된다는 것이다. 따라서 구조적 문제를 해결함으로써 상호작용이 개선될 수 있다고 본다. 가족구조의 재구조화가 목표가 된다.

가족구조는 가족 내에서 일어나는 관계의 조직과 상호작용 패턴을 의미한다. 가족구조는 가족 내 하위체계와 경계, 가족규칙, 가족 내 세력관계(권위구조)와 역할관계, 의사소통양식 등의 차원을 포함한다. 구조적 가족치료에서 보는 정상가족은 초점이 명확하고, 경계선이 안정되고 부모하위체계가 강한 위계질서를 유지하며, 체계가 융통성을 가진다. 부모는 경계를 명확히 하며 실제적인 세력을 가지고 자녀양육 문제에 관한 한 부부가 연합하며, 세력과 권위와 관련된 규칙을 만드는 데 연합한다. 다시 말해, 부모의 지도력과 권위, 가족 내 하위체계 간의 경계가 분명하고, 각 하위체계의 정상적인 기능수행, 평등한 권력관계, 제휴와 결탁이 사안과 필요에 따라 자유롭게 이루어지며(언제나 일정한 방향으로만 이루어질 때 문제가 발생한다), 가족규칙의 융통성 등 보다 적응적인 대처 상황을 나타낸다.

② 구조적 가족치료에서 활용하는 실천기술

가. **구조형태 파악하기**(가족구조 사정기법) : 식사 함께하기, 공간이용법 파악하기, 가족사진, 빈의자기법, 애장품 소개하기, 가족의례의 활용 등 다양한 기법을

활용해 가족의 경계와 가족 간의 친밀도, 권력관계 등을 포함하는 가족구조를 파악해 볼 수 있다(최선화, 2012).

- **식사 함께하기** : 누가 먼저 식사를 시작하는지, 가족 모두가 모이는지, 따로 따로 식사하는지, 식사시간의 대화내용 등에 관해 알아본다. 이를 통해 가족의 역동을 살필 수 있고, 가족 내 규칙에 대해서도 살필 수 있다.
- **공간이용법 파악하기** : 가족들이 공간을 어떻게 이용하는가는 가족의 경계에 관한 개념과 규칙 같은 많은 의미를 전달한다. 각자가 모두 방문을 닫고 지내는지, 다른 사람의 공간에 함부로 드나드는 것, 항상 방문이 열린 경우는 경계가 다소 모호한 경우라 볼 수 있다.
- **가족사진** : 가족사진을 통해서 가족 간의 상호작용과 친밀도 등을 파악할 수 있다. 가족사진첩을 보며 언제 찍은 것이며, 누가 포함되고 빠졌는지, 무슨 일이 있었는지 등의 질문을 통해 가족의 상호작용을 알아낼 수 있다.
- **빈의자기법**[5] : 빈 의자를 한곳에 모아두고서 가족들에게 가져다 앉으라고 한다. 그러면 누가, 어떻게, 의자를 배치하며 누가 어디에 어떤 자세로 앉는가를 통해 가족들의 상호작용의 특성, 친밀도, 권력관계 등을 파악할 수 있다.
- **가족의식 · 의식**(ritual)**활용** : 가족이 중요시하는 가족예식 때(생일, 결혼기념일, 명절 등) 무슨 일이 일어나는지, 누가 참여하는지, 누가 빠지는지, 그날의 특별한 의미는 무엇인지를 파악해 본다. 또한 가족의식을 통해 치료적 개입도 가능한데, 부모님들이 자녀들의 생일을 챙겨주는지 등의 의식을 통해 가족의 결속도와 상호지지 등을 파악할 수 있고, 이런 의식을 만들어 줌으로써 가족 간의 결속을 높여 줄 수 있다.

나. **재구조화**(restructuring) : 가족의 상호작용 구조를 다시 세우는 것을 말한다. 하위체계 간의 경계를 조정하고 위계질서를 강화하며, 규칙을 현실적인 것으로

5) 빈의자기법은 심리극에서 다르게 활용하기도 한다. 어려움을 느끼는 상대를 빈 의자에 상징적으로 앉게 하거나 앉아 있는 것으로 상상하게 하고, 자신의 마음을 표현하도록 하는 경우, 의자에 치료대상을 앉게 하고 그 뒤에 대리자아를 통해 클라이언트가 표현하지 못하고 있는 정서나 생각을 대신 표현하도록 할 수도 있다.

바꾸는 것 등을 포함한다. 가족을 재구조화하는 과정에서 치료자는 적극적인 개입을 하며 지시나 실연기법, 지지, 교육, 안내 등의 적극적인 역할을 한다.[6)]

다. **경계선 만들기**(boundary making) : 가족 내 성원들의 경계가 모호하거나 분명하지 않고 분리되었거나 지나치게 밀착된 경우 적절한 경계를 만드는 것을 말한다. 애매한 경계를 가진 경우 가족 내에서의 위계질서가 분명하지 않고 부모하위체계와 자녀하위체계 간의 경계가 모호할 수 있다. 예를 들면 부부는 두 사람만의 시간을 갖기 위해서 안방 문을 닫고 자녀들의 출입을 통제하지만, 대개는 자녀들이 자유롭게 들어올 수 있도록 문을 열어둔다. 여기서 문은 물리적 경계를 나타내는 상징이 된다. 항상 열린 경우는 경계가 모호한 경우이며 항상 닫힌 경우는 엄격한 경계를 의미하며 가족의 통합이 부족하다는 것을 의미한다(최선화, 2012). 따라서 부부는 안방문을 닫고 지내도록 하고 아이들이 들어올 때는 반드시 허락을 받도록 함으로써 부부는 자녀양육체계이면서 동시에 부부하위체계라는 것을 분명히 하며 아이들에게 부부만의 시간을 보내는 것이 필요하다는 것을 인식시킨다.

홀시어머니의 경우 아들부부의 경계를 침범함으로써 문제가 일어나는 경우가 있다. 이런 경우 부부하위체계를 분명히 하고 강화함으로써 시어머니가 부부체계의 경계를 지키도록 해야 하며 부부는 힘을 합쳐 시어머니를 보살피는 일을 함으로써 경계를 분명히 하는 것이 필요하다(최선화, 2012).

라. **과제주기** : 가족과제(task of family)는 면담시간에 시작된 변화 노력을 계속 연장할 수 있게 하고, 일상생활 속에서 변화의 노력을 확장시켜 나갈 수 있게 하는 기법이다. 가족의 재구조화과정에 도움이 되는 특정 행동영역을 찾아 과제를 내주는데, 언제, 어디서, 누구와, 어떻게 상호작용할 것인지를 구체적으로 분명하게 제시한다. 예로 경계 만들기 과정에서도 과제가 부여될 수 있고, 경직된 경계를 가진 아버지와 아들 간에 두 사람이 같이 할 수 있는 시간(예 : 목욕, 여행 등)을 마련하게 하는 것 등이 있을 수 있다.

---

6) 미누친(Minuchin)은 매우 행동적이며 적극적으로 가족을 치료하는 치료자로 잘 알려져 있다(이영분 외, 2008).

마. **스트레스 상승시키기(긴장고조)** : 문제행동으로 인한 가족 간 긴장을 더욱 고조시켜 가족의 재구조화를 시도하는 기법이다. 문제행동을 더 하게 한다든지, 못하게 함으로써 긴장이 고조될 수 있도록 한다는 것이다. 아이가 말하려는 것을 어머니가 계속 대변해 줌으로써 아동이 말할 기회를 갖지 못하게 하는 어머니인 경우, 어머니를 끼어들지 못하도록 하거나 아니면 더 많이 대변하게 한다. 이후 아들에게 어머니의 행동에 대한 감정을 물어 본다. 아들은 어머니의 행동이 얼마나 자신에게 좌절감을 안겨주는지 말하고, 어머니가 아들을 이해하고 알게 할 수 있다.

바. **분위기 조작하기** : 치료자가 역기능적 가족의 분위기를 과장해서 따라 하는 것이다. 예를 들어 지배적인 어머니가 청소년 딸에게 고함칠 경우, 치료자가 더 크고 심하게 딸에게 고함침으로써 어머니가 자신의 행동을 부드럽게 하도록 조장하여 그 딸이 좀 더 자율성을 가질 수 있도록 돕는 것이다.

사. **균형 무너뜨리기** : 하위체계 간의 관계를 변화시키기 위해서 갈등관계에 있는 가족에 합류해서 한 개인이나 하나의 하위체계에 연합하여 한쪽을 지지하는 것을 말한다. 갈등관계에 있는 가족이 서로 대립상태에서 평형을 이루고 있고, 그 결과 옴짝달싹 못하게 되는 경우, 그러한 균형을 무너뜨리기 위해 한쪽 편을 드는 것을 의미한다.

아. **지지 및 교육, 안내** : 치료자가 가족구성원들에게 어떻게 부모가 서로 상호작용하는가를 가르치기도 한다. 그렇게 함으로써 일시적으로 하나의 모델로서 그 기능을 수행하여 부모가 그 기능이 어떻게 수행되는지를 볼 수 있도록 돕는다. 혹은 치료자가 한 가족구성원이 어떻게 외부 세상의 사람들과 상호작용하는가를 가르칠 수도 있다(이영분 외, 2008).

각 가족치료 모델별로 구분하여 기본관점과 입장, 실천기술 등을 살펴보았다. 소개된 실천기술들은 모델별 실천기술일 수도 있지만, 다른 모델에서도 공통적으로 사용될 수 있는 기술이고 기법들이다.

3. 가족대상 실천의 종결단계 실천기술

가족과 함께하는 사회복지실천의 종결단계는 제시되었던 가족의 문제나 욕구가 충분히 해결되었는지 평가하고, 실천과정에서 얻어진 변화를 계속 유지할 수 있도록 안정화하고, 필요한 경우 사후지도 및 의뢰과정이 진행되는 것을 포함하고 있다.

종결은 보통 계약이 이루어지는 초기단계에 가족과 함께 다루어져야 하고, 계약한 시기가 되거나, 목적을 달성한 경우 종결이 이루어진다. 이상적으로 종결은 예견되어야 하고 프로그램 개입 초기부터 계획되어 있어야 한다. 그리고 사회복지사는 현재까지 진행되어온 진전을 가족과 함께 정기적으로 재검토하면서 계획된 종결 모임 훨씬 이전부터 종결 모임을 향한 계획과 준비를 해야 한다(종결 계획하기). 물론 가족을 대상으로 하는 사회복지실천과정에서 사회복지사와 대상 가족의 사정으로 갑작스럽게 종결하는 경우도 있다. 실제로 많은 가족들은 바라던 결과를 달성하기 전에 프로그램에서 탈락하거나 조기에 종결한다.

종결은 다음의 여러 방식으로 이루어질 수 있다(Collins et al., 이화여자대학교 사회복지연구회 역, 2001).

① 제시된 문제가 성공적으로 해결되었기 때문에 상호 동의하고 종결

② 계약상 미리 계획했던 기간이 끝날 즈음 클라이언트가 주도하는 종결(특정 기간을 계약하는 것은 개입을 효율적으로 만드는 시간의 틀을 제공한다)

③ 실천과정에서 더 이상 진전이 보이지 않아 공동으로 동의하고 종결

④ 클라이언트가 적극적인 저항을 보이고 과정 및 결과에 대해 의심할 때, 한 사람 혹은 그 이상의 클라이언트가 드러내놓고 비협조적이며 적대시할 때

⑤ 반복하여 약속을 취소하거나, 클라이언트가 정식 철회를 하지 않은 채 약속을 지키지 않을 때

⑥ 클라이언트가 종결하겠다는 결정과 이유를 알리거나 혹 알리지 않으면서 대개 전화통화를 사용하여 직접적으로 철회할 때

1) 종결에 관련된 정서 다루기

종결과정에서는 개인 단위 실천이나 집단 단위 실천에서와 같이 종결 시 사회복지사와 가족들은 성취감, 자신감에서부터 상실감, 두려움, 후회 등의 폭넓은 감정을 경험한다. 많은 경우에서 분리와 상실의 정서를 강조하지만, 실제로는 그렇지 않을 수도 있다. 대부분의 클라이언트와 사회복지사에게 있어서 종결은 달성하는 것에 초점을 두기 때문에 본질적으로 긍정적이다. 따라서 긍정적인 반영(positive reflection)은 클라이언트의 자기확신을 증가시키고, 개인의 유능함을 강화한다. 가족은 원조관계에서 배운 새로운 기술들을 시도하기 원할 수 있다. 이와 비슷하게 사회복지사도 클라이언트와 함께 설정한 목표가 달성되는 것을 느낄 때 자존감이 강화되고 이후의 작업에서 자신을 쇄신하게 된다.

그렇지만 가족과 사회복지사가 과도하게 책임감을 느끼거나 의존적인 방식으로 적절한 경계를 유지하지 않은 경우에는 오히려 종결시기가 분리에 대한 불안과 상실감을 불러일으키는 시간이 될 수 있다. 개별실천에서와 마찬가지로 가족들은 사회복지사에게 더욱 의존적이 된다든지, 이전의 문제 재발을 보고한다든지, 새로운 문제를 제시한다든지, 사회복지사를 대체할 만한 대안을 찾는다든지, 종결 자체를 부정한다든지 다양한 방식으로 종결을 중단하게 할 수도 있다. 이러한 경우 사회복지사는 종결이 다가올 때 종결에 대한 가족의 느낌을 탐색함으로써 종결을 다룰 수 있어야 한다.

또한 사회복지사도 다양한 방식으로 종결에 반응한다. 과도하게 가족에 개입했다든지 또는 가족과 깊고 의미 있는 관계를 맺었던 경우 서비스를 중단하고 종결로 이끄는 것을 주저할 수 있다. 종결은 놓아주고 앞으로 나아가게 하는 것을 의미한다. 클라이언트 가족의 삶에 대한 자신의 책임의 한계를 인식하고(종결 이후에 의사결정의 책임은 가족에 달려 있다는 것을 받아들이는 것), 클라이언트 가족이 스스로 해결해 나갈 수 있는 기반을 마련하고, 클라이언트가 비공식적인 지지망과 연결될 수 있도록 지원하는 등의 방법을 활용함으로써 클라이언트 가족에 대한 종결감정을 마무리할 필요가 있다.

2) 종결 시 사회복지사의 과업과 피해야 할 역기능 행동

콜린스 외(Collins et al., 이화여자대학교 사회복지연구회 역, 2001)는 가족대상 사회복지실천의 종결단계에서 사회복지사의 과업과 피해야 할 역기능 행동에 대해 설명하였다. 다음은 종결 시 사회복지사의 과업이다.

① 가족대상 사회복지실천의 기능과 한계를 인식한다.
② 가족대상 사회복지실천과 가족치료의 차이를 인식한다.
③ 가족이 종결 이후에 달성해야 할 목표를 규명하도록 원조하고, 사회복지사의 역할과 다른 원조자의 역할에 대해 비교 설명한다.
④ 종결 이후에 가족을 지원할 수 있는 지역사회자원을 규명하고, 가족이 이러한 자원과 연결될 수 있도록 돕는다.
⑤ 종결과 관련된 느낌을 나누도록 격려한다.
⑥ 가족과 그 가족원들의 강점을 규명한다.

피해야 할 역기능 행동은 다음과 같다.

① 가족과 종결을 토의하는 것에 대해 주저하는 것
② 종결을 미루는 것이 정당화되지 않았음에도 종결을 연기하는 것
③ 작업 중단에 대한 가족성원의 느낌에 대해 토론하기를 피하는 것
④ 가족대상 사회복지실천이 변화를 일으키는 데 기여한 역할을 과소 평가하는 것
⑤ 문제해결 노력에 대한 가족의 공로를 인정하기 싫어하는 것

사회복지실천기술론

CHAPTER 10

사회복지실천 기록

사회복지실천에 있어서 기록은 매우 중요한 활동이다. 클라이언트의 삶과 생명을 다루는 과정에서 기록이 이루어지지 않는다면 체계적인 실천과는 거리가 먼 얘기일 수 있다. **사회복지실천이 체계적인 과정의 산물이기 때문에 그 과정을 돌아보고, 평가해보기 위해서는 기록이 남아 있어야 한다.** 사회복지실천과정에서 사회복지사는 끊임없이 자기성찰이 이루어져야 하고, 클라이언트의 삶과 개입과정에 대한 성찰이 있어야 한다. 이러한 과정에서 기록은 매우 중요한 자료가 될 수 있기 때문이다. 결국 사회복지실천과정에서의 기록은 사회복지사의 실천활동의 책무성과 연관지을 수 있다. 따라서 이 장에서는 기록이 왜 중요한가, 기록의 용도는 무엇인가, 기록에 포함되어야 할 요소는 어떤 것인가, 기록은 어떻게 이루어져야 하는가 등을 중심으로 살펴보고자 한다.

1. 사회복지실천에서 기록의 목적 및 활용

사회복지실천 기록은 사회복지사가 개입한 사례에 대해 초기면접과정에서부터 종결까지 사후지도까지의 전 과정을 합당한 형식을 갖춘 틀에 따라 객관적으로 서술하는 것을 말한다. 사회복지실천 기록은 효과적이고 책임성 있는 사회복지실천활동을 위한 과정이다.

사회복지실천에서 기록은 다양한 목적을 가지고 실행되고, 다양한 용도로 활용된다. 구체적으로 그 유용성을 살펴보면 다음과 같다(Kagle, 홍순혜 · 한인영 역, 1999; 김혜란 외, 2006; 양정남 외, 2012).

① **클라이언트의 욕구를 파악하고 개입을 위한 기초자료를 얻음**: 기록은 관심의 초점이 되는 문제와 서비스를 개시하는 이유에 관한 내용뿐 아니라 클라이언트의 상황에 관한 기술과 사정 그리고 사회심리적 진단내용 등을 포함한다. 이런 정보는 서비스가 이루어지는 동안 계속 수정, 보완된다. 따라서 이러한 기록을 통해 클라이언트의 욕구나 문제를 파악하고, 개입을 위한 기초자료를 확보하며, 서비스 자격요건을 확인할 수 있게 된다.

② **사회복지실천활동에 대한 증빙자료로 활용함**: 기록은 클라이언트의 상황이나 사례의 개시부터 종결까지 클라이언트와 함께 또는 클라이언트를 위해 실행된 활동에 관한 모든 정보를 담고 있다. 이러한 정보를 통해 서비스과정에 대한 정당한 사유를 확보할 수 있고, 외부 기관의 슈퍼비전이나 자문, 법정소송 등에 대해서 그 실천활동에 대한 증빙자료로 활용하게 된다. 또한 직원의 직무수행, 기관의 업무수행의 증빙자료로 활용될 수도 있다.

③ **서비스의 지속성 확보**: 사례가 다른 사회복지사나 기관으로 넘어갈 때, 클라이언트와 마지막 접촉 후 상당히 시간이 흐른 경우, 클라이언트의 상황이 복잡하고 서비스가 광범위할 때 특히 유용하다.

④ **다른 전문가와 의사소통의 원활화**: 타 분야의 전문가와 함께 일하는 장소에서 기록은 전문적 공조체제를 원활하게 해준다. 팀 구성원들에게 집단결정과 집단행동을 강화시켜 주는 자원을 제공하며, 전문가들의 개별적 노력을 조정할 수 있도록 돕고, 팀의 모든 구성원들이 접할 수 있는 새로운 정보를 만들어 낸다.

⑤ **클라이언트와 의사소통하는 도구로 활용**: 사회복지사는 클라이언트에게 특정 표적행동이 발생할 때마다 기록한다. 이렇게 이루어진 기록에 기반한 각종 도표들이 만들어질 수 있고, 이러한 도표들은 매 모임 때 검토되고 사례기록의 일부가 된다. 클라이언트와 사회복지사 간의 정보공유를 통하여 의사소통을 촉진시킨다.

⑥ **슈퍼비전 및 자문, 동료검토 그리고 교육과 훈련의 자료로 활용된다.**

⑦ **조사연구의 자료 및 통계보고서로 활용된다.**

⑧ **서비스과정과 효과의 모니터링에 활용**: 기록은 서비스에 대한 지속적 평가와

모니터링에 유용한 도구이다. 시간경과에 따라 체계적으로 기록하는 것은 서비스 목표와 계획에서 변화를 필요로 하는 부분을 지적해 줄 수 있다. 서비스의 효율성, 효과성, 질을 평가하는 데 활용될 수 있다.

⑨ **행정적 결정을 위한 자료 제공**: 기록은 자원분배에 관한 행정적 결정, 전달된 서비스에 대한 비용청구와 프로그램 실시를 위한 재원확보 등의 기초자료로 활용될 수 있다.

2. 사회복지실천 기록에 포함되어야 할 내용

사회복지실천 기록은 클라이언트의 상황을 확인, 기술, 사정하고, 서비스의 목적과 활동을 비롯한 서비스 전달과정을 나타내며, 클라이언트에 대한 개입의 효과 여부를 평가하는 것까지 포함한다. 그렇지만, 사회복지실천 기록에 포함되어야 할 내용요소들은 사회복지현장에서 다루는 사례와 제공되는 서비스의 종류에 따라 다를 수 있고, 서비스 전달유형이나 조직세팅, 조직의 후원단체, 직원의 특성에 따라서도 다를 수 있다.

오늘날 사회복지실천 기록은 책무성, 효율성, 사적 권리라는 서로 경쟁적인 목표를 달성해야 하는 상황에 있기 때문에 서비스중심적이어야 하며 서비스의 근거, 내용, 결과를 기록하는 데 초점을 두어야 한다. 다시 말해, 사회복지실천 기록이 효율적이려면 기록은 그 초점이 분명하고 간단명료해야 한다는 것이고, 클라이언트의 사적 권리를 보호하려면 외부로부터의 접근이 제한되어야 한다는 것이며, 기록이 책무성을 다하려면 서비스중심적이어야 한다는 것이다(**서비스중심 기록, Service-Centered Record**). 더 이상 클라이언트와 상황에 관해 얻을 수 있는 '모든 정보'를 저장해 두는 클라이언트에 관한 기록이 아니어야 하고, 어떤 서비스 결정과 행동이 취해졌는지 그리고 그 이유와 그 결과를 보여주는 정보에 초점이 맞춰져야 한다는 것이다. 기록은 서비스가 클라이언트의 특정 욕구를 충족시키도록 의도되었는지, 전문적 기준과 기관의 규정에 따라 전달되었는지, 서비스의 결과가 평가되었는지를 보여주는 정보에 초점을 맞춰야 한다(Kagle, 홍순혜 · 한인영 역, 1999). 사회복지실천 기록에 포함되어야 할 기본적인 내용은 다음과 같다.

① **클라이언트의 인구학적 특성**: 이름, 주소, 생년월일, 성, 교육수준, 가족구성, 현재 직업, 수입, 종교, 결혼 상태 등을 기록한다.

② **서비스 제공 이유**: 서비스를 제공 · 개시하는 이유에 대한 정보는 클라이언트의 욕구와 문제, 서비스에 대한 잠정적인 인식을 나타내 주기 때문이다. 또한 클라이언트가 다른 기관에서 의뢰된 경우에도 클라이언트가 의뢰된 경로, 현재의 문제와 서비스 욕구에 대한 인식을 기록할 필요가 있다.

> **예시**: 기관은 B부인이 기관에 전화를 걸어 온 후 서비스를 개시하였다. B부인은 지난 한 해 동안 딸 린다의 발달이 늦어 걱정이 많았다고 했다. 린다는 3년 5개월이 되었는데 말을 하지 않거나 언어적 자극에 적절히 반응하지 못한다.

③ **현재와 과거의 클라이언트–상황에 대한 기술(사회력)**: 클라이언트의 문제나 욕구를 역사적 · 생태학적 맥락에서 이해하기 위해서 클라이언트와 상황의 현재 및 과거에 대한 정보(사회력)를 포함한다. 간단한 사회력은 클라이언트와 상황을 이해하는 데 필요한 개인적 · 대인적 · 사회적 · 환경적 정보에 집중하고 중심문제와 관련해서는 생태학적 맥락에서 다루며, 보다 광범위한 사회력은 역사적인 선행사건, 반복되는 주제, 장기적 유형까지도 포함한다.

사회력을 기록하는 것이 중요한 이유는 첫째, 문제의 원인과 문제해결을 위한 자원을 찾기 위하여, 둘째, 클라이언트의 욕구와 결핍뿐 아니라 강점과 대처능력을 발견하기 위하여, 셋째, 클라이언트, 가족, 중요한 타인들에게 자신들의 경험을 재검토하고 공유할 수 있도록 하기 위하여, 넷째, 다른 서비스 제공자들(치료 팀 성원들)에게 사회복지실천의 관점에 대한 정보를 주기 위하여 등이다. 그리고 사회력은 지속적인 과정이기 때문에 서비스 중 새로운 정보가 나타나게 되면 기록되어야 한다.

- 사회력(social history, 사회적 생활력) : 사회복지실천에 있어 사회력은 클라이언트의 사회적 기능수행, 즉 클라이언트의 기능수행과 그의 상황에 관련된 사회적 · 관계적 혹은 상호작용적 측면에 초점을 둔다. 그리고 클라이언트의 욕구와 그 욕구를 충족시키기 위해 활용 가능한 자원(공식 · 비공식) 사이의 적합성(혹은 적합성 결핍)에 관심을 둔다. 좋은 사회력은 이러한 상호작용적 초점을 반영한 것이다. 사회력에 공통적으로 포함되는 정보는 다음과 같다(Sheafor et al., 서울대 사회복지실천연구회 역, 1999).
  - 클라이언트의 가족배경과 현재 가족의 구성(가족력)
  - 신체적 기능, 건강상태, 장애, 영양, 질병, 가정의 안정성, 의료상태
  - 교육적 배경, 최종학력, 지적 기능
  - 심리적 · 정서적 기능
  - 종교와 영성
  - 대인사회적 관계, 중요한 타자와의 관계
  - 강점, 대처방식, 그리고 문제해결 능력
  - 고용, 소득, 작업경험, 그리고 기술
  - 주택, 지역사회 이웃, 그리고 교통수단
  - 현재와 최근의 지역사회와 전문적 서비스 이용

④ **자원과 제약** : 클라이언트의 문제해결을 위해 필요한 이용 가능한 자원, 사회복지서비스, 자원의 부적합 요인과 장애 요인 같은 자원 활용에 대한 제약 등을 기록한다.

⑤ **사정** : 사정에서는 있는 그대로의 정보에 대한 서술과는 분리하여 클라이언트의 현재 상황, 문제의 원인과 개입계획에 대한 사회복지사의 소견이나 견해 등을 기록한다. 클라이언트-상황에 대한 사정은 클라이언트의 욕구와 제약뿐 아니라 강점과 자원도 평가하고, 서비스의 진전과 향상을 평가하며, 서비스 제공상의 제약과 서비스 효과도 확인한다. 나아가 전문적 판단의 근거로서 사용되는 기준이 분명하게 제시되어야 한다.

⑥ **서비스에 영향을 미치는 결정들** : 클라이언트에게 제공되는 서비스의 종류, 양과 질에 영향을 미치는 중요한 결정들의 성격과 정당성을 기록해 두는 것은 서비스의 효과평가나 책무성, 슈퍼비전, 동료검토를 하는 데 중요하다. 사회복지사나 다른 전문가들에 의해 내려진 전문적 판단들 예를 들어 사회적 급부에 대한 자격요건 결정 등이 있다.

⑦ **서비스 목적** : 서비스 목적이 명확해야 효과적으로 제공되고 기록될 수 있다. 서비스 목적을 기록한다는 것은 사회복지실천을 통해서 무엇을 달성할 것인지를 기록하는 것이다.

⑧ **서비스 계획** : 서비스 계획은 서비스 목적을 성취하기 위해 취해지는 행위들을 포함한다.

⑨ **서비스 특성** : 어떤 서비스를 제공할 것인가? 개인상담이냐, 가족상담이냐와 같은 서비스의 특성을 말한다. 사회복지서비스의 특성을 기관별로 표준화된 기록양식에 따라 기록하는 경향이다.

⑩ **중간노트(midterm note)** : 계획된 서비스가 시작되면, 중간노트로 클라이언트의 상황과 제공된 서비스에 대해 정기적으로 사정하고 기록한다. 과정노트라고 부른다. 클라이언트의 변화와 향상의 과정을 보여주어야 한다. 중간노트의 주요 내용으로는 클라이언트의 상황과 변화내용, 그에 대한 사정, 서비스 활동과 서비스과정에 대한 기술, 중요한 사건의 보고, 서비스의 목적, 계획, 과정, 진행에 대한 사정, 서비스의 목적 또는 계획의 변화 등이다.

⑪ **서비스 재검토** : 중간노트가 주어진 사례에 대한 사회복지사의 지속적 관찰과 사정을 기록한다고 할지라도 서비스 재검토는 서비스 결정과 서비스 활동에 대한 공식적 재평가를 기록하게 된다. 이런 재검토는 흔히 동료, 다른 서비스 제공자, 슈퍼바이저, 자문가 등의 의견을 포함한다. 서비스 재검토는 책무성의 목적을 위해 기록된다. 일반적으로 서비스 재검토 내용은 날짜, 참여자, 제안점, 결정내용을 포함해야 한다.

⑫ **서비스 종결의 방법과 사유** : 서비스 종결을 어떻게 할 것인가, 종결사유 등에 대한 기록이다. 사회복지실천의 책무성과 평가, 향후의 서비스 계획을 위해 기록한다.

⑬ **서비스 활동과 결과에 대한 요약(종결요약)**: 사례를 종결할 때는 그동안의 서비스 활동을 개괄적으로 요약하고 종결 당시의 서비스 결과를 기술하는 것이 중요하다. 서비스 개시 이유, 서비스 동안의 클라이언트-상황, 서비스의 목적, 계획, 과정, 서비스와 클라이언트-상황에서의 중요한 사건들, 종결 시 클라이언트 및 클라이언트 상황, 서비스에 대한 평가, 향후 서비스와 사후 검토를 위한 제안 등을 기록한다.

⑭ **사후 지도**: 서비스 종결 이후에도 변화의 안정화를 위해 사후 관리 내지 지도(follow-up)가 필요하다. 클라이언트의 현재 상황 및 상태, 향후 서비스에 대한 제안 등의 내용을 기록한다.

3개월 사후 지도: R부인은 가정간호서비스의 도움에도 불구하고 집에서 어머니를 돌볼 수 없었다. 그녀는 어머니인 P부인이 지난 달 ○○양로원으로 이사하셨다고 보고하였다.

3. 사회복지실천 기록의 형태

1) 과정기록

과정기록(process recoding)은 클라이언트와의 면접과정에서 있었던 말과 행동, 사회복지사가 관찰한 내용들을 마치 연극대본과 같이 직접 인용하여, 대화형태로, 시간적 흐름에 따라 상세하게 기록하는 형태를 말한다. 이러한 기록은 교육 및 슈퍼비전 시에 매우 유용하게 사용될 수 있으나 시간과 비용이 많이 소모된다는 한계를 가지고 있다. 또한 사회복지사가 이러한 기록을 하기 위해서는 면접과정에서 모든 것을 메모해야 하고, 기억에 의존하기에는 한계를 가진다.

사회복지실천의 초창기에는 과정기록을 통하여 클라이언트 및 그의 사회적 상황에 대하여 클라이언트가 말한 것, 행동한 것, 사회복지사가 관찰한 것, 추측한 것들을 사회복지사가 기억할 수 있는 한 모두 기록하였다. 오늘날 기록의 초점은 클라이언트 및 그 상황으로부터 서비스 제공과정까지로 확대되었고, 효율성을 위하여 정보도 간결화하는 경향이다. 따라서 과정기록은 일상의 사회복지실천에서는 거의 사용되지 않고 있다.

과정기록은 사회복지사와 클라이언트의 면접전개과정을 시간적 흐름에 따라 기술하는 방식으로 클라이언트가 말한 내용, 행동한 것, 사회복지사가 말한 내용과 느낌을 포함한다. 다음의 예는 지역사회복지관에서의 접수면접을 기록한 것이다.

면접내용	사회복지사의 느낌 및 분석
상담실에 클라이언트가 문을 열고 들어왔다. (걸음걸이가 불편해 보였다)	
W : 안녕하세요? 무슨 일로 오셨는지요?	'무슨 일로 오셨느냐'라는 첫 질문이 적당한지 잘 모르겠다.
C : 어젯밤에 남편하고 싸우고 나서 속상해서…	
W : 남편하고 자주 싸우시나요?	'남편과 자주 싸우는가'라는 질문보다는 클라이언트의 불편한 걸음걸이에 대한 감정이입적 언급이 좋았을 것 같다.
C : 싸운다기보다는 남편이 술만 마시면 저를 때려요. 어제도 남편이 술을 마시고 와서 제가 소리를 질렀더니 저를 때렸어요.	
W : 남편의 폭행이 상습적인가요?	'상습적'이란 어휘가 적절하지 않은 것 같다.
C : 상습적이라면? W : 어제도 많이 맞으셨나요? C : 예. 겉으로 보이는 데는 없지만, 저를 발로 차서 지금 허리가 아파요. 이런 일이 한두 번도 아니고 저는 정말 어떻게 하면 좋을지 모르겠어요.(울음을 터뜨림)	

출처 : 윤현숙 외(2001).

2) 이야기체 기록

이야기체 기록(narrative recoding)은 사회복지사가 클라이언트 및 그 상황이나 서비스에 대해 이야기를 풀어가듯이 서술체로 기록하는 방법을 말한다. 면접과정의 대화내용을 있는 그대로 재현하는 것이 아니라 면접의 내용이 요약되어 서술된다. 일선 사회복지기관에서 가장 많이 사용되는 기록형태이다. 이야기체 기록은 과정기록에 비하여 시간이 적게 들지만, 더 많은 생각과 조직화를 요한다. 이야기체 기록에서는 관련되지 않는 세부 사항은 제외되고, 관련되는 사항이라도 다 기록하지는 않기 때문에 어떤 내용으로 서술할 것인가를 더욱 많이 생각해야 하고, 주제별이나 시간적 흐름별로 조직화해야 한다.

이야기체 기록은 시간이 적게 들 수 있고, 기록에 융통성을 가지는 반면, 사회복지사의 판단에 따라 정보의 누락이 있을 수 있고 그럼으로써 초점이 흐려질 수 있는 단점이 있다. 또한 사회복지사(기록자)의 논리적이고 객관적인 문장력이 요구된다. 이야기체 기록은 특히 사회력이나 사정과 같은 특정 내용요소들을 문서화하는 데 효과적이다. 또한 장기간에 걸쳐 개입이 진행되는 경우 이야기체 요약기록이 유용하다.

- 면접일시 : 2011. 8. 10
- 면접장소 : 복지관 상담실
- 면접목적 : 개인력 및 가족력 조사

클라이언트는 40세 여성이고, 친정아버지와 아들 2명과 살고 있다. 클라이언트는 남편과 결혼 후 알코올중독과 폭행에 시달렸고 04년도부터 별거생활을 하다가 08년도에 이혼하였다. 현재 병원 간병인생활을 하고 있으며, 빈혈이 있고, 무릎관절이 좋지 않아 수술을 계획하고 있다. 또한 남편에 의해 생긴 빚이 있으며, 최근 이사를 했는데 거주지 이전에 따른 스트레스가 심한 상태이다. 함께 살고 있는 친정아버지는 지적장애2급이고, 늘 집 안에만 계신다. 클라이언트는 현재 조건부수급자이고 50만원 정도를 정부에서 지원받고 있다. 간병인 생활을 하면서 50만원 정도를 보태고 있다.

3) 문제중심 기록

문제중심 기록(problem-oriented recoding, POR)은 현재 제시되고 있는 문제를 중심으로, 문제영역을 규명하고, 사정하고, 문제들을 목록화해서 각 문제에 대해 무엇을 할 것인지에 대해 계획하고 그 진행사항을 기록하는 형태이다. 문제중심 기록은 보건 및 정신보건 세팅에서 광범위하게 사용되는 형식이다. 문제중심 기록은 타 전문직(의료 및 보건분야)과의 의사소통을 촉진하며, 여러 분야의 공조를 원활하게 해준다는 점, 목록화된 각 문제와 계획에 대한 추후 진행과정을 기록한다는 점에서 책무성을 향상시키는 장점을 가진다. 그렇지만, 지나치게 문제중심적이어서 클라이언트의 강점, 자원 등에 대한 관심이 적어질 수 있고, 시간과 노력이 많이 든다.

문제중심 기록은 4가지 주요 부분으로 구성된다. ① 데이터베이스(database, 기초자료), ② 문제목록(problem list), ③ 초기계획(initial plan), ④ 진행노트(process note) 등이다. 데이터베이스는 클라이언트에 대한 인구사회학적 특성을 포함한 자세한 정보, 가족력, 사회력, 현재 질병 및 과거력, 주변환경에 대한 검토 등을 포함한다. 문제목록은 4가지 구성요소 중 가장 핵심적인 부분이고, 기초자료에서 얻은 정보를 근거로 클라이언트의 신체적·정신적·사회적 문제들을 모두 밝혀 내어, 각 문제에 1, 2, 3…식의 번호를 붙여서 목록을 작성한 것이다. 초기계획은 각 문제에 대해서 개입계획, 교육계획 등을 세우는 것을 말한다. 진행노트는 계획이 실행된 이후 진행과정을 문제 각각에 대해 SOAP 형식으로 기록하는 것이다. 진행노트는 이야기체 노트이다. 이 기록들은 데이터베이스에 있는 정보를 최신정보로 바꾸고, 초기계획을 수정한다.

- S(subjective information) : 클라이언트가 자신의 상황과 문제에 대해 스스로 생각하고 느끼고 있는 주관적 정보(자기보고 정보)를 말한다.
- O(objective information) : 클라이언트의 행동과 상황에 대한 사회복지사의 관찰 및 사실적 자료와 같은 객관적인 정보를 말한다.
- A(assessment) : 주관적·객관적 정보를 근거로 파악된 문제에 대한 사회복지사의 전문적 견해나 해석으로, 사정을 말한다.
- P(plan) : 사정내용을 바탕으로 한 해결방법, 접근계획을 서술한 것을 말한다.

데이터베이스(접수면접에서 얻은 정보에 의해 작성됨)

이름 : ○○○ 나이 : 30세

클라이언트는 결혼한 지 7년 된 기혼여성으로 35세의 남편과 5세 된 아들 하나를 두고 있다. 그는 어젯밤 술 취한 남편으로부터 구타당하여 현재 허리 통증과 함께 걸음걸이가 불편하다. 남편의 반복되는 음주 후 구타행동 때문에 본 기관에 도움을 요청하였다. 경찰에는 연락한 적 없다.

클라이언트의 남편은 IMF 사태 이후의 대규모 감원으로 인해 8개월 동안 실직상태에 있다가, 현재는 친척이 운영하는 작은 사업체에서 일하고 있다. 클라이언트는 결혼 후 6개월 때 맞은 따귀가 결혼 후 처음 당한 폭력 경험이다. 그 이후에는 폭력이 없다가, 실직사태 이후부터 남편의 음주 및 음주 후 폭력이 증가하였다. 남편의 폭력에 대한 클라이언트의 반응은 함께 소리 지르고 울며 대드는 것이다. 남편은 전에는 때린 다음날에 클라이언트에게 사과하기도 했지만, 최근에는 사과도 하지 않는다. 남편이 아이를 때리지는 않지만, 아이가 부모의 폭력사태를 여러 번 보았기 때문에 아빠를 무서워한다. 클라이언트는 나가서 일을 하고 싶어도 특별한 기술도 없고 아이도 어려서 아직은 엄두를 못 낸다. 그러나 아이가 초등학교에 들어가면 취업하기를 원한다.

문제목록

번호	문제	확인된 날짜	중단/해결된 날짜
1	남편의 음주 및 구타	12/1	
2	클라이언트의 피신처 마련	12/1	12/1
3	클라이언트의 허리통증	12/1	12/4
4	클라이언트의 정서적 어려움	12/1	
5	클라이언트의 결혼지속의사 여부 불분명	12/1	12/8
6	클라이언트의 법 관련 정보 및 지원체계에 대한 지식 부족	12/1	12/4

조기계획

문제 #1 남편의 음주 및 구타

남편과 연락하여 면담을 약속하고 남편에 대한 심리사회적 사정과 개입을 한다.

음주 및 폭력에 대해서는 전문 치료기관에 의뢰한다(남편이 동의한다면).

이러한 개입계획에 남편이 동의하도록 사회복지사와의 관계형성에 주력한다.
문제 #2 클라이언트의 피신처 마련
클라이언트의 희망대로 언니네 집에 머물도록 하고, 이에 관해 추후 점검한다.
문제 #3 클라이언트의 허리통증
클라이언트가 병원치료를 받고 있는지 추후 점검한다.
문제 #4 클라이언트의 정서적 어려움
정서적 어려움의 근원, 강점 및 약점에 대한 사정 및 지지적 개입을 한다.
문제 #5 클라이언트의 결혼지속의사 여부 불분명
이에 대한 클라이언트의 결정을 돕는다.
문제 #6 클라이언트의 법 관련 정보 및 지원체계에 대한 지식 부족
클라이언트를 본 기관과 연계되어 있는 법률상담소와 연결시킨다.

진행노트

날짜 : 12월 6일 클라이언트 남편과의 첫 번째 개별면담
문제 #1 남편의 음주 및 구타

S : 남편은 자기의 음주 및 구타 사실은 인정했지만, 아내가 자기에게 바가지를 긁었기 때문에 이런 일이 발생했다고 주장하고 있다. IMF사태로 인한 실직 이후의 좌절감과 스트레스, 그리고 현재 직장에 대한 불만을 이야기하는 데에 많은 시간을 할애하였다. 아내와의 결혼생활을 계속하기를 원하며, 현재 언니 집에 있는 아내가 하루 빨리 집으로 돌아오기를 원하고 있다. 음주문제에 대한 치료프로그램 및 폭력남편대상 프로그램에 대해서 그 필요성을 부인하고 있다. 다만 아내가 집으로 돌아오면 부부 상담에는 참가할 용의가 있다고 말하고 있다.

O : 남편은 체격은 보통이며 목소리가 크고 막힘 없이 이야기를 잘하는 편이다. 실직으로 인해 직업을 바꾼 후 경제적으로 쪼들리는 편이다.

A : 남편은 문제를 부인하고 있다. 자기의 행동에 책임을 지기보다는 아내에게 책임을 미루고 있는 것으로 보인다. 가부장적 가치관이 현저하다. 그러나 결혼생활을 계속할 의사가 확실한 것, 아내 및 아이에 대한 애정을 나타내는 것, 개별 및 부부 상담에 개방적인 것은 부부관계에서 강점으로 생각된다.

P : 남편이 구타에 대한 책임을 인정하도록 계속적인 개입이 필요하다. 이것이 아내와 아이에게 어떠한 고통을 야기하는지를 인식할 필요가 있다. 개별면담을 계속할 예정이다.

출처 : 윤현숙 외(2001).

4. 사회복지실천 기록의 최근 흐름과 쟁점

사회복지사는 기관, 클라이언트, 그리고 지역사회에 대해 윤리적·법적 책무성을 가지고 자신이 전달하는 서비스를 기록하고 설명하며 평가해야 한다. 오늘날 사회복지실천에서 책무성에 대한 요구가 증가함에 따라 다양한 대상자(정부, 지자체, 사회복지 기관 및 시설 등)에게 필요한 정보를 제공하는 데 있어 기록이 많이 이용되고 중요하게 인식되고 있다. 특히 최근에는 국가에 의한 사회복지사업 수행이 많아지고, 지역사회자원개발의 중요성이 부각되면서 지역사회 사회복지사의 실천에 대한 책무성을 강하게 요구하고 있다.

한편, 최근에는 책무성과 함께 효율성 또한 크게 요구되고 있어, 기록을 어떻게 효율적으로 할 것인가에 대해 각 사회복지기관 및 시설에서 고민하고 있는 추세이다. 실제로 사회복지기관 및 시설에서는 사회복지실천 기록을 충실히 수행하기에는 상당히 어려운 실정이기도 하다. 사회복지사들의 기록의 중요성에 대한 인식이 떨어지는 면도 있지만, 업무과중 등의 이유도 상당히 크게 작용하고 있다. 그리고 전산화가 추진됨으로써 실천기록 유형과 내용요소가 통일되고 있기도 하지만, 실제 현장에서는 이중으로 기록을 해야 하는 면도 있다. 문서로 기록해 두어야 하고, 전산에 입력해야 하는 상황인 것이다.

최근에는 사례관리방법이 중요하게 제시되고 있지만, 클라이언트의 정보보호가 강화되면서 클라이언트와 실천에 대한 기록들을 기관 및 시설 간에 공유하기 어려운 상황도 드러나고 있다. 따라서 사회복지사들의 사례관리활동에 많은 제약이 따르는 형편이다. 사회복지실천 기록은 책무성, 효율성, 사적 권리라는 서로 상생적인 목표를 추구해야 하지만, 과연 기록을 어디까지, 어떻게 해야 하는지는 복지기관과 사회복지사에게 달려 있는 상황이다.

사회복지실천현장에서 기록의 세 가지 목표를 충실히 달성할 수 있도록 하기 위해서는 각 기관·시설들이 기록에 대한 자체 지침이 마련될 필요가 있을 것이다. 또한 사회복지사들의 기록의 중요성에 대한 인식이 강화될 필요가 있고, 기록하는 데 있어서 문장력을 키워야 하는 면도 중요할 것이다. 어떠한 면을 어떻게 적절하게 표현하는가는 다른 사회복지사 및 타 분야 전문가들과의 팀 접근에서 의사소통을 원활히 하기 위해서도 아주 중요할 것이다.

참고문헌

강진령(2012). 집단과정과 기술. 학지사.

강혜영 · 이제경(2009). 대학교수를 위한 학생상담 가이드북. 학지사.

강혜정 · 박은정 · 방성규(2015). 성공과 치유의 심리학 NLP. CEOMAKER.

김경호(2010). 사회복지실천-이론과 모델. 청목출판사.

김기태(1993). 위기개입론. 대왕사.

김기태 · 김수환 · 김영호 · 박지영(2007). 사회복지실천론. 공동체.

김성천(1995). "한국에 적용된 사회사업 실천이론의 연구동향에 관한 비판적 분석". 한국사회복지학 27호.

김유숙(1998). "가족치료이론에서 문화적 차원이 갖는 의미와 주요 쟁점". 한국가족치료학회지, 6(2).

김융일 · 조흥식 · 김연옥(1995). 사회사업실천론. 나남출판.

김인숙 · 우국희(2000). "사회적 관계망 개입의 유형과 장애요인 연구". 한국사회복지학 V.43.

김종옥 · 권중돈(1993). 집단사회사업방법론. 홍익제.

김혜란 · 홍선미 · 공계순(2006). 사회복지실천기술론. 나남출판.

남세진 · 조흥식(1997). 집단지도방법론-전정판. 서울대학교 출판부.

도광조(2012). 사회복지실천론. 양서원.

박경애(1998). 인지 · 정서 · 행동치료. 학지사.

박태영(2006). 가족생활주기와 가족치료. 학지사.

서경희(1999). "인지행동치료의 적용". 정서 · 학습장애연구, 15(1).

서혜석 · 김영혜 · 강희양 · 이난(2012). 의사소통. 청목출판사.

설기문(2002). 인간관계와 정신건강. 학지사.

성정현 · 여지영 · 우국희 · 최승희(2005). 가족복지론. 양서원.

손광훈(2009). 사회복지실천기술론. 공동체.

신성자 · 고유나 · 권신혜 · 김수정 · 박용권 · 성희자 · 이현정 · 전보경 · 정숙희 · 최은지(2012). 사회복지실천기술론. 양서원.

양옥경 · 김정진 · 서미경 · 김미옥 · 김소희(2000). 사회복지실천론. 나남출판.

양정남 · 이유리 · 박순희(2012). 사회복지실천기술론. 양서원.

양정남 · 최선령(2002). 사회복지실천론. 양서원.

엄명용(2005). "한국 사회복지실천 현장 내 기본 실천기술의 실증적 확인 및 분류". 한국사회복지학, 57(1).

엄명용 · 노충래 · 김용석(2009). 사회복지실천기술의 이해. 학지사.

유영주 외(2004). 새로운 가족학. 신정.

유영준(2009). "사회복지사의 반성적 사고수준과 사회복지실천기술의 활용 정도". 사회복지연구, 40(2).

윤현숙 · 김기환 · 김성천 · 이영분 · 이은주 · 최현미 · 홍금자(2001). 사회복지실천기술론. 동인.

이신영 · 박선영(2012). 사회복지실천기술론. 양서원.

이영분 · 김기환 · 윤현숙 · 이원숙 · 이은주 · 최현미 · 홍금자(2001). 사회복지실천론. 동인.

이영분 · 신영화 · 권진숙 · 박태영 · 최선령 · 최현미(2008). 가족치료-모델과 사례. 학지사.

이영호(2011). 사회복지실천기술론. 공동체.

이옥주 · 김유숙 · 김용태(1996). 청소년 가족상담. 청소년대화의 광장.

이윤로(2009). 사회복지실천기술론. 학지사.

이윤주 · 신동미 · 선혜연 · 김영빈(2004). 초심상담자를 위한 집단상담기법. 학지사.

이장호 · 정남운 · 조성호(2001). 상담심리학의 기초. 학문사.

이화여대 사회사업학과 편(1993). 집단사회사업실천방법론. 동인.

장수미 · 최정숙 · 박형원 · 김주현 · 홍현미라 · 이혜경 · 이영선 · 한인영(2010). 사회복지실천기술론. 학지사.

장승옥(1996). "사회적 망과 사회적 지지이론: 사회복지적 개입의 방안 모색". 계명대학교 사회과학논총 15집.

장인협(1994). 사회사업실천방법론(上, 下). 서울대학교 출판부.

장인협 · 문인숙 역(1983). 사회복지의 원리와 기법. 집문당.

전석균(2001). "정신보건 영역에 있어서 사회복지실천이론의 적용". 강남대 부설 한국사회복지연구소 한국사회복지, V.5.

전재일 · 이성희(2004). 사회복지실천기술론. 형설출판사.

정문자 · 김연희(2000). "가족생활주기별 내담자의 문제와 가족치료기법 분석". 한국가족치료학회지, 8(1).

정문자(2003). 사티어 경험적 가족치료. 학지사.

정문자 · 정혜정 · 이선혜 · 전영주(2012). 가족치료의 이해. 학지사.

정순둘 · 김고은 · 김미영 · 김지혜 · 김은정(2011). 임상사회복지이론. 학지사.

정원철(2005). 사회복지실천과 상담. 양서원.

조휘일 · 강정숙 · 권순미 · 권현진 · 김경희 · 양인숙 · 윤정혜 · 이시연 · 이효선 · 원미순 · 전선영 · 최희수(2006). 사회복지실천기술론. 학현사.

조휘일 · 이윤로(1999). 사회복지실천론. 학지사.

조흥식 · 김인숙 · 김혜란 · 김혜련 · 신은주(2010). 가족복지학. 학지사.

최선화(2012). 풀어쓴 사회복지실천기술. 공동체.

최옥채(2009). "사회복지사의 사회복지실천 경험: 이론과 모델과 기술의 습득 및 적용 중심으로". 전북대학교 사회과학연구소 사회과학연구, 33(2).

홍선미(2004). "사회복지실천의 지식기반과 학문적 특성에 관한 연구". 한국사회복지학, 56(4).

황성철(2002). "임파워먼트(Empowerment)모델과 사회복지조직 관리". 한국사회복지행정학, 제6호.

Ballew, J. R. & Mink, G., 권진숙 · 전석균 역(2001). 사례관리. 하나의학사.

Bandura, A.(ed.), 윤운성 · 정정옥 · 기경신 역(2004). 변화하는 사회 속에서의 자기효능감. 학지사.

Berg, I. K. & Miller, S. D., 가족치료연구모임 역(1995). 해결중심적 단기가족치료. 하나의학사.

Collins, D., Jordan, C., & Coleman, H., 이화여자대학교 사회복지연구회 역(2001). 가족복지실천론. 나눔의 집.

Corey, G., 조현춘 · 조현재 · 이희백 · 천성문 역(2000). 집단심리상담의 이론과 실제. 시그마프레스.

Corey, G., Corey, M. S., Callanan, P., & Russell, J. M., 김춘경 · 최웅용 역(2005). 집단상담기법. 센게이지러닝코리아.

Corey, M. S., Corey, G., & Corey, C., 김진숙 외 역(2012). 집단상담-과정과 실제. 시그마프레스.

Cournoyer, B., 김인숙 · 김용석 역(2006). 사회복지실천기술 연습. 나남출판.

Dejong, P. & Berg, I. K., 허남순 · 노혜련 역(1998). 해결을 위한 면접. 학문사.

Dorfman, R. A., 김혜련 외 역(2004). 임상사회사업. 학지사.

Evans D., Hearn, M., & Uhlemann, M., 성숙진 역(2006). 상담의 필수기술. 나남출판.

Goidstein, E. & Noonan, M., 이선혜 외 역(2005). 사회복지실천을 위한 통합적 단기개입. 학지사.

Haulotte, S. M. & Kretzschmar J. A.(eds.), 최해경 역(2010). 사회복지실천사례집. 학지사.

Healy, K., 남찬섭 역(2012). 사회복지사를 위한 실천이론. 나눔의 집.

Heaton, J. A., 김창대 역(2006). 상담 및 심리치료의 기본기법. 학지사.

Hepworth, D., Rooney, R., & Rooney, G. D., 허남순 · 한인영 · 김기환 · 김용석 역(2004).

사회복지실천이론과 기술. 나눔의 집.

Hill, C. E., 주은선 역(2012). 상담의 기술: 탐색-통찰-실행의 과정. 학지사.

James, R. K. & Gilliand, B. E., 한인영 · 장수미 · 최성숙 · 박형원 역(2008). 위기개입. 나눔의 집.

Kadushin, A., 문인숙 · 김만두 역(1986). 사회사업 면접의 기법. 홍익제.

Kagle, J. D., 홍순혜 · 한인영 역(1999). 사회사업기록-이론과 실제. 학문사.

Maguire, L., 장인협 · 오세란 역(1996). 사회지지체계론. 사회복지실천연구소.

McKay, M., Davis, M., & Fanning, P., 임철일 · 최정임 역(1999). 효과적 의사소통을 위한 기술. 커뮤니케이션북스.

McMahon, M., 오창순 · 윤경아 · 김근식 역(2001). 사회복지실천론-통합적 관점. 아시아미디어리서치.

Metcalf, L., 김성천 · 이소영 · 장혜림 역(2002). 해결중심 집단치료. 청목출판사.

Myer, R. A. & James, R. K., 한인영 · 장수미 · 최정숙 역(2006). 위기개입워크북. 시그마프레스.

NASW., 이문국 · 이용표 역(1998). 사회복지대사전. 나눔의 집.

Neukrug, E. S., 손광훈 역(2009). 사회복지사를 위한 기초기술과 연습. 양서원.

Nichols, M. P., 김영애 · 김정택 · 송성자 역(2011). 가족치료: 개념과 방법. 시그마프레스.

Northen, H. & Kurland, R., 노충래 역(2006). 집단사회복지실천. 학지사.

Payne, M.(2005). *Modern Social Work Theory*(3rd ed.). Chicago: Lyceum Books. 서진환 · 이선혜 · 정수경 역(2001). 현대사회복지실천이론. 나남출판.

Poindexter, C. C., Valentine, D. P., & Conway, P. G., 이윤로 · 조미숙 · 박정숙 · 문영미 역(2003). 사회사업실천기술론. 현학사.

Sheafor, B. W., Horejsi, C. R., & Horejsi, G. A., 서울대 사회복지실천연구회 역(1999). 사회복지실천 기법과 지침. 나남출판.

Shera, W. & Wells, L. M.(eds.), 이경아 · 박정임 · 김민석 · 시홍란 · 하경희 · 이금진 · 유명이 · 상미경 역(2004). 사회복지에서의 역량강화 실천. 양서원.

Susan Lukas, 하정미 역(2004). 사회복지상담의 첫걸음. 학지사.

Trevithick, P., 우국희 · 최경원 · 황숙연 역(2002). 사회복지실천기술: 실천을 위한 핵심기술 50. 사회복지실천연구소.

Turner, F. J.(ed.), 연세사회복지실천연구회 역(2004). 사회복지실천이론의 이해와 적용. 나남출판.

Zastrow, C., 백종만 외 역(2006). 사회복지개론. 시그마프레스.

Aguilera, D. C. & Messick. J. M.(1982). *Crisis Intervention: Theory and Practice.* Saint Louis: Mosby.

Anderson, H. & Goolishian, H.(1992). "The client is the expert: A not-knowing approach to therapy". In S. McNamee & K. J. Gergen(eds.). *Therapy as social construction*. London: Sage.

Barker, R.(1991). *The social work dictionary*. Silver Spring, MD: National Association of Social Workers.

Bandura, A.(1977). *Social Learning Theory*. Englewood Cliffs, NJ: Prentice-Hall.

Barker, R.(1987). *The social work dictionary*. Silver Springs. MD: National Association of Social Workers.

Bartlett, H.(2003). "Working definition of social work practice". *Research on Social Work Practice, 13*(3).

Biegel, D., Tracy, E., & Song, L.(1995). "Barriers to Social Network Interventions with Persons with Severe and Persistent Mental Illness: A Survey of Mental Health Case Managers". *Community Mental Health Journal V. 31*(4).

Biestek, F. P.(1957). *The Casework Relationship*. Illinois: Loyola University.

Birdwhistell, R. L.(1970). *Kinesics and Context*. Philadelphia: University of Pennsylvania Press.

Bowen, M.(1978). *Family therapy in clinical practice*. New York: Aronson.

Brown, J. A.(1992). *Handbook of Social Work Practice*. Springfield, Illinois: C. Thomas Publisher.

Buccll, M.(1979). An empirically derived self-report inventory for the assessment of assertive behavior. Unpublished doctoral dissertation, Kent State University, Kent, OH.

Caplan. G.(1964). *Principles of Preventive Psychiatry*. New York: Basic Books.

Carter, B. & McGoldrick, M.(1988). "Overview: The changing family life cycle-A framework for family therapy". In B. Carter & M. Carter(eds.). *The changing family life cycle-A framework for family therapy*(2nd ed.). Boston: Allyn & Bacon.

Carter, B. & McGoldrick, M.(1999). *The expanded family life cycle*(3rd ed.). Boston: Allyn & Bacon.

Clark, C. L.(2000). *The Political Ethics of Social Work: Towards Welfare Citizenship*.

Basing-stoke: Macmillan.

Compton, B. R. & Galaway, B.(1989). *Social Work Process*(4th ed.). Belmont, CA: Wadsworth.

Cooley, C.(1918). *Social Process*. New York: Scribner's.

Cooper, M. & Lesser, J. G.(2002, 2008). *Clinical Social Work Practice: An Integrated Approach*. Allyn and Bacon.

Cormier, W. & Cormier, L. S.(1991). *Interviewing Strategies for Helpers*(3rd ed.). Monterey, Calif: Brooks/Cole.

Coulshed, V. & Orme, J.(1998). *Social Work Practice: An Introduction*(2nd ed.). Basing-stoke: Macmillan/BASW.

de Shazer, S.(1985). *Keys to solution in brief therapy*. New York: Norton.

Egan, G.(1975). *The Skilled Helper. Monterey,* Calif: Brooks/Cole.

Egan, G.(2002). *The Skilled Helper: A Problem-Management and Opportunity-Development Approach to Helping*. Brooks/Cole.

Feltham, C. & Dryden, W.(1993) *Dictionary of Counseling*. London: Whurr.

Fisher, J.(1978). *Effective Casework Practice: An Eclectic Approach*. New York: McGraw-Hill.

Friesan, B. J.(1989). "National study of parents whose children have serious emotional disorders". In A. Algarin et al.(eds.). *Second Annual Conference Proceedings-Children's Mental Health Service and Policy*. Tampa, FL: Research and Training Center for Children's Mental Health, University of South Florida.

Fritz, R.(1953). "The Art of Group Composition". In S. chulze(ed.). *Creative Group Living in a Children's Institution*. New York: Association.

Garland, J., Jones, H., & Kolodny, R.(1965), A Model for stage in the development of social work groups, In S. Bernstein(ed.). *Explorations in group work*. Boston: Milford House.

Germain, C. B. & Gitterman, A.(1980). *The Life Model of Social Work Practice*. New York: Columbia University Press.

Gibb, J. R.(1978). *Trust: A New View of Personal and Organization Development.* Los Angeles: The Guild of Tutors Press.

Golan, N.(1978). *Treatment in Crisis Situations*. New York: Free Press.

Goldenberg, I. & Goldenberg, H.(2000). *Family therapy: An overview*(5th ed.). Belmont,

CA: Wadsworth/Thomson Learning.

Gottlieb, B.(1983). *Social support strategies: Guidelines for mental health practice*. Beverly Hills, CA: Sage.

Gutièrrez, L. M.(1990). Working with women of color: An empowerment perspective. *Social Work, 35*.

Hartman, A. & Laird, J.(1983). *Family-Centered Social Work Practice*. New York, London: The Free Press.

Henry, S.(1981). *Group skills in social work*. Itasca, IL: F. E. Peacock.

Hepworth, D. H., Rooney, R. H., Rooney, G. D., Strom-Gottfried, K., & Larsen, J.(2006). *Direct Social Work Practice: Theory and Skills*(7th ed.). Thomson Brooks/Cole Publishing Company.

Hersen, M., & Van Hasselt, C. B.(eds.)(1998). *Basic Interviewing: A Practical Guide for Counselors and Clinicians*. Mahwah, NJ: Lawrence Erlbaum Associates Pub.

Holman, A.(1983). *Family assessment: Tools for understanding and intervention*. Newbury Park, CA: Sage Publications.

Howe, D.(1987). *An Introduction to social work theory.* Aldershot: Gower.

Johnson, L. C. & Yanca, S. J.(2010). *Social work practice: A generalist approach*(10th ed.). Boston: Allyn & Bacon.

Johnson, L. C.(1995). *Social Work Practice: A General Approach*(5th ed.). Allyn & Bacon.

Kadushin, A. & Kadushin, G.(1997). *The Social Work Interview*(4th ed.). New York: Columbia University Press.

Kadushin, A.(1983). *The social work interview*. New York: Columbia University Press.

Lantz, J.(1996). "Cognitive theory and social work practice". In F. Turner(ed.). *Social Work Treatment*. New York: The Free Press.

Lishman, J.(1991). *Handbook for practice teachers in social work.* London: Jessica Kingsley.

Loewenberg, F. M. & Dolgoff, R.(1971). *Ethical decisions for social work practice*(5th ed.). Itasca, IL: F. E. Peacock Publishers, Inc.

McMullin, R.(1986). *Handbook of Cognitive Therapy Techniques*. New York: W. W. Norton.

Middleman, R.(1978). "Returning group process to group work". *Social work with*

Groups1(1).

Miley, K. & Dubois, B.(1999). "Empowering process for social work practice". In W. Shera & L. Wells(eds.). *Empowerment Practice in social work: Developing Richer Conceptual Foundation*. Toronto: Canadian Scholars' Press Inc.

Miley, K., O'Melia, M., & Dubois, B.(1995; 1998). *Generalist Social Work Practice: An Empowering Approach*. Boston: Allyn & Bacon.

Miller, J. B.(1976). *Toward a New Psychology of Women*. Hamonds Worth: penguin.

Miller, S., Hubble, S., & Duncan, B.(1995). "No more bells and whistles". *The Networker, 19*(2).

Morales. A. T. & Sheafor, B. W.(1988). *Social Work: A profession of many faces*(8th ed.). Boston: Allyn & Bacon.

Myer, R. A., Williams, R. C., Ottens, A. J., & Schmidt, A. E.(1991). "Three-dimensional crisis assessment model for triage". *Journal of Mental Health Counseling 14*.

NASW(1981). NASW standards for the classification of social work practice. Silver Spring, MD: Author.

Nelson, T. S. & Thomas, F. N.(eds.)(2007). *Handbook of solution-focused brief therapy: Clinical applications.* New York: Haworth press.

Nunnally, E. & Moy, C.(1989). *Communication basics for human service professionals*. Newbury Park, CA: SAGE.

O'Hare, T., Tran, T., & Collins, P.(2002). "Validating the Internal Structure of the Practice Skills Inventory". *Research on Social Work Practice, 12*(5).

Papell, C. P. & Rothman, B.(1980). "Social group work models: Possession and heritage". In A. Alissi(ed.). *Perspectives on social group work practice*. New York: The Free Press.

Perlman, H. H.(1979). *Relationship: The Heart of Helping People*. Chicago: University of Chicago Press.

Puryear, D. A.(1984). *Helping People in Crisis: A Practical, Family-oriented Approach to Effective Crisis Intervention*. San Francisco: Jossey-Base.

Rapoport, L.(1970). "Crisis intervention as a mode of brief treatment". In Roberts, R. W. & Nee, R. H.(eds.). *Theories of Social Casework*. Chicago: Univ. of Chicago.

Reid, K. E.(1997). *Social work practice with groups: A Clinical perspective*(2nd ed.).

Pacific Grove, CA: Brooks/Cole.

Ripple, L., Alexander, E., & Polemis, B.(1964). *Motivation, Capacity and Opportunity*. Chicago: University of Chicago Press.

Rogers, C. R.(1957). "The necessary and sufficient conditions of therapeutic personality change". *Journal of Counseling Psychology, 21*.

Rogers, C. R.(1966). "Client-centered therapy". In C. H. Patterson(ed.). *Theories of counseling and psychotherapy*. New York: Harper & Row.

Rogers, C. R.(1980). *A Way of being*. Boston: Houghton Mifflin.

Rothman, J.(1991). "A Model of Case Management: Toward Empirically Based Practice". *Social Work, 36*(6).

Saleebey, D.(ed.)(1992; 2002). *The strengths perspective in social work practice*. New York: Longman.

Satir, V.(1972). *People making*. Palo Alto, CA: Science & Behavior Books.

Shulman, L.(1992). *The Skill of Helping Individuals and Groups*. IL: F. E. Peacock.

Skidmore, R. A., Thackeray, M. G., Farley O. W., Smith, L. L. and Boyle, S. W.(2000). *Introduction to Social Work*(8th ed.). Boston: Allyn and Bacon.

Slaikeu, K. A.(1990). *Crisis Intervention: A Handbook for Practice and Research*(2nd ed.). Boston: Allyn and Bacon.

Smalley, R. E.(1967). *Theory for social work practice*. New York: Columbia University Press.

Solomon, B.(1976). *Black Empowerment*. New York: Columbia University Press.

Toseland, R. W. & Rivas, R. F.(1995; 2001; 2005). *An Introduction to group work practice*(2nd ed.). New York: Macmillan.

Turner, F. J.(1996). *Social Work Treatment*(4th ed). The Free Press. New York.

Whittaker, J. K. & Tracy, E. M.(1989). *Social treatment: An introduction to interpersonal helping in social work practice*. New York: Aldine de Gruyter.

Woods, M. E. & Robinson. H.(1996). "Psychosocial Theory and Social Work Treatment". In F. Turner(ed.). *Social Work Treatment*. The Free Press.

Yalom, I. D.(1995). *The Theory and practice of group psychotherapy*(4th ed.). New York: Basic Books.

Zastrow, C. H.(2010). *The Practice of Social Work.* Brooks/Cole, Cengage Learning.

찾아보기

〈ㄱ〉

가계도 ···· 344
가르치기 ···· 28
가족과제(task of family) ···· 360
가족그림 ···· 357
가족사정 ···· 340
가족사정도구 ···· 344
가족사정틀 ···· 342
가족사진 ···· 359
가족사회복지실천 ···· 308
가족생활주기의 변화 ···· 313
가족옹호 ···· 349
가족의식 ···· 359
가족조각 ···· 356
가족체계 ···· 319
가족초점 ···· 309
가족치료 ···· 314
가족치료적 개입 ···· 350
간략화의 원리 ···· 200
갈등해결 기술 ···· 295
감정이입적 의사소통 ···· 65
강화 ···· 174
강화스케줄 ···· 175
개방형 질문 ···· 112
개방형 집단 ···· 271
개인-상황의 구성에 대한 성찰 ···· 165
격려와 인정하기 ···· 120
경계선 만들기 ···· 360
경험적 가족치료 ···· 353
경험적 학습 ···· 186
고립자 역할 ···· 257
고정관념 ···· 34
공간이용법 파악하기 ···· 359
공동체가족 ···· 312
과정기록 ···· 371
과제중심역할 ···· 257
관계망치료 ···· 138
관계성질문 ···· 209
관여기술 ···· 15
관찰기술 ···· 17, 116
교육집단 ···· 245
구성주의 ···· 202
구체성 추구하기 ···· 56
구체적·물질적 원조 제공하기 ···· 130
구해주기 ···· 29
규칙에 대한 규칙 ···· 325
균형 무너뜨리기 ···· 361
긍정적 고려 ···· 43, 44
기능주의 학파 ···· 150
기본적 원조기술 ···· 15
기적질문 ···· 207

〈ㄴ〉

나-전달법 ···· 79
너-메시지 ···· 79
네트워크 기술 ···· 138
노아의 방주원칙 ···· 272
노출법 ···· 187
눈맞춤 ···· 70

〈ㄷ〉

다세대 가족치료 ···· 351
단절 ···· 353
대처질문 ···· 210
도전과 직면기술 ···· 128
동질적 집단 ···· 271

〈ㅁ〉

메러비언 법칙 ···· 62
면접 전 변화에 관한 질문 ···· 206
면접과정기술 ···· 93
명료화 ···· 104
'무엇' 질문 ···· 112
명료화 탐색 ···· 110
문제중심 기록 ···· 374
문제해결기술 ···· 17
문제해결이론 ···· 151

〈ㅂ〉
바꾸어 말하기 ········ 103
반응적 탐색 ········ 110
발달적 고찰 ········ 165
분위기 조작하기 ········ 361
비난형 ········ 355
비언어적 의사소통목록 ········ 68
비합리적 신념 ········ 180
빈의자기법 ········ 359

〈ㅅ〉
사례관리기술 ········ 17
사전 자기 탐색 ········ 85
사전검토 ········ 83
사전계획 ········ 86
사전공감 ········ 84
사전정리 ········ 84
사전탐색 ········ 83
사전협의 ········ 84
사정면접 ········ 81
사회구성주의 ········ 202
사회목표모델 ········ 248
사회복지사의 책무 ········ 49
사회복지실천모델 ········ 149
사회적 관계망 지도 ········ 346
사회적 관계망 표 ········ 345
사회화집단 ········ 246
산만형 ········ 356
삼차예방 ········ 78
상호작용모델 ········ 249
상호작용차트 ········ 287
생애곡선그리기 ········ 32
생존유형 ········ 355
생태도 ········ 344
선입견 ········ 34
설교하기 ········ 28
설명기술 ········ 125
성장집단 ········ 245
세분화하기 ········ 110
소거 ········ 175
소시오그램 ········ 288
소시오메트리 ········ 287
수직적 스트레스 ········ 328
수평적 스트레스 ········ 328
시작기술 ········ 86
식사 함께하기 ········ 359
실제 위기 상태 ········ 220
심리사회모델 ········ 152
심층공감 ········ 39

〈ㅇ〉
알고 싶어 하는 자세 ········ 195
'어떻게' 질문 ········ 112
역설적 의도 ········ 186
역할연습 ········ 357
역할전환 ········ 189
예외질문 ········ 208
옹호기술 ········ 145
완결을 위한 탐색 ········ 110
'왜' 질문 ········ 112
외상 후 스트레스 장애 ········ 218
요약하기 ········ 104
위기개입 원리 ········ 222
위기개입모델 ········ 212
위험 사건 ········ 220
위험요소와 보호요소 ········ 221
유형역동성 고찰 ········ 165
의례행위 ········ 304
의사소통기술 ········ 17
이야기체 기록 ········ 373
이질적 집단 ········ 271
이차예방 ········ 78
인간관계기술 ········ 17
인정하기 ········ 51
인지 도식 ········ 177
인지적 오류 ········ 178
인지행동모델 ········ 167
일반화 ········ 122
일차예방 ········ 78
일치성 ········ 45
일치형 ········ 356
임파워먼트 기술 ········ 139

〈ㅈ〉
자기노출 ········ 59
자기노출 활용하기 ········ 111

자기만족 추구역할 257
자기이해 29
자기인식 26
자기주장기술 132
자기주장훈련 188
자동적 사고 176
자신의 전문적 활용 111
자아분화 351
자아의 활용 25
자아존중감 354
재구조화기술 127
재보증 121
저항적인 성원의 독려 293
정당화하기 51
정보제공하기 58
정치적 기술 17
조언기술 124
종결감정 다루기 300
좋은 관계 24
중간노트 370
중재 및 협상기술 143
지금-여기 170
지도자 역할 257
지지 164
지지기술 20, 120
지지집단 244
직접적 영향 164
진단주의 학파 150
질문 기술 112
집단 규칙 설정 280
집단 사정 도구 287
집단발달단계 261
집단성원의 불안 및 저항 다루기 280
집단역동 239, 253
집단유지역할 257
집단응집력 259
집단의 구조화 291
집중적 자기관리 85

〈ㅊ〉
책무성 25
처방하기 29
처벌 174
척도질문 209
체계적 둔감화 187
초이성형 356
촉발 요인 220
최적 거리의 법칙 271
충고하기 29
취약 상태 220
치료기술 20
치료모델 249
치료집단 246
침묵 활용하기 101

〈ㅌ〉
타임라인 32
탈삼각화 352
탐색, 묘사, 환기 164
통제된 관계 22

〈ㅍ〉
패러다임(paradigm) 149
폐쇄형 질문 113
폐쇄형 집단 271
표면공감 39
피드백 요청하기 93

〈ㅎ〉
해결중심모델 191
해석기술 125
행위와 감정을 구분하기 53
헌신과 책무 37, 49
협조적 관계구축 14[illegible]
형식적 의사소통 63
호저의 원칙 272
환기법 122
회유형 355
효과적인 의사소통기술 74
희생양 역할 257

3세대 가계도 352

저자약력

도 광 조

숭실대학교 대학원 사회복지학과 박사(사회복지방법론 전공)
경북대학교 대학원 사회학과 박사
현, 동양대학교 사회복지학과 교수
경상북도 사회보장위원회 위원

가톨릭상지대학 사회복지과 교수 역임
보건복지부 사회복지시설평가단 사회복지관평가위원 역임
여성부 여대생 자원봉사 프로그램 공모 심사위원 역임
보건복지부·한국보건복지정보개발원 사회서비스 제공기관 품질평가단 평가위원 역임
한국사회복지사협회 2012 사회복지사 해외연수사업 슈퍼바이저 역임
경상북도 사회복지공동모금회 배분분과 위원, 프로그램 심사위원 역임
경상북도 사회복지협의회 정책자문위원 역임
(사)안동자원봉사센터 사무국장 역임
안동시자원봉사센터 소장 역임
영주시 지역사회복지협의체 공동위원장 역임
영주시 통합복지서비스지원센터장 역임
경상북도 교육복지우선지원사업 학교지원 슈퍼바이저 역임
국민연금 자문단 역임
한국노년학회 편집위원 역임
한국사회복지학회, 한국노인복지학회, 한국노년학회, 한국지역사회복지학회, 한국교정학회, 한국교정복지학회, 한국사례관리학회 회원

〈주요 저서 및 논문〉
사회복지실천론, 사회복지개론, 사회복지개론(공저), 노인복지, 안동지역 사회환경·복지의 개발(공저)
안동시 옥동 생활보호 대상자들의 생활실태 및 복지욕구조사
2009년도 단양군지역사회복지계획
2011-2014 제2기 영주시지역사회복지계획
2015-2018 제3기 영주시, 단양군, 예천군 지역사회복지계획
지역사회복지관 사례관리수행의 영향요인에 대한 연구
지역사회복지관 통합사례관리실천 기반의 현실과 과제 외 다수

사회복지실천론, 사회복지실천기술론, 사회복지실천이론, 사례관리론, 노인복지론, 지역사회복지론, 사회복지교육론 등의 과목을 주로 강의하고 있으며, 통합사례관리 분야와 노인일자리 분야, 지역사회만들기 등에 관심을 가지고 연구하고 있다.

제 3 판

사회복지실천기술론

1판 1쇄 발행 2014년 6월 25일
2판 1쇄 발행 2018년 2월 5일
3판 1쇄 발행 2021년 1월 30일

저　　자 | 도광조
발 행 인 | 박철용
발 행 처 | 양서원
주　　소 | 경기도 파주시 직지길 622 파주출판도시
전　　화 | 031-955-8000(代)
팩　　스 | 031-955-8005
홈페이지 | www.yswpub.co.kr
이 메 일 | yswgroup@naver.com
출판등록 | 1087년 11월 24일 제 406 2003 037 호

ISBN 978-89-994-1102-1

정가 20,000원